컨벤션
기획사 2급

필기시험
문제집

PROFESSIONAL CONVENTION PLANNERS

머/리/말 …

컨벤션기획사는 영어로 Professional Convention Planner, Professional Meeting Planner라고 하며, 줄여서 Meeting Planner라고 불리운다. 우리나라에서 컨벤션의 역사는 1915년 4월 조선호텔에서 개최된 '전 조선 기자대회' 부터 시작했다고 할 수 있는데, 이 대회는 질과 양적 측면에서 오늘날과는 비교가 되지 않는 소규모 사교행사였다.

1965년 제 14차 아시아 · 태평양 관광협회(PATA: Pacific-Asia Travel Association) 총회를 서울에서 개최하면서 컨벤션을 하나의 관광산업으로 인식하게 되었다. 1979년 PATA 총회를 다시 개최하게 되면서 한국관광공사에 국제회의부(현 Convention Visitors Bureau)를 설치하는 계기가 되었다. 그 이후 1982년 제 8차 아세아 · 태평양 국제 잼버리 대회, 1983년 미국 관광업자협회(ASTA: American Society of Travel Agents) 총회, IPU 총회, 1985년의 IBRD, IMF 총회 등이 개최되면서 우리나라에도 국제회의 산업이 자리 잡게 되었다.

1986년의 아시안 게임과 1988년 서울 올림픽의 성공적인 개최를 계기로 세계 속에서 한국의 지명도가 높아지게 되었으며, 이 영향으로 국제회의 산업은 새로운 전기를 맞이하게 되었다.
1996년 아시아 · 유럽 정상회의(ASEM: Asia-Europe Meeting) 유치를 계기로 KOEX가 COEX로 명칭을 바꾸어 확장하고 2000년 10월 제3차 ASEM 서울대회를 개최하면서 우리나라 컨벤션 산업은 본격적인 산업화단계로 진입하게 되었다.

이런 컨벤션 산업의 외적 성장과 더불어 인적 자원의 기준과 관리에 대한 관심이 커졌고, 2003년부터 시행된 컨벤션기획사 국가자격증 시험은 국제회의와 국제전시회뿐만 아니라 국제교류분야에서 일하는 분들에게 필수 자격증으로 자리 잡았다. 컨벤션기획사 자격증은 국제교류분야로의 진출에 관심 있는 분들께도 필수 자격증으로 인식되고 있다.

컨벤션기획사 국가자격증은 1차 필기와 2차 실기로 구분되어 있으며 1차 필기시험 과목은 컨벤션산업론, 호텔관광실무론, 컨벤션 영어이다.

국가자격증 컨벤션기획사 1차 필기시험에 합격하기 위해서는 컨벤션산업론, 호텔관광실무론, 컨벤션 영어 3과목 중에서 단 한 개라도 과락(40점)이 있으면 안 되며, 전체 평균이 60점 이상이면 합격한다.

　본서는 컨벤션기획사 자격시험 1차 필기시험 응시자를 위해서 꼼꼼하게 자료를 준비해서 자신 있게 내놓았다. 본서로 컨벤션기획사 자격시험을 합격하여 즐거워하는 독자분들의 모습을 상상하면서 만들었다.

　본서의 부족한 부분은 지속적으로 수정해나가고자 한다. 본서에서 문의사항이 있는 경우 저자(fatherofsusie@hanmail.net)에게 직접 문의하거나 blog.daum.net/fatherofsusie의 방명록에 궁금한 점을 남겨주면 가능한 빨리 성실하게 답변 드리겠다.

　어려운 출판시장 상황에도 불구하고 본서의 출판을 기꺼이 맡아주신 한올출판사 임순재 사장님과 최혜숙 실장님 및 편집부 직원분들에게 감사드린다. 관광, 컨벤션, 의료관광, 항공 등 사회과학분야 전문출판사로 꾸준히 성장하고 있는 한올출판사를 통해 독자를 만나게 되어 감사한 마음으로 인사드린다.

2014년 8월
한광종

차 / 례 …

Contents

컨벤션기획사 1차 필기시험 출제기준 ···

필기 과목명 (문제수)	주요 항목	세부 항목	세세 항목
컨벤션 산업론 (40)	1. 컨벤션산업의 이해	1. 컨벤션의 의의	1. 컨벤션의 개념 2. 컨벤션의 역사적 배경 3. 컨벤션의 유형별 분류
		2. 컨벤션의 산업의 구조	1. 컨벤션 주체 2. 개최장소 및 시설 3. 서비스 제공자 4. 컨벤션 산업의 파급효과 5. 컨벤션참가 의사결정
		3. 컨벤션마케팅의 전략적 기초	1. 컨벤션마케팅의 기본적 이해 2. 컨벤션서비스의 만족도 제고 3. 컨벤션경쟁전략 4. 컨벤션마케팅 계획 수립 5. 컨베션마케팅 시장조사 6. 컨벤션시장의 포지셔닝 7. 컨벤션마케팅 믹스
		4. 세계 컨벤션산업의 실태와 전망	1. 해외 주요국의 컨벤션산업 현황 2. 컨벤션 관련 주요 국제기구 현황
		5. 우리나라 컨벤션산업의 실태와 육성방향	1. 우리나라 컨벤션 실태 2. 우리나라 컨벤션센터 현황 3. 우리나라 컨벤션 산업의 육성방향 4. 우리나라 컨벤션 산업 관련 법·제도적 사항(국제회의산업육성에 관한 법률, 시행령, 시행규칙 등)
	2. 컨벤션 기획 실무	1. 컨벤션 장소선정	1. 개최지 선정모형 2. 개최지 선정과정 3. 개최지 선정기준 4. 개최지 선정전략

		2. 컨벤션유치 및 기획	1. 컨벤션 유치절차 2. 목표설정 3. 프로그램 디자인 4. 예산 수립 및 운영
		3. 컨벤션 행사운영 및 서비스	1. 등록 2. 숙박 3. 회의와 커뮤니케이션 4. 광고와 홍보 5. 관광 6. 사교행사 7. 통역 8. 수송 9. 식음료 계획 10. 회의준비 11. 행사진행 및 사후관리
		4. 컨벤션 평가	1. 컨벤션서비스의 평가내용 2. 서비스 품질평가 모형 3. 컨벤션서비스 품질의 평가결과 4. 컨벤션서비스 품질 제고 방안
		5. 컨벤션 위기관리	1. 위기와 위기관리 2. 행사단계별 위기관리 3. 컨벤션의 위기관리 4. 컨벤션의 안전대책 방안
호텔관광실무론 (30)	1. 호텔실무	1. 호텔의 기본적 이해	1. 호텔의 발전사 및 현황 2. 호텔의 정의와 분류 3. 호텔의 경영형태 4. 호텔조직에 대한 이해 5. 주요 호텔용어의 이해
		2. 주요 호텔업무	1. 객실관리부문 업무 2. 현관부문 업무 3. 식음료 관리부문 업무

컨벤션기획사 1차 필기시험 출제기준 ···

			4. 부대시설부문 업무
	2. 관광실무	1. 관광산업 및 정책의 이해	1. 관광의 기초개념 2. 관광자원 개발 3. 관광사업 경영 4. 관광관련법규(관광기본법, 관광진흥법, 시행령, 시행규칙)
	3. 여행실무	1. 여행업 경영의 이해	1. 여행업의 개요 2. 여행사 경영
컨벤션 영어 (30)	1. 어휘 및 문법	1. 어휘의 이해	1. 기본 어휘 2. 상황별 전문 어휘
		2. 문법의 이해	1. 기본 문법 2. 문법 오류 파악
	2. 독해	1. 상황별 독해	1. 회의 2. 전시 3. 관광 프로그램 4. 사교 프로그램 5. 기타
		2. 독해력	1. 문장 이해 2. 문맥 흐름 및 요지파악 3. 적절한 어휘선택
	3. 회화	1. 상황별 회화	1. 회의 2. 전시 3. 관광 프로그램 4. 사교 프로그램 5. 기타
	4. 각종 문서	1. 문서 작성 및 이해	1. 컨벤션 서한 2. 컨벤션 서류

컨벤션기획사 2급 필기시험문제집

Chapter 1_
컨벤션산업론
문제풀이 및 해설

PROFESSIONAL
CONVENTION
PLANNERS

2003년도 시행 컨벤션산업론

01 예산안 재무관리[1]에 대한 계획을 수립하기 전 고려해야 할 사항으로 거리가 먼 것은?

가. 회의장, 숙박, 식음료 및 교통 등과 관련된 지출 항목
나. 최근 유사한 컨벤션에 대한 재무보고서
다. 계절(개최시기)에 따라 발생되는 비용과 편익
라. 주최자 관련 정보[2]

🖎 라

> · 고정비용 : 인건비, 회의장 임대비, 홍보비, 사무국 운영비
> · 유동비용 : 식음료비

02 기업은 우수영업사원의 표창 및 Team Building Program을 통해 사원의 사기를 진작시키기 위한 행사를 계획하고 있다. 어떤 행사장이 적합한가?

가. 리조트 행사장[3]　　나. 도심호텔
다. 컨퍼런스 호텔/센터　　라. 공항호텔

🖎 가

03 컨벤션 개최지의 요건이 아닌 것은?[4]

가. 정치, 경제, 사회, 문화, 과학, 의학 등 환경

이 적절한 곳이어야 한다.
나. 숙박시설이 충분하고 편하게 이용할 수 있어야 한다.
다. 개최지 관리회사(DMC[5])가 반드시 조직되어 있어야 한다.
라. 컨벤션센터 및 회의관련 서비스가 이용 가능해야 한다.

---

1) 국제회의 주최에 필요한 재원의 조달과 운용 등 재무적 활동을 계획하고 통제하는 것을 말한다. 국제회의 관련 사업은 공익사업의 성격이 있으므로, 일반기업과는 달리 재무관리의 목표가 이윤극대화 보다는 국제회의 운영에 소요되는 재원을 원활히 조달하고 비용을 효율적으로 관리하는데 중점이 있다. 흔히 재무관리의 대상으로는 예산계획, 수입관리, 비용관리 등이 포함된다.
2) 주최자에 대한 정보는 초청서한 등에 포함될 수 있다. 주최자에 대한 정보는 초청서한 등을 통해서 회원 또는 국제회의 참가 예정자에게 제공한다. 주최자 정보는 재무관리 계획 수립을 위한 고려사항이 아니다.
3) 기업의 위치로부터 멀리 떨어진 리조트가 인센티브 투어 및 판매촉진 행사 장소로 적합하다.
　만약 기업의 위치와 team building program을 실시하는 호텔의 위치가 가까우면 행사 중에 회사에 잠시 다녀오게 되거나 행사 후에 회사로 출근하는 사례가 발생할 수 있다. 완전히 업무와 단절시키기 위해서 회사로부터 먼 곳을 정하는 것이 바람직하다.
4) 국제회의(국제행사) 개최지 결정 단계
　(1) 본부로부터 각 회원국에 발송한 Bidding Specification 접수
　(2) 국제회의를 유치하고자 하는 국가에서 국제회의(국제행사) 유치 신청을 위한 사전 조사 :
　　· 주최자의 조직력, 운영 능력 고려
　　· 개최 규모 고려
　　· 예산 규모 고려
　　· 회기 및 시기의 적정성
　　· 회의장 정보 입수
　　· 숙박시설 정보 입수
　　· 교통의 편리성 조사
　　· 참가자의 출입국 문제 조사
　　· 관광, 수송, 도시기능
　　· 정부 고위관료 참가 등 행사진행 관련 정보의 수집
　(3) 국제회의(국제행사) 개최지 결정을 위한 비교 및 현지 답사
　(4) 입후보 의사 결정(국제회의를 유치하고자 하는 기관 및 협회의 내부 의결)
　(5) 본부에서 각 회원국에 발송한 Bidding Specification의 요구 조건에 맞추어 입후보 희망서(Proposal)을 작성하여 본부에 제출
　(6) 국제회의(국제행사) 유치를 위한 활동
　　· 회의의 주요 의제 분야에서 한국의 지위와 중요성 홍보
　　· 국제본부 임원이나 중요 인물을 국내로 초청하여 한국의 매력을 홍보
　　· 초청장을 발송한다.
　　· 한국 소개, 관광, 회의시설, 국제회의관련 시설의 소개 팜플렛을 첨부
　　· 개최지 결정위원회, 임원회의, 이사회, 총회 등 각종 주요 회의에서 한국의 개최지로서 준비된 모습을 홍보
　　· 입후보 경합국이 있으면 적극적인 유치활동, 시설, 능력, 경험이 중요한 변수가 된다.
　(7) 개최지 결정 전에 실시하는 본부의 개최 신청국에 대한 현지 답사
　(8) 개최지 최종 결정
　　· 현지 답사 후 최종적으로 투표에 의한 결정
　　· 결정통보를 서면으로 받는다.(계약서 체결하여 국제기구의 본부와 유치국의 조직위원회간 역할 분담 명시)
5) DMC : Destination Marketing Company
　　　　DMC ≠ CVB

답 다

PCO : Professional Convention Organizer
DMC : Destination Marketing Company
CVB : Convention Visitors Bureau

04 PCO의 마케팅 믹스 4P[6]에 관한 설명으로 틀린 것은?

가. Product는 회의에서의 체험 그 자체이다.
나. Place는 개최도시의 입지 및 접근성이다.
다. Price는 참가자에 있어서 중요한 참가 결정 요인이 된다.
라. Promotion은 궁극적으로 관련업체들을 위한 설득과 커뮤니케이션이다.[7]

답 라

| 2006년 9번 문제 | 2008년 18번 문제 | 2009년 17번 문제 |
| 2010년 1번 문제 | 2012년 17번 문제 |

05 다음 중 국제회의 발표형식[8] 설명으로 맞는 것은?

가. Workshop : 한 명의 연사가 하나의 토픽에 대하여 강연하는 형식[9]
나. Plenary Session : 실제로 현장을 시찰할 목적으로 방문함[10]

---

6) 4P(마케팅 믹스)
 · 제품전략(Product) : 회의 공식 프로그램 및 각종 사교행사
 · 가격전략(Price) : 등록비
 · 유통전략(Place) : 컨벤션 개최지로의 접근성
 · 판매촉진 전략(Promotion) : 광고매체의 선정, 홍보방법의 결정

 최신 새로운 개념의 마케팅 믹스 4C
 · 고객가치(Consumer value)
 · 고객측의 비용(Cost to the consumer)
 · 편리성(Convenience)
 · 커뮤니케이션(Communication)
 기업이 고객에게 전달된 기업의 상품과 서비스에 대한 4C, 즉 고객가치, 저렴한 가격, 뛰어난 편리성, 훌륭한 커뮤니케이션을 잘 전달하는데 더 앞서있다.
7) promotion은 참가자 유치를 위한 광고·홍보 활동 등 판매촉진 개념이다.
8) ① Convention(컨벤션) : 회의 분야에서 가장 일반적으로 쓰이는 용어로서, 정보전달을 주 목적으로 하는 정기 집회에 많이 사용되며, 전시회를 수반하는 경우가 많다. 과거에는 각 기구나 단체에서 개최되는 연차총회(Annual Meeting)의 의미로 쓰였으나, 요즘에는 총회, 휴회 기간 중 개최되는 각종 소규모 회의, 위원회 등을 포괄적으로 의미하는 용어로 사용된다.
 ② Conference(컨퍼런스) : 컨벤션과 거의 같은 의미를 가진 용어로서, 통상적으로 컨벤션에 비해 회의 진행상 토

론회가 많이 열리고 회의 참가자들에게 토론회 참여 기회도 많이 주어진다. 또한 컨벤션은 다수 주제를 다루는 정기 회의에서 자주 사용되는 반면, 컨퍼런스는 주로 과학, 기술, 학문 분야의 새로운 지식 습득 및 특정 문제점 연구를 위한 회의에 사용된다.
 ③ Congress(콩그래스) : 컨벤션과 같은 의미를 가진 용어로서, 유럽지역에서 빈번히 사용되며, 주로 국제규모의 회의를 말한다.
 ④ Forum(포럼) : 제시된 한가지의 주제에 대해 상반된 견해를 가진 동일 분야의 전문가들이 사회자의 주도하에 청중 앞에서 벌이는 공개 토론회로서, 청중이 자유롭게 질의에 참여할 수 있으며, 사회자가 의견을 종합한다.
 ⑤ Symposium(심포지움) : 제시된 안건에 대해 전문가들이 다수의 청중 앞에서 벌이는 공개 토론회로서, 포럼에 비해 다소 형식을 갖추며 청중의 질의 기회도 적게 주어진다.
 ⑥ Panel Discussion(패널 토론) : 청중이 모인 가운데 2명~8명의 연사가 사회자의 주도하에 서로 다른 분야에서의 전문가적 견해를 발표하는 공개 토론회로서 청중도 자신의 의견을 발표할 수 있다.
 a panel meeting of experts(전문가 패널토의) : 전문가들의 패널로서 전문가들의 토론이 이루어진다.
 ⑦ Workshop(워크숍) : 컨퍼런스, 컨벤션 또는 기타 회의의 한 부분으로 개최되는 짧은 교육 프로그램으로, 30명~35명 정도의 인원이 특정 문제나 과제에 관한 새로운 지식, 기술, 통찰 방법 등을 서로 교환한다.
 ⑧ Lecture(강연) : 한 사람의 전문가가 일정한 형식에 따라 강연하며, 청중에게 질의 및 응답 시간을 주기도 한다.
 ⑨ Seminar(세미나) : 주로 교육 목적을 띤 회의로서 참가자 중 1인의 주도하에 특정 분야에 대한 각자의 지식이나 경험을 발표, 토의하는 회의다.
 ⑩ Exhibition(전시) : Exhibition은 회의와 병행하여 개최되는 전시회로 회의 기간 내내 또는 회의기간 중 며칠 동안 개최될 수 있다. 회의 행사의 일부로 진행되는 칵테일 파티나 연회 행사에서 물품을 전시하는 소규모 형태로 이루어지기도 하고 회의가 열리는 호텔의 볼룸, 전시장 또는 인근 전시장에서 대규모로 개최되기도 한다.
 Exposition(엑스포) : Exhibition과 유사하나 그 규모가 크다.
 ⑪ Teleconference(화상회의) : 회의 참석자가 회의 장소로 이동하지 않고 국가간 또는 대륙간 통신 시설을 이용하여 회의를 개최한다. 회의경비를 절약하고 준비없이도 회의를 개최할 수 있는 장점이 있으며, 오늘날에는 각종 audio, video, graphics 및 컴퓨터 장비를 갖추고 고도의 통신 기술을 활용하여 회의를 개최할 수 있으므로 그 발전이 주목되고 있다.
 ⑫ Trade Show(교역전) : 제품 조달업자들이 자신의 생산물, 기구(설비), 서비스 등을 선보이는 전시회로 상호교역을 바탕으로 하며, convention과 함께 또는 단독으로 개최되기도 한다.
 ⑬ Meeting(회의) : 모든 종류의 회의를 총칭하는 가장 포괄적인 용어이다.
 ⑭ Assembly(총회) : 한 기구의 회원국들의 대표가 모여 의사, 정책 등을 결정하고 위원회의 선출과 예산협의의 목적으로 모이는 공식적인 회의이다.
 a general assembly(총회) : 전원회의로서 일반적으로 임원선출, 법규개정, 결의안 채택 등 총괄적 안건을 다룬다.
 ⑮ Colloquium(모임) : 주로 학문적 연구과제를 토론하는 비공식적인 회의로써 서로의 생각과 관심사를 교환한다.
9) 훈련 목적의 회의에서 주로 사용
10) 회의 참가자 전체가 모여서 진행되는 회의
 반대말은 breakout session, concurrent session

다. Concurrent Sessions : 모든 참가자들이 참석하는 본 회의[11]

라. Panel : 2-3명의 연사가 다른 관점으로 토론을 벌임[12]

답 라

| 2005년 8번 문제 | 2010년 80번 문제 | 2013년 33번 문제 |

06 참가자들에게 특정분야의 기술이나 이론을 습득시키고 교육시키며 문제를 해결하도록 도와주는 소규모의 모임으로 예를 들면, 프로골퍼를 초청하여 참석자들에게 기술이나 장비선택 등을 알려주고 그 문제점을 해결시켜 주는 형식의 모임은?

가. 포럼(Forum)
나. 클리닉(Clinic)[13]
다. 컨벤션뷰로(Convention Bureau)
라. 컨그레스(Congress)

답 나

07 다음 내용은 컨벤션산업의 어떤 특징을 의미하는가?

> "구매되지 않은 서비스에 대해서는 차후 사용할 수 없으므로 미래에 수요자가 있을지라도 미리 생산하여 재고로 보관할 수 없다."

가. 소멸성[14]   나. 무형성
다. 전문성   라. 비분리성

답 가

| 2006년 32번 문제 | 2007년 30번 문제 | 2008년 86번 문제 |
| 2010년 22번 문제 | 2011년 23번 문제 | 2013년 12번 문제 |

08 다음은 국제회의 프로그램 기획과정의 단계별 순서이다. (   )에 적합한 것은?

> 회의목표작성 – (   ) – 회의주제 연사, 발표형식 선정 – 개최시기, 장소선정 – 지출비용리스트 – 학습환경조성의 흐름

---

11) 같은 시간대에 동시에 진행되는 회의, 소제목으로 나뉘어 동시에 여러 개의 소회의실에서 진행하는 회의 = breakout session, concurrent breakout sessions, concurrent panels, parallel sessions, sub-working group session
12) panel을 panel discussion이라고도 칭하며, panel에 참가한 토론자를 panelist라고 한다.
13) 특정 주제에 대한 훈련과 강습을 목적으로 하는 회의
14) 일반 전자제품과 달리 재조 보관이 불가능하다는 특징이 있다. 호텔의 객실과 항공사의 좌석도 유사한 상품이다. 시

가. 참가자 분석   나. 식음료 행사 준비
다. 마케팅비용 계산   라. 행사장 Set up

답 가

09 컨벤션 운영과 관련하여 컨벤션기획가가 위험요소 확인사항 체크시 가장 거리가 먼 것은?

가. Force Majeure[15] 상황인지 아닌지를 체크해야 한다.
나. 개최지역의 범죄율이나 자연재해를 체크해야 한다.
다. 컨벤션이 지역경제에 미치는 파급효과를 분석해야 한다.[16]
라. 연사의 경력 및 정책/철학에 대한 분석이 필요하다.

답 다

10 컨벤션의 사전등록 통보시 포함될 정보가 아닌것은?

가. 등록자격
나. 사전등록서 제출마감
다. 현지등록장소 및 시간
라. 회의기획자의 지시하에 정보를 처리하는 방법[17]

답 라

11 회의기획자를 대상으로 한 홍보는 타산업의 바이어를 대상으로 한 마케팅보다 더욱 어려운 면을 갖는데, 그 이유로 적절치 못한 것은 ?

가. 바이어를 찾기 어렵다.
나. 수요를 예측하기가 곤란하다.
다. 고객과의 신뢰를 축적하기가 어렵다.
라. 적절한 홍보매체가 없다.[18]

답 라

간이 지나면 판매할 수 없다. 비행기가 이륙한 후에는 항공좌석을 더 이상 판매할 수 없다.
15) 불가항력(Act of God)은 자연재해나 천지지변과 같이 불가항력에 기하는 일을 지칭하는 법률용어이다. 인간의 힘이 전혀가해지지 않고 상당한 주의를 했더라도 방지할수 없는 것과 같은 자연현상으로 보아야 할 사고를 주로 말한다. 대표적인 예로 자연火, 폭풍우, 홍수, 지진, 낙뢰, 화재, 산업혼란, 재앙, 정부법령의 변동, 폭동, 반란, 전쟁 등이 있다. 법적인 의무를 면해주는 주요 항변사유가 된다.
16) 컨벤션산업의 효과 중 경제적인 부문
17) meeting planner가 어떤 순서로 등록업무를 하는지는 참가자가 알 필요가 있지만, 어떻게 등록업무를 기술적으로 처리하는지는 참가자가 알 필요가 없는 부문
18) 인쇄매체, DM 등 다양한 방법이 가능하다.

12 국제회의 산업 육성에 관한 법률에 따라 국제회의 도시는 누가 지정할 수 있는가?

가. 대통령　　　　　　　나. 국무총리
다. 문화체육관광부장관　　라. 광역단체장

🖩 다

| 2004년 3번 문제 |

13 다음은 한 행사진행을 위한 비용이다.

> 참가자 등록비 - $22　　회의장임대료 - $1,000
> 연설료 - $1,000　　　　광고비 - $500
> F&B - 참가자당 $10　　선물 -참가자당 $2

이 행사는 몇 명의 참가자를 유치해야 손익분기점에 도달하는가?

가. 320명　　　　　　　나. 80명
다. 240명　　　　　　　라. 160명

🖩 다

고정비로 지출된 돈은 회의장 임대비 1,000달러, 연설료 1,000달러, 광고비 500달러이며, 참가자의 수에 따라서 달라지는 변동비는 식음료비 참가자당 10달러와 참가자당 2달러의 선물비가 있다.
고정비 = 2,500달러
변동비 = 12달러
참가자 개인별 등록비가 22달러이므로, 개인별로 지출되는 변동비인 식음료비 10달러와 선물 2달러를 빼면, 참가자 개인별로 남은 돈 10달러(고정비로 활용 가능)를 모아서 회의장 임대료, 연설료, 광고비의 고정비를 해결할 수 있다.
2500달러 나누기 10달러를 하면 250명이 등록해야 된다는 계산이 나온다.
보기에 250달러와 가장 가까운 답은 240명

| 2005년 10번 문제 |

총 고정경비는 25,500,000원이고 참가자 1인당 변동비는 74,500원으로 분석되었다. 그리고 컨벤션조직위원회에서는 1인당 참가비를 100,000원으로 책정하였다. 손익분기점에 도달하기 위해서는 최소한 몇 명의 참가자를 유치하여야 하는가?

가. 900명　　　　　　　나. 950명
다. 1,000명　　　　　　라. 1,100명

🖩 다

1인당 고정경비 = 1인당 참가비 100,000원 − 1인당 변동비 74,500원 = 25,500원
총고정경비가 25,500,000원이므로 1인당 고정경비 25,500원으로 나누면 1,000명이 손익분기점에 해당된다.

| 2006년 31번 문제 |　| 2014년 23번 문제 |

다음은 행사진행을 위한 비용이다. 이 행사는 몇 명의 참가자를 유치해야 손익분기점에 도달하는가?

> – 참가자 등록비 : $22
> – 회의장 임대료 : $1,000
> – 연설료 : $100
> – 광고비 : $500
> – F&B : 참가자당 $10
> – 선물 : 참가자당 $2

가. 320명　　　　　　　나. 80명
다. 240명　　　　　　　라. 160명

🖩 라

고정비로 진출된 돈은 회의장 임대비 1,000달러, 연설료 1,00달러, 광고비 500달러이며, 참가자의 수에 따라서 달라지는 변동비로 식음료비 참가자당 10달러와 참가자당 2달러의 선물비가 있다.
참가자 개인별 등록비가 22달러이므로, 개인별로 지출되는 식음료비 10달러와 선물 2달러를 빼면, 참가자 개인별로 남은 돈 10달러를 모아서 회의장 임대료, 연설료, 광고비로 지출할 수 있다. 따라서 회의장임대료. 연설료. 광고비를 합하면 1,600달러가 되므로 1,600달러를 남은 비용 10달러로 나누면 160명이란 숫자가 나온다.

| 2007년 2번 문제 |

등록비가 20만원, 고정비용이 2천만원이고, 1인당 가변비용이 7만5천원인 경우, 손익분기점에 도달하기 위한 참가자 수는?

가. 73명　　　　　　　　나. 100명
다. 160명　　　　　　　라. 269명

🖩 다

등록비 20만원에서 1인당 가변비용인 75,000원을 빼면 125,000원을 고정비용으로 사용될 수 있는 돈이 된다.
따라서 고정비용 20,000,000원 나누기 1인당 고정비용인 125,000원을 계산하면 160명이란 숫자가 나온다.

| 2004년 4번 문제 | 2012년 26번 문제 |

총고정경비는 25,000,000원이고 참가자 1인당 변동비 72,000원으로 분석되었다. 그리고 1인당 참가비를 100,000원으로 책정하였다. 컨벤션조직위원회에서는 이번 컨벤션개최를 통하여 3,000,000원의 이익을 창출하고자 한다. 이러한 재정목표를 달성하기 위해서는 최소한 몇 명의 참가자를 유치하여야 하는가?

가. 900명　　　　　나. 950명
다. 1000명　　　　라. 1100명

🗒 다

1인당 참가비 100,000원에서 1인당 변동비인 72,000원을 빼면 1인당 28,000원이 고정비에 해당된다.
총고정경비 25,000,000원 더하기 순이익 3,000,000원을 더 하면 28,000,000원이 된다.
28,000,000원 나누기 1인당 고정경비 28,000원을 하면 1000명이란 답이 나온다.
즉, 일인당 고정경비 항목으로 28,000원을 받아야만 28,000,000원을 총고정경비로 쓰고 순이익 3,000,000원을 남길 수 있다.

14 국제회의에 연계된 전시회가 개최될 경우 컨벤션기획사가 전시회 참가업체[19]들을 위해 기울여 주어야 할 노력과 거리가 가장 먼 것은?

가. 전시장의 위치를 회의장에서 쉽게 접근할 수 있는 곳으로 선정해 둔다.
나. 회의 기간 동안 회의참가자들이 전시회를 관람

할 수 있도록 충분한 시간이 배려되도록 한다.
다. 회의참가자들의 전시회관람을 촉진하는 노력을 기울여야 한다.
라. 일반인들도 전시회 관람이 가능하도록 적극적인 촉진활동을 펼쳐야 한다.[20]

🗒 라

15 다음에서 설명하는 회의 진행방법은 무엇인가?

"학술회의와 과학·기술회의에서 많이 사용되는 방식으로 구두로 설명하는 것보다 그림·사진과 함께 문자로 설명하는 편이 이해하기 쉽거나 발표내용을 연속적으로 게시해 두고 싶은 경우에 흔히 사용되는데, 발표자가공고판에 발표내용을 게시하고 주변에 대기하고 있어 그 테마에 관심이 있는 참가자와 토론을 할 수 있다."

가. 패널　　　　　나. 소집단회의
다. 포스터세션[21]　　라. 심포지움[22]

🗒 다

| 2005년 20번 문제 | 2010년 13번 문제 |

16 Function Sheet에 대한 설명으로 틀린 것은?

가. Banquet Event Order 라고 불리기도 한다.
나. Function Sheet는 행사전반 스케줄의 개요를 담고 있다.
다. Meeting Resume라고 불리기도 한다.
라. Function Sheet는 Pre-Con Meeting의 결과를 요약해서 담고 있다.[23]

🗒 라

Function sheet : 행사 관련 요구사항

---

19) exhibitor(s) : 전시회 참여 업체, 전시회 출품 업체
　≠ non-exhibitor(s) : 전시회에 방문하는 업체(전시회에 출품하지 않은 업체)
　visitor : 전시회 관람객
　전시회 참여업체를 위한 마케팅과 전시회 일반관람객을 위한 마케팅은 다르다.

20) 일반 전시회(consumer show)가 아니고, 국제회의와 연계된 전시회이므로 회의참가자들의 전시회 관람을 촉진시켜야 한다.
21) Poster session : 발표 자료를 게시하고 발표자가 주변에 대기하고 있는 형태
22) 심포지움 : symposium
　안건에 대해 전문가들이 다수의 청중 앞에서 벌이는 공개토론회로서, 포럼에 비해 다소 형식을 갖추며 청중의 질의 기회도 적게 주어진다.
23) 행사 준비를 위해서 상세하게 역할을 적어 놓은 것은 function sheet이며, 결과를 상세하게 정리한 것은 행사결과보고서

17 등록업무와 관련한 설명으로 틀린 것은?

가. 등록장소는 넓은 공간일수록 좋다. [24]

나. 사전등록과 현장등록을 구분해야 한다.

다. 등록장소구성시 배치도(floor plan)를 그려 본다.

라. 등록업무 구분은 크게 회원, 비회원으로 구분 한다.

🗒 가

· 등록데스크의 위치 : 등록 대기자가 줄을 섰 을 때 통행에 방해가 되지 않는 장소, 현지 등 록 테이블을 놓는 위치도 통행에 방해가 되지 않는 장소

· 사전등록을 받는 이유 : 등록비를 미리 받아 서 국제회의 준비예산으로 활용가능하며, 등 록을 독려할 수 있고 등록인원을 미리 예상하 는데 도움이 된다.

· 현장등록 준비물 : 등록신청서를 작성할 수 있는 테이블, 필기도구 준비

18 다음 중 행사에서 일어날 수 있는 위기관리 방법으 로 적합하지 않는 것은?

가. 의료응급상황을 대비해서 참가자들의 평균나 이와 병력 등을 조사해 놓는다.

나. 폭풍 때문에 참가자들이 갇혀 있는 상황이라 면 즉흥 파티를 연다.

다. 현장위기관리 기획표를 작성한다.

라. 행사에 반대하는 시위가 있을 때는 상대하지 않는 것이 가장 바람직하다. [25]

🗒 라

의료응급상황에 대한 준비 :

· 예측 가능한 위기상황별 관리기획을 세운다.

· 구급약품 준비 : First aid 준비

· 인근 병원의 응급연락처 확보

· 참가자의 병력, 본국 담당의사 연락처를 미리 확보

EMERGENCY INFORMATION FORM

Name :

Home Address :

Company :

Company Address :

In case of emergency, please notify

· Relationship to you :

· Address :

· Phone Number :

· Health Insurance Company and Plan :

· Your Doctor's Name :

· Doctor's Address :

Phone Number :

Do you have any allergies(food/drug/insect)? Specify : Are you currently taking any prescription [26] medicines? If so, please list :

All information provided by you will be held in absolute confidence.
This form will be destroyed [27] after event.

19 개최지를 결정하기 앞서 반드시 고려해야 할 가장 중요한 사항 두 가지는?

가. 회의 목적지의 회의 업체와 CVB [28]

나. 회의 목적지의 교통수단과 행사시설

다. 회의 목적지 호텔객실수와 음식의 질

라. 회의 목적지 지역민의 국제화 수준 및 친절도

🗒 나

| 국제회의 유치절차 및 주안점 |

1. 유치 과정

· 숙박료, 항공료 할인조건, 회의시설, 사교행 사 등, 주최측 부담사항에 대한 세부 검토

· 개최능력(예산, 조직) 및 후원 확보 가능성 검토

· 후보지 선정의 지리적 안배 및 정치적 요 인 고려

· 국내단체 내 유치 의사 확정

---

24) 등록장소가 너무 넓으면 통행에 방해를 줄 수도 있다.

25) 행사 반대데모에 대해서는 사전 조치 및 대응책을 적극적 으로 마련해야 된다.

26) prescription : 처방, 처방전
prescribe medicine to[for] a patient : 환자에게 처방 을 내리다.

27) destroy : 파기하다. 소실하다.
be destroyed by fire : 화재로 유실되다.
be destroyed by flood : 홍수로 유실되다.

28) CVB : Convention Visitors Bureau

- 정부 관련기관 및 관련업계와의 협의
- 유치준비위원회 조직
- 유치신청 작성시 유의점
  - 한국개최의 타당성, 개최능력(조직, 예산), 회의개최가 한국의 관련 분야에 미치는 영향 등
- 유관기관(공사, 지자체, 정부 등)의 지지서신
- 개최지 사전답사(개최지 결정 요인을 분석)
- 국제협회의 이사진들에게 지지서신 발송 (정부관계자, 관련 학회장 명의)
- 유치대표단 파견하여 관련 임원회의, 총회시 홍보
- 조직위원회 구성
- 홍보활동 전개

2. 개최지원 요청서 입수

가. 개최요청서
- 회의개요 : 회의기간, 참가 예상규모 등
- 회의개최를 위해 필요한 사항 : 회의장, 숙박시설 규모, 재정분담금, 각종 사교행사, 무료 초청
- 주최측의 부담 사항 : 사무국요원 체재비등
- 기타 신청서 제출방법 등

나. 유치신청 양식
- * 국제기구에 따라 양식이 다르나 기본적인 사항은 동일
- 개최 예정일자, 장소 및 시설현황
- Hosted Programs(사교행사, 관광행사 등)
- 항공료할인, 객실료 할인 및 블록가능 객실수
- 관련 기관의 국제회의 개최지지 서신
- 소요예산 및 예산 확보방안
- 국제기구에 대한 분담금 비율(개최 예정수입의 일정비율 또는 확정금액)

3. 개최조건 및 타당성 검토

가. 주최측의 조직력 및 개최능력
- 과거의 국제회의 개최실적
- * 유치하고자 하는 기구의 각종 회의(이사회, 집행위원회 등) 개최실적
- 국내단체의 조직력, 예산에 관한 능력 제시
- 한국개최가 확정시 해외 프로모션 계획

나. 회의규모
- 과거회의 참가자 실적을 토대로 추정
- 주최측의 영향력, 개최장소, 시기 등이 변수

다. 예산규모
- 개최조건 검토시 가장 중요한 사항임
  - 유치에 따른 추정 대차대조표 또는 손익분석이 반드시 필요함
- 등록비 이외 예산 확보를 위한 자금 조달방안
  - 회의 유관 기업의 후원 확보, 전시회 개최등 검토

라. 개최시기, 기간
- 국제기구 본부의 의견과 관례에 따름
- 참가자들이 가장 참가하기 쉬운 시기 선택
  - 학회 회의 : 방학기간 중
  - 동반자가 많은 회의 : 봄, 가을
- 관광비수기 고려(관광, 숙박, 수송 할인혜택)
- 유사성격의 회의 또는 대형 행사와 중복되지 않는 시기 선택

마. 회의장
- 회의의 규모와 성격에 맞는 장소 선택
- * 회의의 성격 및 규모에 따라 전문국제회의장 또는 호텔의 국제회의장을 선택할 수 있으며, 이에 따라 예산의 차이가 발생함.
- 국제기구에서 요구하는 각종 전문 장비 확보 여부 검토(최첨단 기자재, 통역시설, 화상회의 등)

바. 숙박시설
- 수용규모, 객실료 등을 고려
- 회의장과 인접한 숙박시설 복수 선정

사. 교통 편이성
- 공항 – 투숙호텔, 투숙호텔 – 회의장, 행사장간 교통편

아. 기타
- 참가자의 출입국상 문제점(외교통상부, 국가정보원, 법무부 협조)
- 주요인사의 영접 및 경호 문제
- 정부 주요인사의 각종 행사 참석 가능성
- 유치 경쟁국 유무 및 장단점 파악

4. 유치방침 결정

가. 국내단체내 유치 의사 확정
- 국내단체의 의사결정 과정에 대한 설명을 요청하는 국제기구가 많음(유치결정 이사회 개최일시, 참가자, 주요내용 등)

나. 정부기관 및 국내 관련업계와의 협의

- 소속 정부기관, 지방자치단체등과 사전 협의 필요
- 호텔, 여행사, 항공사, 회의시설업체, 국제회의기획업체와의 의견 교환

다. 유치준비위원회 조직
- 유치를 위한 실무위원들로서 주로 주최기관의 핵심 인사
- 준비위원장, 사무총장, 총무, 각 분과위원장(홍보, 재정, 출판)

5. 유치 신청

가. 유치 신청 준비
- 국제기구가 요청하는 유치제안서 내역 입수
- 개최지 선정에 결정적인 영향을 미치는 요소 파악
- 과거 3-4회 동 회의 개최 연혁 등 관련사항 조사
- 제출방법과 수속 관련사항 파악
- 이전 개최도시와 접촉, 개최경험 등 파악

나. 유치 신청서 작성
- 주최 기관장의 공식 유치 표명 서신
- 정부측지지 서신(정부기관장, 지방자치단체장)
- 주최기관의 유치 타당성 설명(배경, 약력 등)
- 준비위원회 구성 및 후원단체
- 국제회의 개최지로서 우위성 부각(개최도시, 국제회의시설, 호텔현황, 교통, 관광자원, 관광프로그램 등)
- 회의 주제 및 일정 제안
- 수입 및 지출예산안

다. 유치 신청
- 국제기구 본부에 유치신청서 발송(한국소개 책자, 비디오 첨부)

6. 유치 활동

가. 사전 답사반 초청
- 국내 회의시설, 숙박시설, 관광지 등 답사
- 대형 국제행사 : 별도의 조사단 또는 평가위원회 구성
- 일반 국제회의 : 국제기구본부 사무총장 일행
- 본부 임원과 개최지 결정에 영향력이 있는 인사 별도 초청

나. 방한 답사 실시
- 유치제안서의 기술적 측면에 대한 검증
- * 실사단의 보고서가 개최지 선정에 결정적

인 영향을 미치는 바, 국제회의 참가자의 입국에서부터 출국에 이르기까지의 전과정에 대한 세밀한 프리젠테이션 준비가 필요함
- * 지나친 접대는 역효과를 가져올 수 있음
- 문화 및 관광매력 체험
- 관련기관, 국민, 정부의 유치 열의 및 확고한 지지 입증
- 회의시설, 보건 위생 및 안전에 대한 확신
- 국제기구 본부의 수익면에 대한 자신감 부여

다. 지지 요청서신 발송
- 국제협회의 이사진들에게 유치 취지서 발송(정부관계자, 관련 학회장 명의)

라. 관련 임원회의, 총회시 홍보
- 대표단 구성(의전, 홍보, 행사, 촬영 및 기록)
- 'Korea Night' 행사 개최
- * 행사장소, 초청인원, 메뉴, 필요한 기자재 대여 가능성 등 점검
- * 참가자 동원 : 사전에 초청대상자 입수 및 초청장 발송
- 회의장내 홍보 데스크 운영(홍보책자 제공, 비디오 상영)
- 한국으로의 유치를 위한 설명회 개최
- 결정권자 대상 기념품, 홍보물 제공
- * 증정대상자 국가의 법률 및 소속 기구의 규칙에 위배되지 않는 범위의 기념품 선정
- * 과도한 기념품은 뇌물로 오해받을 수 있음

7. 개최지 결정

가. 투표

나. 결정통보서 접수
- 국제기구본부로부터 결정통보서 서면으로 접수

8. 조직위원회 구성

가. 국제기구본부
- 회의주제, 연사 선정
- 프로그램 결정
- 공용어 및 통역방법 결정

나. 국내 조직위원회
- 회의장, 숙박시설 선정
- 관광 프로그램, 행사요원 확보
- 자금조달, 실행예산 확보

다. 국제회의 준비일정표 작성

20 사전등록의 장점에 관한 설명으로 틀린 것은?

　가. 참가자들의 참가목적을 분명히 이해할 수 있다.[29]
　나. 현장등록시의 혼잡을 피할 수 있다.
　다. 사전등록율이 저조할 경우 추가 조치가 가능
　　　하다.
　라. 사전등록자가 많아지면 현금흐름의 개선을
　　　돕는다.

　🔲 가

| 2006년 21번 문제 |

21 컨벤션(국제회의)행사 연회와 관련하여 초청장을 발부할 때 "참석여부를 통지해달라"는 의미로 사용되는 국제공통표현은 ?

　가. RPSV　　　　　　나. RSVP[30]
　다. RVPS　　　　　　라. SPVR

　🔲 나

| 2007년 19번 문제 |

22 다음의 회의실 좌석 배치방식(room setup style) 중 사람을 가장 많이 수용할 수 있는 배열방식은?

　가. 교실식 좌석 배열(classroom style)
　나. 회의식 좌석 배열(conference style)
　다. 극장식 좌석 배열(theater style)[31]
　라. 연회식 좌석 배열(banquet style)

　🔲 다

| 2007년 33번 문제 |

좌석배치 형식 중 1인당 면적이 가장 작은 것은?[32]

　가. 극장식　　　　　나. 교실식
　다. 리셉션　　　　　라. 연회식

　🔲 가

23 국제회의 참가자의 평가와 관련한 설명 중 옳은 것은?

　가. 일부에게 무기명 설문지를 발송, 그 내용을
　　　회신 받음으로써 가능하며 이 방법이 유일한
　　　방법이다.
　나. 국제회의 평가는 설정한 목표와 계획이 얼마
　　　만큼 잘 이행되었는가, 어떻게 미래의 행사
　　　프로그램에 보다 개선된 방향으로 활용할 수
　　　있을까를 검토한다.
　다. 모든 회의기획자들은 과거의 회의진행과정을
　　　잘 살펴볼 필요가 있지만 과거의 회의기록은
　　　미래의 수요예측에 도움을 주지는 못한다.
　라. 간담회는 각자의 역할을 어떻게 수행했는지
　　　를 검토하고 비효율적이거나 비생산적인 부
　　　분을 지적하기 위함이 아니고 회의운영에 불
　　　편했던 사항을 파악하기 위함이다.

　🔲 나

> 국제회의 기획 → 운영 → 평가 → feedback :
> 평가를 통해서 문제점과 개선점 확인 가능

24 다음 중 국제회의 기획 및 준비단계의 업무 내용이 아닌 것은?

　가. 재무제표 작성[33]
　나. 주요행사 및 참가 예상인원결정
　다. 광고 안내문 발송
　라. 사교행사 및 관광계획 수립 추진

　🔲 가

25 순차통역의 장·단점에 관한 설명으로 틀린 것은?

　가. 동시통역에 비해 정확성이 떨어진다.[34]
　나. 각종 통신설비 설치와 운영에 따른 별도의 비
　　　용이 필요하다.
　다. 비교적 회의시간이 길어진다.
　라. 대규모 컨벤션이 아닌 리셉션이나 개·폐회
　　　식의 인사말에 적당하다.

　🔲 가

> 순차통역 : consecutive translation

| 2008년 23번 문제 | 2010년 11번 문제 |

---

29) 사전 등록과 현지 등록은 등록시기가 다르고 등록비에 차
　　등이 있을 뿐이며, 참가의도를 알 수 없다.
30) RSVP = Répondez s' il vous plaît : 회답을 바랍니다.
31) 극장식 배열은 책상없이 의자만 나열한다. 많은 인원을 수
　　용할 수 있다는 장점이 있다.
32) 극장배치 : 0.5-0.8 평방미터
　　교실식 : 1.4-1.5 평방미터
　　리셉션 : 0.7-0.8 평방미터
　　연회 : 0.9 평방미터

---

33) 국제회의 운영단계에서 필요
34) 순차통역이 동시통역에 비해서 정확성이 높다.
　　순차 통역 : consecutive interpretation
　　동시 통역 : simultaneous translation

26 회의 목적을 확정하기 위한 잠재참가자의 요구분석 (Need Analysis)에서 가장 중요하게 고려하지 않아도 될 사항은?

가. 참가경비의 부담자
나. 참가자는 이 회의의 참석이 자발적인가?
다. 참가자에게 이 회의에서 네트워킹 기회가 얼마나 중요한가?
라. 참가자의 성별

🈁 가

국제회의 참가자의 경우, 대부분이 소속기관에서 비용 부담하는 경우가 많음
· 기업회의, 정부회의 : 의무적 성향
· 협회회의, 학술회의 : 자발적 성향

27 Spouse Program[35]을 옳게 설명한 것은?

가. 컨벤션참가자들의 부인을 위한 프로그램이다.
나. 회의 전 관광프로그램을 말한다.
다. 회의 후 관광프로그램을 말한다.
라. 컨벤션 참가자들의 자녀를 돌보기 위한 프로그램[36]이다.

🈁 가

동반자 행사 : Accompanying person's program

| *2009년 7번 문제* | *2011년 15번 문제* |

28 컨벤션센터의 계약과 관련이 없는 것은?

가. 행사의 종류   나. 보험 요구
다. 중재조항
라. 위원회 업무와 실적의 평가기준

🈁 라

· 행사보험의 종류
① 행사장 시설물 이용시 관람객의 위험을 담보하는 영업배상책임보험
② 시설물 화재보험
③ 진행요원 상해보험
④ 날씨로 인한 행사차질을 담보하는 보험
⑤ 전시물의 운송보험
⑥ 전시물의 동산종합보험
· 각 분과위원회는 국제회의 운영을 위한 조직이다.
· 중재(arbitration) : 재판 외의 절차를 통해 당사자간의 분쟁을 해결하는 법적 수단. 당사자간의 상호합의하에 제3자(중재인)에게 법적으로 구속력을 지닌 '중재판정'(award)을 내릴 수 있는 권한을 부여함으로써 분쟁을 해결한다.
대한상사중재원 : www.kcab.or.kr

29 CVB 등이 회의개최지로서 자신의 지역을 알리고자 무료로 혹은 저렴한 비용으로 관련된 업계의 인사 및 여행업자들을 초청하는 여행형태는?

가. Site Inspection
나. Familiarization Trip
다. Incentive Tour
라. Convention Tour

🈁 나

Fam tour : Familiarization tour
팸투어의 목적 : 홍보효과 기대

| *2007년 25번 문제* |

| *2004년 6번 문제* |

도시나 컨벤션 사무국, 개별회의시설에서 회의기획가들을 무료로 방문하도록 초청하여, 미래 회의를 자신의 시설을 이용하도록 홍보하는 활동을 무엇이라 하는가?

가. 회의 코디네이터   나. 인센티브 투어
다. 팸투어   라. 동선계획[37]

🈁 다

30 다음 중 DMC(Destination Marketing Companies)에 대한 설명으로 틀린 것은?

가. 보통 그 지역의 호텔 객실료를 제공한다.
나. 스페셜 이벤트 기획에서부터 교통, 의전 등 행사에 필요한 서비스를 제공한다.

---

35) spouse program : 개최 기간 중 동반자를 위해서 실시하는 사교행사 및 관광행사 = program for spouses, accompanying person's program, program, schedule for spouses, spouse schedule, spouse's program, spouse's program schedule, partner's programme
36) programs for accompanying children

37) 동선계획 : 평면에 사람이나 물건의 움직임을 선으로 나타내어, 그 흐름이 기능적이 되도록 설계하는 일.
예 공항영접, 전시회 기획 등

다. PCO의 기능을 제공한다.

라. 그 지역의 CVB와 같은 역할을 한다. [38]

🗒 라

31 기업회의 개최시기에 대한 결정이 이루어지면서 회의기획가가 우선적으로 고려해야 하는 사항과 내용이 잘못 연결된 것은?

가. 비용 - 예산범위 안에서의 가격협상

나. 스텝진 충원 - 충분한 수의 기획적인 확보

다. 장소선정 - 적절한 회의개최도시와 회의시설 선정

라. 참석률 - 전체직원 참석 유도 [39]

🗒 라

32 국제회의산업의 발상지인 유럽중심의 범세계적인 종합국제기구로 1964년 설립되었으며 네덜란드 암스테르담에 본부를 두고 컨벤션 및 전시 박람회를 합법적인 수단과 방법으로 발전시키는데 기여함을 목적으로 설립된 컨벤션 전문기구는?

가. AACVB   나. IACVB

다. ICCA   라. UIA

🗒 다

- UIA : Union of International Association, 1910년 설립, 벨기에 브뤼셀, 국제기구관련 정보 수입과 정보자료 제공이 주된 활동
- ICCA : International Congress & Convention Association, 1963년 설립, 네덜란드 암스텔담, 국제회의 마케팅관련 정보제공이 주된 활동
- DMAI : Destination Marketing Association International, 1914년 설립, 워싱턴 D.C, 전세계 CVB들의 정보교류 목적의 협의체
- CIC : Convention Industry Council, 1949년 설립, 멕린, 미국내 컨벤션유관협회 및 단체들의 정보교류 목적의 협의체
- ASAE : American Society of Association Executives, 1920년 설립, 워싱턴 D.C, 미국내 주요 협회 및 단체 책임자들의 정보교류 목적의 협의체

- PCMA : Professional Convention Management Association, 1957년 설립, 시카고, 미국내 회의기획사, Suppliers, 학계의 정보교류 및 회의 기획사 교육 목적의 협의체
- MPI : Meeting Professionals International, 1972년 설립, 달라스, 미국내 회의기획사 교육 및정보교류 목적의 협의체
- IAPCO : International Association of Professional Congress Organizers, 1968년 설립, 런던, 유럽 중심의 PCO들의 정보교류 목적의 협의체
- IACVB : International Association of Convention and Visitor Bureaus, 1914년 설립, 워싱턴 D.C., 회의기획사 교육 및정보교류 목적의 협의체
- AACVB : Asian Association of Convention & Visitor's Bureau, 1983년 설립, 마카오, 국제회의 유치활동.공동광고.교육세미나 개최 등을 목적으로 하는 협의체
- APECC : Asia Pacific Exhibition and Convention Council
  - 성격: 유럽중심의 가장 오랜 역사와 전통의 범세계적인 각종 국제회의, 단체 연맹으로서 국제회의에 관한 정보수집기능을 집대성한 각종 정보자료를 수록한 연감등 책자 발행
  - 설립연도 : 1907년
  - 본부소재지 : 벨기에 브뤼셀
- WCVM : World Council for Venue Management
- IAEM : International Association for Exposition Management

33 컨벤션 홍보용 광고물 제작에 관한 설명으로 틀린 것은?

가. 내년 회의의 장소와 시기 등을 공고할 가장 좋은 시기는 현재 회의가 개최중일 때이다.

나. 회의용 홍보물을 우편으로 발송시 대량우편보다 1종(first-class) 혹은 특급 우편을 이용한다. [40]

다. 홍보(publicity)는 광고(advertising)와 달리 언론 매체의 시간대나 지면을 사는 것이 아니

---

38) CVB는 일반 회사와 달리 공익기관의 역할을 수행한다. Destination marketing company는 영리를 추구하는 회사이다.

39) 기업회의 참석은 강제적이고 의무적

40) 대량 우편물 발송에 있어서 1종, 특급우편은 경제적인 면에서 적절하지 않다.

라 언론매체에 사용할 수 있는 기사거리를 제공하는 것이므로 기사내용이나 시간에 대한 통제권한이 없다.

라. DM(Direct Mail : 직접 우편물)발송시 주초나 주말 혹은 휴일전후보다는 주중에 도착하도록 한다.

답 나

34 의사협회에서 올해 정부의 판매승인을 받은 신약에 대해 관련 의사들에게 교육시간을 마련하고자한다. 이 행사의 기획자로써 어떤 프로그램 형태를 준비하는 것이 타당한가?

가. 워크숍[41]　　　　나. 심포지엄
다. Buzz 그룹[42]　　　라. 원탁회의

답 가

35 컨벤션 사후관리에 있어 평가와 관련한 다음 설명 중 맞는 것은?

가. 개방식(open-ended)질문[43]은 폐쇄식(closed-ended) 질문에 비해 코딩작업(coding: 부호화)과 분석이 어려워 설문지 마지막에 위치시키되 문항을 최소화시키는 것이 좋다.

나. 설문지 구성에 있어 응답자의 시간이나 문항수의

---

41) 워크숍 : 훈련 목적의 회의 및 새로운 지식과 기술을 서로 교환하는 데 매우 효과적
42) buzz group : 토론을 통한 학습
43) (1) 폐쇄형 질문법 (Close-ended) : Yes/No 또는 1~10 등 두 개이상의 답변 항목 가운데 하나를 선택하는 객관식 질문을 폐쇄형(Close-ended) 질문이라 한다. 이 경우 응답자가 큰 고민없이 제시된 항목 가운데서 하나를 선택하면 된다. 폐쇄형 질문의 특징은 다음과 같다.
　ㄱ. 자료 정리와 분석이 편리하다.
　ㄴ. 응답자가 기록 방식의 차이로 생기는 잠재적 오차를 줄일 수 있다.
　ㄷ. 동일한 질문을 놓고 응답자간 답변을 비교 분석할 수 있다.
　ㄹ. 응답 항목을 과학적으로 분류할 수 있으며, 응답 결과를 데이터로 입력하여 부호화할 수 있다.
　ㅁ. 대규모 조사에 유리하다.
　ㅂ. 응답 항목의 응답 수를 정확하게 제시해야 한다(예 하나만 선택, 우선 순서대로 하나만 선택 등).
　ㅅ. 종류-찬·반식 질문법, 선다식 질문법, 서열식 질문법, 평점식 질문법.
(2) 개방형 질문법 : 응답자의 자발적인 응답을 기대할 때 개방형(Open-ended) 질문을 이용한다. 응답자가 어떠한 방식으로 응답해야 할지 알지 못하거나 몇 가지 주어진 범주로 한정하고 싶지 않을 때도 사용한다. 개방형 질문의 특징은 다음과 같다.
　ㄱ. 응답자에게 답변을 유도하는 범위가 넓고, 응답에 미치는 영향을 사전에 배제할 수 있다.

최소화를 위해 한 문항에 여러 가지 중복질문을 포함하는 것이 많은 정보를 얻는 데 바람직하다.

다. 정성적인 데이터(qualitative date)는 데이터를 해석함에 있어 치우침이 있을 수 있지만 답이 다양하여 데이터분석에 용이하다.

라. 우편을 이용한 데이터 수집은 비용이 저렴하고 짧은 시간에 높은 회수율을 올릴 수 있어 가장 많이 이용되는 방법 중의 하나이다.[44]

답 가

36 가상 컨퍼런스를 사용하는 일반적인 유형이 아닌 것은?

가. 신상품 발표회　　나. 행사장 점검
다. 포커스 그룹　　　라. Incentive Tour[45]

답 라

37 협회(Association)의 일반적인 회의개최목적과 거리가 먼 것은?

가. 회원들에 대한 다양한 혜택 제공
나. 협회 및 관련 내용에 대한 사회적 인지 획득
다. 협회활동을 위한 재정확보
라. Crisis Meeting 을 통한 문제 해결[46]

답 라

| 2009년 40번 문제 |

38 국제회의산업육성에 관한법률상의 국제회의 시설의 구분에서 전문회의시설 요건으로 맞는 것은?

가. 1000명 이상의 인원을 수용할 수 있는 대회의실이 있을 것[47]
나. 20명 이상의 인원을 수용할 수 있는 중소회의실이 20실 이상 있을 것
다. 2,000제곱미터 이상의 옥내 및 옥외 전시 면적이 있을 것

　ㄴ. 질문 내용의 응답 범위가 넓고, 답변 내용을 예측할 수 없을 때 사용한다.
　ㄷ. 응답자의 학력, 응답 의지, 응답에 대한 해석 등의 차이로 인해 자료 정리에 시간과 비용이 많이 든다.
　ㄹ. 질문 내용이 응답자와 직접 관련이 있을 때만 응한다든지, 응답한 내용을 부호화하여 데이터로 다시 분류해야 하는 단점을 가지고 있다.
44) 우편물을 이용한 설문조사는 회수율이 매우 낮다.
45) Incentive tour는 포상관광
46) 위기 해결을 목적으로 한 회의로 기업회의
47) 대회의실 (2000명 이상), 중소회의실 (30명 이상) 10실 이상, 옥내 및 옥외 전시 면적 2,000 평방미터 이상

라. 500실 이상의 숙박시설과 식음료 시설을 갖
　추고 있을 것

🔲 다

39 국제행사의 홍보를 위한 Pull Marketing[48] 기법에 해당되는 것은?

가. 표준화된 대량 홍보
나. 고압적 · 일방홍보
다. 인터넷 등을 이용한 쌍방향 · 선행적 홍보
라. 소비자의 욕구를 무시한 내부마케팅

🔲 다

| 2006년 29번 문제 | 2010년 34번 문제 |

40 컨벤션비지터뷰로(CVB)에 대한 설명으로 가장 적절하지 못한 것은?

가. 관광객과 컨벤션을 지역사회에 유치하기 위
　한 비영리 기구
나. 국제회의 준비를 위한 관련단체의 지원과 회
　의운영 전반에 걸친 지원
다. 국제회의 개최 및 진행에 관한 직접적인 총괄
　지휘
라. 잠재 방문객과 지역사회의 산업체간의 중재
　자로서 활동[49]

🔲 다

| 2014년 22번 문제 |

---

48) pull marketing : 기업의 광고 · 홍보 활동에 고객들을
　직접적으로 참여시키는 소비자 판매촉진 방법
　push marketing : 텔레비전, 신문, 잡지 등에서 일방적
　인 광고를 통해서 구매를 강요하는 방법
49) PCO 역할

01 다음 중 회의 참가자수에 따라 가장 변동 가능성이 큰 가변비용 항목은?

가. 회의장, 전시장 임차료
나. 홍보비(브로셔, 포스터, 광고료)
다. 사무국 운영비
라. 리셉션, 연회, 오찬비

답 라

비용 : 고정비용과 변동비용(가변비용)

02 컨벤션서비스의 평가내용 중 Matilla james에 의해 소개된 중요도 – 실행도 분석을 이용한 참가자에 대한 설문평가에서 나타나는 4가지 평가차원[50]과 거리가 먼 것은?

가. 유지관리차원　　　나. 노력집중차원
다. 과잉노력차원　　　라. 핵심역량차원

답 라

03 국제회의도시의 지정을 신청하고자 하는 특별시장·광역시장·시장이 문화관광부장관에게 제출해야 할 서류가 아닌 것은?

가. 국제회의시설의 보유현황 및 건립계획
나. 숙박시설·교통시설·교통안내체계 등 국제회의개최와 관련된 편의시설의 현황 및 확충계획
다. 관광자원의 현황 및 개발계획
라. 인구현황 및 증감계획

답 라

*국제회의산업육성에관한법률시행령 제13조(국제회의도시의 지정기준) :
법 제14조제1항의 규정에 의한 국제회의도시의 지정기준은 다음 각호와 같다.
1. 지정대상도시안에 국제회의시설이 있고, 당해 특별시·광역시 또는 시에서 이를 활용한 국제회의산업육성에 관한 계획을 수립하고 있을 것
2. 지정대상도시안에 숙박시설·교통시설·교통안내체계 등 국제회의 참가자를 위한 편의시설이 갖추어져 있을 것
3. 지정대상도시 또는 그 주변에 풍부한 관광자원이 있을 것

*국제회의산업육성에관한법류 제14조(국제회의도시의 지정 등) :
① 문화체육관광부장관은 대통령령으로 정하는 국제회의도시 지정기준에 맞는 특별시·광역시 및 시를 국제회의도시로 지정할 수 있다.
② 문화체육관광부장관은 국제회의도시를 지정하는 경우 지역 간의 균형적 발전을 고려하여야 한다.
③ 문화체육관광부장관은 국제회의도시가 제1항에 따른 지정기준에 맞지 아니하게 된 경우에는 그 지정을 취소할 수 있다.
④ 문화체육관광부장관은 제1항과 제3항에 따른 국제회의도시의 지정 또는 지정취소를 한 경우에는 그 내용을 고시하여야 한다.
⑤ 제1항과 제3항에 따른 국제회의도시의 지정 및 지정취소 등에 필요한 사항은 대통령령으로 정한다.

| 2003년 12번 문제 |

04 총고정경비는 25,000,000원이고 참가자 1인당 변동비 72,000원으로 분석되었다. 그리고 1인당 참가비를 100,000원으로 책정하였다. 컨벤션조직위원회에서는 이번 컨벤션개최를 통하여 3,000,000원의 이익을 창출하고자 한다. 이러한 재정목표를 달성하기 위해서는 최소한 몇 명의 참가자를 유치하여야 하는가?

가. 900명　　　　　나. 950명
다. 1000명　　　　라. 1100명

답 다

50) 4가지 평가차원 : 유지관리, 노력집중, 과잉노력 지양, 낮은 우선순위

1인당 참가비 100,000원에서 1인당 변동비인 72,000원을 빼면 1인당 28,000원이 고정비에 해당된다.

총고정경비 25,000,000원 더하기 순이익 3,000,000원을 더 하면 28,000,000원이 된다.

28,000.000원 나누기 1인당 고정경비 28,000원을 하면 1000명이란 답이 나온다.

즉, 일인당 고정경비 항목으로 28,000원을 받아야만 28,000,000원을 총고정경비로 쓰고 순이익 3,000,000원을 남길 수 있다.

| 2003년 13번 문제 | 2006년 31번 문제 |

다음은 한 행사진행을 위한 비용이다.

> 참가자 등록비 – $22   회의장임대료 – $1,000
> 연설료 – $1,000   광고비 – $500
> F&B – 참가자당 $10   선물 –참가자당 $2

이 행사는 몇 명의 참가자를 유치해야 손익분기점에 도달하는가?

가. 320명   나. 80명
다. 240명   라. 160명

🗒 다

> · 고정비 = 2,500달러(회의장 임대비+연설료+광고비)
> · 변동비 = 12달러(참가자당 F&B+선물)
> 참가자 개인별 등록비가 22달러이므로, 개인별로 지출되는 변동비인 식음료비 10달러와 선물 2달러를 빼면, 참가자 개인별로 남은 돈 10달러(고정비로 활용 가능)를 모아서 회의장 임대료, 연설료, 광고비의 고정비를 해결할 수 있다.
> 2500달러 나누기 10달러를 하면 250명이 등록해야 된다는 계산이 나온다.
> 보기에 250달러와 가장 가까운 답은 240명

| 2005년 10번 문제 |

총 고정경비는 25,500,000원이고 참가자 1인당 변동비는 74,500원으로 분석되었다. 그리고 컨벤션조직위원회에서는 1인당 참가비를 100,000원으로 책정하였다. 손익분기점에 도달하기 위해서는 최소한 몇 명의 참가자를 유치하여야 하는가?

가. 900명   나. 950명

다. 1,000명   라. 1,100명

🗒 다

> 1인당 고정경비 = 1인당 참가비 100,000원 – 1인당 변동비 74,500원 = 25,500원
> 총고정경비가 25,500,000원이므로 1인당 고정경비 25,500원으로 나누면 1,000명이 손익분기점에 해당된다.

| 2007년 2번 문제 | 2014년 23번 문제 |

등록비가 20만원, 고정비용이 2천만원이고, 1인당 가변비용이 7만5천원인 경우, 손익분기점에 도달하기 위한 참가자 수는?

가. 73명   나. 100명
다. 160명   라. 269명

🗒 다

> 등록비 20만원에서 1인당 가변비용인 75,000원을 빼면 125,000원을 고정비용으로 사용될 수 있는 돈이 된다.
> 따라서 고정비용 20,000,000원 나누기 1인당 고정비용인 125,000원을 계산하면 160명이란 숫자가 나온다.

05 다음 중 컨벤션 개최지의 회의시설 속성이 아닌 것은?

가. 회의장소와의 거리[51]   나. 회의장의 크기
다. 휴게실의 위치   라. 방음시설

🗒 가

> 회의장소와 거리는 회의개최지 결정요소 중 하나

06 도시나 컨벤션 사무국, 개별회의시설에서 회의기획가들을 무료로 방문하도록 초청하여, 미래 회의를 자신의 시설을 이용하도록 홍보하는 활동을 무엇이라 하는가?

가. 회의 코디네이터   나. 인센티브 투어
다. 팸투어[52]   라. 동선계획[53]

🗒 다

| 2013년 82번 문제 |

---

51) 회의 개최지를 결정할 때는 영향을 미친다.

07 최근 컨벤션과 전시회가 복합적으로 개최되어 여러 가지 긍정적인 효과를 낳고 있는 것으로 조사되고 있으며, 이에 따라 앞으로 이러한 경향은 더욱 확대될 전망이다. 양 산업의 복합화가 나타나는 배경에 대한 설명으로 적합하지 않는 것은?

가. 비용절감을 통한 효율성 제고
나. 마케팅 촉진의 관점
다. IT등 기술발전에 의한 영향
라. 정부차원에서 산업발전을 위한 정책적 유도

답 라

전자관련 국제회의와 전자관련 전시회가 동시에 병행해서 개최되는 현상이 증가하고 있다. 상호 상승효과가 높다.

08 컨벤션을 개최함으로 발생되는 효과가 아닌 것은?

가. 컨벤션 참여 회원들의 단합심과 소속감을 고양시킨다.
나. 개최지의 운송, 쇼핑, 숙식 등에 미치는 긍정적인 효과가 크다.
다. 개최지의 지역문화 발전과 도시환경의 개선에 영향을 준다.
라. 회원들간의 정보제공과 지식교류로 인하여 참가국의 사회에 즉각적인 영향을 끼친다.

답 라

국제회의 개최 효과
· 정치적 측면 : 국제적인 인적 교류의 증대 및 상호이해의 증진, 국제 무대에서의 위치 향상, 국제질서의 유지에 거여, 세계평화와 인류복지의 증진, 평화통일 외교정책에 기여
· 경제적 측면 : 산업구조의 변화에 영향, 국제회의산업에 대한 노우하우축적에 기여, 지역의 경제 활성화, 국제회의관련 산업의 성장, 내수시장의 확대에 기여
· 사회문화적 측면 : 국제회의 개최 국가의 대외홍보효과와 개최도시의 대외홍보효과, 개최지 주민의 자부심 향상과 의식수준 향상, 국제친선과 국제교류의 문화적 효과, 지역주민의 주거환경 정비에 기여

· 관광산업적 측면 : 관광산업 개절적 비수기 위기를 관리하는 데 유익하며, 국제회의 참가자 일반관광객보다 체재기간이 길고, 외화소비액도 1.5배가 되며, 호텔객실의 판매에도 기여

| 2009년 47번 문제 |

09 장소 선정을 위한 6단계 과정에 포함되지 않는 것은?

가. 회의 목표 인식
나. 물리적 시설 요구 사항 결정
다. 참가자의 관심과 기대 분석 및 정의
라. 조직위원회의 기대 충족

답 라

회의 장소 선정을 위해서 고려해야 할 사항
· 회의 목표와 부합
· 숙박 장소와의 거리
· 회의 시설이 적절한가?
· 회의 참가자의 유치에 효과적인가?
· 항공교통망
· 주변의 관광자원은 풍부한가?

10 국제회의 기획과 관련해서 목표 설정시 고려사항이 아닌 것은?

가. 구체성(Specific)
나. 측정가능(Measurable)
다. 달성가능(Achievable)
라. 시간제약의 탈피(Untimely)[54]

답 라

11 다음 중 컨벤션 사후처리 및 평가 단계 내용으로 가장 거리가 먼 것은?

가. 행사참가자 대상 설문조사 및 분석
나. 행사수익 및 지출내용 결산
다. 호텔 예약(Blocking) 해제[55]
라. 회의 참가자 대상 감사 편지 발송

답 다

| 2012년 70번 문제 |

---

52) Fam tour = familiarization tour
53) 동선계획 : 평면에 사람이나 물건의 움직임을 선으로 나타내어, 그 흐름이 기능적이 되도록 설계하는 일.
   예 공항영접, 전시회 기획 등

54) 제한되고 계획된 시간 내에 국제회의 기획과 운영을 수행할 수 있도록 운영해야 된다. Time management가 중요하다.

12 컨벤션 기획에 있어 회의목표와 관련한 설명으로 틀린 것은?

가. 회의목적을 설정함에 있어 회의 참가자 시장에 대한 욕구 분석과 회의개최를 통해 주최측이 무엇을 얻고자 하는가에 대한 이해가 중요하다.

나. 프로그램의 목적은 오랜역사와 전통이 깊은 조직일수록 역사나 전통이 짧은 조직보다 해를 거듭할 수록 큰 변화없이 비슷하다.

다. 개최지의 매력에 대한 관심은 회의참석이 의무적이고 기업주가 회의관련 비용을 부담하는 기업회의 참가자보다 회의를 자유의사에 의해 참가하고 비용을 부담한 회의 참가자가 더 높다.

라. 회의목표는 실제 참석예상인원보다 약간 높게 두며, 구체적이기 보다 모든 참가자의 회의참가 목표를 고려해서 광범위한 목표를 세운다.[56]

🗝 라

---

13 컨벤션 시장은 크게 협회시장과 기업시장으로 구분되는데 다음 중 협회시장의 특성이 아닌 것은?

가. 강제적 참가자가 많다.[57]
나. 매년 개최지가 바뀌는 특성이 있다.
다. 회의는 정기적으로 개최된다.
라. 관광 매력지나 리조트가 흔히 개최지로 선택된다.

🗝 가

> 정부회의 · 기업회의 : 강제적 참여 성향
> 협회회의 · 학술회의 : 자발적 참여 성향

---

14 컨벤션 참가자에게 교부하는 뱃지(Badge)의 가장 우선적인 기능은?

가. 회의장 출입자의 안전 및 경호[58]
나. 참가자의 이름 식별
다. 등록된 카테고리를 지정
라. 참가자가 소속한 조직을 식별

🗝 나

> ○
> (사진)
> Susie Maria Han
> Japan ABC Association
>
> E / J (구사 가능 언어)
>
> E : English   J : Japanese

---

15 다음 중 컨벤션 및 기타 회의와 관련되어 기획 및 실행 등에 관한 교육 및 훈련을 실시하는 기구가 아닌 것은?

가. PCMA[59]   나. ASAE[60]
다. FTA   라. MPI[61]

🗝 다

> FTA : Free Trade Agreement (자유무역협정)
> 자유무역협정(自由貿易協定)은 둘 또는 그 이상의 나라들이 상호간에 수출입 관세와 시장점유율 제한 등의 무역 장벽을 제거하기로 약정하는 조약이다. 이것은 국가간의 자유로운 무역을 위해 무역 장벽, 즉 관세 등의 여러 보호 장벽을 철폐하는 것이다. 이로써 좀 더 자유로운 상품 거래와 교류가 가능하다는 장점이 있으나 자국의 취약산업 등의 붕괴 우려 및 많은 자본을 보유한 국가가 상대 나라의 문화에까지 좌지우지 한다는 점에서 논란이 많다.

| 2005년 31번 문제 |

---

16 참가자 유치를 위해 DB(Database) 마케팅이 과거의 마케팅보다 나은 이유에 대한 설명으로 가장 거리가 먼 것은?

가. 지속적이고 장기적인 고객관리가 가능하게 되었다.
나. 예상되는 참가자마다 개별적 유치전략을 세우는데 도움이 된다.
다. 고객의 DB를 체계적으로 구축할 수 있게 되었다.

---

55) 국제회의 운영과정 중 숙박관련 사항
56) 예상인원 보다 낮게 목표를 설정해야 된다.
57) 기업회의와 정부회의는 참석이 의무적이다.
58) 정부회의, 기업회의에 적용되는 내용

59) PCMA : Professional Convention Management Asso-ciatioin
60) ASAE : American Society of Association Executives
61) MPI : Meeting Professionals International

라. 회의 기획자가 참가자들에게 획일적이고 일방적인 의사소통의 수단으로서 사용될 수 있게 되었다.

🗑 라

Database를 활용해서 국제회의 주최득과 참가예정자간의 쌍방향 의사소통이 가능하다.

17 회의 장소내에서 여러 행사장의 방향 및 개최 등을 알리는 표지물(Signage)의 필요성[62)]과 거리가 먼 것은?

가. Direction 나. Motivation
다. simplification 라. Information

🗑 다

Simplification : Signage의 문구와 표시 제작에서 고려할 사항

18 회의장에서 사용되는 시각장비 중 컴퓨터를 이용한 발표자료를 투영하며 근래에 가장 많이 사용되는 장비는?

가. Overhead Projector
나. Slide Projector
다. Video Projector
라. LCD Projector

🗑 라

19 다음과 같은 행사는 어떤 행사장이 적합한가?

다국적 IT기업의 연례 우수영업사원행사를 내년에는 유럽에서 개최할 예정이다. 이 행사의 목적은 우수 영업사원들의 표창과 Team building program을 통한 참가자들의 사기를 높이고 유대관계를 돈독히 하여 영업성과를 올리는 것이다.

가. 공항호텔 나. 도심호텔
다. 컨퍼런스 호텔/센터 라. 리조트 행사장

🗑 라

| 2008년 40번 문제 | 2009년 27번 문제 | 2011년 4번 문제 |
| 2013년 18번 문제 |

---

62) 행사내용 안내, 행사장 방향, 참가 유도(동기부여)

20 우리나라 국제회의산업육성에 관한 법률의 국제회의 요건이 아닌 것은?

가. 5개국 이상의 외국인 참가
나. 회의 참가자가 300인 이상이고 그중 외국인이 100인 이상
다. 3일 이상 진행
라. 3개국 이상의 언어사용 및 통역

🗑 라

언어사용에 대한 규정은 없음

국제회의산업육성에 관한 법률 시행령 제2조(국제회의의 종류·규모) 국제회의산업육성에 관한 법률(이하 "법"이라 한다) 제2조제1호의 규정에 의한 국제회의는 다음 각호의 1에 해당하는 회의를 말한다.
1. 국제기구 또는 국제기구에 가입한 기관 또는 법인·단체가 개최하는 회의로서 다음 각목의 요건을 갖춘 회의
   가. 당해 회의에 5개국 이상의 외국인이 참가할 것
   나. 회의참가자가 300인 이상이고 그 중 외국인이 100인 이상일 것
   다. 3일 이상 진행되는 회의일 것
2. 국제기구에 가입하지 아니한 기관 또는 법인·단체가 개최하는 회의로서 다음 각목의 요건을 갖춘 회의
   가. 회의참가자중 외국인이 150인 이상일 것
   나. 2일 이상 진행되는 회의일 것

21 세계 30개국에서 475개가 넘는 컨벤션뷰로가 가입하고 있으며 이 협회의 목적은 컨벤션 전문가 정신과 기술을 함양시키고 컨벤션 산업과 이 협회 소속의 회원들의 이미지와 업무효율성을 향상시키기 위해 1914년에 설립된 협회의 이름은?

가. International Association of Conference Center
나. International Association of Convention and Visitors Bureaus
다. Professional Convention Management Association : PCMA
라. International Association for Exhibition Management

🗑 나

22 국제회의종료 후 사후관리 사항에 포함되지 않는 내용은?

가. 결과보고서 작성
나. 행사장 조사 관련 업무 협조[63]
다. 조직위원회 및 사무국 해산
라. 행사 결산보고서 작성

답 나

| 2013년 35번 문제 |

23 국제회의 유치절차에서 공식 유치신청서(Bidding Documents)를 준비하는 단계에 필요한 내용은?

가. 유관기관(공사, 지자체 정부 등)의 지지 서신
나. 개최능력(예산, 조직) 및 후원 확보 가능성 검토
다. 국제협의 이사진들에게 지지서신 발송
라. 조직위원회 구성

답 가

24 희망자동차는 컨벤션센터에서의 행사를 위해 많은 자금을 들여서 화려한 스타일의 쇼(이벤트)를 기획하였다. 다음 중에서 위와 같은 화려한 행사를 기획할 수 있는 모임의 형태는 무엇일까?

가. 업무와 관련된 기술적인 모임
나. 경영자 회의
다. 새로운 상품의 출시행사
라. 사원연수 모임

답 다

25 주로 행사장에서 연설자가 연설문 등 자료를 올려 놓을 수 있고 보통 마이크 사용을 위한 전기코드와 램프시설까지 겸비한 기구는?

가. Desk   나. Platform
다. Easel   라. Lectern[64]

답 라

26 PCO의 부문별 세부업무인 기획용역부문의 주요활동이 아닌 것은?

가. 기본 및 세부 추직계획서 작성

나. 회의장 및 숙박장소 선정
다. 행사 준비 일정표 작성
라. 회의 진행시간표 작성[65]

답 라

| 2011년 10번 문제 |

27 회의산업에 있어 마케팅 믹스(Marketing Mix)의 내용 중 수요자극에 해당하는 것은?

가. 고객의견 청취   나. 개인판촉
다. 서비스계획   라. 인센티브

답 나

28 회의실 설치를 기획할 때 반드시 고려해야 되는 사항으로 가장 거리가 먼 것은?

가. 회의실의 수요능력
나. 회의의 성격이나 프로그램의 유형
다. 회의실내의 A/V시설 유무
라. 참가자의 취향이나 기호

답 라

29 다음 회의시장의 특징 중 틀린 것은?

가. 협회회의(association meeting) 참가자는 기업회의(corporation meeting)에 비해 개인의 참가비용에 매우 민감한 편이다.
나. 기업회의(corporation meeting)는 참가자의 자유의사에 의해 결정되기에 PCO의 홍보와 마케팅에 민감한 편이다.
다. 협회회의는 기업회의에 비해 leading time이 많이 소요되는 경우가 많다.
라. 기업회의는 내부회의와 외부회의로 나누어질 수 있다.

답 나

> leading time : 준비 일정

30 국제회의산업 육성기본계획에 속하지 않는 것은?

가. 국제회의에 필요한 인력의 양성에 관한 사항
나. 국제회의 시설의 설치 및 확충에 관한 사항
다. 국제회의 기획업(PCO)의 건전 육성에 관한 사항
라. 국제회의 유치촉진에 관한 사항

---

63) 국제회의 기획단계에서 행사장 사전답사를 위해서 하는 일
64) lectern : 연단, 연설대 = speaker's desk, lectern table, dais, podium, rostrum, platform
    lectern microphone : 연단 위의 마이크

65) 주최측에서 결정할 사항

31 참가자(전시참여업체 포함) 유치를 위한 전략으로 맞지 않는 것은?

가. 회의 행사에 참여하는 잠재적 참가자들을 철저히 이해해야 한다.

나. 회의행사에 참여할 수 있는 잠재적 참가자들의 표적시장을 선정한다.

다. 기업회의 참가자들은 자신의 의사에 따라 참여하기 때문에 협회회의보다 더 많은 홍보를 해야한다.

라. 전시 참여업체를 유도하기 위한 홍보자료의 주 내용은 전시회 참가로 얻을 수 있는 이점을 구체적으로 설명하는 것이다.

답 다

32 기본적으로 행사기획자가 연설자에게 보내는 4가지의 서면통신 중 행사전에 참석자 숫자 등 행사에 대한 자세한 정보와 스케쥴을 보내는 서면은?

가. Confirmation letter

나. Invitation letter

다. Thank you letter

라. Reminder

답 라

> Invitation letter – Acceptance of Invitation from the speaker – Confirmation letter – Reminder – Thank you letter

33 컨벤션기획사가 계약서를 작성할 때 유의할 사항 중 틀린 것은?

가. 날짜, 객실

나. 광고, 홍보

다. 보안 및 안전, 지적 소유권 문제

라. 계약불이행, 시설 개조 및 건설

답 나

34 컨벤션 개최지 포지셔닝 과정에서 필요없는 단계는?

가. 경쟁 국제회의 개최지 파악

나. 컨벤션기획사 전문교육 실시

다. 컨벤션기획사 입장에서 개최지 속성 분석

라. 경쟁 국제회의 개최지 속성 분석

35 컨벤션뷰로(Convention & Visitors Bureau)에 관한 일반적인 설명으로 틀린 것은?

가. 컨벤션뷰로는 컨벤션개최지에 관한 세밀한 정보를 제공할 뿐만 아니라 해당지역을 대해 컨벤션개최를 유도하고 성공적인 개최를 위한 각종 서비스를 지원하는 조직이다.

나. 컨벤션뷰로가 관주도형일 경우 재정적 지원의 확보, 조직관리 및 인력관리가 용이하지만 창의적 책임경영 마인드가 부족한 면이 있다.

다. 컨벤션프로그램 기획 및 컨벤션 전후 관광프로그램 기획 등의 각종 컨벤션 지원 이벤트를 기획하며 컨벤션 참가자의 숙박예약 업무 지원, 현장등록을 비롯한 서비스를 제공한다.

라. 관광 및 컨벤션 목적지로서 경쟁력을 갖추기 위해 도시의 이미지 개발 및 마케팅역할을 담당한다.

답 다

36 그룹토론이나 식사 등을 위해서는 어떤 형태의 좌석배치가 적절한가?

가. 라운드형 좌석배치   나. 교실형 좌석배치

다. 사각형 좌석배치   라. 극장식 좌석배치

답 가

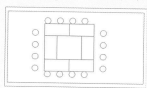

Hollow square : 사각형 좌석 배치

| 2007년 9번 문제 | 2007년 24번 문제 | 2007년 33번 문제 |
| 2009년 21번 문제 |

37 국제협회연합(Union of International Association, UIA)이 정의한 국제회의 기준에 부합되지 않는 것은?

가. 300명 이상의 참가자

나. 5개국 이상의 참가

다. 회의기간 5일 이상

라. 40% 이상의 외국인 참가자

답 다

UIA가 정한 국제회의 기준
· 전체 참가자수가 300명 이상
· 참가국수가 5개국 이상
· 회의 기간이 3일 이상

38 우리나라 국제회의 산업 발전의 기회요인이 아닌 것은?

가. 국제교류 증대
나. 다양한 국제기구 형성
다. 교통기술의 발달
라. 경제블럭화 심화

🔁 라

39 회의장 배치(Setup)에 관한 설명으로 틀린 것은?

가. 교실형은 원탁(rounds) 배치보다는 좁은 공간에서 대규모 단체를 수용할 수 있고, 연사와 참가자가 마주 볼 수 있어 강연에 집중할 수 있지만, 참가자들 사이에서는 등을 보고 있는 상태라 상호작용은 제한된다.

나. 원탁(rounds) 혹은 반원형(half-rounds)배치는 테이블에 동석한 참가자간의 상호대화가 용이하며 식음료 서빙에 편리하나, 회의장 내 전체 참가자간의 상호작용은 제한된다.

다. V자형 배치는 대규모 단체회의에는 적합하지 않지만, 모든 참가자가 비슷한 거리에서 연사와 함께 할 수 있어 연사와 참가자간의 상호작용 그리고 참가자들간의 상호작용을 용이하게 된다.

라. 극장식(theater) 배치는 읽기나 쓰기를 필요로 하지 않는 대규모 단체의 단체의 회의에 적합하며, 메모할 수 있는 받침이 없고, 단체 상호작용이 제한된다.

🔁 다

V자형 배치는 대규모 회의에서 앞사람으로 인한 시선 방해의 단점을 보완한 극장식 배치

40 컨벤션 유치가 경제적 효과를 많이 발생시키는 이유로서 가장 올바른 것은?

가. 한 컨벤션에 참가하는 참가자들의 수가 많고 참가자들의 수가 많고 참가자들에 의한 지출 비용이 높다.

나. 컨벤션 산업은 소수의 다른 산업과 연계 되어 있다.
다. 컨벤션 참가자들은 컨벤션 개최도시에 또는 개최국에서 머무르는 기간이 짧은 편이다.
라. 컨벤션 유치를 위해 정부에서 많은 유치 노력을 해야 하기 때문이다.

🔁 가

| 2008년 42번 문제 |

2005년도 시행 컨벤션산업론

01 컨벤션 서비스 품질 평가 요소가 아닌 것은?

가. 참가자 만족도 평가
나. 회의 프로그램의 평가
다. 개최지 시설 및 서비스의 평가
라. 부대행사의 평가

답 가

컨벤션 서비스 품질 평가 = 참가자 만족도 평가
질문의 내용은 "평가" 자체가 아닌 "평가 요소"
에 들어가는 것이 아닌 것은 무엇인가란 질문

02 다음 중 개·폐막식에 주로 이용되는 세션은?

가. 집중세션   나. 일반세션
다. 협력세션   라. 동시세션

답 나

· Session : 회의 기본 단위
· Slot : 회의 발표 기본 단위
　　　3 slots in one session

1일째	2일째	3일째
Registration Opening ceremony	Session (2 slots)	Session (3 slots)
Lunch	Lunch	Lunch
Session (3 slots)	Session Technical Tour	Closing ceremony Farewell party
Dinner	Dinner	

· 집중세션 : 여러 시간 동안 집중적으로 진행
　되는 세션
· 동시세션 : 여러 분과로 나뉘어서 같은 시간
　대에 동시에 진행되는 세션
· 전문세션 : 주제별 전문분야로 나뉘어 진행되
　는 세션
· 협력세션 : 2개 이상의 기관이 공동해서 주도
　적으로 이끌어 가는 세션

03 ( ) 안에 알맞은 것은?

"컨벤션 마케팅 계획의 작성단계에서 시장에 대
한 조사분석을 정확하게 작성하기 위해서는 컨
벤션 관련 국가의 내외적인 동향과 시장 분석,
컨벤션 시설과 내용분석, 경쟁관계 등을 통해서
( )분석을 실시하게 된다."

가. 수입과 지출 분석   나. 4P's
다. 회의 수   라. SWOT

답 라

4P, SWOT분석 : 일반기업이 시장경쟁에서 살
아남기 위해서 경쟁사 보다 우위를 점하기 위해
서 경영전략을 찾는 분석방법. 국제회의 유치를
위한 컨벤션마케팅, 컨벤션과 관련한 기업의 마
케팅 활동에 활용되는 기법

4P = Price, Place, Product, Promotion
SWOT : Strength, Weakness, Opportunity,
Threat

종업원, 상품, 서비스, 자본 등 내부환경분석(강
점과 약점)과 경쟁사 전략, 정부정책, 환율변화,
금리 추세 등 외부환경분석(기회과 위협)을 통
해서 사업환경을 분석한 후 SO전략, ST전략,
WO전략, WT전략을 수립한다.
· SO : strength-opportunity – 자사의 강점
　과 시장의 기회요인의 조합이므로 경쟁사를
　강하게 밀어붙일 수 있는 전략을 도출
· ST : strength-threat – 강점을 이용해서
　위협을 최소화하거나 회피하는 전략을 도출
· WO : weakness-opportunity – 약점을 보
　완하면서 기회를 살리는 전략을 도출
· WT : weakness-threat – 위협을 최소화하
　기 위한 전략을 도출

04 리셉션 초청장에서 사용되는 용어인 'RSVP'가 의미하는 것은?

가. 참석여부에 대한 회신 부탁
나. 반드시 참석해 줄 것에 대한 부탁
다. 참석복장에 대한 설명
라. 참가자 규모에 대한 설명

🗒 가

> · RSVP : 회신요망
>   répondez s'il vous plaît'
>
> · regret only : 불참자만 연락 (초청장의 R.S.
> V.P.에 사용하는 표현)
> 불참 예정인 분들만 연락을 하게 되므로 자동
> 적으로 참석자의 확인은 연락을 하지 않은 분
> 들은 모두 참석자가 되는 방식으로 금전, 시
> 간, 사무국 직원의 노력이 절약되는 효과가
> 있으나 효율성보다 참석률, 정성, 품위를 고
> 려해야할 회의에서는 R.S.V.P.를 Card 형태
> 로 받거나 사무국 직원들이 참석자에게 일일
> 이 전화해서 참석 여부를 재확인한다.

> *INVITATION*
>
> *Dr. Susie Maria Hans*
> *Chairperson of ABC Organization*
>
> *Requests the honor of your company*
> *At a Welcome Dinner*
> *To welcome the participants of ABC*
> *On(on) Monday, May 17, 2016*
> *At 19:00*
> *At the Diamond Suite, 9th floor, Hotel Emerald*
>
> *R.S.V.P. : 548-3308*
> *By May 16, 2016 at 4:00 pm*
> *Lounge suit*

Requests the honor of your company = request the pleasure of your presence

> *INVITATION*
>
> *On the occasion of 2016 ABC Conference*
>
> *Dr. Susie Maria Hans*
> *Chairperson of ABC Organization*
>
> *Cordially invites you*
> *To a Welcome Dinner*
> *On Monday, May 17, 2016*
> *At 19:00*
>
> *Regrets only: 548-3308*
> *By May 16, 2009 at 4:00 pm*
> *Lounge suit*

| 2009년 99번 문제 | 2013년 96번 문제 |

05 컨벤션 마케팅 계획 수립이 필요한 이유로 거리가 가장 먼 것은?

가. 종사원에 대한 미래 지향적 사고 유도
나. 불확실한 미래 예측을 가능하게 함
다. 자신의 최적활용 및 목표달성
라. 컨벤션 평가보고서 작성

🗒 라

06 해당 국가 또는 도시로의 유치가 확정되도록 하기 위해서 유치위원회를 중심으로 다양한 유치활동이 이루어진다. 다음중 유치활동으로 사용되는 방법이 아닌 것은?

가. 국제기구 본부 임원 초청 현지 답사
나. 관련 인사 유치 취지서 및 지지서신 발송
다. 조직위원회 구성 및 예산계획 수립
라. 전차 대회에 참가하여 홍보이벤트 개최

🗒 다

> 조직위원회는 국제회의 개최지 결정 이후에 조
> 직된다.
> · 유치위원회 → 개최지 결정 → 조직위원회

07 국제회의산업육성에관한법률상의 국제 회의 중 국제기구 또는 국제기구에 가입한 기관 또는 법인 단체가 개최하는 회의에 있어 그 요건에 해당하지 않는 것은?

가. 당해 회의에 3개국 이상의 외국인이 참가할 것
나. 회의참가자가 300인 이상일 것
다. 참가자 중 외국인이 100인 이상일 것
라. 3일 이상 진행되는 회의일 것

🗒 가

> 국제회의산업육성에 관한 법률시행령 제2조(국
> 제회의의 종류·규모)
> 국제회의산업육성에관한법률(이하 "법"이라 한
> 다) 제2조제1호의 규정에 의한 국제회의는 다음
> 각호의 1에 해당하는 회의를 말한다.
> 1. 국제기구 또는 국제기구에 가입한 기관 또는
>   법인·단체가 개최하는 회의로서 다음 각목
>   의 요건을 갖춘 회의
>   가. 당해 회의에 5개국 이상의 외국인이 참가
>   할 것
>   나. 회의참가자가 300인 이상이고 그 중 외국

인이 100인 이상일 것

　다. 3일 이상 진행되는 회의일 것

　2. 국제기구에 가입하지 아니한 기관 또는 법
　　인·단체가 개최하는 회의로서 다음 각목의
　　요건을 갖춘 회의

　　가. 회의참가자중 외국인이 150인 이상일 것

　　나. 2일 이상 진행되는 회의일 것

08 다음 회의 (session) 형태 중 소집단 회의의 일
종으로 일정한 조건에 의하여 참가 대상이 제한되
어 있는 회의 형태는?

　가. Plenary Sessions

　나. Breakout Sessions

　다. Concurrent Sessions

　라. Prerequisite[66] Sessions

　🔲 라

　plenary session : 전원참석 회의

09 회의 개최일자 결정시 고려해야 할 사항으로 바른
것은?

　가. 학술회의는 가급적 방학기간은 피하는 것이
　　좋다.

　나. 부인 동반자 참가가 많은 경우에는 봄, 가을
　　을 우선적으로 고려한다.

　다. 연휴나 기념을 포함하여 회의기간을 잡아서
　　일상생활에 지장없도록 한다.

　라. 과거의 개최연혁을 참고로 하여 동일한 날짜
　　에 열릴 수 있도록 한다.

　🔲 나

10 총 고정경비는 25,500,000원이고 참가자 1인당
변동비는 74,500원으로 분석되었다. 그리고 컨벤
션조직위원회에서는 1인당 참가비를 100,000원
으로 책정하였다. 손익분기점에 도달하기 위해서는
최소한 몇 명의 참가자를 유치하여야 하는가?

　가. 900명　　　　　나. 950명

　다. 1,000명　　　　라. 1,100명

　🔲 다

66) prerequisite : 미리 필요한, 필수의

1인당 고정경비 = 1인당 참가비 100,000원 − 1
인당 변동비 74,500원 = 25,500원
총고정경비가 25,500,000원이므로 1인당 고정
경비 25,500원으로 나누면 1,000명이 손익분
기점에 해당된다.

| 2004년 4번 문제 |

총고정경비는 25,000,000원이고 참가자 1인당 변
동비 72,000원으로 분석되었다. 그리고 1인당 참
가비를 100,000원으로 책정하였다. 컨벤션조직위
원회에서는 이번 컨벤션개최를 통하여 3,000,000
원의 이익을 창출하고자 한다. 이러한 재정목표를
달성하기 위해서는 최소한 몇 명의 참가자를 유치하
여야 하는가?

　가. 900명　　　　　나. 950명

　다. 1000명　　　　　라. 1100명

　🔲 다

1인당 참가비 100,000원에서 1인당 변동비인
72,000원을 빼면 1인당 28,000원이 고정비에
해당된다.
총고정경비 25,000,000원 더하기 순이익 3,000,
000원을 더 하면 28,000,000원이 된다.
28,000.000원 나누기 1인당 고정경비 28,000
원을 하면 1000명이란 답이 나온다.
즉, 일인당 고정경비 항목으로 28,000원을 받
아야만 28,000,000원을 총고정경비로 쓰고 순
이익 3,000,000원을 남길 수 있다.

| 2003년 13번 문제 |

다음은 한 행사진행을 위한 비용이다.

참가자 등록비 − $22	회의장임대료 − $1,000
연설료 − $1,000	광고비 − $500
F&B − 참가자당 $10	선물 −참가자당 $2

이 행사는 몇 명의 참가자를 유치해야 손익분기점
에 도달하는가 ?

　가. 320명　　　　　나. 80명

　다. 240명　　　　　라. 160명

　🔲 다

고정비로 지출된 돈은 회의장 임대비 1,000달러, 연설료 1,000달러, 광고비 500달러이며, 참가자의 수에 따라서 달라지는 변동비는 식음료비 참가자당 10달러와 참가자당 2달러의 선물비가 있다.

고정비 = 2,500달러
변동비 = 12달러

참가자 개인별 등록비가 22달러이므로, 개인별로 지출되는 변동비인 식음료비 10달러와 선물 2달러를 빼면, 참가자 개인별로 남은 돈 10달러(고정비로 활용 가능)를 모아서 회의장 임대료, 연설료, 광고비의 고정비를 해결할 수 있다.

2500달러 나누기 10달러를 하면 250명이 등록해야 된다는 계산이 나온다.

보기에 250달러와 가장 가까운 답은 240명

| 2006년 31번 문제 |

다음은 행사진행을 위한 비용이다. 이 행사는 몇 명의 참가자를 유치해야 손익분기점에 도달하는가?

· 참가자 등록비 : $22
· 회의장 임대료 : $1,000
· 연설료 : $100
· 광고비 : $500
· F&B : 참가자당 $10
· 선물 : 참가자당 $2

가. 320명　　　　　　　나. 80명
다. 240명　　　　　　　라. 160명

🔖 라

고정비로 진출된 돈은 회의장 임대비 1,000달러, 연설료 1,00달러, 광고비 500달러이며, 참가자의 수에 따라서 달라지는 변동비로 식음료비 참가자당 10달러와 참가자당 2달러의 선물비가 있다.

참가자 개인별 등록비가 22달러이므로, 개인별로 지출되는 식음료비 10달러와 선물 2달러를 빼면, 참가자 개인별로 남은 돈 10달러를 모아서 회의장 임대료, 연설료, 광고비로 지출할 수 있다. 따라서 회의장임대료, 연설료, 광고비를 합하면 1,600달러가 되므로 1,600달러를 남은 비용 10달러로 나누면 160명이란 숫자가 나온다.

| 2007년 2번 문제 |

등록비가 20만원, 고정비용이 2천만원이고, 1인당 가변비용이 7만5천원인 경우, 손익분기점에 도달하기 위한 참가자 수는?

가. 73명　　　　　　　나. 100명
다. 160명　　　　　　　라. 269명

🔖 다

등록비 20만원에서 1인당 가변비용인 75,000원을 빼면 125,000원을 고정비용으로 사용될 수 있는 돈이 된다.

따라서 고정비용 20,000,000원 나누기 1인당 고정비용인 125,000원을 계산하면 160명이란 숫자가 나온다.

11 무대 위에 스크린을 배치할 때 다음 중 가장 적절한 배치 방법은?

가. 스크린은 항상 무대 중앙에 오게 배치한다.
나. 스크린 보다는 연사가 중요하므로 스크린은 무대 코너에 배치한다.
다. 연사와 스크린을 함께 무대에 배치할 때 대부분 연사의 오른 편에 스크린을 배치한다.
라. 청중이 스크린을 바라보는 각도는 22도에서 45도가 가장 바람직하다.

🔖 다

12 국제회의 단계별 홍보계획에 있어서 Preliminary Announcement의 내용으로 적합하지 않은 것은?

가. 회의 스케줄
나. 동반자 및 관광프로그램
다. 논제 및 연설자
라. 회의기간

🔖 라

13 회의실 배치에 관한 설명 중 옳은 것은?

가. 회의실 결정은 가능한 현지답사를 하는 것이 바람직하지만, 시설공급업체에서 제공하는 도면만으로 결정해도 무방하다.
나. 일반적으로 호텔을 회의실로 이용하는 경우 전체 회원을 위한 행사는 볼룸에서 한다.
다. 전체 회의에서 가장 많이 사용되는 좌석배치인 극장식은 테이블과 의자가 설치된 형태이다.

라. 각 회의실 디자인은 경험이 많은 시설공급업체의 담당자에게 일임하여 좌석, 무대, 기자재 배치를 적당히 하도록 지시한다.

답 나

> 극장식 좌석배치 : 테이블이 없이 의자만 배치

---

14 컨벤션 참가자에 대한 CRM(Customer Relationship Management)차원에서 가장 효율적으로 활용할 수 있는 수단은?

가. Brochure 발송
나. Personal Letter 발송
다. Web-page 발송
라. News Letter 발송

답 다

> 고객관계관리(CRM : customer relationship management) : 기업이 고객 관계를 관리해 나가기 위해 필요한 방법론이나 소프트웨어 등을 가리키는 용어. 현재의 고객과 잠재 고객에 대한 정보 자료를 정리, 분석해 마케팅 정보로 변환함으로써 고객의 구매 관련 행동을 지수화하고, 이를 바탕으로 마케팅 프로그램을 개발, 실현, 수정하는 고객 중심의 경영 기법을 의미한다.

---

15 참석자들의 좌석 배열상 어느 특정인에게 상석의 자리를 주기 어려운 경우 또는 국가간 정상회담이나 기업 간 대표모임 등의 회의를 기획할 경우 이러한 의전 상의 애로사항을 해결하기 위해 사용할 수 있는 회의 유형은?

가. Round Table   나. Hollow Square
다. U-shaped   라. T-shaped

답 가

---

16 다음 중 국제회의 참가자의 동반자를 위한 회의기간 중 운영되는 관광프로그램은?

가. Pre-tour   나. Post-tour
다. Excursion   라. Spouse Program

답 라

---

17 세미나의 발표자가 회의 도중에 5분 정도의 동영상을 비디오로 보여주기를 희망하며, 파워포인트를 이용하여 만들어진 발표 자료를 청중들에게 보여주기를 희망한다. 이 세미나가 진행될 회의장에 비치되어져야 할 기기로 바르게 묶인 것은?

가. OHP – Flip Chart – VTR
나. VTR – LCD Projector – Notebook Computer
다. VTR – Slide Projector – Notebook Computer
라. OHP – Notebook Computer – 실물화상기

답 나

---

18 회의테이블의 배치유형별 장·단점에 대한 설명으로 틀린 것은?

가. 교실식(classroom)은 강연자가 참가자 전원을 마주 대할 수 있고, 다른 배치유형에 비하여 적은 면적에 많은 사람을 수용할 수 있는 장점이 있다.
나. T자형(T-Shape)은 소규모 그룹에 좋은 배치유형이지만 참가자간의 상호연결성이 좋지 않은 단점이 있다.
다. 극장식(Theater Style)은 필기 등과 같은 작업이 필요없는 대규모 그룹을 수용하는데 장점을 지닌 적절한 배치유형이다.
라. 원형(chairs in a circle)은 비공식적이고 참여형 그룹에게 장점을 지닌 배치유형이다.

답 나

> · T자형 : 상호연결성이 좋음. 협상과 패널 토론에 적합
> · U-shape / Horseshoe : 이사회, 아이디어 교환, AV 프레젠테이션에 가장 적합

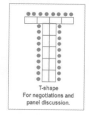
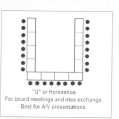

T-shape
For negotiations and panel discussion.

"U" or Horseshoe
For board meetings and idea exchange.
Best for A/V presentations.

---

19 국제회의에 참가하려는 잠재참가자들에 대한 분석이 필요한 이유로 타당하지 않은 것은?

가. 참가자들의 지식과 기술에 대한 욕구를 파악하여 회의 주최측의 목표를 달성한다.
나. 참가자들의 경제적 지위를 파악하여 회의 개최지 선정이나 회의시설과 메뉴선정에 도움이 되도록 한다.

다. 참가자들의 연령, 교육수준, 취미 등을 파악하여 회의형식과 의제선정에 도움이 되도록 한다.

라. 참가자들의 참가횟수를 파악하여 참석여부를 미리 예측하는데 도움이 되도록 한다.

🗒 라

20 회의장에서 발표시 프로젝트를 스크린 뒤에 설치하고 스크린을 통해 이미지를 투영할 수 있도록 하는 방식의 스크린 종류는?

가. Matt White Screen[67]
나. Glass-Beaded Screen[68]
다. Lenticular Screen[69]
라. Rear Projection Screen

🗒 라

21 컨벤션 행사에서 발생할 수 있는 위기관리 방법의 설명으로 적합하지 않는 것은?

가. 행사 후 위기관리 프로그램의 평가 및 수정·보완이 이루어져야 한다.
나. 위기사항에 관한 체크리스트를 작성하고 필요한 보험을 확보한다.
다. 위기관리 담당자는 참가자의 특성, 개최시설의 특성을 파악해야 한다.
라. 컨벤션 주최자, 기획가 및 보험업체만이 위기관리 주체자가 된다.

🗒 라

22 다음 중 구체적인 문제점들을 분석 또는 해결하거나, 어느 특정 분야의 기술이나 지식을 습득하기 위한 집단회의 형식은?

가. 세미나(seminar)
나. 워크샵(workshop)
다. 클리닉(clinic)
라. 콩그레스(congress)

---

67) 홈 시어터를 위한 영사용 스크린. 직물을 기본으로 하여 백색의 라이메이터로 코팅을 한 제품
68) 스크린의 표면에 유리가루를 코팅하여 반사율을 현격하게 향상시킨 제품. 오래 사용하면 유리가루가 떨어져 나가는 단점이 있고 유효사각이 작아서 주로 좁은 공간에 적합한 제품
69) lenticular screen : 미소한 반원주형의 렌즈를 다수 평행하게 줄지어 만든 스크린. 좌우의 눈을 움직였을 때 보이는 문체상이 눈의 움직임에 대응해서 약간씩 위치를 어긋나게 하여 현실에 가까운 입체감을 얻는다.

🗒 다

| 2003년 15번 문제 | 2006년 6번 문제 | 2010년 13번 문제 |

23 성공적인 컨벤션 운영을 위한 전략에 대한 설명으로 틀린 것은?

가. 현실적인 예산안의 작성
나. 공급자와 파트너십의 관계에 있음을 명심
다. 기술발전 등 미래의 변화에 대비
라. 스폰서의 이용배제

🗒 라

24 국제회의에 참가하는 공항 귀빈(VIP) 영접시 준비사항이 아닌 것은?

가. 의전실 사용허가
나. 공항안내데스크 설치
다. CIQ 임시출입증 발급
라. 의전 주차장 사용허가

🗒 나

> 공항안내데스크 설치 : 여러 날에 걸쳐서 단체를 영접할 때 유용

25 ○○○자동차협회에서 판매실적이 높은 직원 1,500명을 대상으로 여러 목적지를 방문하는 인센티브 여행과 고도의 보안성과 참가자의 높은 참석률을 요하는 신상품 교육훈련회의를 동시에 기획하고 있다. 다음 중 개최장소로 가장 적합한 곳은?

가. Commercial Hotel
나. Casino Resort
다. Cruise Ships
라. Convention Center

🗒 다

> 인센티브와 교육훈련을 동시에 병행하기에 resort hotel이나 cruise ship이 적합

26 국제회의기획업체(PCO)가 수행해야 할 세부 업무 중 등록 관련업무가 아닌 것은?

가. 등록 안내요원의 선정 및 교육
나. 회의 등록자의 입·출국 확인
다. 현장 등록장소 선정 및 배치도 작성

라. 참가 등록자의 명단 작성 및 명찰 발급

답 나

27 국제회의 유치, 개최 지원 신청시 제출해야 하는 서류가 아닌 것은?

가. 지원받고자 하는 세부내용 기재 서류
나. 국제회의 유치 · 개최 계획서
다. 국제회의 유치 · 개최 실적 서류
라. 국제회의 참가예정자 참가 신청서

답 라

국제회의 유치, 개최 진행과정

· Bidding specification(국제기구에서 각 회원국으로)
→ Proposal(국제회의를 유치하고자 하는 회원국이 국제기구로 제출하는 제안서이며, 이 proposal을 pre-bid conference에서 presentation하게 됩니다.)
→ On-site inspection(국제회의 유치를 희망하는 회원국의 국제회의 및 숙박 시설 등을 현지답사)
→ Vote(개최지 결정을 위한 투표)
→ Agreement(국제기구와 국제회의 유치가 결정된 회원국간의 계약 체결)
→ Invitation letter(국제회의 유치가 결정된 회원국이 다른 모든 회원국을 초청하는 서한 발송 / 참가 신청서 동동)
→ Registration(국제회의 참가 신청서 접수, 회원의 등록 시작)

· Bid : 국제회의 개최 신청 = the(an) official bid, proposal
→ by closed bidding : 특정 지역 및 특정 대륙별로 한정해서 국제회의(국제행사) 유치 신청 자격 부여
→ by limited open bidding : 전세계 대상으로 국제회의(국제행사) 유치 신청 자격을 부여하되 2-3 후보 국가를 선정해서 현지 답사 후 결정
→ by complete open bidding : 완전 자유 경쟁방식으로 모든 국가에 국제회의(국제행사) 유치 신청 자격 부여하고 경매 방식으로 최종 결정

· Bidding specification : 국제기구에서 회원국에 보내는 국제회의 유치 조건 = guidelines and procedures for proposal
· Bid committee : 국제회의를 유치하기 위해

조직된 유치위원회
Bid committee(국제회의 유치단계에서 유치위원회로 활동) → Host committee(국제회의 유치결정 후에 조직위원회로 명칭 변경) = Organizing committee

| 2007년 7번 문제 |

28 컨벤션의 등록업무에 관한 사전 준비(점검)사항이 아닌 것은?

가. 행사에 필요한 관련 기자재들은 이상 없이 작동이 되고 있는가?
나. 등록할 때 대기 시간이 얼마나 길었는가?
다. 안내 표지판이 제대로 설치되어 있는가?
라. 관련 사무용품이 제대로 구비되어 있는가?

답 나

29 다음 중 국제회의 준비 초기단계에 해당하지 않는 것은?

가. 계약체결
나. 기본 프로그램 구성
다. 각종 소요물 제작
라. 예상참가자 메일링리스트(mailing list)작성

답 다

30 컨벤션 개최장소는 유치단계에서 후보지로 선정되었던 장소 중에서 선정을 한다. 그 선정과정에서 행하는 것이 아닌 것은?

가. 컨벤션 개최장소의 사용예산을 추정한다.
나. 컨벤션 행사에 필요한 회의실과 숙소를 확정한 후 요금을 지불한다.
다. 컨벤션 장소가 갖추어야 할 조건을 리스트로 작성한다.
라. 컨벤션 개최장소를 답사한다.

답 나

31 ICCA(국제회의전문협회)의 주요 활동이 아닌 것은?

가. 국제회의관련 정보수집, 평가, 작성 및 배포
나. 국제적인 모임, 전시회 본래의 취지에 대한 이해촉진
다. 관련업계 회원들의 전문교육 계획 및 실시
라. 합동국제회의 개최

답 라

- UIA : Union of International Association, 1910년 설립, 벨기에 브뤼셀, 국제기구관련 정보 수입과 정보자료 제공이 주된 활동
- ICCA : International Congress & Convention Association, 1963년 설립, 네덜란드 암스텔담, 국제회의 마케팅관련 정보제공이 주된 활동
  1963년 급격히 성장하는 국제회의시장에 적응하기 위해서 여행사 중심으로 네덜란드 암스텔담에 설립되었고, 현재는 여행사뿐만 아니라 국제회의분야의 다양한 회원으로 확대된 상태. 상호 협력 구축이 주된 목적
- DMAI : Destination Marketing Association International, 1914년 설립, 워싱턴 D.C, 전세계 CVB들의 정보교류 목적의 협의체
- CIC : Convention Industry Council, 1949년 설립, 멕린, 미국내 컨벤션유관협회 및 단체들의 정보교류 목적의 협의체
- ASAE : American Society of Association Executives, 1920년 설립, 워싱턴 D.C, 미국내 주요 협회 및 단체 책임자들의 정보교류 목적의 협의체
- PCMA : Professional Convention Management Association, 1957년 설립, 시카고, 미국내 회의기획사, Suppliers, 학계의 정보교류 및 회의 기획사 교육 목적의 협의체
- MPI : Meeting Professionals International, 1972년 설립, 달라스, 미국내 회의기획사 교육 및정보교류 목적의 협의체
- IAPCO : International Association of Professional Congress Organizers, 1968년 설립, 런던, 유럽 중심의 PCO들의 정보교류 목적의 협의체
- IACVB : International Association of Convention and Visitor Bureaus, 1914년 설립, 워싱턴 D.C., 회의기획사 교육 및정보교류 목적의 협의체
- AACVB : Asian Association of Convention & Visitor's Bureau, 1983년 설립, 마카오, 국제회의 유치활동, 공동광고·교육세미나 개최 등을 목적으로 하는 협의체
- APECC : Asia Pacific Exhibition and Convention Council
  - 성격 : 유럽중심의 가장 오랜 역사와 전통의 범세계적인 각종 국제회의, 단체 연맹으로서 국제회의에 관한 정보수집기능을 집대성한 각종 정보자료를 수록한 연감등 책자발행
  - 설립연도 : 1907년
  - 본부소재지 : 벨기에 브뤼셀
- WCVM : World Council for Venue Management
- IAEM : International Association for
- APECC : Asia Pacific Exhibition and Convention Council
- WCVM : World Council for Venue Management
- IAEM : International Association for Exposition Management

32 국제회의산업육성에 관한 법령상 전문 회의시설[70] 충족조건이 아닌 것은?

가. 2천인 이상의 인원을 수용할 수 있는 대회의실이 있을 것
나. 30인 이상의 인원을 수용할 수 있는 중소 회의실이 10실 이상 있을 것
다. 2천5백 이상의 옥내 전시면적이 있을 것
라. 300인 이상의 인원을 수용할 수 있는 중회의실이 있을 것

답 라

---

70) 국제회의산업육성에관한법률시행령 제3조(국제회의시설의 종류·규모)
① 법 제2조제3호의 규정에 의한 국제회의시설은 전문회의시설·준회의시설·전시시설 및 부대시설로 구분한다.
② 전문회의시설은 다음 각호의 요건을 갖추어야 한다.
  1. 2천인 이상의 인원을 수용할 수 있는 대회의실이 있을 것
  2. 30인 이상의 인원을 수용할 수 있는 중·소회의실이 10실 이상 있을 것
  3. 2천제곱미터 이상의 옥내전시면적을 확보하고 있을 것
③ 준회의시설은 국제회의의 개최에 필요한 회의실로 활용할 수 있는 호텔연회장·공연장·체육관 등의 시설로서 다음 각호의 요건을 갖추어야 한다.
  1. 600인 이상의 인원을 수용할 수 있는 대회의실이 있을 것
  2. 30인 이상의 인원을 수용할 수 있는 중·소회의실이 3실 이상 있을 것
④ 전시시설은 다음 각호의 요건을 갖추어야 한다.
  1. 2천제곱미터 이상의 옥내전시면적을 확보하고 있을 것
  2. 30인 이상의 인원을 수용할 수 있는 중·소회의실이 5실 이상 있을 것
⑤ 부대시설은 국제회의의 개최 및 전시의 편의를 위하여 제2항 및 제4항의 시설에 부속된 숙박시설·주차시설·음식점시설·휴식시설·판매시설 등으로 한다.

33 국제회의 개막식에서는 외빈을 초청하는 경우가 많은데 이때 일반적인 의전절차에 따르게 된다. 다음 중 관례상 서열원칙으로 틀린 것은?

가. 지위가 비슷한 경우 여자는 남자보다, 연장자는 연소자보다, 외국인은 내국인 보다 상위에 둔다.

나. 여성들간의 서열은 기혼부인, 미망인 및 미혼자의 순서로 하며, 기혼부인의 서열은 남편의 서열에 따른다.

다. 남편이 국가대표로서 자격을 가지고 있는 경우에는 그 부인에 대해 Lady First원칙이 적용되지 않는다.

라. 참가자가 2개 이상의 사회적 지위를 가지고 있는 경우 원칙적으로 참가하고 있는 회의와 관계된 직위에 따른다.

📋 라

lady first는 여성에 대한 정중한 태도

34 국제회의 준비과정에서 예산안 편성 비용중 고정비용이 아닌 것은?

가. 홍보비　　　　　　나. 회의장 장치비
다. 관광비[71]　　　　　라. 전시장 임차료

📋 다

변동비 : 참가자의 숫자에 따라서 변동되는 비용으로 식음료비, 관광비 등이 있다.

| 2008년 28번 문제 |

35 컨벤션시설은 전통적 시설과 비전통적 시설로 나누어진다. 그 성격이 다른 하나는?

가. 컨벤션센터　　　　나. 컨벤션호텔
다. 일반호텔　　　　　라. 대학

📋 라

전통적 시설 : 호텔, 컨벤션센터
비전통적 시설 : 배, 기차, 대학, B&B(Bed and Breakfast)

---

36 특정한 문제에 대하여 두 사람 이상의 전문가가 서로 다른 각도에서 의견을 발표하고 참석자의 질문에 답하는 형식의 토론회는?

가. 포럼　　　　　　　나. 세미나
다. 워크샵　　　　　　라. 심포지엄

📋 라

37 유치제안서(Bidding Proposal)[72]에 포함하는 내용이 아닌 것은?

가. 정부측의 지원표명 서신
나. 조직위원회 구성 및 후원단체 소개
다. 주요 참석인사 명단
라. 수입 및 지출예산(계획)안

📋 나, 라

유치제안서는 국제회의를 유치하기 위해서 제출하는 것으로 국제회의 개최국이 아직 결정되지 않은 상태이다.
조직위원회는 국제회의 개최지 결정 이후에 구성된다.
수입 및 지출예산은 유치위원회 내부자료이다.
2011년도 18번에서 "가장 먼 것"으로 문제가 변경된다.

| 2011년 18번 문제 |

유치제안서(Bidding Proposal)에 포함되는 내용과 가장 거리가 먼 것은?

---

72) bidding specification : 국제기구에서 회원국에 보내는 국제회의 유치 조건 = bidding proposal, guidelines and procedures for proposal
Bidding specification(국제기구에서 각 회원국으로)
→ Proposal(국제회의를 유치하고자 하는 회원국이 국제기구로 제출하는 제안서이며, 이 proposal을 pre-bid conference에서 presentation하게 됩니다.)
→ On-site inspection(국제회의 유치를 희망하는 회원국의 국제회의 및 숙박 시설 등을 현지답사)
→ Vote(개최지 결정을 위한 투표)
→ Agreement(국제기구와 국제회의 유치가 결정된 회원국간의 계약 체결)
→ Invitation letter(국제회의 유치가 결정된 회원국이 다른 모든 회원국을 초청하는 서한 발송)
→ Registration(회원의 등록 시작)
bid committee : 국제회의를 유치하기 위해 조직된 유치위원회
bid committee(국제회의 유치단계에서 유치위원회로 활동) → host committee(국제회의 유치결정 후에 조직위원회로 명칭 변경) = organizing committee

---

71) 비용은 고정비와 변동비로 구분할 수 있다. 국제회의 참가자 인원수에 따라서 영향을 받는 변동비에는 관광, 연회비 등이 있다.

가. 정부측의 지원 표명 서신
나. 조직위원회 구성 및 후원 단체 소개
다. 주요 참석 인사 명단
라. 수입 및 지출예산(계획)안

📋 라

38 컨벤션 서비스 관리자(CSM)가 필요한 이유로 가장 적합한 것은?

가. 컨벤션기획가와 유관부서간의 중재자 역할을 수행하면서, 비효율적인 시간 낭비를 줄여주기 때문이다.
나. 지역내 컨벤션 서비스 관련 업체와의 정보제공을 차단하여 성공적인 행사를 가능하게 하기 때문이다.
다. 컨벤션 전반에 관한 전문 상담요원의 역할을 수행하기 때문이다.
라. 전시장, 무역박람회의 무대장치를 직접 설치하기 때문이다.

📋 가

39 다음 중 컨벤션 기획시 숙박시설에 대한 고려사항이 아닌 것은?

가. 숙박시설과 회의장 위치
나. 숙박시설의 가격과 객실의 종류
다. 원격조명 조절장치
라. 보증금 정책과 예치금 요구사항

📋 다

40 다음의 국제회의시설에 대한 설명 중 잘못 된 것은?

가. 컨벤션센터는 동시에 많은 단체 또는 대규모의 컨벤션을 수용할 수 있도록 설계된 시설로서, 전시공간, 회의시설, 연회시설 및 숙박시설을 갖춘 컨벤션전용시설이다.
나. 기존의 컨벤션센터보다 주변환경 및 다른 회의와의 차단, 중·소규모의 회의에 적합한 전문적인 시설과 서비스에 대한 수요가 증가하게 되자 등장하게 된 것이 컨퍼런스센터이다.
다. 컨벤션센터의 건물형태는 단일건물에 모든 시설을 갖춘 다층형(복합형) 그리고 일정 부지내에 회의시설과 전시시설 등이 평면적으로 분리되어 건립된 분동형 등으로 나눌 수 있다.

라. 컨퍼런스센터는 객실과 식음료시설을 갖추고 있다는 점에서 호텔 등의 숙박시설과 유사한 면을 갖고 있기도 하다.

📋 가

> 컨퍼런스센터는 보통 회의 참가자들을 위한 숙박시설을 제공한다는 점에서 컨벤션센터와 크게 다르다. 컨벤션센터는 통상적으로 호텔 근처에 입지하고 있다. 컨퍼런스센터에는 방문객들이 필요로 하는 식사·숙박·기타 여가활동의 자체 제공이 모두 가능하기 때문에 회의기간 동안 컨퍼런스센터를 벗어나지 않아도 된다. 컨퍼런스센터는 회의가 유일한 소득원이기 때문에 회의 참가자 개인들의 특별한 요구를 충족시키기 위한 시설을 갖추고 있다. 특히, 회의 참가자들의 편안함과 사생활에 중점을 두어서 회의장에서는 오랜 시간동안 편안히 앉아 있을 수 있는 의자와 테이블뿐만 아니라 객실에는 큰 책상, 조명, 컴퓨터 등을 설치하여 최고의 안락함과 편안함으로 회의에서 정보나 아이디어 교환을 할 수 있도록 배려한다.

01 컨벤션기획사가 컨벤션관련 목적지 및 호텔선정, 여정수배와 관련하여 수행하는 업무를 잘 못 설명한 것은?

가. 공급자들과 섭외할 때 후원조직이 가능한 최고의 거래와 후원금에 걸맞은 최고의 가치를 추구한다는 것을 확신시켜야 한다.

나. 회의 장소를 선정하는 데 있어서 미팅장소가 충분히 넓은가, 총회나 분과회의에 적합한가, 조명 방음장치는 적절한가를 확인하여야 한다.

다. 모든 회의에 있어서 필요한 사항은 매번 분위기가 바뀌지 않고 동일하게 일관성을 유지할 수 있어야 한다.

라. 장소의 접근 용이성과 객실의 양호 여부, 객실가격, 식음료의 질이 레크리에이션 시설이나 이벤트 행사보다 중요하다.

🗒 다

02 국제회의 산업육성에 관한 법률에서 규정하고 있는 전문회의시설[73]의 요건 중 틀린 것은?

가. 2,500인 이상을 수용할 수 있는 대회의실

나. 30인 이상을 수용할 수 있는 중소회의실 10실 이상

다. 2,500 이상의 옥내와 옥외 전시 면적 확보

라. 3개 국어 이상의 통역시설

🗒 라

---

[73] 국제회의산업육성에관한법률시행령 제3조(국제회의시설의 종류·규모)
① 법 제2조제3호의 규정에 의한 국제회의시설은 전문회의시설·준회의시설·전시시설 및 부대시설로 구분한다.
② 전문회의시설은 다음 각호의 요건을 갖추어야 한다.
   1. 2천인 이상의 인원을 수용할 수 있는 대회의실이 있을 것
   2. 30인 이상의 인원을 수용할 수 있는 중·소회의실이 10실 이상 있을 것
   3. 2천제곱미터 이상의 옥내전시면적을 확보하고 있을 것
③ 준회의시설은 국제회의의 개최에 필요한 회의실로 활

03 다음중 PCO의 기능과 역할에 대한 설명으로 틀린 것은?

가. PCO는 국제회의를 직접적인 경영대상으로 하는 기업이지만 국제회의 산업을 촉진하는 역할을 수행한다.

나. PCO는 국가의 국제회의 산업 활성화를 촉진하기 위한 정책수립을 직접 담당한다.

다. PCO는 국제회의 산업의 실무적 집행 기능을 수행한다.

라. PCO는 국제기구의 역할을 원활하게 하기 위해 개최지 국제회의 기획업체의 자문역을 담당한다.

🗒 나

04 컨벤션 개최지 포지셔닝 절차에 해당되지 않는 단계는?

가. 경쟁 국제회의 개최지 파악
나. 컨벤션기획사 전문교육 실시
다. 국제회의 개최지 포지션 결정
라. 경쟁 국제회의 포지션 결정

🗒 나

컨벤션 개최지 포지셔닝의 목적은 국제회의 유치에 있다.

용할 수 있는 호텔연회장·공연장·체육관 등의 시설로서 다음 각호의 요건을 갖추어야 한다.
   1. 600인 이상의 인원을 수용할 수 있는 대회의실이 있을 것
   2. 30인 이상의 인원을 수용할 수 있는 중·소회의실이 3실 이상 있을 것
④ 전시시설은 다음 각호의 요건을 갖추어야 한다.
   1. 2천제곱미터 이상의 옥내전시면적을 확보하고 있을 것
   2. 30인 이상의 인원을 수용할 수 있는 중·소회의실이 5실 이상 있을 것
⑤ 부대시설은 국제회의의 개최 및 전시의 편의를 위하여 제2항 및 제4항의 시설에 부속된 숙박시설·주차시설·음식점시설·휴식시설·판매시설 등으로 한다.

05 회의실 좌석 배치방식(room setup style) 중 사람들은 가장 많이 수용할 수 있는 배열 방식은?

가. 교실식 좌석 배열(classroom style)
나. 회의식 좌석 배열(conference style)
다. 극장식 좌석 배열(theater style)
라. 연회식 좌석 배열(banquet style)

🖺 다

> · auditorium style/theater style : 극장식
> · schoolroom setup/classroom setup : 교실형 배치
> · schoolroom perpendicular setup : 수직 교실형 배치
> · schoolroom V setup : V자형 교실형 배치
> · hollow square setup : 정방형 배치
> · hollow setup circular : 고리형 배치
> · U-shape setup : U자형 배치
> · hollow oval : 타원형 배치

06 구체적인 사안이나 연구과제를 다루는 소규모 그룹에만 적용하는 일반적인 회의를 칭하는 것으로 참석자들은 새로운 지식, 기술, 문제에 대한 통찰력을 공유해야 하기 때문에 상호간 훈련이 가장 중시되는 회의 유형은?

가. Clinic   나. Workshop
다. Forum   라. Symposium

🖺 나

| 2005년 22번 문제 |

07 다음 중 컨벤션 마케팅의 기능 및 활동이 바르게 연결 된 것은?

가. 사후 마케팅 : 참가자 DB 관리 및 고객 만족도 조사를 실시한다.
나. 회의 참가자 마케팅 : 주로 사전홍보와 광고, 공개입찰 활동에 수반한 제반 마케팅활동을 한다.
다. 회의 개최지 마케팅 : 회의준비위원회, 사무국, PCO 등에서 서비스 제공 및 제반 마케팅 활동을 한다.
라. 현장마케팅 : 사전에 개최된 관련 있는 분야의 회의 현장에서 참가자 유치를 위한 활동을 한다.

🖺 가

08 컨벤션기획사는 자신들에게 기회요인으로 작용하고 있는 시장에 대해서 STP전략[74]을 수립해야 한다. 다음 중 STP 전략의 내용이 아닌 것은?

가. Segmentation   나. Programing
다. Targeting   라. Positioning

🖺 나

09 컨벤션 마케팅믹스의 4Ps에 대한 설명으로 틀린 것은?

가. Product는 컨벤션 참가자에게 제공되는 각종 인쇄물과 기념품을 의미한다.[75]
나. Place는 컨벤션 개최지와 개최시설, 등록 방법 등을 의미한다.
다. Promotion은 참가가능성이 있는 사람들에게 시간과 비용을 들어 참가할 만한 가치가 있는 컨벤션이라는 점을 설득하고 커뮤니케이션을 하는 기술적인 요소 등이다.
라. Price는 컨벤션 등록비 및 기타 경비 등이 포함된다.

🖺 가

> 등록방법은 Place와 관련 없다.

| 2003년 4번 문제 |

10 협회회의의 개최목적이 아닌 것은?

가. 공통된 관심사를 가진 회원들이 만나 의견교환을 할 수 있다.

---

74) STP : Segmentation, Targeting, Positioning
75) 4P(마케팅 믹스)
　· 제품전략(Product) : 소비자 조사, 상품기획, 제품개발, 디자인, 포장결정, 애프터서비스 결정 등
　　국제회의에서의 product는 회의 자체와 각종 사교행사
　· 가격전략(Price) : 가격설정, 가격할인과 인하
　· 유통전략(Place) : 개최지 접근성
　· 판매촉진 전략(Promotion) : 광고기획의 책정, 광고매체의 선정, 홍보방법의 결정, 판매원 관리
　마케팅믹스의 요소 4P는 구매자의 관점이 이니라 시장의 판매자 관점을 중심으로 하고 있다.
　최신 새로운 개념의 마케팅 믹스 4C
　· 고객가치(Consumer value)
　· 고객측의 비용(Cost to the consumer)
　· 편리성(Convenience)
　· 커뮤니케이션(Communication)
　기업이 고객에게 전달된 기업의 상품과 서비스에 대한 4C, 즉 고객가치, 저렴한 가격, 뛰어난 편리성, 훌륭한 커뮤니케이션을 잘 전달하는데 더 앞서있다.

나. 협회주최측은 운영재원을 확보할 수 있는 수단이 된다.
다. 협회 홍보와 회원 간에 단합을 가져다준다.
라. 신제품을 소개하고 경영방침을 알리기 위해 열린다.

🈁 라

---

11 세계 475개가 넘는 컨벤션뷰로가 가입하여 컨벤션 산업의 이미지와 효율성을 향상시키기 위해 설립된 국제기구는?

가. IACC(International Association of Conference)
나. IACVB(International Association of Conference and Visitors Bureaus)
다. AACVB(Asian Association of Convention and Visitors Bureaus)
라. SITE(Society of Incentive and Travel Executives)

🈁 나

| 2003년 32번 문제 |

---

12 컨벤션의 목적별 분류 중 기업회의의 특징이 아닌 것은?

가. 미팅 참가자 수가 적다.
나. 가능한 동일 목적지에 매년 개최되는 경향이 있다.
다. 전시실의 이용이 많은 편이다.
라. 다른 회의보다 기간이 짧다.

🈁 다

---

13 다음 중 컨벤션 기획사가 실시한 협상 내용으로 바람직한 것은?

가. 식음료 요금에 대한 협상으로 식사를 하지 않는 인원에 대한 부분은 명시하지 않는다.
나. VIP에게 제공하는 무료 객실 수와 객실에 무료로 제공 가능한 서비스에 대해 협상하였다.
다. 행사장 요금에 대한 협상으로 부가서비스 이용없이 무조건 가격인하를 요청하였다.
라. 리조트 호텔에서 최대한 많은 인원이 이용할 수 있도록 저렴한 주말요금으로 협상하였다.

🈁 나

---

14 다음 중 회의 개최주체나 성격상 분류가 아닌 것은?

가. Corporate Meeting
나. Government Agency Meeting
다. Association Meeting
라. Congress

🈁 라

---

15 컨벤션의 사후 평가 및 관리에 관한 설명으로 틀린 것은?

가. 감사편지는 컨벤션기획자의 개인 이름으로 발송하는 것이 바람직하다.[76]
나. 선물은 행사의 기획시부터 미리 충분히 적정 수량을 책정하여야 한다.
다. 참가자 증명서는 행사의 종료와 동시에 발급하는 것이 바람직하다.
라. 컨벤션 운영 담당자는 참가자뿐만 아니라 직원들의 의견도 수렴해야 한다.

🈁 가

---

16 컨벤션 홍보용 광고물 제작에 관한 설명으로 틀린 것은?

가. 내년 회의의 장소와 시기 등을 공고할 가장 좋은 시기는 현재 회의가 개최 중일 때이다.
나. 회의용 홍보물을 우편으로 발송한 경우 대량 우편보다 1종 또는 특급우편을 이용한다.
다. 홍보는 광고와 달리 언론매체의 시간대나 지면을 사는 것이 아니라 언론매체에 사용할 수 있는 기삿거리를 제공하는 것이므로 가사내용이나 시간에 대한 통제 권한이 없다.
라. DM을 발송하는 경우 주초나 주말또는 휴일 전후보다는 주중에 도착하도록 한다.

🈁 나

---

17 컨벤션 개최를 위한 협상 후 계약관련 설명으로 잘못 된 것은?

가. 컨벤션 개최에 필요한 객실을 확보하기 위해서는 참가예상자와 과거 컨벤션 숙박자료를 검토하여 필요로 하는 객실의 유형과 수량을 분석하고, 이를 기초로 하여 블러킹(Blocking)계약을 호텔과 체결한다.
나. 계약시 구두와 서면 계약은 모두 법적 효력을 갖기 때문에 신중한 체결을 해야 한다.

---

76) 감사편지(Thank you letter)는 컨벤션관련 조직의 대표 (대회장, 조직위원장) 명의로 발송해야 된다.

다. 회의장의 경우 계약과 동시에 예치금을 지불하나 사용료는 회의 종료 후 정산하는 것을 원칙으로 한다.
라. 컨벤션 관련 공급업체와의 계약시 쌍방의 법적 권위있는 대표자에 의한 서명이 법적 효력을 갖는다.

🗊 나

> 컨벤션 운영을 위한 계약은 모두 서면계약을 해야 된다.
> 구두계약이란 구두(口頭)나 불요식의 서면으로 하는 계약을 말한다. 서면으로 날인하는 날인계약(捺印契約, contract by seal)에 상대되는 개념으로 단순계약(simple contract)이라고도 한다. 명칭은 구두로 되어 있으나 단순히 구두로만 하는 것을 뜻하는 것이 아니며, 날인계약 이외의 모든 계약을 포함하는 용어이다.
> 일반적으로 서면계약을 하고 날인을 하는 경우와 동일한 효력을 갖긴 하나, 계약 당사자가 계약 자체를 부정하거나 계약의 내용을 달리 주장할 경우 입증하기가 쉽지 않다. 특히 증여에 관련된 계약일 경우에는 이행 전에 철회가 가능하므로 신용이 없으면 성립하기 어려운 계약이다.

18 정부기관이나 조직관련 컨벤션의 특징이 아닌 것은?

가. 비교적 정기적인 컨벤션이 많다.
나. 의전이 중요한 요소이다.
다. 참가대상이 광범위하다.[77]
라. 개최준비기간이 비교적 길다.

🗊 다

19 다음 행사에서 일어날 수 있는 위기관리 방법으로 적합하지 않는 것은?

가. 의료응급상황을 대비해서 참가자들의 평균나이와 병력 등을 조사해 놓는다.
나. 폭풍 때문에 참가자들이 갇혀 있는 상황이라면 즉흥파티를 연다.
다. 현장위기 관리 기획표를 작성한다.
라. 행사에 반대하는 시위가 있을 때는 상대하지 않는 것이 가장 바람직하다.

🗊 라

20 컨벤션마케팅 및 홍보에 대한 설명으로 틀린 것은?

---
77) 참가 대상이 정부기관 소속으로 한정되어 있다.

가. 협회회의의 경우 주로 DM을 사용하며 일반적으로 최소 3회 이상 예상 참가자에게 발송한다.
나. 강제적 성격의 기업회의인 경우라도 참가자에게 참가의 필요성과 효과를 적극적으로 홍보하여야 한다.
다. 컨벤션마케팅 기획을 수립할 때는 과거의 회의와 예상 참가자들 간의 구전효과를 고려해야 한다.
라. 스폰서를 유치하는 것은 컨벤션마케팅과는 별도로 구분하여 그 전략을 수립하여야 한다.

🗊 라

21 사전등록의 장점으로 가장 거리가 먼 것은?

가. 주최 측은 행사 규모를 예측하기 쉽다.
나. 행사에 필요한 자금을 미리 확보할 수 있다.
다. 개최 당일의 등록요원의 인원을 줄일 수 있다.
라. 등록비 할인으로 수익평가에 부정적인 영향을 미친다.

🗊 라

| 2003년 20번 문제 |

22 후원단체 유치를 위한 마케팅 전략을 수립하는데 있어서 가장 먼저 고려되어야 할 사항은?

가. 과거 후원단체의 후원경력
나. 후원단체의 경영철학
다. 후원단체가 후원을 통해 얻고자 하는 이익
라. 후원단체의 재정상태

🗊 다

23 국제회의 산업육성에 관한 법령상 국제회의 종류 및 규모 중 국제기구에 가입하지 아니한 기관 또는 법인, 단체가 개최하는 회의[78]는 어떤 요건을 갖추면 되는가?

가. 회의참가자 중 외국인이 150 이상, 2일 이상 진행되는 회의
나. 회의참가자 중 외국인이 300 이상, 2일 이상 진행
다. 회의참가자 중 외국인이 150 이상, 3일 이상 진행 되는 회의
라. 회의참가자 중 외국인이 300 이상, 3일 이상 진행되는 회의

🗊 가

24 국제회의 개최 후 실시하는 회의참가자나 동반자 관광프로그램을 의미하는 것은?

가. City Tour
나. Pre-Conference Tour
다. FIT Tour
라. Post-Conference Tour

🔖 라

> · FIT : Foreign independent tour (자유여행객)
> · package tour = inclusive conducted tour
> · inclusive tour : 여행알선업자에게 필요한 총경비를 전액 지불하고 여행안내를 첨부시키는 것
> · inclusive conducted tour : 안내원이 여행의 전 일정을 동행하며 인솔하는 포괄여행
> · inclusive independent tour : 관광지에서 안내원이 서비스만을 행하고 그 외에는 관광객 단독으로 즐기는 여행. 일명 local guide system이라고 함
> · domestic independent tour : 국내 개인여행
> · foreign escorted tour : 외국 안내원이 첨승하는 여행
> · pre-conference tour : 회의 개최 전에 실시하는 관광행사

25 국제회의 행사 현장에서 계획하는 "Floor Plan" 의 의미로 맞는 것은?

가. 각 층별로 행사장을 배치한 도면계획
나. 등록데스크를 중심으로 모든 행사장과 출입구가 표시된 도면계획
다. 참석자 중 귀빈들이 이용하는 전용통로 도면계획
라. 출입구에서 행사장까지 거리 확인 도면계획

🔖 나

26 컨벤션 참가자 유치에 관한 설명으로 틀린 것은?

가. 과거 참가자에 대한 내용은 무시하고 새로운 참가자들을 중심으로 유치전략을 수립한다.
나. e-CRM 도입의 예로서 이메일을 효과적으로 사용할 수도 있다.
다. 컨벤션 개최지 및 시설 웹 사이트는 참가자 유치에 도움이 된다.
라. 컨벤션의 뷰로의 활동은 참가자 유치에 기여를 한다.

🔖 가

27 컨벤션 기획의 예산편성 항목이 수입항목과 지출항목으로 올바르게 짝 지워진 것은?[79]

가. 등록비와 정부 지원금
나. 홍보비와 인건비
다. 통신비와 초청경비
라. 등록비와 인쇄비

🔖 라

> 등록비와 정부 지원금 : 모두 수입항목
> 홍보비와 인건비 : 모두 지출항목
> 통신비와 초청경비 : 모두 지출항목
> 등록비와 인쇄비 : 수입(등록비)과 지출(인쇄비)

28 컨벤션기획사 B씨는 사교행사로서 야외이벤트를 기획하고 있다. 이때 기상변화 등과 같은 예기치 못한 상황에 대비한 위기관리 요령으로 가장 적절한 대응 자세는?

가. 어차피 행사를 준비하였으면 변경할 수 없으므로 날씨는 신경쓰지 않는다.
나. 번거롭더라도 대체할 수 있는 실내장소를 준비한다.
다. 날씨가 나쁘면 행사는 일단 취소하는 것이 바람직하다.
라. 날씨가 나쁘더라도 참가를 원하는 참가자만을 대상으로 행사를 진행한다.

🔖 나

---

78) 국제회의산업육성에 관한 법률시행령 제2조 (국제회의의 종류·규모) 국제회의산업육성에관한법률(이하 "법"이라 한다) 제2조제1호의 규정에 의한 국제회의는 다음 각호의 1에 해당하는 회의를 말한다.
 1. 국제기구 또는 국제기구에 가입한 기관 또는 법인·단체가 개최하는 회의로서 다음 각목의 요건을 갖춘 회의
  가. 당해 회의에 5개국 이상의 외국인이 참가할 것
  나. 회의참가자가 300인 이상이고 그 중 외국인이 100인 이상일 것
  다. 3일 이상 진행되는 회의일 것
 2. 국제기구에 가입하지 아니한 기관 또는 법인·단체가 개최하는 회의로서 다음 각목의 요건을 갖춘 회의
  가. 회의참가자중 외국인이 150인 이상일 것
  나. 2일 이상 진행되는 회의일 것

79) 수입 항목 : 등록비, 지원금, 정부 지원금, 후원금, 광고수입
 비용 항목 : 인쇄비, 홍보비, 인건비, 통신비, 초청경비

29 국제회의 행사의 홍보를 위한 Pull Marketing 기법에 해당하는 것은?

가. 표준화된 대량홍보
나. 고압적 일방홍보
다. 인터넷 등을 이용한 쌍방향 · 선행적 홍보
라. 소비자의 욕구를 무시한 내부마케팅

답 다

> · pull marketing : 기업의 광고, 홍보 활동에 고객들을 직접적으로 참여시키는 소비자 판매 촉진 방법
> · push marketing : 텔레비전, 신문, 잡지 등에서 일방적인 광고를 통해서 구매를 강요하는 방법

| 2003년 39번 문제 | 2010년 34번 문제 |

30 컨벤션산업에서 관계마케팅의 기법 적용에 대한 설명으로 옳은 것은?

가. 마케팅의 목표가 1회적인 거래(transaction) 관계창출을 위해 성립된다.
나. 고객과의 관계를 파트너십으로 간주한다.
다. 고객관리방식을 불특정 다수를 대상으로 한다.
라. 고객과 제한된 의사소통의 기회를 가진다.

답 나

31 다음은 행사진행을 위한 비용이다. 이 행사는 몇 명의 참가자를 유치해야 손익분기점에 도달하는가?

참가자 등록비 – $22	회의장임대료 – $1,000
연설료 – $1,000	광고비 – $500
F&B – 참가자당 $10	선물 –참가자당 $2

가. 320명　　　　　　　　나. 80명
다. 240명　　　　　　　　라. 160명

답 라

> 고정비로 진출된 돈은 회의장 임대비 1,000달러, 연설료 1,00달러, 광고비 500달러이며, 참가자의 수에 따라서 달라지는 변동비로 식음료비 참가자당 10달러와 참가자당 2달러의 선물비가 있다.
> 참가자 개인별 등록비가 22달러이므로, 개인별

> 로 지출되는 식음료비 10달러와 선물 2달러를 빼면, 참가자 개인별로 남은 돈 10달러를 모아서 회의장 임대료, 연설료, 광고비로 지출할 수 있다. 따라서 회의장임대료.연설료.광고비를 합하면 1,600달러가 되므로 1,600달러를 남은 비용 10달러로 나누면 160명이란 숫자가 나온다.

| 2004년 4번 문제 |

총고정경비는 25,000,000원이고 참가자 1인당 변동비 72,000원으로 분석되었다. 그리고 1인당 참가비를 100,000원으로 책정하였다. 컨벤션조직위원회에서는 이번 컨벤션개최를 통하여 3,000,000원의 이익을 창출하고자 한다. 이러한 재정목표를 달성하기 위해서는 최소한 몇 명의 참가자를 유치하여야 하는가?

가. 900명　　　　　　　　나. 950명
다. 1000명　　　　　　　라. 1100명

> 1인당 참가비 100,000원에서 1인당 변동비인 72,000원을 빼면 1인당 28,000원이 고정비에 해당된다.
> 총고정경비 25,000,000원 더하기 순이익 3,000,000원을 더 하면 28,000,000원이 된다.
> 28,000.000원 나누기 1인당 고정경비 28,000원을 하면 1000명이란 답이 나온다.
> 즉, 일인당 고정경비 항목으로 28,000원을 받아야만 28,000,000원을 총고정경비로 쓰고 순이익 3,000,000원을 남길 수 있다.

답 다

| 2003년 13번 문제 |

다음은 한 행사진행을 위한 비용이다.

참가자 등록비 – $22	회의장임대료 – $1,000
연설료 – $1,000	광고비 – $500
F&B – 참가자당 $10	선물 –참가자당 $2

이 행사는 몇 명의 참가자를 유치해야 손익분기점에 도달하는가?

가. 320명　　　　　　　　나. 80명
다. 240명　　　　　　　　라. 160명

답 다

고정비로 지출된 돈은 회의장 임대비 1,000달러, 연설료 1,000달러, 광고비 500달러이며, 참가자의 수에 따라서 달라지는 변동비는 식음료비 참가자당 10달러와 참가자당 2달러의 선물비가 있다.

고정비 = 2,500달러
변동비 = 12달러

참가자 개인별 등록비가 22달러이므로, 개인별로 지출되는 변동비인 식음료비 10달러와 선물 2달러를 빼면, 참가자 개인별로 남은 돈 10달러(고정비로 활용 가능)를 모아서 회의장 임대료, 연설료, 광고비의 고정비를 해결할 수 있다.

2500달러 나누기 10달러를 하면 250명이 등록해야 된다는 계산이 나온다.

보기에 250달러와 가장 가까운 답은 240명

| 2005년 10번 문제 |

총 고정경비는 25,500,000원이고 참가자 1인당 변동비는 74,500원으로 분석되었다. 그리고 컨벤션조직위원회에서는 1인당 참가비를 100,000원으로 책정하였다. 손익분기점에 도달하기 위해서는 최소한 몇 명의 참가자를 유치하여야 하는가?

가. 900명　　　　　　나. 950명
다. 1,000명　　　　　라. 1,100명

🗒 다

1인당 고정경비 = 1인당 참가비 100,000원 − 1인당 변동비 74,500원 = 25,500원
총고정경비가 25,500,000원이므로 1인당 고정경비 25,500원으로 나누면 1,000명이 손익분기점에 해당된다.

| 2007년 2번 문제 |

등록비가 20만원, 고정비용이 2천만원이고, 1인당 가변비용이 7만5천원인 경우, 손익분기점에 도달하기 위한 참가자 수는?

가. 73명　　　　　　나. 100명
다. 160명　　　　　라. 269명

🗒 다

등록비 20만원에서 1인당 가변비용인 75,000원을 빼면 125,000원을 고정비용으로 사용될 수 있는 돈이 된다.

따라서 고정비용 20,000,000원 나누기 1인당 고정비용인 125,000원을 계산하면 160명이란 숫자가 나온다.

32 다음은 컨벤션산업의 어떤 특성을 설명한 것인가?

> 종업원들이 동일한 서비스를 제공하여도 참가자는 서로 다른 만족수준을 나타낼 수 있다.

가. 무형성(intangibility)
나. 비분리성(inseparability)
다. 이질성(heterogeneity)
라. 소멸성(perishability)

🗒 다

숙박, 관광, 교통, 전시 등이 함께 조화를 이루기 때문에 종합성과 복합성도 있다.

| 2003년 7번 문제 | 2007년 30번 문제 | 2008년 30번 문제 |
| 2010년 22번 문제 |

33 다음 중 컨벤션 기획의 개념이 아닌 것은?

가. 컨벤션 기획은 인력, 시설, 예산 등의 투입에 대한 선택 및 의사 결정 과정이다.
나. 컨벤션 기획은 컨벤션이 개최될 일단의 체계적 계획수립 과정이다.
다. 컨벤션 기획은 미래예측이나 불확실한 요소 분석보다는 과거 개최기록을 평가하는 과정이다.
라. 컨벤션 기획은 그 과정이 상호 의존적이고 시간적 순서가 체계적 연관성을 가진다.

🗒 다

34 다음 중 CVB의 활동이 아닌 것은?

가. 컨벤션 유치 활동
나. 컨벤션 참가자를 대상으로 하는 관광 가이드 활동
다. 컨벤션 개최자로서 마케팅, 홍보 활동
라. 컨벤션 주최자에게 다양한 컨벤션 관련 정보 제공

🗒 나

CVB의 역할과 임무

① 도시홍보 및 마케팅
② 국제회의 및 전시회 개최지 현지 정보제공
③ 국제회의 및 전시회 컨설팅
　· 소재 도시에서 국제회의 및 전시회가 개최될 수 있도록 유도
　· 국제회의 및 전시회 개최준비와 실행에 대한 도움제공
　· 행사 전후로 방문객들이 도시의 관광지, 놀이시설등을 충분히 즐길 수 있도록 함.
④ 숙박배정(조정) : CVB는 공정하게 숙박을 배정하여야하며 모든 숙박업소는 CVB의 숙박배정에 따라야 한다.
⑤ 일정관리 : 컨벤션시설, 컨벤션센터, 호텔회의장 등
⑥ 등록업무지원
⑦ 국제회의 및 전시회 참가 활성화 지원
⑧ 관광정보제공(잡지, 지도, 홍보물 등)
⑨ 기타 행사에 필요한 모든 사항지원
　· 각종 행사를 수행할 수 있는 시설 현황을 조사하고, 업계의 정보를 제공하며, 수용시기를 조정하는 등 전반적인 국제회의 수용대책을 검토한다.
　· 다른 나라 CVB(국제회의전담국)와의 협력 또는 국제회의관련기구 가입 등을 통해 정보교환,수집 및 활용을 한다.
　· 국제회의산업에 대한 정부의 적극적인 지원을 요청하고, 유치활동에 따른 관계기관과의 협력증진에 주력한다.
　· 국제회의 운영지원 업무로는 국제회의 또는 전시회 개최에 필요한 인력 · 서비스의 제공, 국제회의장 및 시설의 환경 정비와 개선, 국제회의 종사자들의 자질향상을 위한 교육실시 및 감독, 홍보영화 및 간행물 제공, 국제회의용역업(PCO) 및 컨벤션 요원의 알선등을 들 수 있다. 또한 유치한 각종 행사의 개최를 지원하는 과정에서 등록요원, 안내원, 부대행사 진행요원 등을 배치하고 전문인력을 제공하기도 하며, 대규모 국제회의 개최의 경우, 호텔숙박을 담당하는 숙박예약센터의 업무를 맡는 경우도 있다.

35 일반적으로 국제기구본부와 국내 조직 위원회가 업무분담을 하게 될 때 국제 기구본부에서 결정해야 하는 사항이 아닌 것은?

가. 회의주제 및 연사 선정
나. 회의 공식 프로그램 선정
다. 공용어 및 통역 결정
라. 부대행사 프로그램 결정

📋 라

> 부대행사는 국제회의를 유치한 host가 결정한 사항
> ☞ 부대행사 : 환영식, 동반자행사, 관광행사, 사교행사 등

36 회의 개최시 등록에 관한 설명으로 틀린 것은?

가. 전문적인 Convention Center가 아닌 경우에는 Registration Desk는 없으며, 보통 회의개시 약 1주일 전부터 설치한다.[80]
나. 데스크의 크기는 회의의 규모, 참가 예정자의 수, 데스크에서 수행하는 업무량과 기능에 따라 정해진다.
다. Registration Desk는 보통 대회의장, Hotel의 경우 Grand Ballroom 전면 Lobby에 설치한다.
라. Registration Desk의 기능은 참가자 등록이 주 임무이나 회의와 관련된 문의에 대한 응답과 편의를 제공 할 수 있다.

📋 가

37 컨벤션 참가자에 대한 CRM(Customer Relationship Management) 차원에서 가장 효율적으로 활용할 수 있는 수단은?

가. Brochure 발송
나. Personal Letter 발송
다. Web-page 운영
라. News Letter 발송

📋 다

> 고객관계관리(customer relationship management) : 기업이 고객 관계를 관리해 나가기 위해 필요한 방법론이나 소프트웨어 등을 가리키는 용어. 현재의 고객과 잠재 고객에 대한 정보자료를 정리, 분석해 마케팅 정보로 변환함으로써 고객의 구매 관련 행동을 지수화하고, 이를

---

80) Registration desk는 보통 회의 전날 설치한다.

바탕으로 마케팅 프로그램을 개발, 실현, 수정 하는 고객 중심의 경영 기법을 의미한다.
인터넷 서비스, 콜센터, 캠페인 등이 해당

38 회의 개최도시를 소개하고 개최시설과 환경을 직접 견학하고 조사할 수 있도록 회의주최자를 회의 전에 개최지로 초청하는 행사는?

가. 익스커션(excursion)
나. 팸트립(familiarizaion trip)
다. 필드트립(field trip)
라. 스터디투어(study tour)

답 나

39 순차통역의 장·단점에 관한 설명으로 틀린 것은?

가. 동시통역에 비해 정확성이 떨어진다.
나. 각종 통신설비 설치와 운영에 따른 별도의 비용이 필요 없다.
다. 발언자가 다수일 경우에는 통역하는데 지나치게 시간을 잠식당할 수 있다.
라. 대규모 컨벤션이 아닌 리셉션이나 개폐회식의 인사말에 적당하다.

답 가

순차통역이 동시통역에 비해서 정확성이 높다.
· 순차 통역 : consecutive interpretation
· 동시 통역 : simultaneous translation

40 국제회의 진행용 각종 소도구에 대한 설명으로 맞는 것은?

가. 정부간 국제회의는 참가자 패찰용 Name Card가 없어도 된다.
나. 참가 기념품은 참가자들의 추억이 될 수 있도록 고가품으로 해야 한다.
다. Congress Bag은 자료의 수와 분량을 고려하여 제작해야 한다.
라. 참가자 수하물에 부착하는 Tag는 참가국별로 구분되도록 여러 가지 형태로 제작해야 한다.

답 다

name plate : 테이블 위에 놓는 명패
참가자 수하물의 tag는 투숙 호텔별로 제작한다.

2007년도 시행 컨벤션산업론

01 컨벤션 기획에서 회의목표와 관련된 설명으로 틀린 것은?

가. 회의목적을 설정함에 있어 회의 참가자 시장에 대한 욕구분석과 회의개최를 통해 주최측이 무엇을 얻고자 하는 가에 대한 이해가 중요하다.

나. 프로그램의 목적은 오랜 역사와 전통이 깊은 조직은 역사나 전통이 짧은 조직보다 해를 거듭할 수록 큰 변화없이 비슷하다.

다. 개최지의 매력에 대한 관심은 회의참석이 의무적이고 기업주가 회의관련 비용을 부담하는 기업회의 참가자보다 회의를 자유의사에 의해 참가하고 비용을부담한 회의 참가자가 더욱 높다.

라. 회의 목표는 실제 참석예상인원보다 약간 높게 두며, 구체적이기 보다 모든 참가자의 회의 참가 목표를 고려해서 광범위한 목표를 세운다.

🖹 라

02 등록비가 20만원, 고정비용이 2천만원이고, 1인당 가변비용이 7만5천원인 경우, 손익분기점에 도달하기 위한 참가자 수는?

가. 73명   나. 100명
다. 160명   라. 269명

🖹 다

> 등록비 20만원에서 1인당 가변비용인 75,000원을 빼면 125,000원을 고정비용으로 사용될 수 있는 돈이 된다.
> 따라서 고정비용 20,000,000원 나누기 1인당 고정비용인 125,000원을 계산하면 160명이란 숫자가 나온다.

| 2004년 4번 문제 |

총고정경비는 25,000,000원이고 참가자 1인당 변동비 72,000원으로 분석되었다. 그리고 1인당

참가비를 100,000원으로 책정하였다. 컨벤션조직위원회에서는 이번 컨벤션개최를 통하여 3,000,000원의 이익을 창출하고자 한다. 이러한 재정목표를 달성하기 위해서는 최소한 몇 명의 참가자를 유치하여야 하는가?

가. 900명   나. 950명
다. 1000명   라. 1100명

🖹 다

> 1인당 참가비 100,000원에서 1인당 변동비인 72,000원을 빼면 1인당 28,000원이 고정비에 해당된다.
> 총고정경비 25,000,000원 더하기 순이익 3,000,000원을 더 하면 28,000,000원이 된다.
> 28,000.000원 나누기 1인당 고정경비 28,000원을 하면 1000명이란 답이 나온다.
> 즉, 일인당 고정경비 항목으로 28,000원을 받아야만 28,000,000원을 총고정경비로 쓰고 순이익 3,000,000원을 남길 수 있다.

| 2003년 13번 문제 |

다음은 한 행사진행을 위한 비용이다.

참가자 등록비 – $22	회의장임대료 – $1,000
연설료 – $1,000	광고비 – $500
F&B – 참가자당 $10	선물 –참가자당 $2

이 행사는 몇 명의 참가자를 유치해야 손익분기점에 도달하는가?

가. 320명   나. 80명
다. 240명   라. 160명

🖹 다

> 고정비로 지출된 돈은 회의장 임대비 1,000달러, 연설료 1,000달러, 광고비 500달러이며, 참가자의 수에 따라서 달라지는 변동비는 식음료

비 참가자당 10달러와 참가자당 2달러의 선물비가 있다.

고정비 = 2,500달러

변동비 = 12달러

참가자 개인별 등록비가 22달러이므로, 개인별로 지출되는 변동비인 식음료비 10달러와 선물 2달러를 빼면, 참가자 개인별로 남은 돈 10달러 (고정비로 활용 가능)를 모아서 회의장 임대료, 연설료, 광고비의 고정비를 해결할 수 있다.

2500달러 나누기 10달러를 하면 250명이 등록해야 된다는 계산이 나온다.

보기에 250달러와 가장 가까운 답은 240명

| 2005년 10번 문제 |

총 고정경비는 25,500,000원이고 참가자 1인당 변동비는 74,500원으로 분석되었다. 그리고 컨벤션조직위원회에서는 1인당 참가비를 100,000원으로 책정하였다. 손익분기점에 도달하기 위해서는 최소한 몇 명의 참가자를 유치하여야 하는가?

가. 900명
나. 950명
다. 1,000명
라. 1,100명

답 다

1인당 고정경비 = 1인당 참가비 100,000원 - 1인당 변동비 74,500원 = 25,500원

총고정경비가 25,500,000원이므로 1인당 고정경비 25,500원으로 나누면 1,000명이 손익분기점에 해당된다.

| 2006년 31번 문제 |

다음은 행사진행을 위한 비용이다. 이 행사는 몇 명의 참가자를 유치해야 손익분기점에 도달하는가?

· 참가자 등록비 : $22
· 회의장 임대료 : $1,000
· 연설료 : $100
· 광고비 : $500
· F&B : 참가자당 $10
· 선물 : 참가자당 $2

가. 320명
나. 80명
다. 240명
라. 160명

답 라

고정비로 진출된 돈은 회의장 임대비 1,000달러, 연설료 1,00달러, 광고비 500달러이며, 참가자의 수에 따라서 달라지는 변동비로 식음료비 참가자당 10달러와 참가자당 2달러의 선물비가 있다.

참가자 개인별 등록비가 22달러이므로, 개인별로 지출되는 식음료비 10달러와 선물 2달러를 빼면, 참가자 개인별로 남은 돈 10달러를 모아서 회의장 임대료, 연설료, 광고비로 지출할 수 있다. 따라서 회의장임대로, 연설료, 광고비를 합하면 1,600달러가 되므로 1,600달러를 남은 비용 10달러로 나누면 160명이란 숫자가 나온다.

03 다음은 국제회의 산업육성에 관한 법령상 어떤 국제회의 시설에 관한 설명인가?

· 국제회의 개최에 필요한 회의실로 활용할 수 있는 호텔연장, 공연장, 체육관등의 시설로서
· 600인 이상의 인원을 수용할 수 있는 대 회의실이 있을 것
· 30인 이상의 중 · 소 회의실이 3실 이상 있을 것

가. 부대시설
나. 준회의시설
다. 전문회의시설
라. 공공회의시설

답 나

04 제시된 주제에 대하여 서로 상반된 의견을 가지고 있는 2명 또는 그 이상의 연사들이 청중에 대해 의견을 발표하고, 사회자는 요점을 정리하고 회의를 주도하며, 참가자들은 이에 대한 질문과 토론을 개진하는 회의 형태는?

가. 컨퍼런스(conference)
나. 포럼(forum)
다. 클리닉(clinic)
라. 워크숍(workshop)

답 나

워크숍 : 훈련목적의 소규모 회의로 특정 주제에 관한 아이디어, 지식, 기술 등을 상호 교환한다.
a group of people engaged in intensive study or work in a creative or practical field
클리닉 : 소그룹을 위해 특별한 기술 훈련을 교육할 목적의 모임

a group of session offering counsel or instruction in a particular field or activity

05 다음 중 컨벤션기획시 숙박시설에 대한 고려사항이 아닌 것은?

가. 숙박시서로가 회의장 위치
나. 숙박시설의 가격과 객실의 종류
다. 원격조명 조절장치
라. 보증금 정책과 예치금 요구사항

🖐 다

06 컨벤션 홍보용 광고물 제작에 관한 설명으로 틀린 것은?

가. 글자모양이나 색다른 장식용 글자모양은 산만하지 않도록 2~3개 정도 사용하는 것이 효과적이다.
나. 컨벤션 홍보물에는 4가지 정도의 색을 이용하는 것이 참가자의 시선을 집중시키기에 가장 좋다.
다. 우편물 이용시 우편물의 개봉을 자극할 수 있도록 우편봉투에도 홍보용 메시지를 사용한다.
라. 홍보물의 겉표지는 회의의 목적을 담은 주제, 회의개최날짜와 장소, 참가대상, 참가비 등의 자세한 내용을 수록한다.

🖐 라

07 다음은 무엇에 관한 설명인가?

> 1914년에 전문적인 회의 및 컨벤션진행의 홍보를 모토로 지금까지 30여개국에서 500여 담당부서들이 멤버로 등록되어 있으며, 행사기획자로서 해외 또는 타 지역 행사를 기획할 때, 행사장 선택과 관련된 정보를 받을 수 있는 협회

가. PCMA   나. MPI
다. CIC   라. IACVB

🖐 라

· UIA : Union of International Association, 1910년 설립, 벨기에 브뤼셀, 국제기구관련 정보 수입과 정보자료 제공이 주된 활동

· ICCA : International Congress & Convention Association, 1963년 설립, 네덜란드 암스텔담, 국제회의 마케팅관련 정보제공이 주된 활동
1963년 급격히 성장하는 국제회의시장에 적응하기 위해서 여행사 중심으로 네덜란드 암스텔담에 설립되었고, 현재는 여행사뿐만 아니라 국제회의분야의 다양한 회원으로 확대된 상태. 상호 협력 구축이 주된 목적

· DMAI : Destination Marketing Association International, 1914년 설립, 워싱턴 D.C, 전세계 CVB들의 정보교류 목적의 협의체

· CIC : Convention Industry Council, 1949년 설립, 멕린, 미국내 컨벤션유관협회 및 단체들의 정보교류 목적의 협의체

· ASAE : American Society of Association Executives, 1920년 설립, 워싱턴 D.C, 미국내 주요 협회 및 단체 책임자들의 정보교류 목적의 협의체

· PCMA : Professional Convention Management Association, 1957년 설립, 시카고, 미국내 회의기획사, Suppliers, 학계의 정보교류 및 회의 기획사 교육 목적의 협의체

· MPI : Meeting Professionals International, 1972년 설립, 달라스, 미국내 회의기획사 교육 및정보교류 목적의 협의체

· IAPCO : International Association of Professional Congress Organizers, 1968년 설립, 런던, 유럽 중심의 PCO들의 정보교류 목적의 협의체

· IACVB : International Association of Convention and Visitor Bureaus, 1914년 설립, 워싱턴 D.C., 회의기획사 교육 및정보교류 목적의 협의체

· AACVB : Asian Association of Convention & Visitor's Bureau, 1983년 설립, 마카오, 국제회의 유치활동·공동광고·교육세미나 개최 등을 목적으로 하는 협의체

· APECC : Asia Pacific Exhibition and Convention Council
– 성격 : 유럽중심의 가장 오랜 역사와 전통의 범세계적인 각종 국제회의, 단체 연맹으로서 국제회의에 관한 정보수집기능을 집대성한 각종 정보자료를 수록한 연감등 책자발행
– 설립연도 : 1907년
– 본부소재지 : 벨기에 브뤼셀

- WCVM : World Council for Venue Management
- IAEM : International Association for
- APECC : Asia Pacific Exhibition and Convention Council
- WCVM : World Council for Venue Management
- IAEM : International Association for Exposition Management

| 2005년 27번 문제 |

08 컨벤션기획에 대한 설명으로 틀린 것은?

가. 컨벤션기획은 목표지향적이어야 하며, 목표를 달성할 수 있는 최적의 수단을 명시하여야 한다.

나. 컨벤션기획은 인력, 시설, 예산 등의 투입에 대한 선택 및 의사결정 과정이다.

다. 컨벤션기획 단계에서 가장 먼저 검토되고 수립되어야 하는 것은 예산이다.[81]

라. 예산수립단계에서는 컨벤션 목표의 실현과 경제적 가치를 조화시킬 수 있도록 해야 한다.

답 다

09 회의테이블의 배치유형별 장·단점에 대한 설명으로 틀린 것은?

가. 교실식(classroom)은 강연자가 참가자 전원을 마주 대할 수 있고, 다른 배치유형에 비하여 적은 면적에 많은 사람을 수용할 수 있는 장점이 있다.

나. T자형(T-Shape)은 소규모 그룹에 좋은 배치유형이지만, 참가자간의 상호연결성이 좋지 않은 단점이 있다.

다. 극장식(theater style)은 필기 등과 같은 작업이 필요 없는 대규모 그룹을 수용하는데 장점을 지닌 적절한 배치유형이다.

라. 원형(chairs in a circle)은 비공식적이고 참여형 그룹에게 장점을 지닌 배치유형이다.

답 나

극장식이 교실식보다 더 많은 참가자를 수용할 수 있다.

---

81) 회의 개최 목적과 목표를 먼저 수립해야 된다.

교실식 극장식

테이블

10 다음 중 유치제안서 내용에 포함되지 않는 것은?

가. 주최 기관장 공식유치표명 서신

나. 회의개최를 위한 숙박비, 항공료 등과 관련한 각종 제안

다. 회의장, 숙박지, 교통, 관광정보 등 관련 자료

라. 경쟁 상대국과의 유치조정 협의서

답 라

| 2013년 5번 문제 |

11 우리나라 국제회의 산업 발전의 기획요인이 아닌 것은?

가. 국제교류 증대   나. 다양한 국제기구 형성

다. 교통기술의 발달   라. 경제블럭화 심화

답 라

12 컨벤션에서의 DB 마케팅 적용에 관한 설명으로 틀린 것은?

가. 쌍방향 지속적인 상호작용은 고객이 원하는 정보를 제공하고 피드백함으로써 지속적이며 장기적인 고객관리가 가능하게 되었다.

나. 정보통신구실의 발달은 고객의 DB를 체계적으로 구축, 가공할 수 있어 고객 개개인의 욕구 등에 맞는 서비스를 제공할 수 있게 되었다.

다. 회의기획가가 참가자들에게 획일적이고 일방적이고 의사소통의 수단으로써 사용할 수 있게 되었다.

라. DB 마케팅의 활용을 통해서 전체적인 컨벤션 참가자 유치전략과 개별적 참가자 유치전략을 동시에 사용할 수 있게 되었다.

답 다

13 컨벤션시설을 전통적 시설과 비전통적 시설로 구분할 경우 그 성격이 다른 것은?

가. 컨벤션센터   나. 컨벤션호텔

다. 일반호텔   라. 대학

답 라

| 2009년 20번 문제 |

14 다음 비용 항목 중 변동비용[82)에 해당되는 것은?

가. 회의장, 전시장 임차료
나. 사교행사비의 식비
다. 동시통역비 및 번역비
라. 사무국 운영비

🔲 나

15 국제회의 산업육성에 관한 법령상 국제 회의도시의 지정기준이 아닌 것은?

가. 지정대상 도시 안에 국제회의시설이 있고, 당해 특별시 · 광역시 또는 시에서 이를 활용한 국제회의 산업육성에 관한 계획을 수립하고 있을 것
나. 지정대상 도시 안에 숙박시설, 교통시설, 교통안내 체계 등 국제회의 참가자를 위한 편의시설이 갖추어져 있을 것
다. 지정대상 도시 안에 컨벤션기획사 등 행사운영인력을 적정하게 보유하고 있을 것
라. 지정대상 도시 또는 그 주변에 풍부한 관광자원이 있을 것

🔲 다

16 개최지를 결정하기 앞서 반드시 고려해 할 가장 중요한 두 가지 요소는?

가. 회의 목적지의 회의업체와 CVB
나. 회의 목적지의 교통수단과 행사시설
다. 회의 목적지의 호텔 객실 수와 음식의 질
라. 회의 목적지의 지역민의 국제화 수준 및 친절도

🔲 나

17 컨벤션기획사가 프로그램을 개발함에 있어서 기본적으로 고려해야 할 요소는?

가. 조직위, 참가자, 동반자 목표
나. 참가자, 동반자, 수익목표
다. 조직위, 회의, 참가자 목표
라. 참가자, 회의, 동반자 목표

🔲 다

18 회의장소 내에서 여러 행사장의 방향 및 개최 등을 알리는 표지물(signage)의 필요성과 거리가 먼 것은?

가. Direction
나. Motivation

---

82) 변동비용 : 참가자의 수에 따라 변동되는 비용

다. simplification
라. Information

🔲 다

19 컨벤션행사 연회와 관련하여 초청장을 발부할 시 "참석여부를 알려달라"는 의미로 사용되는 국제공통표현은?

가. RPSV
나. RSVP
다. RVPS
라. SPVR

🔲 나

| 2003년 21번 문제 |

20 국제회의 Session 중 모든 등록자를 대상으로 명망 있는 연사가 해당 국제회의의 일반적인 주제를 가지고 청중들에게 메시지를 전달하는 방식은?

가. Plenary Session
나. Concurrent Session
다. Workshop Session
라. Round Table Session

🔲 가

21 다음은 무엇에 관한 설명인가?

> 참가자들에게 특정 분야의 기술이나 이론을 습득시키고 교육시키며 문제를 해결 하도록 도와주는 소규모의 모임으로 예를 들면, 프로골퍼를 초빙하여 참석자들에게 기술이나 장비선택 등을 알려주고 문제점을 해결시켜주는 형태의 모임

가. 포럼(forum)
나. 클리닉(clinic)
다. 워크샵(workshop)
라. 컨그레스(congress)

🔲 나

· 포럼: 한가지의 공공의 문제 대한 주제로 상반된 견해를 가진 동일 분야의 전문가들이 사회자의 주도하에 청중 앞에서 벌이는 공개 토론회로서, 청중이 자유롭게 질의에 참여할 수 있으며, 사회자가 의견을 종합한다.
· 심포지움: 안건에 대해 전문가들이 여러 각도에서 의견을 발표하는 방식으로 포럼에 비해 다소 형식을 갖추며 청중의 질의 기회도 적게 주어진다.
· 패널 토론: 청중이 모인 가운데 2명-8명의 panelist들이 사회자의 주도하에 서로 다른

분야에서의 전문가적 견해를 발표하는 공개
토론회로서 청중도 자신의 의견을 발표할 수
있다. 패널토의는 의견 조정의 수단으로 활용
되기도 한다.

☞ forum facilitator = forum moderator

☞ panel facilitator = panel facilitator

22 국제회의 산업육성에 관한 법령상 국제 기구 또는
국제기구에 가입한 기관 또는 법인·단체가 개최하
는 회의가 국제회의로서 갖추어야 할 요건에 해당
되지 않는 것은?

가. 당해 회의에 5개국 이상의 외국인이 참가할 것
나. 회의 참가자가 300명이상이고 그 중 외국인
이 100명이상일 것
다. 3일 이상 진행되는 회의일 것
라. 방문객이 1박 이상을 상업적 숙박시설을 이용
할 것

답 라

23 컨벤션 행사 종류 후 컨벤션 서비스의 평가내용으
로 가장 거리가 먼 것은?

가. 프로그램에 대한 평가
나. 회의 개최지의 시설 및 서비스에 대한 평가
다. 연예, 오락, 사교행사, 관광 등 부대행사에 관
한 평가
라. 개최시설 현장조사

답 라

개최시설의 현장조사는 컨벤션 준비과정에서 실시

24 회의식 배치(Conference Style Setup)의 유형
중 가운데를 비워놓고 테이블을 사각형 모양으로
하여 바깥쪽에만 좌석을 배치하는 유형은?

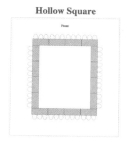

Hollow Square

가. Hollow Square Style[83]
나. T-Shaped Style
다. U-Shaped Style
라. Board of Directors Style

답 가

| 2004년 36번 문제 |

25 CVB 등이 회의 개최지로서 자신의 지역을 알리고
자 무료로 혹은 매우 저렴한 비용으로 관련된 업계
의 인사 및 여행업자들을 초청하는 여행형태는?

가. Site Inspection
나. Familiarization Trip
다. Incentive Tour
라. Convention Tour

답 나

| 2003년 29번 문제 |

26 회의 후 참가자를 대상으로 실시하게 되는 평가의
중요영역과 거리가 먼 것은?

가. 회의주제 및 초청연사 등 본 회의프로그램 평가
나. 장소, 시설, 서비스 평가
다. 돌발사태 및 위기관리 평가
라. 오락, 투어 및 Social Program에 관한 평가

답 다

27 다음 중 협회시장의 특징에 해당하지 않는 것은?

가. 관광매력지나 리조트가 흔히 목적지로 선택된다.
나. 보통의 체류기간은 3~5일이다.
다. 전시실 이용이 거의 없다.
라. 주요 컨벤션은 교역전시회를 동반한다.[84]

---

83) auditorium style/theater style : 극장식
schoolroom setup/classroom setup : 교실형 배치
schoolroom perpendicular setup : 수직 교실형 배치
schoolroom V setup : V자형 교실형 배치
hollow square setup : 정방형 배치
hollow setup circular : 고리형 배치
U-shape setup : U자형 배치
hollow oval : 타원형 배치

84) trade show : 교역전, 전문 전시회. 제품 조달업자들이 자
신의 생산물, 기구(설비), 서비스 등을 선보이는 전시회로
상호교역을 목적으로 단독 또는 convention과 함께 개최
되기도 한다.
consumer shows : 일반 대중에게 개방된 전시전
exposition : 박람회 대중 계몽을 목적으로 문화적 행사의
성격이 강하다.
exhibition : 종합 전시회. 다수의 전문 전시회가 한 장소

답 다

28 시설운영자와 행사장 예약 및 협상과정의 설명으로 틀린 것은?

가. 보통시설들은 행사장 사용료의 일부 또는 전체를 해당 행사의 F&B 규모가 크면 할인해준다.
나. 호텔행사장 사용료는 그룹의 pick-up rate에 따라 달라질 수 있다.
다. Release Date는 행사장을 명시되어 있는 기간 후에는 다른 그룹에게 빌려줄 수 있다는 뜻이다.
라. 보통 행사장 사용료 외 의자, 책상 등 가구 사용료는 별도로 책정한다.[85]

답 라

> Pick-up rate : 실제 사용율
> **예** a pick-up rate of 80 percent : 1000명 block 예약해서 800명 실제 이용의 경우

29 ICCA(International congress and Convention Association)의 주요활동에 해당하는 것은?

가. 정부와 업계간의 중개역할
나. 다른 국제회의 기구와의 유대관계 유지
다. 국제회의 관련 정보수집·평가와 작성 및 배포
라. 국제회의 주최자와 국제회의 산업과의 중개역할

답 다

30 다음은 컨벤션산업의 어떤 특징을 의미하는가?

> · 컨벤션 서비스 또한 모든 서비스와 마찬가지로 상품의 저장이 불가능하다는 것을 의미한다.
> · 구매되지 않은 서비스에 대해서는 차후 사용할 수 없으므로 미래에 수요가 있을지라도 미리 생산하여 재고로 보관할 수 없다.

가. 소멸성   나. 무형성

다. 전문성   라. 비분리성

답 가

| 2003년 7번 문제 | 2006년 32번 문제 | 2008년 30번 문제 |

31 PCO의 마케팅믹스 4P에 관한 설명으로 틀린 것은?

가. Product는 회의에서의 체험 그 자체이다.
나. Place는 개최도시의 입지 및 접근성이다.
다. Price는 참가자에 있어서 중요한 참가결정 요인이 된다.
라. Promotion은 궁극적으로 관련업체들을 위한 설득과 커뮤니케이션이다.

답 라

> Promotion : 광고, PR, 홍보활동 등
> Marketing 4C : 필립 코틀러
> 신제품을 출시해야만 하는 당위성과 목적이 뚜렷해지고 향우 전략방향을 위한 의사결정에 기여
> Consumer, Company, Competitors, Channel

| 2003년 4번 문제 |

32 다음 중 9~10월경 미국 시카고에서 해마다 개최되는 세계 최대의 컨벤션 및 인센티브 관광 전문 전시박람회는?

가. AIME   나. EIBTM
다. IT&ME SHOW   라. IT&CMA

답 다

> · MICE 산업 : Meeting, Incentive, Convention, Exhibition 산업의 약자
> · AIME : Asia Pacific Incentive & Meetings Expo 호주 멜버른
> · IT&ME SHOW : Incentive Travel and Meeting Executive Show
> · EIBTM : European Incentive Business, Travel, Meeting)
> · IT&CMA : Incentive Travel & Convention, Meetings Asia

33 좌석배치 형식 중 1인당 면적이 가장 작은 것은?[86]

---

86) 극장배치 : 0.5-0.8 평방미터
   교실식 : 1.4-1.5 평방미터
   리셉션 : 0.7-0.8 평방미터
   연회 : 0.9 평방미터

에서 개최되기도 한다. 이 경우 여러 명의 주최자가 한 장소에서 공동 개최를 한다.
85) 행사장 사용료에 의자, 책상, 가구 사용을 포함한다.

가. 극장식 나. 교실식
다. 리셉션 라. 연회식

답 가

34 국제회의 종료 즉시 사무국이 조직위원장등에게 제출하는 결과보고서에 포함해야 할 사항이 아닌 것은?

가. 국가별 참가자 신상명세서
나. 수입 및 집행 예산서
다. 회의내용 및 부대행사 결과
라. 조직위원회와 사무국 활동

답 가

35 국제회의시 참가자에게 배포하는 등록 가방(congress kit)의 내용물이 아닌 것은?

가. 명찰 나. 회의스케줄
다. 기념품 라. 여권

답 라

36 등록데스크 운영에 관한 설명으로 옳은 것은?

가. 등록데스크는 참가자가 집중되는 곳이므로 참가자의 통행이 방해되지 않는 곳에 설치한다.
나. 참가자들의 일관성 있는 처리를 위하여 가급적 등록데스크의 수는 적은 것이 좋다.
다. 등록데스크는 일시적으로 인원이 집중되는 경우가 많으므로 대부분 임시고용인이 담당하도록 한다.[87]
라. 등록업무는 대부분 컨벤션 행사 개최시에 발생하므로 개최 후 2일까지만 운영하여 업무의 낭비를 피한다.

답 가

37 컨벤션마케팅 계획 수립이 필요한 이유가 아닌 것은?

가. 종사원에 대한 미래 지향적 사고 유도
나. 불확실한 미래 예측을 가능하게 함
다. 자산의 최적 활용 및 목표달성
라. 컨벤션 평가보고서 작성

답 라

38 협회회의 참가자 유치를 위한 홍보방법 중 가장 바람직한 것은?

가. 같은 우편물을 지속적으로 발송한다.
나. 목표 대상층을 정해서 이들에게만 집중적으로 홍보물을 발송한다.
다. 다양하고 각기 다른 홍보물을 발송하고 홍보물에 대한 관심을 유도하기 위해서 상품이나 보너스를 제공한다.
라. 주최측에서 발간하는 다른 인쇄물에 함께 넣어서 발송한다.

답 다

39 컨벤션 서비스 관리자(CSM)가 필요한 이유로 가장 알맞은 것은?

가. 컨벤션기획사와 유관부서 간의 중재자 역할을 수행하면서, 비효율적인 시간 낭비를 줄여주기 때문이다.
나. 지역 내 컨벤션 서비스 관련 업체와의 정보제공을 차단하여 성공적인 행사를 가능하게 하기 때문이다.
다. 컨벤션 전반에 관한 전문 상담요원의 역할을 수행하기 때문이다.
라. 전시장, 무역박람회의 무대장치를 직접 설치하기 때문이다.

답 가

> Convention service manager : hotel 회의 시설, convention center에 소속된 회의운영 전문가

40 컨벤션의 단계별 위기관리 중 행사 전 위기관리 활동의 범주에 해당하지 않는 것은?

가. 위험요소 체크
나. 위기커뮤니케이션 체계수립
다. 위기관리 활동 평가[88]
라. 이해관계자와 협의

답 다

---

87) 전문요원을 배치한다.

88) 평가는 행사 종료 후 사항

2008년도 시행 컨벤션산업론

01 회의 목적을 확정하기 위한 잠재참가자의 요구분석(Need Analysis)에서 고려하지 않아도 되는 사항은?

가. 참가경비의 부담자
나. 회의 참석의 자발적 여부
다. 회의에서 네트워킹 기회의 중요도
라. 참가자의 성별

📖 가

02 다음 중 국제회의산업 육성에 관한 법령상 전문전시시설의 요건으로 옳은 것은?

가. 전체 옥내 전시면적 1500㎡ 및 30인 이상 수용 가능한 중·소회의실 5실 이상 있을 것
나. 전체 옥내 전시면적 1500㎡ 및 30인 이상 수용 가능한 중·소회의실 10실 이상 있을 것
다. 전체 옥내 전시면적 2000㎡ 및 30인 이상 수용 가능한 중·소회의실 5실 이상 있을 것
라. 전체 옥내 및 옥외 전시면적 2000㎡ 및 30인 이상 수용 가능한 중·소회의실 10실 이상 있을 것

📖 라

> 국제회의산업육성에관한법률시행령
> 제3조 (국제회의시설의 종류·규모)
> ① 국제회의시설은 전문회의시설·준회의시설·전시시설 및 부대시설로 구분한다.
> ② 전문회의시설은 다음 각호의 요건을 갖추어야 한다.
>   1. 2천인 이상의 인원을 수용할 수 있는 대회의실이 있을 것
>   2. 30인 이상의 인원을 수용할 수 있는 중·소회의실이 10실 이상 있을 것
>   3. 2천제곱미터 이상의 옥내전시면적을 확보하고 있을 것
> ③ 준회의시설은 국제회의의 개최에 필요한 회의실로 활용할 수 있는 호텔연회장·공연장·체육관 등의 시설로서 다음 각호의 요건을 갖추어야 한다.
>   1. 600인 이상의 인원을 수용할 수 있는 대회의실이 있을 것
>   2. 30인 이상의 인원을 수용할 수 있는 중·소회의실이 3실 이상 있을 것
> ④ 전시시설은 다음 각호의 요건을 갖추어야 한다.
>   1. 2천제곱미터 이상의 옥내전시면적을 확보하고 있을 것
>   2. 30인 이상의 인원을 수용할 수 있는 중·소회의실이 5실 이상 있을 것
> ⑤ 부대시설은 국제회의의 개최 및 전시의 편의를 위하여 제2항 및 제4항의 시설에 부속된 숙박시설·주차시설·음식점시설·휴식시설·판매시설 등으로 한다.

03 참가자(전시참여업체 포함) 유치를 위한 전략으로 틀린 것은?

가. 회의행사에 참여하는 잠재적 참가자들을 철저히 이해해야 한다.
나. 회의행사에 참여할 수 있는 잠재적 참가자들의 표적시장을 선정한다.
다. 기업회의 참가자들은 자신의 의사에 따라 참여하기 때문에 협회의보다 더 많은 홍보를 해야 한다.
라. 전시 참여업체를 유도하기 위한 홍보자료의 주 내용은 전시회 참가로 얻을 수 있는 이점을 구체적으로 설명하는 것이다.

📖 다

> 기업회의는 참가자 의무적이다.

04 다음 중 컨벤션 실시단계에서 진행되어야 할 주요업무는?

가. 회의참가자 등록
나. 컨벤션 단체 분석
다. 감사서신 발송

라. 회의개최 목적 확정

🗒 가

05 국제회의시 행사 현장에서 계획하는 "Floor Plan" 의 의미로 옳은 것은?

가. 각 층별로 행사장을 배치한 도면계획
나. 등록데스크를 중심으로 모든 행사장과 출입 구가 표시된 도면계획
다. 참석자 중 귀빈들이 이용하는 전용통로 도면 계획
라. 출입구에서 행사장까지 거리 확인 도면계획

🗒 나

| 2010년 36번 문제 |

06 컨벤션 사후평가방법으로서 가장 적합한 것은?

가. 중요도–실행도 분석 (IP 분석)
나. PERT/CPM
다. Gantt Chart
라. 고객 생애가치 산출분석

🗒 가

· PERT : program evaluation and review technique
PERT는 1958년에 미국해군 군수국(Bureau of ordnance)의 특별기획실(Special Project Office)의 계획평가부문(Program Evaluation Branch)에 의해 폴라리스함대 탄도미사일 계획 의 개발과정에 따르는 일정의 계측, 제어의 기술 로 개발되어 당초에는 단순한 일정만을 계획, 관 리하는 기법으로 성립된 것이다.
· CPM(Critical Path Method)은 소요시간이 확실한 경우에 이용하던 기법이나 통상적으로 PERT/CPM으로 표현됨.
CPM은 1957년 Dupont사 공무부(Engineer ing Service Division)의 월커(Morgen R. Walker)와 레민턴랜드사의 켈리(James E. Kelley) 등에 의해 개발되었는데, 실험용의 모델 플랜트에 의하여 분해검사와 유지관리를 위하여 플랜트를 일시 폐쇄하는 프로젝트의 일정과 원가의 관리에 적용되었다.

| 2012년 14번 문제 |

07 후원단체 유치를 위한 마케팅 전략 수립시 가장 먼 저 고려되어야 할 사항은?

가. 과거 후원단체의 후원 경력
나. 후원 단체의 경영철학
다. 후원 단체가 후원을 통해 얻고자 하는 이익
라. 후원단체의 재정상태

🗒 다

08 다음 중 주요 회의개최시장의 성격에 관한 설명으 로 틀린 것은?

가. 협회회의 시장이 기업회의 시장보다는 일반 적으로 회의수 및 회의참가자 수가 많은 반면 회의지출비는 적다.
나. 협회회의는 개최지를 정기적으로 순회하면서 정하기 때문에 회의 개최지 결정이 잠재적 참 가자의 참가율에 큰 영향을 미치기도 한다.
다. 협회회의 참가는 참가자의 자유의사에 의해 결정되나, 기업회의 참가는 대부분 의무적이 기 때문에 회의규모의 예측과 회의 준비가 용 이하다.
라. 기업회의 참가의 경우 기업주에 의해 회의비 용이 충당되는 반면, 협회회의의 경우 회의참 가자의 참가비로 회의비용의 상당부분이 충 당이 되는 것이 일반적이다.

🗒 가

09 유치제안서(Bidding Proposal)에 포함되는 내 용이 아닌 것은?

가. 정부측의 지원표명 서신
나. 조직위원회 구성 및 후원단체 소개
다. 주요 참석인사 명단
라. 수입 및 지출예산(계획)안

🗒 나, 라

위원회 → 회의 개최지 결정 → 조직위원회 유치

| 2011년 18번 문제 |

유치제안서(Bidding Proposal)에 포함되는 내 용과 가장 거리가 먼 것은?

가. 정부측의 지원 표명 서신
나. 조직위원회 구성 및 후원 단체 소개
다. 주요 참석 인사 명단
라. 수입 및 지출예산(계획)안

🗒 라

10 다음 중 DMC(Destination Marketing Companies)에 대한 설명으로 틀린 것은?

가. 보통 그 지역의 호텔 객실료를 제공한다.

나. 스페셜 이벤트 기획에서부터 교통, 의전 등 행사에 필요한 서비스를 제공한다.

다. PCO의 기능을 제공한다.

라. 그 지역의 CVB와 같은 역할을 한다.[89]

🗹 라

| 2003년 3번 문제 |

11 다음 중 개·폐막식에 주로 이용되는 세션은?

가. 집중세션   나. 일반세션

다. 협력세션   라. 동시세션

🗹 나

· Session : 회의 기본 단위
· Slot : 회의 발표 기본 단위

3 slots in one session

1일째	2일째	3일째
Registration Opening ceremony	Session (2 slots)	Session (3 slots)
Lunch	Lunch	Lunch
Session (3 slots)	Session Technical Tour	Closing ceremony Farewell party
Dinner	Dinner	

· 집중세션 : 여러 시간 동안 집중적으로 진행되는 세션

· 동시세션 : 여러 분과로 나뉘어서 같은 시간대에 동시에 진행되는 세션

· 전문세션 : 주제별 전문분야로 나뉘어 진행되는 세션

· 협력세션 : 2개 이상의 기관이 공동해서 주도적으로 이끌어 가는 세션

---

12 기본적으로 연설자에게 보내는 4가지의 서면통신 중 행사 전에 참석자 숫자 등 행사에 대한 자세한 정보와 스케줄을 보내는 것은?

가. Confirmation letter

나. Invitation letter

다. Thank you letter

라. Reminder

🗹 라

Invitation letter – Acceptance of Invitation from the speaker – Confirmation letter – Reminder – Thank you letter

---

13 컨벤션 개최장소 선정과정에서 행하는 것이 아닌 것은?

가. 컨벤션 개최장소의 사용예산을 추정한다.

나. 컨벤션 행사에 필요한 회의실과 숙소를 확정한 후 요금을 지불한다.

다. 컨벤션 장소가 갖추어야 할 조건을 리스트로 작성한다.

라. 컨벤션 개최장소를 답사한다.

🗹 나

14 다음 중 국제회의시설에 관한 설명으로 틀린 것은?

가. 컨벤션센터는 동시에 많은 단체 또는 대규모의 컨벤션을 수용할 수 있도록 설계된 시설로서, 전시공간, 회의시설, 연회시설 및 숙박시설을 갖춘 컨벤션전용시설이다.

나. 기존의 컨벤션센터보다 주변환경 및 다른 회의와의 차단, 중·소 규모의 회의에 적합한 전문적인 시설과 서비스에 대한 수요가 증가하게 되자 등장하게 된 것이 컨퍼런스센터이다.

다. 컨벤션센터의 건물형태는 단일건물에 모든 시설을 갖춘 다층형 (복합형) 그리고 일정 부지내에 회의시설과 전시시설 등이 평면적으로 분리되어 건립된 분동형 등으로 나눌 수 있다.

라. 컨퍼런스센터는 객실과 식음료 시설을 갖추고 있다는 점에서 호텔 등의 숙박시설과 유사한 면을 갖고 있기도 하다.

🗹 가

컨퍼런스센터는 보통 회의 참가자들을 위한 숙박시설을 제공한다는 점에서 컨벤션센터와 크게 다르다. 컨벤션센터는 통상적으로 호텔 근처에 입지하고 있다. 컨퍼런스센터에는 방문객들이

---

89) CVB는 일반 회사와 달리 공익기관의 역할을 수행한다. Destination marketing company는 영리를 추구하는 회사이기 때문에 공익성을 갖고 있는 CVB와 다르다.

필요로 하는 식사·숙박·기타 여가활동의 자체 제공이 모두 가능하기 때문에 회의기간 동안 컨퍼런스센터를 벗어나지 않아도 된다. 컨퍼런스센터는 회의가 유일한 소득원이기 때문에 회의 참가자 개인들의 특별한 요구를 충족시키기 위한 시설을 갖추고 있다. 특히, 회의 참가자들의 편안함과 사생활에 중점을 두어서 회의장에서는 오랜 시간동안 편안히 앉아 있을 수 있는 의자와 테이블뿐만 아니라 객실에는 큰 책상.조명.컴퓨터 등을 설치하여 최고의 안락함과 편안함으로 회의에서 정보나 아이디어 교환을 할 수 있도록 배려한다.

15 국제회의 개최 일급도시(First-tier city)가 갖추어야 할 주요 요건이 아닌 것은?

가. 지역주민의 생활수준
나. 국제공항 및 지상교통체계
다. 대형컨벤션 센터 및 부대시설
라. 풍부한 관광자원 및 여가활동

답 가

First-tier city : 국제 일급도시

16 컨벤션 진행용 각종 소도구에 대한 설명으로 옳은 것은?

가. 정부간 국제회의는 참가자 패찰용 Name Card가 없어도 된다.
나. 참가기념품은 참가자들의 추억이 될 수 있도록 고가품으로 해야 한다.
다. Congress Bag은 자료의 수와 분량을 고려하여 제작해야 한다.
라. 참가자 수하물에 부착하는 Tag는 참가국별로 구분되도록 여러 가지 형태로 제작해야 한다.

답 다

참가 수하물 tag는 투숙 호텔별로 색상을 달리한다.

17 일반적으로 스폰서가 스폰서십 제공을 통해 추구하는 편익이 아닌 것은?

가. 다양한 매체를 통한 스폰서명의 노출

나. 표적시장과의 관계유지
다. 직접판매를 위한 판매경로 개척
라. 인적자원의 활용

답 라

18 컨벤션 마케팅믹스의 4P's에 대한 설명으로 틀린 것은?

가. Product는 컨벤션 참가자에게 제공되는 각종 인쇄물과 기념품을 의미한다.
나. Place는 컨벤션 개최지와 개최시설, 등록방법을 의미한다.
다. Promotion은 참가가능성이 있는 사람들에게 시간과 비용을 들여 참가할 만한 가치가 있는 컨벤션이라는 점을 설득하고 커뮤니케이션을 하는 기술적인 요소이다.
라. Price는 컨벤션 등록비 및 기타 경비가 포함된다.

답 가

Product : 회의 프로그램

| 2003년 4번 문제 |

19 PCO의 부문별 세부업무인 기획용역부문의 주요활동으로 틀린 것은?

가. 기본 및 세부 추진계획서 작성
나. 회의장 및 숙박장소 선정
다. 행사 준비 일정표 작성
라. 회의 진행 시간표 작성

답 라

20 컨벤션의 홍보를 위한 Pull Marketing 기법에 해당되는 것은?

가. 표준화된 대량 홍보
나. 고압적·일방 홍보
다. 인터넷 등을 이용한 쌍방향·선행적 홍보
라. 소비자의 욕구를 무시한 내부마케팅

답 다

· Pull marketing : 기업의 광고, 홍보 활동에 고객들을 직접적으로 참여시키는 소비자 판매 촉진 방법
· Push marketing : 텔레비전, 신문, 잡지 등에서 일방적인 광고를 통해서 구매를 강요하는 방법

21 기업회의 개최시기에 대한 결정이 이루어지면 회의기획가가 우선적으로 고려해야 하는 사항과 내용이 잘못 연결된 것은?

가. 비용 – 예산범위 안에서의 가격협상
나. 스텝진 충원 – 충분한 수의 기획직원 확보
다. 장소선정 – 적절한 회의개최도시와 회의시설 선정
라. 참석률 – 전체직원 참석 유도

🔁 라

기업회의 참석은 의무적이다.

22 일반적으로 국제기구본부에서 결정해야 하는 사항이 아닌 것은?

가. 회의주제 및 연사 선정
나. 회의 공식 프로그램 선정
다. 공용어 및 통역 결정
라. 부대행사 프로그램 결정

🔁 라

23 순차통역의 장·단점에 관한 설명으로 틀린 것은?

가. 동시통역에 비해 정확성이 떨어진다.
나. 각종 통신설비 설치와 운영에 따른 별도의 비용이 필요없다.
다. 발언자가 다수일 경우에는 통역하는데 지나치게 시간을 잠식당할 수 있다.
라. 대규모 컨벤션이 아닌 리셉션이나 개·폐회식의 인사말에 적당하다.

🔁 가

순차통역이 동시통역에 비해서 정확성이 높다.
· 순차통역: consecutive interpretation
· 동시통역: simultaneous translation

| 2003년 25번 문제 | 2010년 11번 문제 |

24 컨벤션 기획의 예산편성 항목이 수입항목과 지출항목으로 옳게 짝지워진 것은?

가. 등록비와 정부지원금
나. 홍보비와 인건비
다. 통신비와 초청경비
라. 등록비와 인쇄비

🔁 라

· 수입항목 : 등록비, 정부지원금
· 지출항목 : 홍보비, 인건비, 통신비, 초청경비, 인쇄비

25 국제출판협회 컨벤션의 매출액과 지출비용은 각각 $1,200,000과 $800,000이다. 이 행사의 투자수익률은?

가. 45% 나. 50%
다. 55% 라. 60%

🔁 나

투자수익률은 수입 나누기 지출 곱하기 100
수입비용은 매출액 빼기 지출비용이므로
$1,200,000 − $800,000 = $400,000

26 컨벤션에 연계된 전시회가 개최될 경우 컨벤션기획사가 전시회 참가업체들을 위해 노력해야 할 사항이 아닌 것은?

가. 전시장의 위치를 회의장에서 쉽게 접근할 수 있는 곳으로 선정해 둔다.
나. 회의기간 동안 회의참가자들이 전시회를 관람할 수 있도록 충분한 시간이 배려되도록 한다.
다. 회의참가자들의 전시회 관람을 촉진하는 노력을 기울여야 한다.
라. 일반인들도 전시회 관람이 가능하도록 적극적인 촉진활동을 펼쳐야 한다.

🔁 라

컨벤션과 연계한 전시회이므로 컨벤션참가자 중심의 전시회가 되어야 한다.

27 다음 중 컨벤션 뷰로의 업무가 아닌 것은?

가. 컨벤션시설이나 숙박시설에 관한 정보제공
나. 상설 컨벤션 단체나 국제회의 관련 단체에 관한 조사
다. 컨벤션 유치지원
라. 컨벤션의 기획, 운영, 평가를 총괄 실시

🔁 라

| 2011년 1번 문제 | 2013년 38번 문제 |

28 다음 중 회의 참가자 수에 따라 변동 가능성이 가장 큰 가변비용 항목은?

가. 회의장, 전시장 임차료
나. 홍보료(브로셔, 포스터, 광고료)
다. 사무국 운영비
라. 리셉션, 연회, 오찬비

🔲 라

| 2005년 34번 문제 | 2013년 34번 문제 |

29 다음 중 컨벤션 마케팅 계획 수립의 필요성이 아닌 것은?

가. 컨벤션 유치 및 개최과정에서 발생할 수 있는 제반사항에 대한 시스템적인 접근을 가능하게 한다.
나. 기존고객은 대상에서 제외되고 신규고객만을 대상으로 하여 단 시간에 마케팅 노력의 성과를 달성하게 한다.
다. 마케팅과 판촉의 결과를 평가할 수 있는 자료원 역할을 하게 된다.
라. 마케팅부서의 행사 유치 목표 달성을 위한 책임부여와 함께 유관부서와의 협조 및 통합을 가능하게 한다.

🔲 나

30 컨벤션을 서비스산업으로 인식할 때, 다음 중 서비스산업으로서 마케팅의 특성이 아닌 것은?

가. 무형성(Intangibility)
나. 분리성(Separability)
다. 이질성(Heterogeneity)
라. 소멸가능성(Perishability)

🔲 나

서비스의 기본특성
· 무형성(Intangibility) : 보거나 만질 수 없다 (고객만족)
· 동시성(Inseparability) : 생산과 소비 동시에 발생
· 이질성(Heterogeneity) : 품질이 고르지 않음(Customization), 동일한 서비스에 대해서 만족도가 다름
· 소멸성(Perishability) : 재고로서 보관하지 못함

| 2003년 7번 문제 | 2006년 32번 문제 | 2007년 30번 문제 |

31 다음 중 컨벤션 마케팅 및 홍보에 관한 설명으로 틀린 것은?

가. 협회회의의 경우 주로 DM을 사용하며 일반적으로 최소 3회 이상 예상 참가자에게 발송한다.
나. 강제적 성격의 기업회의인 경우라도 참가자에게 참가의 필요성과 효과를 적극적으로 홍보하여야 한다.
다. 컨벤션마케팅 기획을 수립할 때는 과거의 회의와 예상참가자들간의 구전효과를 고려해야 한다.
라. 스폰서를 유치하는 것은 컨벤션마케팅과는 별도로 구분하여 그 전략을 수립하여야 한다.

🔲 라

스폰서의 지원금으로 마케팅을 보다 활발하게 할 수 있다.

32 다음 중 구체적인 문제점들을 분석 또는 해결하거나, 어느 특정 분야의 기술이나 지식을 습득하기 위한 집단회의 형식은?

가. 강연(speech)   나. 패널(panel)
다. 클리닉(clinic)   라. 컨그레스(congress)

🔲 다

| 2003년 5번 문제 |

33 총고정경비는 25500000원이고 참가자 1인당 변동비는 74500원으로 분석되었다. 그리고 컨벤션 조직위원회에서는 1인당 참가비를 100000원으로 책정하였다. 손익분기점에 도달하기 위해서는 최소한 몇 명의 참가자를 유치하여야 하는가?

가. 900명   나. 950명
다. 1000명   라. 1100명

🔲 다

1인당 참가비 100,000원에서 변동비 74,500을 빼면 고정비를 계산할 수 있다.
고정비는 100,000 − 74,500 = 25,500
총고정경비 25500000원 나누기 1인당 고정경비 25,500원은 1000명

| 2003년 13번 문제 |

34 행사프로그램 중 상당한 공을 들여 기획되며, 일반적으로 회의 종료 전날 저녁에 개최되고, 저녁에 개최되고, 저녁식사와 함께 연회형태로 제공되는 엔터테인먼트 프로그램은?

가. 환영 리셉션(Welcome reception)
나. 사교 파티(Social party)
다. 럭키드로우(Lucky draw)
라. 갈라디너(Gala dinner)

답 라

| 2012년 34번 문제 |

35 일반적으로 컨벤션 기획사의 업무에 적합하지 않은 것은?

가. 회의목적과 계획수립
나. 회의시설의 교섭
다. 컨벤션센터의 운영 · 자문
라. 프로그램 기획

답 다

36 국제회의산업의 발상지인 유럽중심의 범세계적인 종합국제기구로 1964년 설립되었으며, 네덜란드 암스테르담에 본부를 두고 컨벤션 및 전시 · 박람회를 합법적인 수단과 방법으로 발전시키는데 기여함을 목적으로 설립된 것은?

가. AACVB　　　　나. IACVB
다. ICCA　　　　　라. UIA

답 다

· UIA : Union of International Association, 1910년 설립, 벨기에 브뤼셀, 국제기구관련 정보 수입과 정보자료 제공이 주된 활동
· ICCA : International Congress & Convention Association, 1963년 설립, 네덜란드 암스텔담, 국제회의 마케팅관련 정보제공이 주된 활동
· DMAI : Destination Marketing Association International, 1914년 설립, 워싱턴 D.C, 전세계 CVB들의 정보교류 목적의 협의체
· CIC : Convention Industry Council, 1949년 설립, 멕린, 미국내 컨벤션유관협회 및 단체들의 정보교류 목적의 협의체
· ASAE : American Society of Association Executives, 1920년 설립, 워싱턴 D.C, 미국내 주요 협회 및 단체 책임자들의 정보교류

목적의 협의체
· PCMA : Professional Convention Management Association, 1957년 설립, 시카고, 미국내 회의기획사, Suppliers, 학계의 정보교류 및 회의 기획사 교육 목적의 협의체
· MPI : Meeting Professionals International, 1972년 설립, 달라스, 미국내 회의기획사 교육 및정보교류 목적의 협의체
· IAPCO : International Association of Professional Congress Organizers, 1968년 설립, 런던, 유럽 중심의 PCO들의 정보교류 목적의 협의체
· IACVB : International Association of Convention and Visitor Bureaus, 1914년 설립, 워싱턴 D.C., 회의기획사 교육 및정보교류 목적의 협의체
· AACVB : Asian Association of Convention & Visitor's Bureau, 1983년 설립, 마카오, 국제회의 유치활동, 공동광고.교육세미나 개최 등을 목적으로 하는 협의체
· APECC : Asia Pacific Exhibition and Convention Council
　- 성격 : 유럽중심의 가장 오랜 역사와 전통의 범세계적인 각종 국제회의, 단체 연맹으로서 국제회의에 관한 정보수집기능을 집대성한 각종 정보자료를 수록한 연감등 책자 발행
　- 설립연도 : 1907년
　- 본부소재지 : 벨기에 브뤼셀
· WCVM : World Council for Venue Management
· IAEM : International Association for Exposition Management

| 2005년 31번 문제 |

37 컨벤션 개최기간 중 홍보활동으로 틀린 것은?

가. 언론기관을 중심으로 홍보한다.
나. 회의 결과를 관계기관에 배포한다.
다. 보도자료를 지속적으로 발간한다.
라. 정기적으로 기자회견을 가진다.

답 나

38 다음 중 컨벤션 목표 설정 시 고려하지 않아도 되는 사항은?

가. 구체적일 것
나. 측정 가능할 것
다. 달성 가능할 것
라. 역동적이고 혁신적일 것

🗒 나

일반 기업은 매출 목표, 순이익 목표, 판매량 목표 등 목표의 계량화가 가능하여 측정할 수 있다.

39 참가자 회의 등록에 있어 사전등록의 장점이 아닌 것은?

가. 다양한 국적의 참가자 구성
나. 현금흐름의 개선
다. 홍보지침의 변경 · 제시
라. 회의준비의 융통성 부여

🗒 가

사전등록율이 저조하면 홍보전략을 변경할 수 있다.

| 2009년 6번 문제 |

40 A 기업은 우수영업사원의 표창 및 Team building program을 통해 사원의 사기를 진작시키기 위한 행사를 계획하고 있다. 어떤 행사장이 적합한가?

가. 리조트 행사장
나. 도심호텔
다. 컨퍼런스 호텔/센터
라. 공항호텔

🗒 가

| 2004년 19번 문제 | 2009년 27번 문제 |

01 다음이 설명하고 있는 컨벤션관련 국제기구는?

> 1907년 6월에 Brussels에서 창립된 비영리 단체로 유럽 중심의 가장 오랜 역사와 전통의 범세계적 각종 국제기구, 협회 단체의 연맹으로서 국제회의에 관한 수집기능을 집대성한 각종 정보자료를 수록한 연가 등 책자발행을 주요 사업으로 하고 있는 학술연구협력단체의 성격을 가진다.

　가. UN 　　　　　나. UIA
　다. ICCA 　　　　라. DMAI

　📋 나

02 국제회의 주제 및 연사 선정시 고려사항과 가장 거리가 먼 것은?

　가. 주최국만이 제공할 수 있는 내용을 살릴 수 있는 주제를 선택한다.
　나. 주제는 구체적이고 참가자에게 어필(appeal)할 수 있는 것이 좋다.
　다. 전 세계 참가자가 공감할 수 있는 국제적이고 광범위한 이슈를 주제로 선정한다.
　라. 연사는 그 분야에서 세계적으로 명망이 높은 전문가를 선정하는 것이 좋다.

　📋 다

> 협회의 성격에 맞는 구제적인 이슈를 선정해야 된다.

| 2007년 7번 문제 |

03 다음 회에서 손익분기점에 도달하기 위해 유지해야 하는 최소 참가인원은?

> 총고정비용 : 120,000,000원
> 참가자 1인당 변동비용 : 85,000원
> 1인당 참가비 : 100,000원

　가. 780명 　　　　나. 800명
　다. 820명 　　　　라. 850명

　📋 나

> 120,000,000 / 100,000 = 1,200명
> 총고정비용 / 1인당 고정비용
> = 12,000,000 / 15,000 = 800명

| 2003년 13번 문제 |

04 컨벤션 개최지 선정 이전에 실시되어야 할 업무내용이 아닌 것은?

　가. 예산 검토 　　　나. 참가자의 욕구분석
　다. 수송 　　　　　라. 프로그램 검토

　📋 다

05 컨벤션 마케팅 계획 단계를 바르게 나열한 것은?

> A. 시장에 대한 조사 · 분석
> B. 시장 포지셔닝
> C. 실행계획서 작성 및 이행
> D. 표적시장 선정
> E. 마케팅 계획의 평가와 피드백
> F. 마케팅 목표 설정

　가. A → B → D → F → C → E
　나. A → D → B → F → C → E
　다. A → C → D → B → F → E
　라. A → F → D → B → C → E

　📋 나

> 시장에 대한 조사 · 분석 → 표적시장 선정 → 시장 포지셔닝 → 마케팅 목표 설정 → 실행 계획서 작성 및 이행 → 마케팅 계획의 평가와 피드백

06 컨벤션의 사전등록 통보시 포함되어야 하는 정보가 아닌 것은?

가. 등록자격
나. 사전등록서 제출 마감
다. 현지등록 장소 및 시간
라. 회의기획자의 지시하에 정보를 처리하는 방법

답 라

| 2008년 39번 문제 |

07 국제회의에 참가하는 동반자를 위한 문화, 쇼핑, 스포츠, 레저 프로그램은?

가. spouse program
나. reception program
다. poster session program
라. incentive tour program

답 가

spouse program = accompanying persons' program, program for accompanying persons

| 2003년 27번 문제 |

08 컨벤션 참가자에게 교부하는 뱃지(badge)의 가장 우선적인 기능은?

가. 회의장 출입자의 안전 및 경호
나. 참가자의 이름 식별
다. 등록된 카테고리 지정
라. 참가자가 소속한 조직 식별

답 나

09 컨벤션 마케팅 계획 수립을 통한 기대효과가 아닌 것은?

가. 컨벤션 운영조직의 의사소통의 역할
나. 종사자에 대한 내부 마케팅 효과
다. 통제수단으로서의 역할
라. 목표 달성을 위한 인적·물적자원의 효율적인 배분

답 나

10 국제회의산업육성기본계획에 관한 설명으로 틀린 것은?

가. 문화체육관광부장관은 국제회의산업의 육

성·진흥을 위해 국제회의산업육성기본계획을 수립해야 한다.
나. 국제회의산업육성기본계획에는 국제회의의 유치와 촉진, 원활한 개최, 필요한 인력의 양성 등에 관한 사항이 포함되어야 한다.
다. 문화체육부장관은 국제회의산업육성기본계획을 수립, 변경하려면 육성위원회의 심의를 거쳐야 한다.
라. 문화체육부장관은 국제회의산업 육성과 관련된 기관의 장에게 기본계획의 효율적인 달성을 위해 필요한 협조를 구할 수 있다.

답 다

11 파라슈라만(Parasurman)이 제시한 서비스품질모형(Servqual)의 서비스 품질차원에 관한 설명으로 틀린 것은?

가. 신뢰성 : 약속된 서비스를 믿음직스럽고 정확하게 수행할 수 있는 능력
나. 반응성 : 고객을 돕고 신속한 서비스를 제공하겠다는 의지
다. 유형성 : 직원의 지식과 친절, 신뢰와 믿음 정도
라. 공감성 : 사려 깊은 개별적인 관심을 보일 준비성

답 다

12 회의 개최시 등록에 관한 설명으로 틀린 것은?

가. 전문적인 convention center가 아닌 경우에는 registration desk는 없으며, 보통 회의 개시 약 일주일 전부터 설치한다.
나. 데스크의 크기는 회의의 규모, 참가 예정자의 수, 데스크에서 수행하는 업무량과 기능에 따라 정해진다.
다. registration desk는 보통 대회의장, hotel의 경우 grand ballroom 전면 lobby에 설치한다.
라. registration desk의 기능은 참가자 등록이 주 임무이나 회의와 관련된 문의에 대한 응답과 편의를 제공할 수도 있다.

답 가

13 국제회의 개최로 인한 경제적인 효과와 가장 거리가 먼 것은?

가. 외화획득   나. 세수입의 증대

다. 국제친선의 도모　　라. 고용 창출

🖺 다

14 컨벤션 기획의 주요 내용으로 적합하지 않은 것은?

가. 접근성 향상을 위한 도로건설
나. 회의의 주제설정
다. 회의와 관련한 프로그램 기획
라. 초청연사 관련 준비사항

🖺 가

15 일반적인 회의의 형태별 분류에 해당되지 않는 것은?

가. 컨퍼런스(conference)
나. 포럼(forum)
다. 강의(lecture)
라. 총회(general assembly)

🖺 라

| 2003년 5번 문제 |

16 다음 중 컨벤션 산업의 특징이 아닌 것은?

가. 공공성(public benefit)
나. 무형성(intangibility)
다. 영속성(imperishableness)
라. 전문성(specialty)

🖺 다

> 회의기간 동안만 Product가 생산·소비된다.

| 2003년 7번 문제 | 2014년 29번 문제 |

17 컨벤션마케팅 믹스 중 촉진에 관한 설명으로 틀린 것은?

가. 광고는 비인적 커뮤니케이션 방법이기 때문에 판매 사원들을 사용하는 방법만큼 설득적이지 못하다.
나. 광고는 지역적으로 넓게 분산되어 있는 소비자들에 대한 촉진이 가능하다는 특성이 있다.
다. 촉진은 인지도 제고 등 장기적인 목표를 달성하기 위한 투자가 대부분이다.
라. PR은 촉진수단으로서 뉴스·행사 등을 활용하기 때문에 소비자들은 PR이 광고보다 더 믿을 만하다고 여기는 것으로 알려져 있다.

🖺 다

18 다음 중 회의 후 평가항목으로 적절하지 않은 것은?

가. 프로그램 완성시한은 현실적이었는가
나. 누가 사례비(tip)을 가장 많이 받았는가
다. 임시고용원의 수는 충분했는가
라. 전시장배치는 사람들의 흐름을 좋게 했는가

🖺 나

19 다음 중 컨벤션 사후관리 업무에 해당되지 않는 것은?

가. 행사연계 프로그램 개발
나. 참가자 만족도 조사
다. 사후관리 프로그램 실시
라. 참가자 정보관리

🖺 가

20 컨벤션 개최시설을 국제회의를 전문적으로 개최할 수 있는 전통적 개최시설과 환경과 여건에 따라 국제회의를 개최할 수 있는 비전통적 개최시설로 구분할 때 전통적 개최시설에 해당하는 것은?

가. 크루즈　　　　나. 리조트
다. 철도　　　　　라. 대학

🖺 나

| 2007년 13번 문제 |

21 회의장 배치(setting)에 관한 설명으로 틀린 것은?

가. 교실식은 같은 공간일지라도 T자형 배치보다 많은 참가자를 수용할 수 있고 연사와 참가자 간에 마주 볼 수 있어 강연에 집중 할 수 있지만 참가자 상호간에 연결성이 낮다.
나. V자형은 교실식에 비해 상호 연결성이 떨어지나큰 그룹에 적용하기 쉽고, 어느 위치에서든지 시야가 좋다는 장점이 있다.
다. T자형은 소규모 그룹에 적합하며 상호연결성이 좋으나 큰 규모의 그룹에 적용하는 경우 배치형태가 시각적으로 좋지 않다.
라. 극장식은 필기 등의 작업이 필요없는 큰 규모의 그룹에 적용하기 좋지만 극장식은 뒤로 갈수록 좌석을 높여주어야 한다.

🖺 나

> V자형은 참석자간에 서로 마주 볼 수 있기 때문에 교실식에 비해서 상호 연결성이 좋다.

22 컨벤션 참가자에 대한 CRM 차원에서 가장 효율적으로 활용할 수 있는 수단은?

가. brochure 발송
나. personal letter 발송
다. web-page 운영
라. news letter 발송

☞ 다

23 컨벤션 사후관리로 결과보고서를 작성하고 비용을 정산하여 조직위원에 보고해야 한다. 결과보고서에 수록될 내용으로 적합하지 않은 것은?

가. 조직위원회, 분과위원회, 사무국의 활동
나. 각 국가별 또는 주제별 발표논문 수
다. 수입 및 집행 영수증
라. 사교행사 등 부대행사 내용

☞ 다

24 컨벤션뷰로에 관한 설명으로 틀린 것은?

가. 컨벤션뷰로는 컨벤션 개최지에 관한 세밀한 정보 제공 등의 각종 서비스를 지원하는 조직이다.
나. 컨벤션뷰로가 관주도형일 경우, 재정적 지원의 확보, 조직관리 및 인력관리가 용이하다.
다. 컨벤션 프로그램 기획 및 컨벤션 전후 관광프로그램 기획 등의 각종 컨벤션지원 이벤트를 기획한다.
라. 관광 및 컨벤션 목적지로서 경쟁력을 갖추기 위해 도시의 이미지 개발 및 마케팅역할을 담당한다.

☞ 다

25 컨벤션에서의 DB마케팅 적용에 관한 설명으로 틀린 것은?

가. 쌍방향 지속적인 상호작용은 고객이 원하는 정보를 제공하고 피드백함으로써 지속적이며 장기적인 고객관리가 가능하게 되었다.
나. 정보통신기술의 발달은 고객의 DB를 체계적으로 구축, 가공할 수 있어 고객 개개인의 욕구 등에 맞는 서비스를 제공할 수 있게 되었다.
다. 회의기획가가 참가자들에게 획일적이고 일방적인 의사소통의 수단으로써 사용될 수 있게 되었다.

라. DB마케팅의 활용을 통해서 전체적인 컨벤션 참가자 유치전략과 개별적 참가자 유치전략을 동시에 사용할 수 있게 되었다.

☞ 다

| 2011년 35번 문제 |

26 컨벤션 홍보용 광고물 제작에 관한 설명으로 틀린 것은?

가. 글자모양이나 색다른 장식용 글자 모양은 산만하지 않도록 2-3개 정도 사용하는 것이 효과적이다.
나. 컨벤션 홍보물에는 4가지 정도의 색을 이용하는 것이 참가자의 시선을 집중시키기에 가장 좋다.
다. 우편물 이용시 우편물의 개봉을 자극할 수 있도록 우편봉투에도 홍보용 메시지를 사용한다.
라. 홍보물의 겉표지는 회의의 목적을 담은 주제, 회의 개최 날짜와 장소, 참가대상, 참가비 등의 자세한 내용을 수록한다.

☞ 라

27 다음과 같은 행사에 가장 적합한 장소는?

> 다국적 IT기업의 연례 우수영업사원행사를 내년에는 유럽에서 개최할 예정이다. 이 행사의 목적은 우수영업사원들의 표창과 Team building progrgam을 통한 참가자들의 사기를 높이고 유대관계를 돈독히 하여 영업성과를 올리는 것이다.

가. 공항호텔
나. 도심호텔
다. 컨퍼런스 호텔/센터
라. 리조트 행사장

☞ 라

| 2008년 40번 문제 |

28 컨벤션 마케팅믹스에 관한 설명으로 틀린 것은?

가. product는 컨벤션 프로그램, 개최시설 등을 의미한다.
나. price는 등록비 및 기타 경비를 의미한다.
다. place는 컨벤션 개최장소를 의미한다.
라. promotion은 참가수요자들에게 시간과 비

용을 지불하고 참가할 만한 컨벤션이라는 점을 설득하는 기술적 요소를 의미한다.

답 다

Place: 컨벤션 개최지로의 접근성

| 2003년 4번 문제 | 2008년 18번 문제 | 2009년 17번 문제 |
| 2010년 1번 문제 | 2012년 17번 문제 |

| 2011년 33번 문제 |

컨벤션산업의 마케팅 고려요소와 가장 거리가 먼 것은?

가. 촉진(Promotion) 나. 장소(Place)
다. 가격(Price) 라. 동력(Partity)

답 라

상품(Product)

29 회의장 선정시 고려해야할 사항과 가장 거리가 먼 것은?

가. 회의장의 입지성
나. 회의장의 용도에 따른 제반시설의 적합성
다. 참가규모에 따른 회의장의 규모 및 서비스 제공의 여부
라. 회의장 자체의 마케팅 활동 여부

답 라

30 유치 희망단체에 대한 분석내용 중 일반적으로 가장 중요하게 고려해야 할 사항은?

가. 유치 희망단체의 확고한 유치희망 의지
나. 유치 희망단체의 국제적 위치와 국제본부 내에서의 영향력
다. 유치 희망회의에 대한 국내 사회적 반응 등 주변 환경
라. 유치 희망단체의 재원 확보 가능성

답 라

31 컨벤션의 목적별 분류 중 기업회의의 특징이 아닌 것은?

가. 미팅 참가자 수가 적다.
나. 가능한 동일 목적지에서 매년 개최되는 경향이 있다.

다. 전시실의 이용이 많은 편이다.
라. 다른 회의보다 기간이 짧다.

답 다

32 국제회의산업 육성에 관한 법률상 전시시설의 요건으로 옳은 것은?

가. 1천 제곱미터 이상의 옥내전시 면적을 확보해야 한다.
나. 2천 제곱미터 이상의 옥내전시 면적을 확보해야 한다.
다. 10인 이상의 인원을 수용할 수 있는 중·소회의실이 3실 이상있어야 한다.
라. 20인 이상의 인원을 수용할 수 있는 중·소회의실이 3실 이상 있어야 한다.

답 나

33 컨벤션의 위험요소 확인에 관한 설명으로 틀린 것은?

가. force majeure 상황인지 아닌지를 확인해야 한다.
나. 개최지역의 범죄율이나 자연재해를 확인해야 한다.
다. 컨벤션이 지역경제에 미치는 파급효과를 분석해야 한다.
라. 연사의 경력 및 정책/철학에 대한 분석이 필요하다.

답 다

34 다음 중 컨벤션 수요의 증가요인과 가장 거리가 먼 것은?

가. 국제화, 개방화
나. 지식·정보에 대한 수요 증가
다. 평생교육 수요의 증가
라. 국제적 테러의 증가

답 라

| 2014년 38번 문제 |

35 주최자 측면에서 사전등록의 장점과 가장 거리가 먼 것은?

가. 자금 흐름의 확보 나. 참석인원의 예측
다. 업무의 융통성 라. 홍보비의 절감

답 라

36 국제회의산업 육성에 관한 법률상 국제회의 도시의 지정 기준이 아닌 것은?

가. 지정대상 도시 안에 국제회의 시설이 있어야 한다.
나. 지정대상 도시 안에 국제회의 참가자를 위한 편의시설이 갖추어져 있어야 한다.
다. 무형문화재급에 해당되는 문화자원이 있어야 한다.
라. 도시 주변에 풍부한 관광자원이 있어야 한다.

답 다

37 국제회의산업 육성에 관한 법률상 국제회의 도시는 누가 지정할 수 있는가?

가. 대통령
나. 국무총리
다. 문화체육관광부장관
라. 광역단체장

답 다

38 국제회의 연회행사 기획 시 고려사항과 가장 거리가 먼 것은?

가. 종업원 수
나. 개최장소
다. 개최기간
라. 연회장 배치와 서비스형태

답 가

39 다음 중 변동비용에 해당되는 것은?

가. 회의장, 전시장 임차료
나. 사교행사비의 식비
다. 동시통역비 및 번역비
라. 사무국 운영비

답 나

| 2006년 27번 문제 |

40 협회(Association)의 일반적인 회의개최 목적과 거리가 먼 것은?

가. 회원들에 대한 다양한 혜택 제공
나. 협회 및 관련 내용에 대한 사회적 인지 획득
다. 협회 활동을 위한 재정 확보
라. Crisis meeting을 통한 문제 해결

답 라

Crisis meeting: 기업 회의

| 2003년 37번 문제 |

01 컨벤션 마케팅 믹스 4P에 관한 설명으로 틀린 것은?

가. Product는 컨벤션 참가자에게 제공되는 각종 인쇄물과 기념품을 의미한다.

나. Place는 컨벤션 개최지까지의 접근성과 참가 등록의 편리성을 의미한다.

다. Promotion은 참가 가능성이 있는 사람들에게 시간과 비용을 들여 참가할 만한 가치가 있는 컨벤션이라는 점을 설득하고 커뮤니케이션을 하는 기술적인 요소이다.

라. Price는 컨벤션 등록비 및 기타 경비가 포함된다.

답 가

| 2003년 4번 문제 |

02 국제회의기획업의 업무와 가장 거리가 먼 것은?

가. 국제회의 프로그램 개발

나. 컨벤션 사후평가

다. 컨벤션 법률제정

라. 컨벤션 현장운영

답 다

03 다음 중 컨벤션 마케팅 및 홍보에 관한 설명으로 틀린 것은?

가. 협회회의 경우 주로 DM을 사용하며 일반적으로 최소 3회 이상 예상 참가자에게 발송한다.

나. 강제적 성격의 기업회의의 경우라도 참가자에게 참가의 필요성과 효과를 적극적으로 홍보하여야 한다.

다. 컨벤션 마케팅 기획을 수립할 때는 과거의 회의와 예상 참가자들 간의 구전효과를 고려해야 한다.

라. 스폰서를 유치하는 것은 컨벤션 마케팅과는 별도로 구분하여 그 전략을 수립하여야 한다.

답 라

04 국제회의산업 육성에 관한 법률상 전문회의 시설의 요건으로 옳은 것은?

가. 2천인 이상의 인원을 수용할 수 있는 대회의실이 있을 것

나. 30인 이상의 인원을 수용할 수 있는 중.소회의실이 8실 이상 있을 것

다. 1천 5백 제곱미터 이상의 옥내 전시면적을 확보하고 있을 것

라. 500대 이상 주차할 수 있는 주차장을 확보하고 있을 것

답 가

> 전문회의시설 요건
> 1. 2천명 이상의 인원을 수용할 수 있는 대회의실이 있을 것
> 2. 30명 이상의 인원을 수용할 수 있는 중·소회의실이 10실 이상 있을 것
> 3. 옥내와 옥외의 전시면적을 합쳐서 2천제곱미터 이상 확보하고 있을 것
>
> 준회의시설 요건
> 1. 200명 이상의 인원을 수용할 수 있는 대회의실이 있을 것
> 2. 30명 이상의 인원을 수용할 수 있는 중·소회의실이 3실 이상 있을 것

05 다음 중 컨벤션 마케팅 촉진수단과 가장 거리가 먼 것은?

가. 광고　　　　　　나. 인적판매

다. 홍보　　　　　　라. 서비스 교육

답 라

06 회의식 배치(Conference Style Setup)의 유형 중 가운데를 비워놓고 테이블을 사각형 모양으로 하여 바깥쪽에만 좌석을 배치하는 유형은?

가. Hollow Square Style

나. T-Shaped Style

다. U-Shaped Style
라. Board of Directors Style
답 가

| 2012년 21번 문제 |

07 다음 중 컨벤션 시설을 주 시설, 지원 시설, 관련 시설로 구분할 때 관련시설에 해당하는 것은?

가. 숙박시설　　　　나. 관리유지 시설
다. 공공서비스 시설　　라. 식음료 서비스 시설
답 가

08 총고정경비는 25,000,000원이고 참가자 1인당 변동비는 72,000원으로 분석되었다. 그리고 1인당 참가비를 100,000원으로 책정하였다. 컨벤션 조직위원회에서는 이번 컨벤션 개최를 통하여 3,000,000원의 이익을 창출하고자 한다. 이러한 재정목표를 달성하기 위한 최소 참가자수는? (단, 주어진 조건 외는 고려하지 않는다.)

가. 900명　　　　나. 950명
다. 1,000명　　　라. 1,100명
답 다

1인당 고정비 = 1인당 참가비 − 1인당 변동비 =
100,000 − 72,000 = 28,000
참가자수 = 총고정경비 / 1인당 고정비
(25,000,000+3,000,000)/28,000 = 1000명

| 2004년 4번 문제 |

09 다음은 무엇에 대한 설명인가?

· 참가자들의 접근이 용이한 곳
· 한꺼번에 많은 사람들의 몰려도 혼잡하지 않은 곳
· 인식하기 쉬운 표지판 설치 필요
· 소요물품, 참가자 목록, 개별 봉투 등을 마련
· 현장요원의 사전교육 필요

가. 사교행사장 선정
나. 개최시설 선정과정
다. 현장등록 설치장소
라. 사전 등록규정 및 절차
답 다

10 다음 중 컨벤션 관련 용어에 관한 설명으로 틀린 것은?

가. Agenda : 공식적인 회의에 있어서 주 의제를 의미한다.
나. Ballot : 회의진행 표결시의 투표용지를 의미한다.
다. Gavel : 공식적인 국제회의 진행시의 의사봉을 의미한다.
라. Guorum : 메인 회의진행시 정족수의 부족을 의미한다.
답 라

11 순차통역의 장 · 단점에 관한 설명으로 틀린 것은?

가. 동시통역에 비해 정확성이 떨어진다.
나. 각종 통신설비 설치와 운영에 따른 별도의 비용이 필요없다.
다. 발언자가 다수일 경우에는 통역하는데 지나치게 시간을 잠식당할 수 있다.
라. 대규모 컨벤션이 아닌 리셉션이나 개.폐회식의 인사말에 적당하다.
답 가

| 2008년 23번 문제 |

12 국제회의산업 육성에 관한 법률에서 사용하는 용어에 관한 설명으로 틀린 것은?

가. 국제회의 산업이란 국제회의의 유치와 개최에 필요한 국제회의 시설, 서비스 등과 관련된 산업을 말한다.
나. 국제회의 시설이란 국제회의의 개최에 필요한 회의시설, 전시시설 및 이와 관련된 부대시설 등으로서 대통령령으로 정하는 종류와 규모에 해당하는 것을 말한다.
다. 국제회의 도시란 국제회의산업의 육성.진흥을 위하여 동법에 따라 지정된 특별시 · 광역시 또는 시를 말한다.
라. 국제회의 전담조직이란 국제회의시설, 국제회의전문인력, 전자국제회의체제, 국제회의정보 등 국제회의의 유치.개최를 지원하고 촉진하는 시설, 인력, 체제, 정보 등을 말한다.
답 라

13 제시된 주제에 대하여 서로 상반된 의견을 가지고 있는 2명 또는 그 이상의 연사들이 청중에 대해 의견을 발표하고, 사회자는 요점을 정리하고 회의를 주도하며, 참가자들은 이에 대한 질문과 토론을 개진하는 회의 형태는?

가. 컨퍼런스(Conference)
나. 포럼(Forum)
다. 클리닉(Clinic)
라. 워크숍 (Workshop)

📋 나

| 2003년 6번 문제 |

14 다음 중 SMERF에 해당되지 않는 단체는?

가. SOHO Group
나. Military Group
다. Fraternal Group
라. Religious Group

📋 가

| 2013년 22번 문제 |

15 다음은 컨벤션 서비스와 관련하여 무엇을 설명하는 것인가?

> · 회의 주최자가 대상이다.
> · 회의 개요, 참가자 프로필, 유치 경쟁 환경분석이 이루어진다.
> · 사전홍보, 광고, 공개입찰 등의 활동이 수반된다.
> · 후보지역의 CVB 등 관련기관 등이 주도된다.

가. 컨벤션 개최 장소 홍보
나. 회의 참가자 마케팅
다. 회의 유치 마케팅
라. 대국민 홍보활동

📋 다

16 후원단체 유치를 위한 마케팅 전략 수립시 가장 우선적으로 고려되어야 할 사항은?

가. 과거 후원단체의 후원 경력
나. 후원 단체의 경영철학
다. 후원 단체가 후원을 통해 얻고자 하는 이익
라. 후원 단체의 재정상태

📋 다

17 다음은 행사진행을 위한 비용이다. 이 행사는 몇 명의 참가자들을 유치해야 손익분기점에 도달하는가? (주어진 조건 외는 고려하지 않는다.)

> · 참가비 등록비 : 22달러

> · 회의장 임대료 : 1,000달러
> · 연설료 : 100달러
> · 광고비 : 500달러
> · F&B : 참가자당 10달러
> · 선불 : 참가자당 2달러

가. 320명　　　　나. 80명
다. 240명　　　　라. 160명

📋 라

18 다음 중 컨벤션 수요의 증가요인과 가장 거리가 먼 것은?

가. 정보.지식에 대한 수요의 증가
나. 기업 수요의 증가
다. 협회.학회 수요의 증가
라. 소득수준의 향상

📋 라

19 국제회의산업 육성에 관한 법령상 국제기구 또는 국제기구에 가입한 기관 또는 법인 또는 단체가 개최하는 국제회의 요건으로 옳은 것은?

가. 회의 참가자가 300인 이상이고, 그 중 외국인이 100인 이상일 것
나. 회의 참가자가 300인 이상이고, 그 중 외국인이 150인 이상일 것
다. 당해 회의에 2개국 이상의 외국인이 참가할 것
라. 당해 회의에 3개국 이상의 외국인이 참가할 것

📋 가

20 국제회의 종료 즉시 사무국이 조직위원장 등에게 제출하는 결과보고서에 포함해야 할 사항과 가장 거리가 먼 것은?

가. 각 국가별 참가자 신상명세서
나. 수입 및 집행 예산서
다. 회의 내용 및 부대행사 결과
라. 조직위원회와 사무국 활동

📋 가

21 2004년 PATA총회가 개최된 국내 컨벤션센터는?

가. Coex　　　　나. ICC Jeju
다. Bexco　　　　라. Exco

22 다음 중 서비스산업으로서 컨벤션마케팅의 특성이 아닌 것은?

가. 무형성 (Intangibility)
나. 분리성 (Seperability)
다. 이질성 (Heterogeneity)
라. 소멸가능성 (Perishability)

답 나

생산과 소비가 동시에 이루어진다.

| 2006년 32번 문제 |

23 컨벤션 기획사 A씨는 협회회의 참가자 유치를 위한 마케팅 수단을 고려하고 있다. 다음 중 협회회의 마케팅 수단으로서 가장 적합하지 않은 것은?

가. Direct Mail 나. E-mail
다. 업계 잡지 광고 라. TV 광고

답 라

24 국제회의산업 육성에 관한 법령상 국제회의 도시의 지정 기준으로 틀린 것은?

가. 지정대상 도시 안에 전문회의 시설이 있고, 당해 특별시·광역시 또는 시에서 이를 활용한 국제회의 산업 육성에 관한 계획을 수립하고 있을 것
나. 지정대상 도시 안에 숙박시설.교통시설., 교통안내체계 등 국제회의 참가자를 위한 편의시설이 갖추어져 있을 것
다. 지정대상 도시 또는 그 주변에 풍부한 관광자원이 있을 것
라. 지정대상 도시가 다른 지역과 바다, 산림, 하천 또는 도로 등에 의하여 명확히 구분되어 있을 것

답 라

25 3일의 회의기간 중 6개 교육세미나의 진행담당자가 각 세미나를 평가하는 방법으로 가장 적합한 절차는?

가. 등록카트에 평가 양식을 동본한다.
나. 참가자들에게 각 세미나 종료시 평가서를 작성하고 제출하도록 요청한다.
다. 마지막 세션 시작할 때 참가자들에게 평가서를 작성하고 제출하도록 요청한다.
라. 각 참가자에게 평가서를 보내 평가서를 작성하도록 요청하고 다음 회의 때 제출하도록 요청한다.

답 나

26 다음 중 행사에서 일어날 수 있는 위기관리 방법으로 가장 적합하지 않은 것은?

가. 의료응급상황을 대비해서 참가자들의 평균 나이와 병력 등을 조사해 놓는다.
나. 폭풍 때문에 참가자들이 갇혀 있는 상황이라면 즉흥파티를 연다.
다. 현장 위기관리 기획표를 작성한다.
라. 행사에 반대하는 시위가 있을 때는 상대하지 않는 것이 바람직하다.

답 라

27 컨벤션관련 국제기구 중 미국에 본부를 두고 컨벤션기획가, 서비스 공급업체 중심으로 결성되었으며, 특히 컨벤션 기획 및 운영 분야의 권위 있는 인증자격인 CMM(Certification in Meeting Management) 프로그램을 운영하고 있는 곳은?

가. PCMA (Professional Convention Management Association)
나. MPI (Meeting Professionals International)
다. IACVB (International Association of Convention Visitors & Bureau)
라. ICCA (International Congress & Convention Association)

답 나

| 2005년 31번 문제 | 2007년 29번 문제 | 2008년 36번 문제 |

28 국제회의 개막식에서는 외빈을 초청하는 경우가 많은데 이 때 일반적인 의전절차에 따르게 된다. 다음 중 관례상 서열원칙으로 가장 적합하지 않은 것은?

가. 지위가 비슷한 경우 여자는 남자보다, 연장자는 연소자 보다, 외국인은 내국인 보다 상위에 둔다.
나. 여성들 간의 서열은 기혼부인, 미망인 및 미혼자의 순서로 하며, 기혼부인의 서열은 남편의 서열에 따른다.
다. 남편이 국가대표로서 자격을 가지고 있는 경우에는 그 부인에 대해 Lady First 원칙이

적용되지 않는다.

라. 참가자가 2개 이상의 사회적 지위를 가지고 있는 경우 원칙적으로 참가하고 있는 회의와 관계된 직위에 따른다.

답 라

29 개최지 결정시 요구되는 문서인 행사내역서(Specifications)에 포함되는 내용과 가장 거리가 먼 것은?

가. 행사 예정일 및 선호 일자
나. 행사 결과 예상 수익
다. 회의 장소의 용도와 크기, 수 및 사용횟수
라. 식음료 행사의 종류와 일정

답 나

> Bidding specification : 국제기구에서 국제회의 개회 희망국가에 요구하는 조건
> Bidding proposal : 국제기구에 제출하는 국제회의 유치 제안서

| 2013년 5번 문제 |

30 Annual Meeting을 위한 4개의 홍보 팜플릿 제작을 요청받은 회의전문가가 가장 우선적으로 해야 할 일로 가장 적합한 것은?

가. 용지 무게 및 칼라 결정
나. 제작을 위한 타임테이블 수립
다. 프린터 결정
라. 팜플릿을 위한 카피 작성

답 나

31 회의 규모에 따라 행사의 포함여부가 결정되지만 회의에 참가한 모든 인원(동반자 포함)이 참가할 수 있는 관광으로 종일 또는 반일관광으로 기획되는 관광프로그램은?

가. 시찰관광
나. Excursion
다. Pre-Congress Tour
라. Post-Congress Tour

답 나

32 국제회의산업 육성에 관한 법률상 정부가 국제회의 정보의 원활한 공급·활용 및 유통을 촉진하기 위해 지원할 수 있는 사업이 아닌 것은?

가. 인터넷 등 정보통신망을 통한 사이버 공간에서의 국제회의 개최
나. 국제회의 정보 및 통계의 수집·분석
다. 국제회의 정보의 가공 및 유통
라. 국제회의 정보망의 구축 및 운영

답 가

33 다음 중 컨벤션 사후관리 및 평가 단계의 업무와 가장 거리가 먼 것은?

가. 행사참가자 대상 설문조사 및 분석
나. 행사수익 및 지출내용 결산
다. 호텔 예약(Blocking) 해제
라. 회의 참가자 대상 감사 편지 발송

답 다

34 컨벤션의 홍보를 위한 Pull Marketing 기법에 해당되는 것은?

가. 표준화된 대량 홍보
나. 고압적·일방 홍보
다. 인터넷 등을 이용한 양방향·선행적 홍보
라. 소비자의 욕구를 무시한 내무 마케팅

답 다

| 2003년 39번 문제 | 2006년 29번 문제 |

35 MICE(Meeting, Incentive, Conference, Exhibition) 중 상업적 이벤트에 해당되는 것은?

가. Meeting
나. Incentives
다. Conferences
라. Exhibition

답 라

36 국제회의시 행사 현장에서 계획하는 Floor Plan의 의미로 옳은 것은?

가. 각 층별로 행사장을 배치한 도면계획
나. 등록데스크를 중심으로 모든 행사장과 출입구가 표시된 도면 계획
다. 참석자 중 귀빈들이 이용하는 전용통로 도면 계획
라. 출입구에서 행사장까지 거리 확인 도면계획

답 나

| 2008년 5번 문제 |

37 일반적인 국제회의 개최지 결정방법과 가장 거리가 먼 것은?

가. 개최지 결정위원회를 통한 결정
나. 회원국의 순차적 유치 개최
다. 총회 투표에 의한 결정
라. 개최 희망지역의 우선 신청에 의한 결정

🔖 라

38 다음 중 컨벤션기획업 및 컨벤션기획가에 관한 설명으로 틀린 것은?

가. 국제회의기획업은 회의를 개최하려는 고객들의 욕구를 충족시키는 서비스회사로 정의할 수 있다.
나. 국제회의기획업은 국제회의를 보다 효율적으로 운영하기 위하여 전문회의기획가, 통역사, 속기사 등 국제회의 및 전시회와 관련된 각종 전문용역을 제공한다.
다. 컨벤션기획은 협회 등의 업무 중에 하나였으나, 컨벤션시장 성장과 업무의 복잡성으로 전문적인 컨벤션기획가의 필요성이 증대되었다.
라. 컨벤션기획가들은 컨벤션 관련 업무를 혼자 처리하여야 하나, 호텔의 관계자와는 긴밀한 상호작용이 필요하다.

🔖 라

39 회의기획가의 회의 전 활동으로 가장 적합한 것은?

가. 등록, 객실배정계획, 비상사태에 대한 준비, 행사장 준비 및 장비점검
나. 회의결과보고서 작성, 회의평가, 참가자에게 감사의 편지 작성
다. 회의목적 결정, 회의 장소 선정과 협상, 예산 결정, 홍보, 등록절차 선정, 회의 개최장소 선정
라. 관광준비, 회의관계 직원과의 긴밀한 연락유지, 식음료 계획

🔖 다

40 다음 중 회의 주체별 주요 마케팅 활동에 관한 설명으로 가장 적합하지 않은 것은?

가. 컨벤션의 주체별 주요 마케팅 활동은 회의유치 마케팅, 회의 참가자 마케팅, 회의 개최장소 및 개최지 마케팅으로 구분할 수 있다.
나. 개최지 마케팅은 PCO 등이 하드웨어로부터 제공받게 되는 서비스, 장소 제공, 각종 행사

진행에 수반되는 제반 활동으로써 시장조사 및 환경 분석, 마케팅 목표설정, 세부 실행계획 수립 및 4P 활용전략 등을 들 수 있다.
다. 회의 유치 마케팅 활동으로는 회의 개요, 회의 유치와 관련한 주요 내용, 회의 참가자 프로파일(Profile)과 함께 참가자 현황, 경제환경 등 유치경쟁 환경분석 등을 들 수 있다.
라. 회의참가자 마케팅 활동은 행사진행과 운영 서비스, 고객의 애로 해소, 위험관리 서비스 활동 등과 같은 현장 마케팅에 주력하여야 한다.

🔖 라

01 다음 중 컨벤션 뷰로의 업무와 가장 거리가 먼 것은?

가. 컨벤션 시설이나 숙박시설에 관한 정보제공
나. 상설 컨벤션 단체나 국제회의 관련 단체에 관한 조사
다. 컨벤션 유치 지원
라. 컨벤션 기획, 운영, 평가 총괄 실시

답 라

> 컨벤션 기획, 운영, 평가 총괄은 PCO의 역할

| 2008년 27번 문제 | 2013년 38번 문제 |

02 다음 중 국제회의 산업 활성화의 기본 조건과 가장 거리가 먼 것은?

가. 국제회의 개최 기준의 강화
나. CVB 기능의 강화
다. PCO 기능의 강화
라. 국제회의 도시의 육성

답 가

> 국제회의 개최 기준의 강화는 국제회의 개최를 위축시킬 수 있다.

03 총고정 경비는 44,300,000원이고 참가자 1인당 변동비는 61,000원으로 분석되었다. 그리고 참가 예정자는 최소 1,700명으로 예측되고 있다. 컨벤션조직위원회에서는 컨벤션 개최를 통하여 5,000,000원의 이익을 창출하고자 한다. 1,700명이 참가하는 것을 전제로 하는 경우 주최조직의 재정목표를 달성하기 위해서는 1인당 최소 참가비는 얼마로 책정하여야 하는가?

가. 80,000원 나. 90,000원
다. 100,000원 라. 110,000원

답 나

· 총 변동비용 = 61,000 X 1,700 = 103,700,000
· 총고정비용 = 44,300,000
· 이익 = 5,000,000
따라서 1인당 회비 = (103,700,000 + 44,300,000 + 5,000,000) / 1,700 = 90,000원

| 2003년 13번 문제 |

04 다음 사례의 행사 목적에 가장 적합한 장소는?

> A회사는 우수 영업사원의 표창 및 Team Building Program을 통해 사원의 사기를 진작시키기 위한 행사를 계획하고 있다.

가. 공항호텔 나. 도심호텔
다. 리조트 행사장 라. 컨퍼런스 호텔 / 센터

답 다

> Team Building에 집중할 수 있도록 회사로부터 멀리 떨어진 리조트 행사장이 적합하다.

| 2004년 19번 문제 | 2008년 40번 문제 | 2009년 27번 문제 |

05 다음 중 회의 참가자 수에 따라 변동 가능성이 가장 큰 가변비용 항목은?

가. 회의장, 전시장 임차료
나. 홍보비(브로셔, 포스터, 광고료)
다. 사무국 운영비
라. 리셉션, 연회, 오찬비

답 라

06 국제회의산업육성에 관한 법령상 국제회의 도시의 지정 기준으로 틀린 것은?

가. 지정 대상 도시안에 국제회의 시설이 있고, 당해 특별시·광역시 또는 시에서 이를 활용한 국제회의 산업육성에 관한 계획을 수립하고 있을 것

나. 지정 대상 도시안에 숙박시설·교통시설·교통안내체계 등 국제회의 참가자를 위한 편의시설이 갖추어져 있을 것

다. 일정 기준의 국제회의 유치·개최 실적 및 계획을 가지고 있을 것

라. 지정 대상 도시 또는 그 주변에 풍부한 관광자원이 있을 것

답 다

국제회의산업육성에 관한 법률
제14조(국제회의도시의 지정 등) ① 문화체육관광부장관은 대통령령으로 정하는 국제회의도시 지정기준에 맞는 특별시·광역시 및 시를 국제회의도시로 지정할 수 있다.
② 문화체육관광부장관은 국제회의도시를 지정하는 경우 지역 간의 균형적 발전을 고려하여야 한다.
③ 문화체육관광부장관은 국제회의도시가 제1항에 따른 지정기준에 맞지 아니하게 된 경우에는 그 지정을 취소할 수 있다.
④ 문화체육관광부장관은 제1항과 제3항에 따른 국제회의도시의 지정 또는 지정취소를 한 경우에는 그 내용을 고시하여야 한다.
⑤ 제1항과 제3항에 따른 국제회의도시의 지정 및 지정취소 등에 필요한 사항은 대통령령으로 정한다.

07 국제회의산업육성에 관한 법률상 다음은 어떤 국제회의 시설의 요건인가?

> · 200명 이상의 인원을 수용할 수 있는 대회의실이 있을 것
> · 30인 이상의 인원을 수용할 수 있는 중.소회의실이 3실 이상 있을 것

가. 전문회의시설　　나. 준회의시설
다. 전시시설　　　　라. 부대시설

답 나

국제회의산업 육성에 관한 법률 시행령
제3조(국제회의시설의 종류·규모) ① 법 제2조제3호에 따른 국제회의시설은 전문회의시설·준회의시설·전시시설 및 부대시설로 구분한다.
② 전문회의시설은 다음 각 호의 요건을 모두 갖추어야 한다.

1. 2천명 이상의 인원을 수용할 수 있는 대회의실이 있을 것
2. 30명 이상의 인원을 수용할 수 있는 중·소회의실이 10실 이상 있을 것
3. 옥내와 옥외의 전시면적을 합쳐서 2천제곱미터 이상 확보하고 있을 것
③ 준회의시설은 국제회의 개최에 필요한 회의실로 활용할 수 있는 호텔연회장·공연장·체육관 등의 시설로서 다음 각 호의 요건을 모두 갖추어야 한다.
1. 200명 이상의 인원을 수용할 수 있는 대회의실이 있을 것
2. 30명 이상의 인원을 수용할 수 있는 중·소회의실이 3실 이상 있을 것
④ 전시시설은 다음 각 호의 요건을 모두 갖추어야 한다.
1. 옥내와 옥외의 전시면적을 합쳐서 2천제곱미터 이상 확보하고 있을 것
2. 30명 이상의 인원을 수용할 수 있는 중·소회의실이 5실 이상 있을 것
⑤ 부대시설은 국제회의 개최와 전시의 편의를 위하여 제2항 및 제4항의 시설에 부속된 숙박시설·주차시설·음식점시설·휴식시설·판매시설 등으로 한다.

| 2013년 15번 문제 |

08 다음 (　　) 안에 들어갈 가장 알맞은 것은?

> 컨벤션 마케팅 계획의 작성 단계에서 시장에 대한 조사분석을 정확하게 하기 위해서는 컨벤션 관련 국가의 내·외적인 동향과 시장분석, 컨벤션 시설과 내용분석, 경쟁관계 등을 통해서 (　　) 분석을 실시하게 된다.

가. 수입과 지출　　나. 4P's
다. 회의의 수　　　라. SWOT

답 라

SWOT 분석 : Strength, Weakness, Opportunity, Threat

| 2013년 23번 문제 |

09 다음 중 구체적인 문제점 등을 분석 또는 해결하거나 어느 특정 분야의 기술이나 지식을 습득하기 위한 집단회의 형식은?

가. 강연(Speech)
나. 패널(Panel)
다. 클리닉(Clinic)
라. 컨그레스(Congress)

🔲 다

10 PCO의 부문별 세부 업무인 기획용역부문의 주요 활동과 가장 거리가 먼 것은?

가. 기본 및 세부 추진계획서 작성
나. 회의장 및 숙박장소 선정
다. 행사 준비 일정표 작성
라. 회의 진행 시간표 작성

🔲 라

| 2004년 26번 문제 |

11 일반적인 회의의 형태별 분류에 해당되지 않는 것은?

가. 포럼(Forum)
나. 강의(Lecture)
다. 컨퍼런스(Conference)
라. 총회(General Assembly)

🔲 라

12 컨벤션 진행용 각종 소도구에 대한 설명으로 옳은 것은?

가. 정부간 국제회의는 참가자 패찰용 Name Card가 없어도 된다.
나. 참가 기념품은 참가자들의 추억이 될 수 있도록 고가품으로 해야 한다.
다. Congress Bag은 자료의 수와 분량을 고려하여 제작해야 한다.
라. 참가자 수하물에 부착하는 Tag는 참가국별로 구분되도록 여러 가지 형태로 제작해야 한다.

🔲 다

13 컨벤션 기획사가 A/V(Audio/Visual) 장비를 임대하여 운영할 경우에 점검할 사항과 가장 거리가 먼 것은?

가. 누가, 언제 A/V 장비를 점검하고 안전하게 관리할 것인가?
나. A/V장비를 언제, 어떤 방법으로 위치시키고 철수할 것인가?
다. A/V장비를 누가 조작할 것인가?
라. 누가 A/V장비를 저렴하게 구매하고 수리할 것인가?

🔲 라

14 컨벤션 단계별 위기관리 중 행사 전 위기관리 활동의 범주에 해당하지 않는 것은?

가. 위험요소 체크
나. 위기 커뮤니케이션 체계 수립
다. 위기관리 활동 평가
라. 이해 관계자와 협의

🔲 다

15 다음 중 국제회의 참가자의 동반자를 위해 회의기간 중 운영되는 관광 프로그램은?

가. Pre-Tour   나. Post-Tour
다. Excursion   라. Spouse Program

🔲 라

| 2003년 27번 문제 | 2009년 7번 문제 |

16 국제출판협회 컨벤션의 매출액과 지출비용은 각각 1,200,000달러와 800,000달러이다. 이 행사의 투자 수익률은?

가. 45%   나. 50%
다. 55%   라. 60%

🔲 나

> 투자 수익률 = ((매출액 – 지출비용)/지출비용) X 100
> = ((1,200,000-800,000)/800,000) X 100 = 50%

| 2013년 29번 문제 | 2014년 35번 문제 |

17 회의 프로그램의 구성 및 내용에 대한 설명으로 가장 적합하지 않은 것은?

가. 참가자의 관심을 끌 수 있는 주제와 연설자를 선정하고 다양한 진행방법을 채택한다.
나. 수반되는 관광프로그램은 일반적으로 회의 전, 회의 중 및 회의후로 나누어 계획한다.
다. 회의의 목표와 예산을 고려하여 계획한다.
라. 리셉션은 회의의 주최측과 후원단체에서 일부 비용을 지원하므로 참가자들은 실비로 참석한다.

🔲 라

> 참가자는 등록비 이외의 추가 비용 지불이 없다.

18 유치제안서(Bidding Proposal)에 포함되는 내용과 가장 거리가 먼 것은?

가. 정부측의 지원 표명 서신
나. 조직위원회 구성 및 후원 단체 소개
다. 주요 참석인사 명단
라. 수입 및 지출예산(계획)안

📋 라

유치제안서를 국제회의를 유치하기 위한 국제기구에 제출하는 제안서이다.
수입 및 지출예산(계획)안은 PCO에서 작성하며 내부적인 자료에 해당된다.

| 2008년 9번 문제 |

19 국제회의의 유치를 위해 직접 필요한 광고 및 홍보 활동과 가장 거리가 먼 것은?

가. 해외 TV방송 광고
나. 국제회의 관계자 초청, 유적물 소개
다. 국제회의 전문잡지 활용, 홍보
라. 국제회의 패키지 관광상품 개발

📋 라

국제회의 패키지 관광상품 개발은 여행사에서 담당한다.

20 다음 중 컨벤션기획 시 숙박시설에 대한 고려사항과 가장 거리가 먼 것은?

가. 숙박시설과 회의장 위치
나. 숙박시설의 가격과 객실의 종류
다. 원격 조명 조절장치
라. 보증금 정책과 예치금 요구사항

📋 다

21 다음 중 국제회의 개최 직전에 해야 할 업무로 가장 적합한 것은?

가. 행사 준비 상황 총 점검
나. 전반적인 회의 프로그램 윤곽 수립
다. 회의관련 인쇄물 목록 작성
라. 회의 참가자 숙박 장소 물색

📋 가

| 2013년 11번 문제 |

22 다음 중 컨벤션 기획에 대한 설명으로 틀린 것은?

가. 컨벤션 기획은 목표 지향적이어야 하며, 목표를 달성할 수 있는 최적의 수단을 명시하여야 한다.
나. 컨벤션 기획은 인력, 시설, 예산 등의 투입에 대한 선택 및 의사결정과정이다.
다. 컨벤션 기획 단계에서 가장 먼저 검토되고 수립되어야 하는 것은 예산이다.
라. 예산수립 단계에서는 컨벤션 목표의 실현과 경제적 가치를 조화시킬 수 있도록 해야 한다.

📋 다

23 다음 중 컨벤션 산업의 특성과 가장 거리가 먼 것은?

가. 무형성   나. 공공성
다. 소멸성   라. 동질성

📋 라

서비스 상품의 특성 : 무형성, 공공성, 소멸성, 이질성
서비스의 이질성 때문에 서비스 표준화가 어렵다. 서비스에 요구가 매우 다양하며 만족도도 매우 다르다.

| 2010년 22번 문제 |

24 컨벤션 행사 종료 후 컨벤션 서비스의 평가 내용과 가장 거리가 먼 것은?

가. 프로그램에 대한 평가
나. 회의 개최지의 시설 및 서비스에 대한 평가
다. 연예, 오락, 사교행사, 관광 등 부대행사에 관한 평가
라. 개최시설 현장 조사

📋 라

25 컨벤션 안내장에 포함되어야 할 내용과 가장 거리가 먼 것은?

가. 교통수단   나. 개최지역의 기후
다. 회의실 관련 정보   라. 통역비용

📋 라

컨벤션 안내장은 컨벤션 참가자에게 제공하는 것이므로 비용에 대한 언급을 하지 않는다.

26 참가자 (전시참여업체 포함) 유치를 위한 전략으로 틀린 것은?

가. 회의 행사에 참여하는 잠재적 참가자들을 철저히 이해해야 한다.
나. 회의 행사에 참여할 수 있는 잠재적 참가자들의 표적 시장을 선정한다.
다. 기업회의 참가자들은 자신의 의사에 따라 참여하기 때문에 협회회의 보다 더 많은 홍보를 해야 한다.
라. 전시 참여업체를 유도하기 위한 홍보자료의 주 내용은 전시회 참가로 얻을 수 있는 이점을 구체적으로 설명하는 것이다.

🔖 다

> 정부회의와 기업회의는 참가가 의무적이므로 홍보가 불필요하다.

27 컨벤션 시설의 차별화를 위한 표지셔닝 관련 요소와 가장 거리가 먼 것은?

가. 잠재고객이 가장 중요시 하는 편익
나. 시설의 위치 및 내·외부적 특성
다. 시설의 종사자 특성
라. CVB의 특성

🔖 라

| 2013년 14번 문제 |

28 다음 중 회의개최 시장의 일반적인 성격에 관한 설명으로 틀린 것은?

가. 협회회의 시장이 기업회의 시장보다는 일반적으로 회의수 및 회의참가자 수가 많은 반면 회의 지출비는 적다.
나. 협회회의는 개최지를 정기적으로 순회하면서 정하기 때문에 회의 개최지 결정이 잠재적 참가자의 참가율에 큰 영향을 미치기도 한다.
다. 협회회의 참가는 참가자의 자유의사에 의해 결정되나, 기업회의 참가는 대부분 의무적이기 때문에 회의 규모의 예측과 회의 준비가 용이하다.
라. 기업회의 참가의 경우 기업주에 의해 회의 비용이 충당되는 반면, 협회회의의 경우 회의 참가자의 참가비로 회의 비용의 상당부분이 충당되는 것이 일반적이다.

🔖 가

> · 협회회의: 연차 총회
> · 기업회의: 긴박한 상황에서 수시로 개최

29 다음 중 국제회의 결과를 평가하는 일반적 기준으로 가장 적절한 것은?

가. 객관적, 공개성, 유용성
나. 상대성, 유용성, 수익성
다. 객관성, 수익성, 정확성
라. 공개성, 상대성, 정확성

🔖 다

30 국제회의 산업의 발상지와 유럽 중심의 범세계적인 종합 국제기구로 설립되었으며, 네덜란드 암스테르담에 본부를 두고 컨벤션 및 전시·박람회를 합법적인 수단과 방법으로 발전시키는데 기여할 목적으로 설립된 것은?

가. AACVB   나. IACVB
다. ICCA   라. UIA

🔖 다

| 2014년 7번 문제 |

급증하고 있는 국제회의 시장에 여행사의 참여를 위해 설립되어 현재는 여행사뿐만 아니라 다양한 회의산업의 대표가 회원으로 참석하고 있으며, 1963년 여행사 단체에 의해 처음 설립된 국제기구는 무엇인가?

가. AACVB   나. IACVB
다. ICCA   라. UIA

🔖 다

> *ICCA: International Congress and Convention Association (국제컨벤션협회)*

31 국제회의 개최 효과를 경제적, 사회·문화적, 정치적, 관광적 측면에서 구분할 때, 다음 중 사회·문화적 측면의 효과가 아닌 것은?

가. 민간외교 기여   나. 도시환경의 개선
다. 시민 의식의 향상   라. 지역문화의 발전

🔖 나

32 회의장 배치(Setups)에 관한 설명으로 틀린 것은?

가. 교실형은 원탁(Rounds) 배치 보다는 좁은 공간에서 대규모 단체를 수용할 수 있고, 연사와 참가자가 마주 볼 수 있어 강연에 집중할 수 있지만, 참가자들 사이에서는 등을 보고 있는 상태라 상호작용은 제한된다.
나. 원탁(Rounds) 혹은 반원형(Half-Rounds) 배치는 테이블에 동석한 참가자간의 상호대화가 용이하며 식음료 서빙에 편리하나, 회의장 내 전체 참가자간의 상호작용은 제한된다.

다. V자형 배치는 대규모 단체회의에는 적합하지 않지만, 모든 참가자가 비슷한 거리에서 연사와 함께 할 수 있어 연사와 참가자간의 상호작용 그리고 참가자들 간의 상호작용을 용이하게 한다.

라. 극장식(Theater)배치는 읽거나 쓰기를 필요로 하지 않는 대규모 단체의 회의에 적합하며, 메모할 수 있는 받침이 없을 수 있고, 단체 상호작용이 제한된다.

답 나

| 2013년 21번 문제 |

33 컨벤션 산업의 마케팅 고려요소와 가장 거리가 먼 것은?

가. 촉진(Promotion) 나. 장소(Place)
다. 가격(Price) 라. 동력(Parity)

답 라

상품(Product)

34 회의시장 중 SMERF로 불리는 세분시장의 특성과 가장 거리가 먼 것은?

가. 가격에 매우 민감하며 저렴한 가격을 선호하는 경향이 많다.
나. 주로 호텔이나 회의 시설의 비수기에 행사를 갖는다.
다. 전문적인 Meeting Planner의 중요 진출 시장으로 전문협회에서 기획한다.
라. 회의를 기획하는데 전문가의 도움이 없이 자체에서 비전문가들이 기획하는 경우가 많다.

답 다

SMERF: Social, Military, Education, Religious, Fraternal Market

| 2010년 14번 문제 | 2013년 22번 문제 |

35 컨벤션에서의 DB마케팅 적용에 관한 설명으로 틀린 것은?

가. 쌍방향 지속적인 상호작용은 고객이 원하는 정보를 제공하고 피드백함으로써 지속적이며 장기적인 고객관리가 가능하게 되었다.
나. 정보통신 기술의 발달은 고객의 DB를 체계적으로 구축, 가공할 수 있어 고객 개개인의 욕구 등에 맞는 서비스를 제공할 수 있게 되었다.

다. 회의 기획가가 참가자들에게 획일적이고 일방적인 의사소통의 수단으로써 사용될 수 있게 되었다.
라. DB마케팅의 활용을 통해서 전체적인 컨벤션 참가자 유치전략과 개별적 참가자 유치전략을 동시에 사용할 수 있게 되었다.

답 다

36 기본적으로 연설자에게 보내는 서면통신 중 행사 전에 참석자 숫자 등 행사에 대한 자세한 정보와 스케줄을 보내는 것은?

가. Reminder 나. Thank you Letter
다. Invitation Letter 라. Survey

답 가

37 다음 중 컨벤션 등록에 관한 설명으로 가장 적합한 것은?

가. 사전등록과 현장등록의 등록비의 금액 차이가 있어서는 안 된다.
나. 등록자의 성명을 파악하지 말아야 한다.
다. 대체로 등록비는 고정비용과 가변비용을 고려하여 예상 참가자 규모에 의해서 책정한다.
라. 개인의 사생활을 침해할 수 있기 때문에 전화번호 또는 Email 주소를 받지 말아야 한다.

답 다

| 2013년 9번 문제 |

38 일반적으로 스폰서가 스폰서십 제공을 통해 추구하는 편익이 아닌 것은?

가. 다양한 매체를 통한 스폰서명의 노출
나. 표적 시장과의 관계유지
다. 직접 판매를 위한 판매경로 개척
라. 인적자원의 활용

답 라

39 컨벤션시설을 전통적 시설과 비전통적 시설로 구분할 때 그 성격이 다른 것은?

가. 대학 나. 일반호텔
다. 컨벤션호텔 라. 컨벤션센터

답 가

| 2013년 26번 문제 |

40 다음 중 컨벤션의 주시설에 해당하지 않는 것은?

가. 회의장 나. 식·음료시설
다. 전시장 라. 이벤트홀

답 나

01 다음 중 컨벤션 산업과 관련이 없는 기구는?

가. IACVB   나. AACVB
다. CTC   라. ICCA

🔑 다

> · UIA : Union of International Association, 1910년 설립, 벨기에 브뤼셀, 국제기구관련 정보 수입과 정보자료 제공이 주된 활동
> · ICCA : International Congress & Convention Association, 1963년 설립, 네덜란드 암스텔담, 국제회의 마케팅관련 정보 제공이 주된 활동
> · DMAI : Destination Marketing Association International, 1914년 설립, 워싱턴 D.C, 전세계 CVB들의 정보교류 목적의 협의체
> · CIC : Convention Industry Council, 1949년 설립, 멕린, 미국내 컨벤션유관협회 및 단체들의 정보교류 목적의 협의체
> · ASAE : American Society of Association Executives, 1920년 설립, 워싱턴 D.C, 미국내 주요 협회 및 단체 책임자들의 정보교류 목적의 협의체
> · PCMA : Professional Convention Management Association, 1957년 설립, 시카고, 미국내 회의기획사, Suppliers, 학계의 정보교류 및 회의 기획사 교육 목적의 협의체
> · MPI : Meeting Professionals International, 1972년 설립, 달라스, 미국내 회의기획사 교육 및정보교류 목적의 협의체
> · IAPCO : International Association of Professional Congress Organizers, 1968년 설립, 런던, 유럽 중심의 PCO들의 정보교류 목적의 협의체
> · IACVB : International Association of Convention and Visitor Bureaus, 1914년 설립, 워싱턴 D.C., 회의기획사 교육 및정보교류 목적의 협의체

> · AACVB : Asian Association of Convention & Visitor's Bureau, 1983년 설립, 마카오, 국제회의 유치활동.공동광고.교육세미나 개최 등을 목적으로 하는 협의체
> · APECC : Asia Pacific Exhibition and Convention Council
> · 성격 : 유럽중심의 가장 오랜 역사와 전통의 범세계적인 각종 국제회의, 단체 연맹으로서 국제회의에 관한 정보수집기능을 집대성한 각종 정보자료를 수록한 연감등 책자발행
> · 설립연도 : 1907년
> · 본부소재지 : 벨기에 브뤼셀
> · WCVM : World Council for Venue Management
> · IAEM : International Association for Exposition Management

02 다음 중 컨벤션 사후관리 및 평가단계 내용 중 가장 거리가 먼 것은?

가. Second Circular 발송
나. 결산보고서 작성
다. 행사참가자 대상 설문대상 분석
라. 회의 결과보고서 작성

🔑 가

> Circular : 회의 개최 전에 참가 예정자에게 보내는 국제회의 안내문

03 다음 중 회의장 Set-Up 형태로 고려되지 않는 형태는?

가. Theater Style   나. Classroom Style
다. Conference Style   라. Stadium Style

🔑 라

· Theater auditorium Style

· Classroom Style

· Conference Style

4 컨벤션기획사 A씨는 사교행사로서 야외 이벤트를 기획하고 있다. 이 때 기상 변화 등과 같은 예기치 못한 상황에 대비한 위기관리 요령으로 가장 적적한 대응 자세는?

가. 어차피 행사를 준비하였으면 변경할 수 없으므로 날씨는 신경쓰지 않는다.

나. 번거롭더라도 대체할 수 있는 실내장소를 준비한다.

다. 날씨가 나쁘면 행사는 일단 취소하는 것이 바람직하다.

라. 날씨가 나쁘더라도 참가를 원하는 참가자만을 대상으로 행사를 진행한다.

답 나

| 2013년 10번 문제 |

5 컨벤션 운영에 있어서 IT기술이 적용되는 예로서 가장 거리가 먼 것은?

가. 사전등록 및 전자결제
나. 회의장 출입관리
다. 논문 및 발표자료 관리
라. 공연기획

답 라

6 부산에 세계자동차산업총회를 유치하려고 한다. 유치제안서에 포함되지 않아도 될 것은?

가. 부산광역시장의 유치 환영서한
나. 국내 자동차산업협회장의 공식 유치표명 서신
다. 부산시내 문화예술공연 일정
라. 한국을 홍보하는 동영상 자료

답 다

7 유럽연합(EU)에 소속되어 있는 국가를 대상으로 하는 국제행사를 영국에서 주최할 경우, 가장 대표적으로 사용되고 있는 국제행사 용어는?

가. Congress   나. Lecture
다. Clinic   라. Workshop

답 가

유럽에서는 Convention과 Conference란 용어보다 Congress가 더 많이 쓰인다.

8 세계 각국의 관광청에서 정책적으로 비교적 많은 지원을 받고 있는 MICE산업에 포함되지 않는 것은?

가. 회의(Meeting)산업
나. 인센티브(Incentive) 여행산업
다. 크루즈(Cruise) 산업
라. 전시(Exhibition) 산업

답 다

MICE : Meeting, Incentive, Convention, Exhibition

9 ○○○골프협회에서는 초보 골퍼 20명을 대상으로 그들의 문제점을 분석해주고 해결해주고 골프기술과 각종 지식을 전수하기 위한 회의를 개최하려고 한다. 이에 적합한 회의 형식은?

가. Workshop   나. Seminar
다. Forum   라. Clinic

답 라

10 회의 기획시 잠재참가자의 필요분석(Needs Analysis)을 통해 회의 목적을 결정하게 되는데 이 때 중요하게 고려해야 할 사항과 가장 거리가 먼 것은?

가. 참가자의 부담경비
나. 참가자의 정보습득 기회 유무
다. 참가자간의 네트워킹 기회 유무

라. 참가자의 학력 및 성별

답 라

11 다음 내용이 국제회의 산업육성에 관한 법령상 해당되는 시설은?

> 국제회의의 개최에 필요한 회의실로 활용할 수 있는 호텔 연회장, 공연장, 체육관 등의 시설로서 200명 이상의 인원을 수용할 수 있는 대회의실이 있을 것
> 30명 이상의 중·소회의실이 3실 이상 있을 것

가. 부대시설　　　　　나. 준회의시설
다. 전문회의시설　　　라. 공공회의시설

답 나

> (국제회의시설의 종류·규모) ① 국제회의시설은 전문회의시설·준회의시설·전시시설 및 부대시설로 구분한다.
> ② 전문회의시설은 다음 각 호의 요건을 모두 갖추어야 한다.
> 　1. 2천명 이상의 인원을 수용할 수 있는 대회의실이 있을 것
> 　2. 30명 이상의 인원을 수용할 수 있는 중·소회의실이 10실 이상 있을 것
> 　3. 옥내와 옥외의 전시면적을 합쳐서 2천 제곱미터 이상 확보하고 있을 것
> ③ 준회의시설은 국제회의 개최에 필요한 회의실로 활용할 수 있는 호텔연회장·공연장·체육관 등의 시설로서 다음 각 호의 요건을 모두 갖추어야 한다.
> 　1. 200명 이상의 인원을 수용할 수 있는 대회의실이 있을 것
> 　2. 30명 이상의 인원을 수용할 수 있는 중·소회의실이 3실 이상 있을 것
> ④ 전시시설은 다음 각 호의 요건을 모두 갖추어야 한다.
> 　1. 옥내와 옥외의 전시면적을 합쳐서 2천 제곱미터 이상 확보하고 있을 것
> 　2. 30명 이상의 인원을 수용할 수 있는 중·소회의실이 5실 이상 있을 것
> ⑤ 부대시설은 국제회의 개최와 전시의 편의를 위하여 제2항 및 제4항의 시설에 부속된 숙박시설·주차시설·음식점시설·휴식시설·판매시설 등으로 한다.

12 Panel이나 발표자에 의해 진행되는 상호토론의 형태로서 청중이 자유롭게 질의에 참여할 수 있는 회의는?

가. Congress　　　　나. Forum
다. Lecture　　　　　라. Workshop

답 나

13 유럽 중심의 각종 국제기구·협회·단체의 연맹으로서 컨벤션 정보를 수집하고, 각종 정보자료를 수록한 연감 등 책자 발간을 주요사업으로 하는 국제기구는?

가. Professional Convention Management Association
나. American Society of Association Executives
다. Meeting Professionals International
라. Union of International Association

답 라

14 컨벤션 사후평가방법으로서 가장 적합한 것은?

가. 중요도-실행도 분석(IP분석)
나. PERT/CPM
다. Gantt Chart
라. 고객 생애가치 산출분석

답 가

| 2008년 6번 문제 |

> IP분석 : Importance Performance Analysis

15 국제기구의 유치방식 중 전 세계를 대상으로 유치 제안서를 받지만 그 중에 몇몇 국가를 선정하여 우선 협상하는 방식은?

가. 폐쇄 입찰방식
나. 부분폐쇄 입찰방식
다. 제한공개 입찰방식
라. 완전공개 입찰방식

답 다

16 회의 참가자들에 대한 자료 분석 시 파악해야할 사항과 가장 거리가 먼 것은?

가. 참가자의 참가 동기 파악
나. 참가비용 부담 주체
다. 참가자들의 비전문성 제고를 위한 평생교육

차원의 개최여부

라. 회의 참가자에 대한 욕구 충족을 위한 지속적인 회의 참가 유도

🗒 다

17 다음 중 컨벤션 마케팅 믹스 4가지 요소에 대한 내용으로 틀린 것은?

가. Product : 컨벤션 프로그램, 개최지, 개최시설
나. Price : 등록비 및 기타 경비
다. Place : 컨벤션 개최국가의 재정건전성
라. Promotion : 참가 수요자들에게 참가할만한 컨벤션이라는 점을 설득하고 커뮤니케이션하는 기술적인 요소

🗒 다

Place : 컨벤션 개최지로의 접근성

| 2003년 4번 문제 |

18 다음 중 컨퍼런스 프로그램 북(Conference Program Book)에 포함되는 정보 중 가장 중요한 것은?

가. Conference Administration Personnel
나. Exhibit Information
다. Floor and Room Design
라. Schedule of Daily Events

🗒 라

19 총고정경비는 25,500,000원이고 참가자 1인당 변동비는 74,500원으로 분석되었다. 그리고 컨벤션조직위원회에서는 1인당 참가비를 100,000원으로 책정하였다. 손익분기점에 도달하기 위해서는 최소한 몇 명의 참가자를 유치하여야 하는가?

가. 900명　　　　나. 950명
다. 1,000명　　　라. 1,100명

🗒 다

· 1인당 고정비용 = 참가비 - 1인당 변동비용 =
100,000 - 74,500 = 25,500
· 손익분기점 = 총고정경비 / 1인당 고정비용 =
25,500,000/25,500 = 1000명

| 2003년 13번 문제 |

20 (　　　)안에 들어갈 용어를 A-B-C-D 순으로 바르게 열거한 것은?

Norman은 컨벤션서비스를 핵심서비스와 부가적 서비스로 분류하였다. (A)는 모든 컨벤션 참가자에게 공통적으로 제공되는 유무형의 서비스를 말하고, (B)는 개별적인 요구나 필요에 의해 제공되는 서비스를 말한다. 따라서 (C)는 차별화가 어려운 반면, (D)는 차별화가 가능하여 서비스 제공업체의 경쟁력을 제고시킬 수 있다.

가. 핵심서비스 - 부가적 서비스 - 부가적 서비스 - 핵심 서비스
나. 부가적 서비스 - 핵심 서비스 - 부가적 서비스 - 핵심 서비스
다. 부가적 서비스 - 핵심 서비스 - 핵심 서비스 - 부가적 서비스
라. 핵심 서비스 - 부가적 서비스 - 핵심 서비스 - 부가적 서비스

🗒 라

Norman은 컨벤션서비스를 핵심서비스와 부가적 서비스로 분류하였다. 핵심 서비스는는 모든 컨벤션 참가자에게 공통적으로 제공되는 유무형의 서비스를 말하고, 부가적 서비스는 개별적인 요구나 필요에 의해 제공되는 서비스를 말한다. 따라서 핵심 서비스는 차별화가 어려운 반면, 부가적 서비스는 차별화가 가능하여 서비스 제공업체의 경쟁력을 제고시킬 수 있다.

21 참가자 간의 효율적이고 원활한 커뮤니케이션을 목적으로 하는 회의실 배치 중 가운데를 비워놓고 테이블을 사각형 모양으로 배치하는 것으로 바깥쪽에만 좌석을 배치하는 형태는?

가. Traditional Conference (Board of Directors)
나. Hollow Circular
다. Hollow Square
라. U-Shaped

🗒 다

· Hollow Square

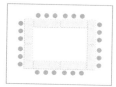

| 2010년 6번 문제 |

22 국제회의 산업 육성에 관한 법률 시행 규칙에 의거 국제회의 유치 및 개최에 관한 지원을 신청할 경우 제출하여야 할 서류와 가장 거리가 먼 것은?

가. 국제회의 유치 · 개최 계획서
나. 국제회의 유치 · 개최 실적에 관한 서류
다. 지원을 받으려는 세부내용을 적은 서류
라. 국제회의 유치기관에 관한 증빙서류

🔲 라

> 국제회의 유치 · 개최 지원신청 : 국제회의 유치 · 개최에 관한 지원을 받으려는 자는 별지 서식의 국제회의 지원신청서에 다음 각 호의 서류를 첨부하여 지방자치단체장에게 제출하여야 한다.
> 1. 국제회의 유치 · 개최 계획서(국제회의의 명칭, 목적, 기간, 장소, 참가자 수, 필요한 비용 등이 포함되어야 한다) 1부
> 2. 국제회의 유치 · 개최 실적에 관한 서류(국제회의를 유치 · 개최한 실적이 있는 경우만 해당한다) 1부
> 3. 지원을 받으려는 세부 내용을 적은 서류 1부

23 문화체육관광부 장관은 국제회의의 유치를 촉진하고 그 원활한 개최를 위하여 국제회의를 유치 또는 개최하는 자에 대한 지원을 할 수 있는데, 다음 중 지원 사항이 아닌 것은?

가. 국제회의 개최자의 국제박람회 참가지원
나. 국제회의에 관련 인사의 방한 지원
다. 국제회의 개최에 필요한 모든 시설의 건립비 전액지원
라. 국제회의의 개최자의 연수 및 전문교육 참가 지원

🔲 다

> · 지원사항
> 1. 국제회의의 유치 및 개최 지원
> 2. 국제회의산업의 국외 홍보
> 3. 국제회의 관련 정보의 수집 및 배포
> 4. 국제회의 전문인력의 교육 및 수급(需給)
> 5. 지방자치단체의 장이 설치한 전담조직에 대한 지원 및 상호 협력
> 6. 그 밖에 국제회의산업의 육성과 관련된 업무

24 국제회의산업 육성에 관한 법률에 의해 국제회의 도시를 지정할 수 있다. 이 때 중요하게 고려하는 사항과 거리가 먼 것은?

가. 해당 도시 및 광역 단체장의 의지
나. 지역 간의 균형적 발전
다. 중앙부처와 해당도시 및 광역단체의 정치적 이해관계
라. 해당도시 및 광역단체의 컨벤션 인프라 수준

🔲 다

> ① 문화체육관광부장관은 대통령령으로 정하는 국제회의도시 지정기준에 맞는 특별시 · 광역시 및 시를 국제회의도시로 지정할 수 있다.
> ② 문화체육관광부장관은 국제회의도시를 지정하는 경우 지역 간의 균형적 발전을 고려하여야 한다.
> ③ 문화체육관광부장관은 국제회의도시가 제1항에 따른 지정기준에 맞지 아니하게 된 경우에는 그 지정을 취소할 수 있다.
> ④ 문화체육관광부장관은 제1항과 제3항에 따른 국제회의도시의 지정 또는 지정취소를 한 경우에는 그 내용을 고시하여야 한다.
> ⑤ 제1항과 제3항에 따른 국제회의도시의 지정 및 지정취소 등에 필요한 사항은 대통령령으로 정한다.
>
> 국제회의도시의 지정기준 : 법 제14조제1항에 따른 국제회의도시의 지정기준은 다음 각 호와 같다.
> 1. 지정대상 도시에 국제회의시설이 있고, 해당 특별시 · 광역시 또는 시에서 이를 활용한 국제회의산업 육성에 관한 계획을 수립하고 있을 것
> 2. 지정대상 도시에 숙박시설 · 교통시설 · 교통안내체계 등 국제회의 참가자를 위한 편의시설이 갖추어져 있을 것
> 3. 지정대상 도시 또는 그 주변에 풍부한 관광자원이 있을 것

25 다음 중 기업회의의 유형에 해당되지 않는 것은?

가. 상품판매촉진회의
나. 신상품개발 및 발표회
다. 무역관련 협회회의
라. 경영자회의

🔲 다

26 총고정경비는 25,000,000원이고 참가자 1인당 변동비는 72,000원으로 분석되었다. 그리고 1인당 참가비를 100,000원으로 책정하였다. 컨벤션 조직위원회에서는 이번 컨벤션개최를 통하여 3,000,000원의 이익을 창출하고자 한다. 이러한 재정목표를 달성하기 위한 최소 참가자수는? (단, 주어진 조건 외는 고려하지 않는다.)

가. 900명　　　　　나. 950명
다. 1,000명　　　　라. 1,100명

🔳 다

· 1인당 고정비 = 1인당 참가비 − 1인당 변동비
　= 100,000 − 72,000 = 28,000
· 참가자수 = 총고정경비 / 1인당 고정비
　(25,000,000+3,000,000)/28,000 = 1000명

| 2003년 13번 문제 | 2004년 4번 문제 | 2005년 10번 문제 |
| 2006년 31번 문제 | 2007년 2번 문제 | 2014년 23번 문제 |

27 국제회의 및 해당 산업의 파급효과에 대한 설명으로 가장 거리가 먼 것은?

가. 국가 및 지방정부의 세수증대
나. 저부가가치형 지식산업
다. 도시 및 지역마케팅 효과
라. 개최 지역 국민들의 국제적 인식 수준 제고

🔳 나

국제회의는 고부가가치형 지식산업

28 컨벤션 홍보용 광고물 제작에 관한 설명으로 틀린 것은?

가. 글자모양이나 색다른 장식용 글자모양은 산만하지 않도록 2–3개 정도 사용하는 것이 효과적이다.
나. 컨벤션 홍보물에는 4가지 정도의 색을 이용하는 것이 참가자의 시선을 집중시키기에 가장 좋다.
다. 우편물 이용시 우편물의 개봉을 자극할 수 있도록 우편봉투에도 홍보용 메시지를 사용한다.
라. 홍보물의 겉표지는 회의의 목적을 담은 주체, 회의개최 날짜와 장소, 참가대상, 참가비 등의 자세한 내용을 수록한다.

🔳 라

29 일반적 컨벤션 개최장소 선정에 있어서 고려대상의 순위가 가장 낮은 것은?

가. 접근성, 이미지, 가격
나. 숙박 및 회의시설
다. 안전과 서비스 수준
라. 컨벤션기획사의 선호도

🔳 라

30 컨벤션(국제회의)기획자가 갖추어야 할 덕목으로 틀린 것은?

가. 전문성
나. 조정자(Coordinator)로서의 역할
다. 지역경제 활성화 연계성 인식
라. 감독 및 후원자

🔳 라

31 컨벤션기획사 국가기술 자격제도 도입에 따른 직접적인 효과라고 볼 수 없는 것은?

가. 국제회의 산업의 육성기반 구축
나. 국제회의 전문가 확보를 통해 국제회의 유치 확대
다. 국내 국제기구 창설 및 국제기구 사무국 유치 용이
라. 국제회의 산업계의 전문인력 확보 용이

🔳 다

32 국제회의 개최예산을 편성하는 데 있어서 예비비를 산정할 경우 가장 중요하게 고려해야 하는 항목은?

가. 장소 임차비
나. 식음료비 및 초청경비
다. 인쇄 및 제작물 비용
라. PCO 인건비

🔳 나

33 도시나 컨벤션 사무국, 개별 회의시설에서 회의 기획가들을 무료로 방문하도록 초청하여, 미래 회의를 자신의 시설을 이용하도록 홍보하는 활동은?

가. 회의코디네이터　　나. 인센티브 투어
다. 팸투어　　　　　　라. 동선계획

🔳 다

팸투어 : Familiarization Tour

| 2013년 82번 문제 |

34 컨벤션 개최기간 중 기획사가 해야 할 주요 업무에 대한 일반적인 설명으로 틀린 것은?

가. 참가자가 회의내용에 관심을 갖고 있는지 확인하고 회의장 내의 실내온도, 조명시설, 음향 시스템 등을 점검한다.

나. 다음 개최될 컨벤션에 대한 일정과 장소에 대한 정보는 가급적 노출시키지 않는다.

다. 컨벤션 진행을 관찰하고, 진행요원들을 감독한다.

라. 컨벤션 조직위원회가 개개인의 객실 배정에 적극적으로 관여한다.

🔲 나

| 2008년 34번 문제 |

35 숙박 장소 선정과 객실관리에 관한 설명 중 옳지 않은 것은?

가. 컨벤션 개최 장소와의 접근 용이성을 고려하여 선정한다.

나. 참가자의 경제수준을 고려하여 평균적인 수준으로 주숙박 장소를 선정한다.

다. 예상 참가자 수를 고려하여 미리 필요한 객실을 룸 블록한다.

라. 컨벤션 조직위원회가 개개인의 객실 배정에 적극적으로 관여한다.

🔲 라

36 호텔이나 개최후보 시설물(Facility)을 방문하여 호텔의 시설이나 서비스 수준이 개최할 회의에 적합한지를 검토 조사하는 활동은?

가. Post-Meeting Activity

나. Face to Face Meeting

다. Security Check

라. Site Inspection

🔲 라

37 국제회의 사후 관리 내용이 아닌 것은?

가. 운영 매뉴얼 작성

나. 결산 보고

다. 회의보고서 작성

라. 의사록 및 논문집 발간

🔲 가

운영 매뉴얼은 국제회의 개최 전에 해야할 일

38 다음 회의시설 중 리조트 호텔에 대한 설명으로 틀린 것은?

가. 리조트 호텔은 참가자들에게 일상생활의 압박에서 벗어나 편안하게 쉴 수 있는 환경을 제공해 준다.

나. 리조트 호텔은 공항과의 거리는 시간과 수송이라는 측면에서 중요하게 고려되어야 한다.

다. 리조트 호텔은 참가자들이 회의기간 중 여가시간이 없는 경우에도 회의장소로 많이 이용된다.

라. 리조트 호텔에서 주로 제공되는 식사는 Full American Plan이나 Modified American Plan이다.

🔲 다

39 컨벤션 마케팅 계획단계를 바르게 나열한 것은?

A. 시장에 대한 조사 · 분석
B. 시장 포지셔닝
C. 실행계획서 작성 및 이행
D. 표적시장 선정
E. 마케팅 계획의 평가와 피드백
F. 마케팅 목표 설정

가. A → B → D → F → C → E

나. A → D → B → F → C → E

다. A → C → D → B → F → E

라. A → F → D → B → C → E

🔲 나

시장에 대한 조사 · 분석 → 표적시장 선정 → 시장 포지셔닝 → 마케팅 목표설정 → 실행계획서 작성 및 이행 → 마케팅 계획의 평가와 피드백

40 행사가치(Meeting Value)란?

가. 컨벤션이 가지는 금전적 가치를 말한다.

나. 컨벤션이 가지는 도덕적 가치를 의미한다.

다. 컨벤션 주최자가 가지는 사회적 가치를 말한다.

라. 컨벤션 주최 조직 구성원의 수를 말한다.

🔲 가

2013년도 시행 컨벤션산업론

01 다음 중 국제회의 참가자의 동반자를 위해 회의 기간 중 운영되는 관광프로그램은?

　가. Pre-tour　　　나. Post-tour
　다. Excursion　　라. Spouse program

답 라

· Pre-tour : 회의 전 관광프로그램
· Post-tour : 회의 후 관광프로그램
· Spouse Program = Program for Accompanying persons

02 다음 중 컨벤션 기획에 대한 설명으로 틀린 것은?

　가. 컨벤션기획은 목표 지향적이어야 하며, 목표를 달성할 수 있는 최적의 수단을 명시하여야 한다.
　나. 컨벤션기획은 인력. 시설. 예산 등의 투입에 대한 선택 및 의사결정과정이다.
　다. 컨벤션기획 단계에서 가장 먼저 검토되고 수립되어야 하는 것은 예산이다.
　라. 예산수립단계에서는 컨벤션 목표의 실현과 경제적 가치를 조화시킬 수 있도록 해야 한다.

답 다

03 다음 중 컨벤션기획 시 숙박시설에 대한 고려사항과 가장 거리가 먼 것은?

　가. 회의장과의 접근성
　나. 가격의 다양성과 객실의 종류
　다. 보증금 정책과 예치금 요구사항
　라. 호텔내 부대시설 여부

답 라

04 컨벤션 안내장에 포함되어야 할 내용과 가장 거리가 먼 것은?

　가. 교통수단　　　나. 개최지역의 기후
　다. 회의실 관련 정보　라. 통역 비용

답 라

05 유치제안서(Bidding Proposal)에 포함되는 내용과 가장 거리가 먼 것은?

　가. 정부측의 지원표명 서신
　나. 조직위원회 구성 및 후원단체 소개
　다. 주요 참석인사 명단
　라. 수입 및 지출예산(계획)안

답 라

| 2007년 10번 문제 | 2010년 29번 문제 |

06 컨벤션 산업의 마케팅 고려요소와 가장 거리가 먼 것은?

　가. 촉진(Promotion)　나. 유통(Place)
　다. 가격(Price)　　라. 동격(Parity)

답 라

07 1963년 설립된 단체로 처음에는 여행사들이 추축이 되었으나 현재는 우리나라의 주요 단체 및 기관들도 참여하여 업종별 정보교환 및 상호간 사업기회 등을 제공하기도 하는 국제협회는?

　가. AACVB　　　나. IACVB
　다. ICCA　　　　라. UIA

답 다

· UIA : Union of International Association, 1910년 설립, 벨기에 브뤼셀, 국제기구관련 정보 수입과 정보자료 제공이 주된 활동
· ICCA : International Congress & Convention Association, 1963년 설립, 네덜란드 암스텔담, 국제회의 마케팅관련 정보제공이 주된 활동
· DMAI : Destination Marketing Association International, 1914년 설립, 워싱턴 D.C, 전 세계 CVB들의 정보교류 목적의 협의체
· CIC : Convention Industry Council, 1949년 설립, 멕린, 미국내 컨벤션유관협회 및 단체들의 정보교류 목적의 협의체

- ASAE : American Society of Association Executives, 1920년 설립, 워싱턴 D.C, 미국 내 주요 협회 및 단체 책임자들의 정보교류 목적의 협의체
- PCMA : Professional Convention Management Association, 1957년 설립, 시카고, 미국내 회의기획사, Suppliers, 학계의 정보교류 및 회의 기획사 교육 목적의 협의체
- MPI : Meeting Professionals International, 1972년 설립, 달라스, 미국내 회의기획사 교육 및정보교류 목적의 협의체
- IAPCO : International Association of Professional Congress Organizers, 1968년 설립, 런던, 유럽 중심의 PCO들의 정보교류 목적의 협의체
- IACVB : International Association of Convention and Visitor Bureaus, 1914년 설립, 워싱턴 D.C., 회의기획사 교육 및정보교류 목적의 협의체
- AACVB : Asian Association of Convention & Visitor's Bureau, 1983년 설립, 마카오, 국제회의 유치활동·공동광고·교육세미나 개최 등을 목적으로 하는 협의체
- APECC : Asia Pacific Exhibition and Convention Council
- 성격: 유럽중심의 가장 오랜 역사와 전통의 범세계적인 각종 국제회의, 단체 연맹으로서 국제회의에 관한 정보수집기능을 집대성한 각종 정보자료를 수록한 연감등 책자발행
- 설립연도 : 1907년
- 본부소재지 : 벨기에 브뤼셀
- WCVM : World Council for Venue Management
- IAEM : International Association for Exposition Management

08 회의 프로그램의 구성 및 내용에 대한 설명으로 가장 거리가 먼 것은?

가. 참가자의 관심을 끌 수 있는 주제와 연사를 선정하고 다양한 진행방법을 채택한다.
나. 수반되는 관광프로그램은 일반적으로 회의 전, 회의 중 및 회의 후로 나누어 계획한다.
다. 회의의 목표와 예산을 고려하여 계획한다.
라. 리셉션은 회의의 주최 측과 후원단체에서 일부 내용을 지원하므로 참가자들은 실비로 참석한다.

답 라

09 다음 중 컨벤션 등록에 관한 설명으로 가장 적합한 것은?

가. 사전등록과 현장등록의 등록비의 금액차이가 있어서는 안 된다.
나. 등록자의 성명을 파악하지 말아야 한다.
다. 대체로 등록비는 고정비용과 가변비용을 고려하여 예상 참가자 규모에 의해서 책정한다.
라. 개인의 사생활을 침해할 수 있기 때문에 전화번호 또는 Email 주소를 받지 말아야 한다.

답 다

| 2011년 37번 문제 |

10 컨벤션 단계별 위기관리 중 행사 전 위기관리 활동의 범주에 해당하지 않는 것은?

가. 위험요소 체크
나. 위기 커뮤니케이션 체계수립
다. 위기관리 활동 평가
라. 이해 관계자와 협의

답 다

| 2012년 4번 문제 |

11 다음 중 국제회의 개최 직전에 해야 할 업무로 가장 적합한 것은?

가. 행사 준비 상황 총 점검
나. 전반적인 회의 프로그램 윤곽 수립
다. 회의관련 인쇄물 목록 작성
라. 회의 참가자 숙박 장소 물색

답 가

| 2011년 21번 문제 |

12 다음 중 컨벤션 산업의 특성과 가장 거리가 먼 것은?

가. 무형성   나. 공공성
다. 소멸성   라. 동질성

답 라

| 2003년 7번 문제 |

13 협회회의 참가자 유치를 위한 홍보 방법 중 가장 바람직한 것은?

가. 같은 우편물을 지속적으로 발송한다.
나. 목표 대상층을 정해서 이들에게만 집중적으로 홍보물을 발송한다.

다. 다양하고 각기 다른 홍보물을 발송하고 홍보물에 대한 관심을 유도하기 위해서 상품이나 보너스를 제공한다.

라. 주최 측에서 발간하는 다른 인쇄물을 함께 넣어서 발송한다.

🗒 다

14 컨벤션 시설의 차별화를 위한 포지셔닝 관련 요소와 가장 거리가 먼 것은?

가. 잠재고객이 가장 중요시 하는 편익
나. 시설의 위치 및 내·외부적 특성
다. 시설의 종사자 특성
라. CVB의 특성

🗒 라

> CVB는 시 또는 도시지역을 대표하는 비영리 산하기관으로 해당 시 또는 도시지역을 방문하는 방문객을 유치하기 위해서 홍보하거나 서비스를 제공하는 역할을 맡고 있다.

| 2011년 27번 문제 |

15 국제회의산업 육성에 관한 법령상 다음은 어떤 국제회의시설의 요건인가?

> · 200명 이상의 인원을 수용할 수 있는 대회의실이 있을 것
> · 30명 이상의 인원을 수용할 수 있는 중·소회의실이 3실 이상 있을 것

가. 전문회의시설   나. 준회의시설
다. 전시시설   라. 부대시설

🗒 나

- 관광진흥법 관광사업 등록 기준

국제회의업

(가) 국제회의시설업

(1) 「국제회의산업 육성에 관한 법률 시행령」 제3조에 따른 회의시설 및 전시시설의 요건을 갖추고 있을 것

(2) 국제회의개최 및 전시의 편의를 위하여 부대시설로 주차시설과 쇼핑·휴식시설을 갖추고 있을 것

(나) 국제회의기획업

(1) 자본금 : 5천만원 이상일 것

(2) 사무실 : 소유권이나 사용권이 있을 것

국제회의산업 육성에 관한 법률 시행령 제3조 (국제회의시설의 종류·규모) ① 법 제2조제3호에 따른 국제회의시설은 전문회의시설·준회의시설·전시시설 및 부대시설로 구분한다.

② 전문회의시설은 다음 각 호의 요건을 모두 갖추어야 한다.

1. 2천명 이상의 인원을 수용할 수 있는 대회의실이 있을 것

2. 30명 이상의 인원을 수용할 수 있는 중·소회의실이 10실 이상 있을 것

3. 옥내와 옥외의 전시면적을 합쳐서 2천 제곱미터 이상 확보하고 있을 것

③ 준회의시설은 국제회의 개최에 필요한 회의실로 활용할 수 있는 호텔연회장·공연장·체육관 등의 시설로서 다음 각 호의 요건을 모두 갖추어야 한다.

1. 200명 이상의 인원을 수용할 수 있는 대회의실이 있을 것

2. 30명 이상의 인원을 수용할 수 있는 중·소회의실이 3실 이상 있을 것

④ 전시시설은 다음 각 호의 요건을 모두 갖추어야 한다.

1. 옥내와 옥외의 전시면적을 합쳐서 2천 제곱미터 이상 확보하고 있을 것

2. 30명 이상의 인원을 수용할 수 있는 중·소회의실이 5실 이상 있을 것

⑤ 부대시설은 국제회의 개최와 전시의 편의를 위하여 제2항 및 제4항의 시설에 부속된 숙박시설·주차시설·음식점시설·휴식시설·판매시설 등으로 한다.

| 2011년 7번 문제 |

16 참가자(전시참가업체 포함) 유치를 위한 전략으로 가장 거리가 먼 것은?

가. 회의행사에 참여하는 잠재적 참가자들을 철저히 이해해야 한다.

나. 회의행사에 참여할 수 있는 잠재적 참가자들의 표적시장을 선정한다.

다. 기업회의 참가자들은 자신의 의사에 따라 참여하기 때문에 협회회의 보다 더 많은 홍보를 해야 한다.

라. 전시 참여업체들을 유도하기 위한 홍보자료의 주 내용은 전시회 참가로 얻을 수 있는 장점을 구체적으로 설명하는 것이 좋다.

PROFESSIONAL CONVENTION PLANNERS   2013년도 시행 컨벤션산업론 **87**

答 다

17 다음 중 회의개최시장의 일반적인 성격에 관한 설명으로 틀린 것은?

가. 협회회의 시장이 기업회의 시장 보다는 일반적으로 회의 수 및 회의 참가자 수가 많은 반면 회의 지출비는 적다.

나. 협회회의는 개최지를 정기적으로 순회하면서 정하기 때문에 회의 개최지 결정이 잠재적 참가자의 참자율에 큰 영향을 미치기도 한다.

다. 협회회의 참가는 참가자의 자유의사에 의해 결정되나, 기업회의 참가는 대부분 의무적이기 때문에 회의 규모의 예측과 회의 준비가 용이하다.

라. 기업회의 참가의 경우 기업주에 의해 회의 비용이 충당되는 반면, 협회회의의 경우 회의 참가자의 참가비로 회의 비용이 상당 부분이 충당이 되는 것은 일반적이다.

答 가

18 다음에 설명하는 컨벤션 사례의 행사 목적에 가장 적합한 장소는?

> A회사는 우수 영업사원의 포상 및 팀 빌딩 프로그램을 통해 사원들의 사기를 진작시키기 위한 행사를 기획하고 있다.

가. 공항호텔　　　　나. 도심호텔
다. 리조트호텔　　　　라. 컨퍼런스 전용호텔

答 다

| 2004년 19번 문제 |

19 컨벤션 진행을 각종 소도구에 대한 내용으로 옳은 것은?

가. 정부간 국제회의는 참가자 패찰용 Name Card가 없어도 된다.

나. 참가 기념품은 참가자들의 추억이 될 수 있도록 고가품으로 해야 한다.

다. Congress Bag은 자료의 수와 분량을 고려하여 제작해야 한다.

라. 참가자 수하물에 부착하는 Tag는 참가국별로 구분되도록 여러 가지 형태로 제작해야 한다.

答 다

| 2004년 19번 문제 |

20 기본적으로 연설자에게 보내는 서면통신 중 행사 전에 참석자 숫자 등 행사에 대한 자세한 정보와 스케줄을 보내는 것은?

가. Reminder　　　　나. Thank you letter
다. Invitation letter　　라. Survey

答 가

21 회의장 배치(Setups)에 관한 설명으로 틀린 것은?

가. 극장형은 원탁(Rounds) 배치 보다는 좁은 공간에서 많은 참가자를 수용할 수 있고, 연사와 참가자가 마주 볼 수 있어 강연에 집중할 수는 있지만, 참가자들 사이에서는 등을 보고 있는 상태라 상호작용은 제한된다.

나. 원탁(Rounds) 혹은 반원형(Half-Rounds) 배치는 테이블에 동석한 참가자간의 상호대화가 용이하여 식음료 서빙에 편리하나, 회의장 내 전체 참가자 간의 상호작용은 제한된다.

다. V자형 배치는 대규모 단체회의에는 적합하지 않지만, 모든 참가자가 비슷한 거리에서 연사와 함께 할 수 있어 연사와 참가자간의 상호작용 그리고 참가자들 간의 상호작용을 용이하게 한다.

라. 극장식(Theater) 배치는 읽거나 쓰기를 필요로 하지 않는 대규모 단체의 회의에 적합하며, 메모할 수 있는 받침이 없을 수 있고, 단체 상호작용이 제한된다.

答 다

| 2011년 32번 문제 |

22 회의시장 중 SMERF로 불리는 세분시장의 특성과 가장 거리가 먼 것은?

가. 가격에 매우 민감하여 저렴한 가격을 선호하는 경향이 많다.

나. 주로 호텔이나 회의 시설이 부수기에 행사를 갖는다.

다. 전문적인 Meeting Planner의 중요 진출 시장으로 전문협회에서 기획한다.

라. 회의를 기획하는데 전문가의 도움이 없이 자체에서 비전문가들이 기획하는 경우가 많다.

答 다

· SMERF : 사교(Social), 군인(Military), 교육(Educational), 종교(Religious), 동호회(Fraternal) 행사

| 2010년 14번 문제 |

23 다음 (   )안에 들어갈 가장 알맞은 것은?

> 컨벤션 마케팅 계획의 작성단계에서 시장에 대한 조사분석을 정확하게 하기 위해서는 컨벤션 관련 국가의 내·외적인 동향과 시장분석, 컨벤션 시설과 내용분석, 경쟁관계 등을 통해서 (   )분석을 실시하게 된다.

가. 수입과 지출   나. 4P's
다. 회의의 수   라. SWOT

📋 라

· SWOT : Strength, Weakness, Opportunity, Threat

| 2011년 8번 문제 |

24 컨벤션 기획사가 A/V(Audio/Visual) 장비를 임대하여 운영할 경우에 점검할 사항과 가장 거리가 먼 것은?

가. 누가, 언제 A/V 장비에 점검하고 안전하게 관리할 것인가
나. A/V 장비를 언제, 어떤 방법으로 위치시키고 철수할 것인가
다. A/V장비를 누가 조작할 것인가
라. 누가 A/V 장비를 저렴하게 구매하고 수리할 것인가

📋 라

25 총고정경비는 44,300,000원이고 참가자 1인당 변동비는 61,000원으로 분석되었다. 그리고 참가 예상자는 최소 1,700명으로 예측하고 있다. 컨벤션조직위원회에서는 컨벤션 개최를 통하여 5,000,000원의 이익을 창출하고자 한다. 1,700명이 참가하는 것을 전제로 하는 경우 주최조직의 재정목표를 달성하기 위해서는 1인당 최소 참가비를 얼마로 책정하여야 하는가?

가. 80,000원   나. 90,000원
다. 100,000원   라. 110,000원

📋 나

· 1인당 고정비용 = 총고정경비 / 참가 예정자 수 = 44,300,000 / 1700명 = 26,059

따라서 참가자 1인당 최소 참가비 = 참가자 1인

당 변동비용 + 참가자 1인당 고정비용 = 61,000 + 26,059 = 87,059원 이상을 참가비로 받아야 한다.

| 2003년 13번 문제 |

26 컨벤션 시설을 전통적 시설과 비전통적 시설로 구분할 때 그 성격이 다른 것은?

가. 대학   나. 일반호텔
다. 컨벤션호텔   라. 컨벤션센터

📋 가

| 2011년 39번 문제 |

27 국제회의산업육성에 관한 법령상 국제회의 도시의 지정 기준으로 틀린 것은?

가. 지정대상 도시에 국제회의 시설이 있고, 해당 특별시·광역시 또는 시에서 이를 활용한 국제회의 산업육성에 관한 계획을 수립하고 있을 것
나. 지정대상 도시에 숙박시설·교통시설·교통안내체계 등 국제회의 참가자를 위한 편의시설이 갖추어져 있을 것
다. 일정 기준의 국제회의 유치·개최 실적 및 계획을 가지고 있을 것
라. 지정대상 도시 또는 그 주변에 풍부한 관광자원이 있을 것

📋 다

> 국제회의산업육성에 관한 법률 시행령 제13조 (국제회의도시의 지정기준)
> 1. 지정대상 도시에 국제회의시설이 있고, 해당 특별시·광역시 또는 시에서 이를 활용한 국제회의산업 육성에 관한 계획을 수립하고 있을 것
> 2. 지정대상 도시에 숙박시설·교통시설·교통안내체계 등 국제회의 참가자를 위한 편의시설이 갖추어져 있을 것
> 3. 지정대상 도시 또는 그 주변에 풍부한 관광자원이 있을 것

28 일반적인 회의의 형태별 분류에 해당되지 않는 것은?

가. 포럼 (Forum)
나. 강의 (Lecture)

다. 컨퍼런스 (Conference)

라. 총회 (General Assembly)

📋 라

29 국제출판협회 컨벤션의 매출액과 지출비용은 각각 1,200,000달러와 800,000달러이다. 이 행사의 투자 수익률은?

가. 45% 나. 50%

다. 55% 라. 60%

📋 나

((매출액−지출비용)/지출비용) X 100 = ((120000−800000)/800000) X 100 = 50%

| 2011년 16번 문제 |

30 컨벤션에서의 DB마케팅 적용에 관한 설명으로 틀린 것은?

가. 잠재고객이 원하는 정보를 쌍방향으로 제공하고 피드백함으로써 장기적으로 지속적인 고객관리가 가능하게 되었다.

나. IT기술의 발달로 DB를 체계적으로 구축, 가공할 수 있으므로 고객 개개인의 욕구에 맞는 맞춤형 서비스를 제공할 수 있게 되었다.

다. 회의 기획자의 관점에서 잠재 참가자들에게 일방적인 정보 제공을 통해 효율적인 통제가 가능해 졌다.

라. 개인별 DB가 유출되어 피해가 발생하지 않도록 각별한 보안장치가 필요해 졌다.

📋 다

31 PCO가 수행해야 하는 주요 세부업무와 가장 거리가 먼 것은?

가. 기본 및 세부 추진계획서 작성

나. 회의장 및 숙박장소 선정

다. 행사 준비 일정표 작성

라. 유치계획서 작성

📋 라

32 다음 중 국제회의 산업 활성화의 기본 조건과 가장 거리가 먼 것은?

가. 국제회의 개최 기준의 강화

나. CVB 기능의 강화

다. PCO 기능의 강화

라. 국제회의 도시의 육성

📋 가

33 다음 중 구체적인 문제점들을 분석 또는 해결하거나 어느 특정 분야의 기술이나 지식을 습득하기 위한 집단회의 형식은?

가. 강연 (Speech)

나. 패널 (Panel)

다. 클리닉 (Clinic)

라. 컨그레스 (Congress)

📋 다

| 2003년 5번 문제 | 2010년 80번 문제 |

34 다음 중 회의 참가자 수에 따라 변동 가능성이 가장 큰 가변비용 항목은?

가. 회의장, 전시장 임차료

나. 홍보비 (브로셔, 포스터, 광고료)

다. 사무국 운영비

라. 리셉션, 연회, 오찬비

📋 라

| 2005년 34번 문제 | 2008년 28번 문제 | 2013년 34번 문제 |

35 컨벤션 행사 종료 후 컨벤션 서비스의 평가 내용과 가장 거리가 먼 것은?

가. 프로그램에 대한 평가

나. 회의 개최지의 시설 및 서비스에 대한 평가

다. 연예, 오락, 사교행사, 관광 등 부대행사에 관한 평가

라. 개최시설 현장 조사

📋 라

| 2004년 22번 문제 |

36 우리나라의 법제도에서 국제기구 또는 국제기구에 가입한 기관 또는 법인·단체가 개최하는 국제회의의 규모 기준이 아닌 것은?

가. 당해 회의에 5개국 이상의 외국인이 참가할 것

나. 회의 참가자가 300명 이상이고 그 중 외국인이 100명 이상일 것

다. 3일 이상 진행되는 회의일 것

라. 회의 참가자 중 외국인이 150명 이상일 것

📋 라

국제회의산업 육성에 관한 법률 시행령 제2조
(국제회의의 종류 · 규모)
1. 국제기구에 가입한 기관 또는 법인 · 단체
가 개최하는 회의로서 다음 각 목의 요건을
모두 갖춘 회의
  가. 해당 회의에 5개국 이상의 외국인이 참
  가할 것
  나. 회의 참가자가 300명 이상이고 그 중
  외국인이 100명 이상일 것
  다. 3일 이상 진행되는 회의일 것
2. 국제기구에 가입하지 아니한 기관 또는 법
인 · 단체가 개최하는 회의로서 다음 각 목
의 요건을 모두 갖춘 회의
  가. 회의 참가자 중 외국인이 150명 이상
  일 것
  나. 2일 이상 진행되는 회의일 것

37 국제회의 개최 효과를 경제적, 사회 · 문화적, 정치
적, 관광적 측면에서 구분할 때 다음 중 사회 · 문
화적 측면의 효과가 아닌 것은?

가. 민간외교 기여   나. 도시환경의 개선
다. 시민의식의 향상   라. 지역문화의 발전

答 가

38 다음 중 컨벤션뷰로의 업무와 가장 거리가 먼 것은?

가. 컨벤션시설이나 숙박시설에 관한 정보 제공
나. 상설 컨벤션 단체나 국제회의 관련 단체에 관
한 조사
다. 컨벤션 유치 지원
라. 컨벤션의 기획 · 운영 · 평가 총괄 실시

答 라

| 2008년 27번 문제 | 2011년 1번 문제 |

39 컨벤션 참가자 유치에 관한 설명으로 틀린 것은?

가. 과거 참가자에 대한 내용을 무시하고 새로운
참가자들을 중심으로 유치전략을 수립한다.
나. E-CRM 도입의 예로서 E-mail을 효과적으
로 사용할 수도 있다.
다. 컨벤션 개최지 및 시설 웹사이트는 참가자 유
치에 도움이 된다.
라. 컨벤션뷰로의 활동은 참가자 유치에 기여를
한다.

答 가

40 컨벤션의 사후평가 및 관리에 관한 설명으로 틀린
것은?

가. 감사편지는 컨벤션기획자의 개인 이름으로
발송하는 것이 바람직하다.
나. 선물은 행사의 기획부터 미리 충분히 적정수
량을 책정하여야 한다.
다. 참가자 증명서는 행사의 종료와 동시에 발급
하는 것이 바람직하다.
라. 컨벤션 운영 담당자는 참가자뿐만 아니라 직
원들의 의견도 수렴해야 한다.

答 가

01 성공적인 컨벤션 운영을 위하여 이상적인 컨벤션 센터의 조건으로 틀린 것은?

가. 물리적 시설의 아름다움과 외관을 중요하지 않다.
나. 호텔 및 공항 관련 교통시설의 접근성이 좋아야 한다.
다. 각종 부대시설에 대한 이용 편리성을 갖추어야 한다.
라. 훌륭한 음식 수준과 연회를 제공해야 한다.

정답 가

> 컨벤션 센터의 최신시설

02 컨벤션(국제회의) 리셉션에서 Open Bar의 경우, 일반적으로 비용은 누가 계산하는가?

가. 연회 주최자   나. 참가자
다. 국제회의 의장   라. 컨벤션센터

정답 가

> Open bar : 술과 음료의 무료 제공

| 2012년 60번 문제 |

03 국제회의의 수입 자원이 아닌 것은?

가. 참가자 등록비   나. 광고료
다. 본부 지원금   라. 예비비

정답 라

> 예비비는 비용

04 컨벤션 행사에서 발생할 수 있는 위기관리 방법에 대한 설명으로 적합하지 않은 것은?

가. 행사 후 위기관리 프로그램의 평가 및 수정·보완이 이루어져야 한다.

나. 위기사항에 관한 체크 리스트를 작성하고 필요한 보험을 확보한다.
다. 위기관리 담당자는 참가자의 특성, 개최 시설의 특성을 파악해야 한다.
라. 컨벤션 주최자, 기획자 및 보험업체만이 위기관리 주체자가 된다.

정답 라

> 컨벤션센터, 호텔, 여행사(Pre-meeting tour, Post-meeting tour) 등도 위기관리의 주체가 되어야 한다.

05 다음 중 그 내용이 적절하지 않은 것은?

가. 내년 회의의 장소와 시기 등을 공고할 가장 좋은 시기는 현재 회의가 개최 중일 때이다.
나. 회의용 홍보물을 우편으로 발송한 경우 대량 우편 보다는 1종 또는 특급 우편을 이용한다.
다. 홍보는 광고와 달리 언론매체의 시간대나 지면을 사는 것이 아니라 언론매체에 사용할 수 있는 기사거리를 제공하는 것이므로 기사 내용이나 시간에 대한 통제권한이 없다.
라. MD을 발송하는 경우, 주초나 주말 또는 휴일 전·후 보다는 주중에 도착하도록 한다.

정답 나

> 1종 우편 : 보통 우편

06 전시회는 처음 공동체 생활 속에서 시작되었고 국가적 단위로 성장·발전되어 왔다. 전시회의 위상에 맞는 무역과 기술비교, 정보 교류의 장을 위해서는 반드시 기본정신을 가져야 하는데 다음 중 해당사항이 없는 것은?

가. 공익성   나. 공정성
다. 시의성   라. 신뢰성

정답 다

- 시의성: 당시의 상황이나 사정과 딱 들어맞는 특성
- 시의성이 요구되는 경우: 뉴스

07 급증하고 있는 국제회의 시장에 여행사의 참여를 위해 설립되어 현재는 여행사뿐만 아니라 다양한 회의산업의 대표가 회원으로 참석하고 있으며, 1963년 여행사 단체에 의해 처음 창립된 국제기구는 무엇인가?

가. AACVB 나. IACVB
다. ICCA 라. UIA

답 다

- AACVB: 아시아국제회의협회
- PATA: 태평양관광협회
- IACVB: 세계국제회의협회
- ASTA: 미주여행업협회
- UIA: 국제협회연합

| 2011년 30번 문제 |

국제회의 산업의 발상지와 유럽 중심의 법세계적인 종합 국제기구로 설립되었으며, 네덜란드 암스테르담에 본부를 두고 컨벤션 및 전시 · 박람회를 합법적인 수단과 방법으로 발전시키는 데 기여할 목적으로 설립된 것은?

가. AACVB 나. IACVB
다. ICCA 라. UIA

답 다

ICCA: International Congress and Convention Association (국제컨벤션협회)

08 다음 중 전시회 기획의 구성요소가 아닌 것은?

가. 전시회 명칭 선정
나. 전시회 개최 시기 및 기간
다. 전시회 운영
라. 전시회 선정 및 전시장 규모

답 다

기획 → 운영

09 컨벤션의 성공적인 재무관리를 위한 중요한 첫 번째 단계는?

가. 재정 목표 수립 나. 운영비 확정
다. 투자자 확보 라. 변동비 결정

답 가

10 기본적인 개최지 선정기준 중 일반적으로 고려되지 않는 것은?

가. 개최지의 접근성
나. 호텔 시설
다. 식음료 서비스
라. 개최지 관광협회 유무

답 라

11 다음 중 국제회의 준비 초기단계에 해당되지 않는 것은?

가. 계약 체결
나. 기본 프로그램 구성
다. 각종 소요물 제작
라. 예상 참가자 메일링 리스트 (Mailing List) 작성

답 다

12 세계엑스포(EXPO)의 공인 여부 심사와 개최 장소 등을 선정하는 국제기구는 무엇인가?

가. UFI 나. AUMA
다. AKEI 라. BIE

답 라

BIE: Bureau International Des Expositions

13 최초의 컨벤션 뷰로가 설립된 도시는 어디인가?

가. 프랑크푸르트 나. 파리
다. 뉴욕 라. 디트로이트

답 라

14 컨벤션 유치 절차가 순서대로 된 것은?

가. 컨벤션 유치 검토 → 유치 신청 → 유치 방침 결정 → 유치 활동 및 홍보 → 개최지 결정
나. 컨벤션 유치 검토 → 유치 활동 및 홍보 → 유치 방침 결정 → 유치 신청 → 개최지 결정

다. 유치 방침 결정 → 컨벤션 유치 검토 → 유치
　　활동 및 유치 → 유치 신청 → 개최지 결정
라. 컨벤션 유치 검토 → 유치 방침 결정 → 유치
　　신청 → 유치 활동 및 홍보 → 개최지 결정

답 라

15 다음 중 국제회의와 관련된 현존하는 국제기구가
아닌 것은?

가. 국제협회연합(UIA)
나. 세계국제회의전문협회(ICCA)
다. 세계국제회의연합회(UFCB)
라. 아시아국제회의협회(AACVB)

답 다

16 회의 준비과정에서 예산안 편성 비용 중 고정비용
이 아닌 것은?

가. 홍보비　　　　　　나. 회의장 장치비
다. 관광비　　　　　　라. 전시장 임차료

답 다

> · 유동비용: 인원수 X 관광비
> 　　　　　　 인원수 X 식사비

| 2004년 1번 문제 |

17 국제회의 의전 예절에 부합되지 않는 것은?

가. 대통령을 대행하여 행사에 참석하는 정부 각
　　료는 외국 대사에 우선한다.
나. 외빈 방한 시 동국주재 아국 대사가 귀국하였
　　을 때에는 주한 외국대사 다음으로 할 수 있다.
다. 대사가 여자일 경우와 서열은 자기 바로 상위
　　대사 부인 다음이 되며 그의 남편은 최하위의
　　공사 다음이 된다.
라. 우리가 주최하는 연회에서 우리 측 귀빈은 동
　　급의 외국측 귀빈보다 상위에 둔다.

답 라

18 다음 중 이벤트 관리자의 역할에 관한 설명으로 틀
린 것은?

가. 이벤트 개최 의뢰자 및 스폰서의 요구 수용을
　　위한 관리
나. 이벤트 조직 관리 운영
다. 이벤트 개최 성과에 대한 예측과 평가
라. 참가자 안내와 등록 업무 수행

답 라

> 진행요원 역할: 참가자 안내와 등록 업무 수행

19 프로그램 조직화(Program Organization)로 가
장 적합한 내용은?

가. 현장 인터뷰, 설문 조사, 홍보기사 준비
나. 회의의 수, 진행 방식, 회의별 주제
다. 연설 내용, 참여 유도 계획, 워크숍, 원탁 테이블
라. 등록, 인력관리, 유인물 배포, 안내 사항

답 나

20 다음의 지문은 어떤 서비스 제공자에 대한 설명인가?

> 컨벤션 개최지가 전국적으로 확산됨에 따라 컨
> 벤션 기획자가 잘 알지 못하는 도시에서 컨벤션
> 이 개최될 경우에는 기획자가 전반적인 기획 운
> 영관리를 원활히 수행하지 못하는 어려움이 있
> 다. 그러나 이 서비스 제공자는 컨벤션 개최지
> 의 모든 여건에 대해 잘 알고 있기 때문에 컨벤
> 션 주최자나 컨벤션 기획자를 위해 코디네이터
> 역할을 할 수 있다.

가. 인력용역업　　　　나. 여행사
다. 관광안내원　　　　라. 지역 컨벤션대행업체

답 라

21 전시회를 개최하기 위해서는 4가지 요소가 있어야
한다. 다음 중 해당되지 않는 요소는?

가. 전시 시공회사　　　나. 주최자
다. 관람객　　　　　　라. 출품사

답 가

22 Convention Visitor Bureau(CVB)에 대한
설명으로 가장 적절하지 못한 것은?

가. 관광객과 컨벤션을 지역 사회에 유치하기 위
　　한 비영리 기구
나. 국제회의 준비를 위한 관련 단체의 지원과 회
　　의 운영 전반에 걸친 지원
다. 국제회의 개최 및 진행에 관한 직접적인 총괄
　　지휘
라. 잠재 방문객과 지역 사회의 산업체간의 중재
　　자로서 활동

답 다

| 2003년 40번 문제 | 2006년 34번 문제 |

23 다음과 같은 컨벤션 행사 개최 비용의 조건에서 손익 분기점에 도달하기 위한 최소의 참가자 수는 몇 명인가? (단, 주어진 조건 이외의 다른 사항은 고려하지 않는다.)

· 참가자 등록비: $22	· 광고비: $500
· 회의장 임차비: $1,000	· 연사료: $100
· 식음료비: $10	· 선물비: $2

가. 80명
나. 160명
다. 240명
라. 320명

답 나

· 고정비용=수입−변동비용= 참가자 등록비 − (식음료비 + 선물비)=22−(10+2)=10
· 손익분기점=전체 비용/고정비용=(광고비+회의장 임차비+연사료)/10=(500+1000+100)/10=160명

| 2003년 13번 문제 | 2004년 4번 문제 | 2005년 10번 문제 |
| 2006년 31번 문제 | 2007년 2번 문제 | 2012년 26번 문제 |

24 전시회가 전문성을 갖기 위해서는 반드시 운영 원칙이 있어야 한다. 다음 중 해당되지 않는 것은?

가. 전시회는 전시 전문가가 주최·주관해야 한다.
나. 전문 전시장에서 개최를 해야 한다.
다. 특정한 전문분야의 전시회를 개최해야 한다.
라. 가능한 대도시에서 개최를 하여야 한다.

답 라

25 회의실 배치에 관한 설명 중 옳은 것은?

가. 회의실 결정은 가능한 현지 답사를 하는 것이 바람직하지만, 시설 공급업체에서 제공하는 도면만으로 결정해도 무방하다.
나. 일반적으로 호텔을 회의실로 이용하는 경우 전체 회원을 위한 행사는 볼룸에서 한다.
다. 전체 회의에서 가장 많이 사용되는 좌석 배치인 극장식은 테이블과 의자가 설치된 형태이다.
라. 각 회의실 디자인은 경험이 많은 시설 공급업체의 담당자에게 일임하여 좌석, 무대, 기자

재 배치를 적당히 하도록 지시한다.

답 나

26 정상회의에 참석한 국가들의 국기 게양에 관한 설명으로 옳지 않은 것은?

가. 태극기와 외국기의 교차 게양시 앞에서 보아 태극기 면이 오른쪽으로 오도록 한다.
나. 태극기와 외국기를 나란히 게양시 태극기가 왼쪽에, 위에서 밑으로 걸 때는 깃대를 위로 한다.
다. 회의장이나 강당에서는 앞에서 보아 전면 중앙이나 왼쪽에 게양한다.
라. 외국기와 함께 게양시 알파벳 순서로 게양하되 홀수일 경우 태극기를 중앙에 게양한다.

답 가

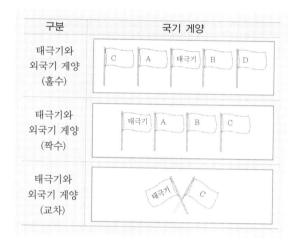

구분	국기 게양
태극기와 외국기 게양 (홀수)	C A 태극기 B D
태극기와 외국기 게양 (짝수)	태극기 A B C
태극기와 외국기 게양 (교차)	태극기 C

27 컨벤션 행사장의 자리 배치 중에서 T-Shape의 장점에 대한 설명으로 적합한 표현은?

가. 소규모형에 적합하며, 상호 작용이 원활하다.
나. 1인당 면적이 가장 넓다.
다. 30명 이상 참석하는 행사에 적합하다.
라. 극장식 자리 배치와 동일하다.

답 가

28 다음 연회 행사 중 참가자들에게 네트워크 증진의 효과를 주는 스탠딩 스타일의 행사는 무엇인가?

가. Cocktail reception
나. Satellite luncheon
다. Congress banquet
라. Gala dinner

🔑 가

29 컨벤션 산업의 특징이 아닌 것은?

가. 컨벤션관련 산업이 다양하다.
나. 컨벤션관련 종사자들은 전문성을 갖추고 있다.
다. 컨벤션 운영은 공공성의 성격을 많이 띠고 있다.
라. 컨벤션 산업은 제품생산과 물적 판매를 중요시 여기는 산업이다.

🔑 라

| 2009년 16번 문제 |

30 전문(무역) 전시회(Trade Fair)와 일반 전시회(Exhibition)의 차이점 중 틀린 것은?

가. 무역 전시회는 일반적으로 개최 시기에 있어서 주기성을 가지고 있다.
나. 무역전시회는 원칙적으로 일반 참관객을 허용한다.
다. 일반전시회는 주로 판매촉진을 목적으로 한다.
라. 무역전시회는 주로 북미보다 독일을 비롯한 유럽에서 성행한다.

🔑 나

무역전시회는 원칙적으로 일반 참관객을 허용되지 않는다.

31 다음 중 회의 참가자 수에 따라 변동 가능성이 가장 큰 가변비용 항목은?

가. 회의장, 전시장 임차료
나. 홍보비 (브로셔, 포스터, 광고료)
다. 사무국 운영비
라. 리셉션, 연회, 오찬비

🔑 라

| 2005년 34번 문제 | 2008년 28번 문제 | 2013년 34번 문제 |

32 다음 중 국제회의 결과를 평가하는 일반적 기준으로 가장 적합한 것은?

가. 객관성, 공개성, 유용성
나. 상대성, 유용성, 수익성
다. 객관성, 수익성, 정확성
라. 공개성, 상대성, 정확성

🔑 가

33 컨벤션 행사의 가장 효과적인 홍보 수단이 되는 것은?

가. DM(Direct Mail)　　나. 인적 판매
다. 기브 어웨이　　　　라. 라디오

🔑 가

Giveaway: 선물

34 다음 중 의전 관례상 맞지 않는 것은?

가. 외국인 귀빈을 영접할 때 우리측 대표의 접견 위치는 전면에서 보아 왼쪽이다.
나. 여자는 남자보다, 연장자는 연소자보다, 외국인은 내국인보다 상석에 위치한다.
다. 여성들 간 서열은 기혼부인, 미망인, 이혼부인, 미혼자 순으로 한다.
라. 참가자가 2개 이상의 사회적 지위를 갖고 있을 경우, 원칙적으로 상위 직을 기준 지위로 한다.

🔑 가

우리측 대표의 접견 위치는 오른쪽이다.

35 국제출판협회 컨벤션의 매출액과 지출비용은 각각 $1,200,000과 $800,000이다. 이 행사의 투자 수익률은?

가. 45%　　　　　　나. 50%
다. 55%　　　　　　라. 60%

🔑 나

(매출 − 지출비용) / 지출비용 =
(1,200,000 − 800,000) / 800,000 = 50%

| 2011년 16번 문제 | 2013년 29번 문제 |

36 커피 브레이크에 대한 설명 중 올바르지 않은 것은?

가. 커피브레이크 비용 중 음료수는 잔 단위로 계산하는 것이 좋다.

나. 아침에는 아침식사를 안한 사람을 위해서 쿠키나 간단한 빵 종류를 준비한다.

다. 오후 회의인 경우 회의 중간 시점 보다 조금 늦은 시간에 커피브레이크를 제공한다.

라. 커피브레이크의 소요 시간은 30분이 넘지 않도록 한다.

답 가

| 2008년 96번 문제 |

37 국제회의 참가자의 3대 등록정보의 데이터 베이스 구축, 관리 및 재활용에 대한 설명으로 틀린 것은?

가. Scheduling   나. Submit

다. Reservation   라. Registration

답 가

38 다음 중 컨벤션 수요의 증가 요인과 가장 거리가 먼 것은?

가. 국제화, 개방화

나. 지식 · 정보에 대한 수요 증가

다. 평생 교육 수요의 증가

라. 국제적 테러의 증가

답 라

| 2009년 34번 문제 |

39 이벤트 개최에 있어서는 정확한 분석과 다양한 사전조사를 필수적으로 해야 하는데 다음 중 이벤트 개최에 따른 실행 가능성 조사에 해당되지 않는 것은?

가. 개최지 적합성

나. 환경영향 평가

다. 리스크 평가

라. 개최지 유 · 무형 자원

답 라

40 의사협회에서 정부로부터 판매 승인을 받은 신약에 대해 관련 의사들에게 해당 정보를 교육하기 위해 적절한 컨벤션 프로그램 형태는 무엇인가?

가. Workshop   나. Symposium

다. Buss Marketing   라. Satellite Meeting

답 가

Buss Marketing: 입소문 마케팅

| 2003년 5번 문제 |

Chapter 2_
호텔관광실무론
문제풀이 및 해설

PROFESSIONAL
CONVENTION
PLANNERS

41 구매가격 결정방법의 하나로서, 업자와 전화나 구두로 협상하여 거래하는 것을 말하며, 이 경우 많은 업자가 동일 지역에 밀집해 있는 경우에 사용된다. 신선한 재료 구입과 재료의 손실이 적은 것이 장점인 이 방법은?

가. Informal buying method
나. Semi informal purchase method
다. Formal buying method
라. All food buying method

답 가

> · Formal buying method : 여러 입찰업체 (vender)로부터 제안(bids)를 받아서 결정하는 방법. 모든 구매가 서식이나 일정 양식에 의하여 이루어진다.
> · Informal buying method : 전화나 구두로 구매협상을 하여 거래가격을 결정하는 방법으로 우리나라 호텔에서 농수산물 구입에 주로 사용하는 방법

42 다음 중 국제관광정책의 수립 시행시 중요한 사항이 아닌 것은?

가. 국제교통노선의 확보
나. 국가보안제도의 강화
다. 관광시장의 개최
라. 출입국 제도의 간소화

답 나

> 국가보안제도의 강화는 국가정보원의 업무

43 호텔 외부에서 구매한 알코올을 반입할 경우 혹은 Corkage[90] Charge 형식으로 호텔에서 적용하는 가격정책(Pricing Method)은?

---

90) corkage : 고객이 구입한 주류를 호텔내 레스토랑에 들여올 때 부과되는 요금

가. By The Hour
나. Hospitality Suites
다. By The Drink
라. By The Bottle

답 라

| 2011년 58번 문제 |

다음 중 Corkage Charge의 의미로 가장 적합한 것은?

가. 고객이 연회장으로 직접 가져온 주류에 대하여 서비스 요금을 부과하는 것
나. Check Out시간이 지난 고객에게 요금을 부과하는 것
다. 팁의 새로운 용어
라. 직원에게 새로운 의무를 부과하는 것

답 가

44 다음 중에서 정부의 관광진흥정책 수립시 고려해야 할 사항과 거리가 먼 것은?

가. 외국인 관광객의 유치촉진 및 외국인 관광객에 대한 접대의 향상을 도모하는 일
나. 가족 여행, 그 밖의 건전한 국민대중의 관광여행의 발전을 도모하는 일
다. 저개발국가에 대하여 관광개발을 도모하는 일
라. 관광자원의 보호 및 육성·개발을 도모하는 일

답 다

> 저개발국가에 대한 관광개발 지원은 한국국제협력단에서 관광개발관련 전문가를 저개발국가에 파견하는 것 등이 있다.

45 다음의 서비스와 이에 대한 설명으로 맞는 것은?

> ⓐ English Service - 접객원은 많은 고객을

서브할 수 있으며, 좋은 서비스도 할 수 있다.
ⓑ American Service – 고객의 왼쪽에서 오른손으로 서비스한다.
ⓒ French Service – 고객 스스로가 요리를 분배하여 식사한다.
ⓓ Russian Service – 게리돈 서비스에 대해서 특별한 준비기물이 필요 없다.
ⓔ Buffet Service – 다수의 접객원으로 많은 고객을 서비스할 수 있다.

가. ⓐ, ⓒ 　　　　　나. ⓐ, ⓓ
다. ⓑ, ⓓ 　　　　　라. ⓑ, ⓔ

📋 나

※ 프랜치 서비스 French Service
· 고객의 테이블 앞에서 간단한 조리기구와 재료가 준비된 조리용 카트(wagon)을 이용하여 직접 요리를 만들어 제공하거나, gueridon을 이용하여 silver platter에 담겨 나온 음식을 알코올 램프 또는 가스 램프를 사용하여 음식이 식지 않게 하여 덜어주기도 하며 먹기 편하도록 생선가시를 제거해 주고 요리를 잘라주기도 한다.
· 보통 2-3명의 상당히 숙련된 종사원이 서비스하기 때문에 인력이 많이 필요
· 일품요리를 제공하는 전문식당에 적합한 서비스
· 메인 코스는 오른손, 버터 등은 왼손
· 중간에 Finger bowl(손 닦는거)이 나간다.
· 후식 전에 치즈, 과일 등이 나감
· 유리그릇은 되도록 사용하지 않는다.

※ 러시안 서비스 Russian Service
· Russian service는 French service와 비슷한 점이 많으며, 종사원이 무거운 platter를 사용하며 테이블 셋팅은 french service와 동일하다.
· 전형적인 연회서비스이다.
· french service에 비해 특별한 준비기물이 필요하지 않다.
· 모든 음식을 주방에서 해결
· 큰 접시에 담아서 내놓는다.
· 서비스 하기 쉽고 품위가 있다.

※ 영국식 서비스 English Service
· family style service라고도 한다. 음식이 plate 또는 tray에 담겨져 테이블로 운반되면 테이블에서 주빈 또는 종사원이 각 접시에 담아서 모든 사람에게 돌려주거나, 큰 접시를 돌려 가면서 각자가 덜어먹는 형식이다. 이 서브 형식은 가족적인 소연회나 칠면조가 제공되는 미국식 추수감사절 만찬에 적합하다.

※ 아메리칸 서비스 American Service
· french service 보다 화려하지 않으나 레스토랑에서 일반적으로 이루어지는 서비스 형식이다. 즉, 주방에서 미리 접시에 보기 좋게 담겨진 음식을 직접 운반하여 고객에게 서브하는 방법으로 신속하고 능률적이기 때문에 레스토랑에서 가장 일반적으로 사용되며 고객회전이 빠른 레스토랑에 적합하다.

※ Banquet Service
· 같은 시간내에 단체로 들어온다.
· 웨이터를 잘못배치하면 서비스에 차질
· 한 테이블에 10명을 앉힌다.
· 테이블 위에 꽃을 놓는다.
· 포크 3개, 나이프 3개, 스푼 3개

※ 뷔 페
· 뷔페 상은 아름답게 꾸며야 함
· 채소들로 장식을 많이 함
· 뷔페상(접시)을 조금 비스듬하게
· 25cm이상 올리지 말것
· 뷔페상 5cm 이상은 두 줄로 분류시킬 것
· 음식의 양을 많이 놓으면 소비량 많아짐
· 음식을 자주 갈아줌
· 찬 음식은 앞에, 더운 음식은 뒤에
· 원가가 적게 드는 것을 앞에, 비싼 것을 뒤에
· 개인 접시가 크면 안 됨
· 웨이터가 포스트 역할

※ 룸 서비스
· 일반 식당에서 먹는것 보다 비쌈
· 메뉴가 한정 되어 있다
· 룸 서비스를 위한 엘리베이터 따로 있음
· 24시간 룸서비스 대기
· 방에 들어가서 완전한 상차림을 해 줌

※ Tray Service
· 비행기 음식, 병원 음식 등
  같은 시간대에 한꺼번에 음식을 내놓음.
  음식이 한정되어 있음

※ 카운터 서비스
· 백화점, 공항(스낵바) : 시간을 단축시키는 이점이 있음

| 2005년 41번 문제 | 2008년 54번 문제 |

46 식사코스 중에서는 식욕을 증진시키고 칵테일파티에서는 주최자들과 고객들이 자유롭게 이동하면서 연회의 분위기를 조화시킬 수 있는 음식은?

가. Ravioli
나. Hors d'oeuvre
다. Filet
라. Brochette

🖩 나

47 와인 서비스에 대한 설명으로 틀린 것은?

가. Wine 서빙은 상석의 여성부터 시작하여 모두 따르고 난 후 남성은 남성 주변부터 시계방향으로 따르도록 한다.
나. 와인을 따를 때 White Wine은 Glass의 ⅔ 정도, Red Wine은 Glass의 ⅓ 정도 채우는 것이 이상적이다.
다. Wine의 시음은 남성이나 호스트가 하고, 시음의 순서는 미각, 후각, 시각의 순으로 한다.[91]
라. Wine 서브 후 병을 세울 때 병목을 왼쪽으로 자연스럽게 틀어 올리면서 세운다.

🖩 다

48 관광진흥법의 7가지 관광사업 분류로 맞는 것은?

가. 여행업, 관광호텔업, 휴양업, 국제회의업, 카지노업, 유원시설업, 관광편의시설업
나. 여행알선업, 관광호텔업, 통역안내업, 관광시설업
다. 여행업, 관광숙박업, 관광객이용시설업, 국제회의업, 카지노업, 유원시설업, 관광편의시설업
라. 여행업, 관광숙박업, 관광객이용시설업, 국제회의 용역법, 관광편의 시설업, 카지노업, 유원시설업

🖩 다

> 여행업, 관광숙박업, 관광객이용시설업, 국제회의업, 카지노업, 유원시설업, 관광편의시설업

49 항공권분실경위서(Account of Lost Ticket[92])에 기재할 필요가 없는 사항들로만 나열된 것은?

가. 설명, 생년월일, 주소, 전화번호
나. 여권번호, 항공권번호, 구입일자, 구입처
다. 전체여정, 분실구간, 분실일자, 분실장소와 상황
라. 직업, 여행 해당국의 방문횟수, 동반여행자의 수

🖩 라

50 소믈리에(Sommelier)의 주 역할은?

가. 손님영접
나. 음식서브
다. 현금출납
라. 와인추천, 판매 및 서비스

🖩 라

> 소믈리에는 와인만 알아서는 곤란하고, 음식을 알고, 음식에 맞는 와인을 찾을 수 있어야 된다.

51 호텔 객실점유율에 관한 설명으로 맞는 것은?

가. 호텔경영 성공을 위한 기본측정으로서 매출액, 인력관리, 영업성과 등과 관련된 주요한 자료이다.
나. 객실에서 확실한 이윤을 창출하는 방법으로 다른 운영부서에 적용할 때 이익을 창출하는 중요한 수단이다.
다. 객실 판매 촉진을 위한 할인 제도이다.
라. 호텔과 거래가 많은 개인, 기업, 여행사들을 위하 시간제한이나 보증금 없이 예약을 받아주는 상호 협약이다.

🖩 가

52 다음 중 식당의 종류에 있어 음식의 조리과정을 직접 볼 수 있는 카운터바에 앉아서 주문한 음식을 조리사로부터 직접 서비스 받는 방식의 식당으로 빠른 서비스를 제공하고 음식의 신선함과 식욕을 촉진시킬 수 있는 형태의 식당은?

가. 리후레쉬멘트 스탠드(Refreshment stand)[93]
나. 다이닝 룸(Dining room)

---

91) 와인 시음의 순서는 시각, 후각, 미각의 순으로 한다.
92) Account of lost ticket 작성사항 : 성명, 생년월일, 주소, 전화번호, 여권번호, 항공권번호, 구입일자, 구입처, 전체일정, 분실구간, 분실일자, 분실장소와 상황

93) 간편한 간이음식을 만들어 진열장에 미리 진열해 놓고 바쁜 고객으로 하여금 구매해 먹을 수 있도록 한 식당

다. 런치 카운터(Lunch counter)[94]

라. 그릴(Grill)

📋 다

53 서구식호텔의 효시로 근대적 여관의 발달과 함께 외국인을 대상으로 1888년 인천에 3층 11실로 건립되었던 호텔은?

가. 손탁호텔

나. 스튜워드(steward)호텔

다. 대불호텔

라. 반도호텔

📋 다

54 각 ( )안에 들어갈 단어를 올바르게 배열한 것은?

> 미국은 1872년 3월 1일자로 (①) 지역을 세계 최초의 국립공원으로 지정하였다.
> 한국은 (②)년 (③)을 최초로 국립공원으로 지정한 이래로 2002년 12월까지 (④)개의 국립공원을 지정하였으며, 이중 산악형 국립공원은 (⑤)개다.

가. ① 브릿지스톤, ② 1970, ③ 한라산, ④ 20, ⑤ 15

나. ① 옐로우스톤, ② 1969, ③ 한라산, ④ 30, ⑤ 22

다. ① 브릿지스톤, ② 1968, ③ 지리산, ④ 30, ⑤ 20

라. ① 옐로우스톤, ② 1967, ③ 지리산, ④ 20, ⑤ 16

📋 라

55 다음 중 한 호텔기업이 시장세분화에 의하여 새로운 브랜드를 창출하였을 때 기존의 브랜드에게 나쁜 영향을 미치는 현상을 의미하는 것은?

가. 제살깎기 격쟁(Cannibalization)[95]

나. 다각화(Diversification)

다. 전략적 제휴(Strategic Alliance)

라. 인수합병(Mergers and Acquisitions)

📋 가

---

94) lunch counter : 조리과정을 직접 볼 수 있는 카운터테이블에 앉아 조리사에게 직접 문의하면서 식사를 제공받는 식당

95) cannibal : 식인
cannibalization : 자기잠식
기존에 출시되었던 제품이 같은 기업에서 출시된 새로운 제품으로 인해 판매량, 수익, 시장 점유율이 감소하는 것

전략적 제휴 : 상호협력을 바탕으로 기술·생산·자본 등의 기업 기능에 2개 또는 다수의 기업이 제휴하는 것을 말한다. 기업규모와는 관계없이 여러 분야에서 이루어지며, 특히 기술혁신 속도가 빠른 전기·전자 등 첨단제조 분야에서 신기술 습득과 새로운 시장 진출을 목적으로 활발하게 이루어지고 있다. 은행·보험·항공·운송 등과 같은 서비스 부문에서도 급증하고 있다.

56 다음 중 2001년 관광수입(international tourism receipts)이 많은 국가 순으로 나열 된 것은? (단, 1999-2001년 세계관광기구 (WTO) 세계관광통계 기준)

가. 프랑스, 스페인, 이탈리아, 미국, 중국

나. 프랑스, 미국, 중국, 이탈리아, 스페인

다. 미국, 스페인, 프랑스, 이탈리아, 중국

라. 미국, 프랑스, 스페인, 중국, 이탈리아

📋 다

57 관광산업체의 특성[96]과 거리가 먼 것은?

가. 서비스지향성

나. 고객과 종업원에 대한 고려

다. 높은 생산성

라. 대규모보다는 중소규모의 사업

📋 다

58 다음 중 관광협회의 업무가 아닌 것은?

가. 관광사업의 발전 도모

나. 관광사업진흥에 필요한 조사, 연구 및 홍보

다. 관광통계

라. 관광지 선정[97]

📋 라

59 매리어트, 홀리데이 인등의 기존 대규모 호텔체인들이 1박에 30달러의 숙박으로부터 200달러 이상의 고급 호텔에 이르기까지 다양한 형태를 스스로 개발하여 모든 시장에 대응하려는 시장전략을 구사하고 있다. 이러한 경영전략은 다음 중 어디에 해당하는가?

---

96) 관광사업체의 특성 : 복합성, 입지의존성, 공익성, 변동성, 지역성, 인적 서비스성, 매개성 등이 있다.

97) 관광지(관광단지) 지정은 시·도지사

가. 풀라인(full line)전략[98]
나. 풀코스(full Course)전략
다. 제한된 서비스(limited service)전략
라. 강화된 서비스(up-grade service)전략

🖹 가

60 다음 중 관광동기와 욕구에 관한 연결이 올바른 것은?

가. 심적인 동기 – 사향심, 교류심
나. 경제적 동기 – 사업목적, 운동욕구
다. 정신적 동기 – 교류심, 견문욕구
라. 신체적 동기 – 사향심, 지식욕구

🖹 가

> 다나가 기이치(田中喜一)가 관광욕구와 관광동
> 기를 심정적 동기(사향심, 교류심, 신앙심), 정
> 신적 동기(지식 욕구, 견문욕구, 환락욕구), 신
> 체적 동기(치료욕구, 보양욕구, 운동욕구), 경제
> 적 동기(매물목적, 상요목적)으로 구분하였다.

61 호텔 객실요금의 결정방법은 내부적 요인과 외부적 요인 등을 고려하여 여러 가지 방법이 있다. 다음의 〈보기〉 설명에 적합한 가격결정방법은?

〈보기〉

> 비용의 접근을 통하여 객실가격을 거꾸로 접근
> 하는 방법으로 객실당 평균판매가격, 비용의 설
> 정, 요구되는 목표 이익, 예상판매객실 수 등을
> 결정하여 시행하는 방법

가. 경쟁적 가격결정방법
나. 건축비 1/1000의 접근법
다. 휴버트(hubbert) 방식
라. 심리적 가격결정방법

🖹 다

/ 2010년 48번 문제 /

62 호텔투숙객에게 식당예약, 극장 및 스포츠경기 표 구매, 교통편 예약 등을 대행해주고, 지역사회의 문화행사 및 주요관광지에 대한 정보를 제공해 주는 업무를 지닌 호텔 내 직무는?

가. 하우스 키퍼(housekeeper)

나. 주문 접수자(order taker)
다. 소믈리에(sommelier)
라. 콘시어지(concierge)

🖹 라

63 결혼 축하연처럼 친한 친구끼리 모여 축하를 받을 사람을 중심으로 선물을 하는 특정 목적형의 파티는?

가. 샤워 파티(Shower party)[99]
나. 무도회와 댄스파티(Ball and Dance)
다. 포트럭 디너파티(Potluck Dinner Party)[100]
라. 모금 연회 행사(Party for Fund Raising)

🖹 가

64 호텔 식음료산업의 특징 중 생산관리 측면에서의 특정이 아닌 것은?

가. 수요예측이 곤란하다.
나. 주문생산을 원칙으로 한다.
다. 상품원가에 대한 이익의 폭이 적다.
라. 생산과 판매가 동시에 이루어진다.

🖹 다

> 상품원가에 대한 이익의 폭이 크다.

65 하우스 유스(House use)의 의미는?

가. 호텔의 임직원이 공무로 객실을 사용하는 것
나. 무료로 제공하는 객실[101]
다. 하우스 키핑(House keeping)의 사무실
라. 가족이 공동으로 사용하는 객실

🖹 가

| 2008년 69번 문제 | 2012년 68번 문제 |

66 국제 항공 운송 협회(International AirTransport Association)에서 수행하는 업무가 아닌 것은?

가. 국제항공 요금 책정
나. 항공수송력 규제
다. 기내 서비스 기준 제공
라. 항공 운항노선 책정

🖹 다

---

98) Full line전략 : 다양한 소비층을 겨냥한 다양한 상품을
개발하여 모든 시장의 Needs에 대응하려는 전략

99) 친한 사람끼리 모여서 축하해 주는 파티
100) 각자 요리를 준비한 후 한 자리에 모여서 하는 파티
101) complimentary : 무료 객실 제공

67 호텔 현관회계부서의 회계원(Front cashier)이 투숙객에서 소액 현금(Petty cash)을 빌려주고 회계 처리하는 방법으로 맞는 것은?

가. Allowance Voucher를 사용하여 증빙 서류로 남기고 그 금액을 Guest Ledger에 계산한다.

나. Paid – Out Voucher를 사용하여 증빙 서류로 남기고 Guest Ledger에 그 금액을 계산한다.

다. Allowance Voucher를 사용하여 증빙 서류로 남기고 General Ledger에 그 금액을 계산한다.

라. Paid-Out Voucher를 사용하여 증빙 서류로 남기고 General Ledger에 그 금액을 계산한다.

📝 나

/ 2006년도 61번 문제 /

allowance : 불만족한 서비스에 의한 가격 할인과 호텔 종사원이 영수증에 금액을 잘못 기재하는 등의 이유로 고객 계산서 지급 금액을 조정해서 기재하는 방법. 예를 들면, 객실 시설물 하자에 따른 불평, 불만족한 서비스에 대한 조정 등이 있다. 특히 이용금액의 에누리가 발생된 경우, allowance voucher레 내용을 기입한 후 부서 책임자에게 승인을 받아야 한다.

68 호텔숙박요금제도중, 고객입장에 따른 미국식 요금제도(American plan[102])에 대한 설명으로 맞는 것은?

가. 한정된 메뉴에 의한 식재료의 대량구매에 따라 원가절감이 가능하다.

나. 선정한 메뉴가 고객의 취향에 맞지 않는 경우

음식이 남는 등의 낭비 요인이 발생 한다.

다. 식사를 호텔에서 해결하므로 좋은 분위기에서 식사할 수 있다.

라. 정해진 식사시간으로 충분한 준비 및 정리시간이 생긴다.

📝 다

| 2004년 57번 문제 | 2005년 63번 문제 |

69 다음에 제시된 자료를 이용하여 당일 Walk-in Guest에게 판매가능한 객실 수를 계산하였을 때 올바른 것은?

Total Rooms Available : 400
Out of Order : 10
Understay[103] : 5
Overstay(extension) : 9
Reservation : 160
Stayover : 179
House Use : 3
(단, No Show Rate는 10%, Cancellation Rate는 5%로 가정하며, 단위는 Rooms이다.)

2) 예상식사 인원에 대한 수요예측이 가능하므로 원가절감을 가져올 수 있다.

3) 식사시간이 정해져 있으므로 충분한 준비시간 및 정리시간이 생긴다.

4) 예산을 쉽게 수립할 수 있고 회계절차가 간단하다.

〈고객입장에서의 단점〉

1) 제한된 메뉴를 대하므로 선택의 폭이 좁다.

2) 식사시간이 제한되어 있어 쉽게 시간을 놓치기 쉽다.

〈호텔입장에서의 단점〉

1) 투숙객에게 제한된 시간내에 식사를 제공해야 하므로 충분한 공간확보 및 서비스인력이 필요하다.

2) 고객의 취향에 맞지 않는 메뉴를 제공했을 때 남겨진 음식이 많이 생겨 낭비의 요인이 되기 쉽다.

(2) 유럽식플랜 호텔(european plan hotel)
대부분의 많은 호텔들은 객실요금과 식사요금을 분리하여 별도로 계산한다. 국내 대부분의 호텔들도 이 방식을 이용하고 있다.
european plan의 장점은 자유로운 식사시간을 가질 수 있으며, 식성 및 취향에 따라 식당을 골라 마음에 맞는 식사를 할 수 있고, 식사요금이 객실요금과 분리되어 계산되므로 경비를 절약할 수 있다.

(3) 컨티넨탈플랜 호텔(continental plan hotel)
주로 유럽지역에 위치한 호텔들이 사용하는 요금지불 방식으로서 고객의 객실요금에 단지 아침식사 요금만 포함시켜 계산하는 방식을 사용하는 호텔을 가리킨다. 이 경우의 아침식사는 'continental breakfast' 라 하며, 'american breakfast' 보다 메뉴가 단순하고 값이 저렴하다. 제공되는 메뉴의 내용은 계란요리와 육류 그리고 곡물요리가 포함되지 않고 주스, 빵류 그리고 커피나 홍차 정도로 간단하다.

---

102) (1) 미국식플랜 호텔(american plan hotel)
호텔요금의 계산시 투숙객의 객실요금에 식대를 포함하는 계산방법을 사용하는데 이는, 일명 'full plan', 'full pension', 'full board' 라고도 한다. 객실료에 2식대(조식과 석식)를 포함시키는 호텔은 'half-pension', modified american plan이라고 한다. 주로 휴양지호텔(resort hotel) 등 호텔주변지역에 식당시설이 없는 경우에 이 방식을 채택한다.

〈고객입장에서의 장점〉

1) 식사를 모두 호텔에서 해결할 수 있어 식사를 위해 별도로 외출할 필요가 없다.

2) 정해진 식사시간에 규칙적으로 식사를 하므로 건강에 좋다.

〈호텔입장에서의 장점〉

1) 메뉴가 한정되므로 해당 메뉴의 식재료의 대량구매에 의한 원가절감이 가능하다.

가. 66　　　나. 67　　　다. 68　　　라. 69

📖 다

- Out of order : 수리 중인 방(판매할 수 없음)
- Understay : 예약한 기간보다 일찍 방을 비우고 나간 방(현재 객실이 빈 방인 상태이므로 판매 가능)
- Overstay : 예약한 기간보다 더 오래 방을 사용하면서 체류 중이므로 현재 사용 중이므로 판매할 수 없는 방
- Stayover : 현재 사용 중인 방

Total rooms available	400
Out of order	-10
Overstay	-9
Reservation	-160
Stayover	-179
House use	-3
	39
Reservation에서 10% No show	16
Reservation에서 5% Cancellation	8
Understay	5
	68

Reservation 160 중에서 10%는 No show(예약하고 나타나지 않는 고객)이므로 160개 객실 중 10%는 판매 가능

Reservation 160 중에서 Cancellation rate (고객이 예약을 취소)가 5%이므로 160개 객실 중에서 5%는 판매 가능

---

70 식당에서 게리동(Gueridon[104])을 이용하여 좌석 사이로 이동하면서 고객 앞에서 조리하여 직접 서비스하는 방식은?

가. Plate service
나. Tray service
다. French service
라. Silver service

📖 다

- plate service : 일반적으로 american service 라고 하며, 특징은 주방에서 접시(plate)에 담아 접시채 서브되기 때문에 빠른 서비스(quick service)가 그 특징이다.
- cart service : french service라고 하며, 전

통적인 우아한 서비스를 즐기는 미식가들과 귀족적인 서비스를 원하는 고객에게 적합하다. 음식이 완전히 익지 않은 상태에서 식당 홀로 운반되어 고객의 식탁 앞 쪽에 위치한 cart(혹은 게리돈) 위에 고객이 보는 앞에서 직접 요리를 완성하여 제공하는 방식이다.

- silver service : full silver service는 테이블에 앉아 있는 고객에게 정식 요리나 일품요리를 정중하게 서브할 때, 종사원이 silver로 제공하는 말하며 side board를 활용하여 모든 코스를 은기류로 서브한다.

- tray service : 요리가 담겨진 여러 접시를 다시 쟁반에다 담거나 혹은 직접 요리를 쟁반에 담아서 서브하는 형식으로 plate service 보다 우아한 멋이 있고 룸 서비스, 디저트 제공할 때 서비스하는 방식이다. 여러 가지 음식을 동시에 서브할 수 있다.

/ 2009년 61번 문제 /

---

103) understay : 예약기간 보다 이른 check in
104) 식당 서비스 중 게리돈을 사용한 서비스를 뜻한다. 게리돈이란 프렌치 서비스와 같은 정중한 식당 서비스를 위해 사용되는 바퀴가 달린 사이드 테이블이다.

41 우리나라의 관광개발기본계획은 몇 년 주기로 수립하는가?

가. 5년 　　나. 10년 　　다. 15년 　　라. 20년

답 나

42 다음 중 주최여행을 올바르게 설명한 것은?

가. 여행업자의 기획에 의해 여정, 여행조건, 여행비를 정하고 불특정 다수에 선전하여 모집하는 여행
나. 여행자 자신이 직접 여정, 여행조건 등을 정해 실시하는 여행
다. 개인, 단체를 불문하고 특정객, 그룹 오거나이저(Group Organizer)의 희망에 따라 여정을 정하고 이에 의거한 여행
라. 여행업자가 그룹 또는 단체와 토론하여 여정 및 여행 조건 등을 정하여 공동으로 집객하는 여행

답 가

| 2007년 51번 문제 |

43 호텔의 공식적인 요금[105]을 무엇이라 부르는가?

가. 태리프(Tariff)
나. 컴프리멘터리(Complimentary)
다. 커머셜 레이트(Commercial rate)
라. 홀드 룸 차지(Hold room charge)

답 가

· Commercial rate : 특정 회사와 호텔간의 계약에 의하여 일정한 비율로 숙박요금을 할인해 주는 제도
· Complimentary : 무료
· Hold room charge : 고객이 객실을 이용하

지 않고 다른 곳에서 숙박, 고객이 예약하고 아직 도착하지 않은 경우

| 2007년 64번 문제 | 2009년 63번 문제 | 2014년 54번 문제 |

44 다음 중 여행요금에 포함되는 비용은?

가. 기념품비
나. 초과 수하물 요금
다. 여권수속비용과 사증비
라. 국외 여행인솔자의 여행경비

답 라

45 다음의 객실예약에 관한 설명 중 적합하지 않은 것은?

가. 보장성 예약의 경우라도 호텔에서 규정한 약정시간까지 고객이 나타나지 않으면(no-show) 호텔측은 이를 취소할 수 있으며 이에 대한 책임은 호텔측이 지지 않는다.
나. 예약은 예약의 시간별로 사전예약과 당일 예약으로 구분된다.
다. 투숙하는 투숙자를 위해 타인이 객실료를 지불할 수 있다.
라. 호텔은 초과예약(over booking)을 할 수 있으며 이는 보통 예약가능 객실수의 5-10%정도가 일반적이다.

답 가

보장성 예약 : Guaranteed reservation

46 1달러의 관광지출 투입이 50센트의 직접소득과 25센트의 간접소득 및 유발소득을 창출한다고 가정하면 계산상 정상적 소득승수[106]는 얼마인가?

---

105) rack rate : 일반 대중에게 광고된 요금으로 계절에 따라서 변할 수 있다. = a full rate, published rate, tariff flat rate : 단체가 호텔에 투숙할 경우, 객실이 부족하여 단체 구성원에게 실료가 다른 객실을 이용하는 일도 있을 수 있지만 모두에게 적용되는 균일한 요금. 국제회의, 전시장과 단체간의 계약에 의거 국제회의 참가자에게 적용되는 특별 할인요금

106) 소득승수 : 각 산업에 대한 최종수요 1단위가 발생하였을 때 그 것이 그 나라 국민의 소득수준을 얼마나 증대시켰는가를 나타낸다.
고용승수 : 한 단위의 최종수요 발생이 그 나라 산업에서의 고용기회를 얼마나 증대시키는가를 나타낸다.

가. 0.5달러　　　　나. 0.75달러
다. 1.5달러　　　　라. 2달러

🔲 다

> 소득승수 = 직접 소득 – 간접 유발효과 / 직접
> 소득

47 호텔을 도시안의 도시라고 표현될 수 있는 이유로 맞는 것은?

가. 다양하고 복잡한 기능
나. 수요예측의 어려움
다. 인적자본과 물리적 자원의 결합
라. 위치선정의 중요성

🔲 가

> 호텔 내부에 숙박, 식사, 미용, 체력단련 시설,
> 쇼핑 등이 골고루 갖추어져 있기 때문이며, 최
> 근에는 의료시설도 호텔 내부에 설치하여 의료
> 관광객을 수용하고 있다.

48 1950년대 이후 윌슨(kemmons wilson)이 공항과 도로변의 모텔을 중심으로 체인화하여 전세계적으로 대규모 체인망을 형성시킨 호텔은?

가. 홀레데이인(Holiday Inn)
나. 힐튼(Hilton)
다. 하이얏트(Hyatt)
라. 스타틀러(Statler)

🔲 가

49 다음 내용에 해당하는 식음료 업장의 기물은?

> · 사전 준비물을 갖추어 놓는 테이블
> · 고객의 테이블에서 약간 떨어진 곳에 설치
> · Waiter 나 Waitress의 업무를 보다 신속하
> 고 편리하게 해줌
> · Silverware, Glassware, Chinaware 등 의
> 기물을 비치
> · 테이블을 치울 때도 편리하게 사용

가. Service Trolley　　나. Service Station
다. Prime Rib Car[107]　라. Dessert Trolley

🔲 나

50 호텔 식재료 관리는 일반제조업에서의 재고관리와는 상당한 차이가 있다. 호텔식재료 관리의 특징이 아닌 것은?

가. 저장기간이 비교적 짧다.
나. 변동비보다는 고정비 의존도가 높다.
다. 관리적인 측면에서 관련 부서에 따라 그 목적이 상이하다.
라. 수요를 예측하여 원가의 부담이 적을 때 미리 생산, 보관하여 수요를 창출하고 공급할 수 있는 상품이 제한되어 있다.

🔲 나

51 다음 중 호텔 식음료 표준원가 관리의 목적과 관계없는 것은?

가. 호텔경영의 경영관리 목적
나. 표준원가를 이용한 의사결정의 목적
다. 노무비 절약의 목적
라. 메뉴품목별 1인분 단위 크기 증가 목적

🔲 라

> 표준원가관리는 식음료의 제품을 생산하는데
> 발생되는 원가의 평균과 가격 평균을 결정하여
> 표준원가를 생산실적에 적용하여 실제 표준원
> 가를 산정하여 이를 표준원가와 실제 발생원가
> 와 비교해서 원가 차이 발생원인을 분석한다.
> 원가관리의 목적은 표준원가와 실제 발생원가를
> 비교하고 원가 차이를 산정한 뒤, 그 원인별로
> 분석하여 원가 능률을 높이기 위한 조치를 강구
> 하는데 있다.
> 1인분이 몇 그램인데, 그 단위를 보다 높게 할
> 목적은 말 그대로 1인당 얼마나 더 많이 제공하
> 는 것이 목적이라는 뜻이므로 전혀 관련 없음

52 다음 연회에 필요한 서비스 직원 수는 몇 명인가?

> · 300연회 행사
> · 20개 라운드 테이블에 10명씩 세팅
> · 와인 서비스

---

107) 프라임 리브 오브 비프(Prime Rib of Beef) : 갈비 등심 스테이크.
프라임 리브 카(Prime Rib Car) : Prime Rib을 고객의 Table 앞에서 직접 Carving 하여 Serve할 때 사용되는 이동식 수례.

가. 접객원 15명, 접객조장 1명
나. 접객원 17명, 접객조장 2명
다. 접객원 19명, 접객조장 2명
라. 접객원 21명, 접객조장 1명

📝 다

300연회생사는 300명의 연회행사를 뜻하는 것이 아니고 행사 이름이며, 200명이 참가하는 행사에 대해서 필요한 서비스 인원수 계산 문제라고 보아야 된다.

(기준1) 연회 행사에서 식사는 15명에 1명 기준
200명 / 15명 = 13.3명 (13명)
화인 서비스는 60명에 1명 기준
200명 / 50명 = 3.3명(3명)
서비스 인원수 : 16명

(기준2)
테이블 1개당 1명
20개 테이블 : 20명
서비스 인원수 : 20명

53 Room Blocking에 대하여 올바르게 설명한 것은?

가. 청결한 객실환경유지를 위하여 객실을 일정 시간동안 비워두는 것이다.
나. 고객이 도착하기 전에 미리 객실에 꽃배달 서비스를 하는 것이다.
다. 고객이 호텔에 도착하기 전에 특정단체에게 한구역의객실을 배정하는 것이다.
라. 객실을 깨끗이 청소하는 것을 말한다.

📝 다

| 2007년 60번 문제 | 2011년 47번 문제 |

54 리오카니발과 뮌헨의 맥주축제 및 에든버러축제와같이 개최지의 인지도와 매력을 향상시키며, 개최이미지의 대표성을 지니고 있는 이벤트를 무엇이라 하는가?

가. 메가이벤트 나. 홀마크이벤트[108]
다. 촉진이벤트 라. 상업이벤트

📝 나

55 경쟁에 위협과 위기감을 느낀 독립호텔들이 타지역의 비슷한 수준에 있는 다른 독립호텔들과 상호협

력하여 공동선전, 공동판매, 공동마케팅 등의 정보를 공유하는 등 동업자의 경영방식으로 운영되는 호텔은?

가. 임차방식 호텔(leased hotel)
나. 경영계약방식 호텔(management contact hotel)
다. 리퍼럴방식 호텔(referral hotel)
라. 합자에 의한 방식 호텔(joint venture hotel)

📝 다

Joint Venture : Joint Venture란 국제합작사업, 국제공동사업 등으로도 불리우며, 일반적으로 2인 혹은 그 이상의 당사자가 특정목적을 달성하기 위해 공동으로 사업을 전개하는 공동조직체로서 국제적인 협력관계에 의해 수행되는 기업형태를 말한다.
이러한 Joint Venture는 외국의 기업과 경영활동상의 협력관계를 맺어 공동사업을 수행하는 조직으로서 일시적인 경영상의 거래관계를 위하여 형성되는 공동사업은 제외된다.

/ 2005년 42번 문제 / 2006년 58번 문제 /

/ 2006년도 45번 문제 /
호텔 체인 본사가 호텔 소유주에게 체인 브랜드의 사용과 다양한 서비스를 제공해주고 호텔 소유주는 그에 대한 대가로 비용을 지불하여 경영권은 소유주에게 있는 경영형태는?

가. 경영계약 (management contract)
나. 소유직영(chain operation)
다. 임차방식(leasing)
라. 프랜차이징(franchising)

📝 라

· Chain operation : 소유 직영. 체인 본사가 총자본의 50% 이상에서 100%까지 출자하여 소유권을 확보하고 직접 소유 경영하는 방식
· Management contract : 소유주가 호텔경영에 대한 경험이 없거나 규모가 커서 직접 운영하기가 힘들 때, 체인본부와 계약에 의해 경영권을 넘겨주고 소유주는 당기순이익에 대한 배당을 받는 방식. 체인본부에서 파견된 전문경영인에 의해 호텔이 운영되므로 체인의 이미지가 좋은 호텔은 영업신장이 빠르고 위험으로부터 보호받을 수 있다. 체인본부는 파

---

108) hallmark event : 도시, 지역을 대표하는 이벤트로 일반적으로 지역명을 따는 경우가 많으며, 인지도를 가지고 있는 이벤트를 의미한다.

견인에 의해 경영된 총매출(gross operational revenue)의 1.5~5%와 영업이익(gross operational profit)의 5%~10%의 경영수수료(management fee)를 지급받는다.

· *Independent operational hotel* : 단독경영 호텔
· *Referral organization* : 동업자 결합에 의한 경영방식
· *Franchise chain hotel* : 호텔의 독립성을 유지하면서 가맹권 및 상품의 판매권을 가진 연쇄경영방식
· *Co-owner chain hotel* : 합자 연쇄경영 호텔
· *Trust management hotel* : 위탁경영 호텔
· *Lease management hotel* : 임차경영 호텔
· *Soft management contract* : 영업권만 위탁하고 관리권을 소유주가 갖는 형태

56 컨벤션, 회의, 세미나의 특성을 지닌 여행의 형태로서 관광을 포함시키는 관광 여행은?

가. 문화 관광(Cultural Tourism)
나. 레크레이션 관광(Recreational Tourism)
다. 사업 관광(Business Tourism)
라. 역사적 관광(Historical Tourism)

🖹 다

57 다음 중 호텔의 경영형태 또는 객실요금 표시방법을 기준으로 한 내용이 올바르게 설명한 것은?

가. 미국식 경영방법(The American plan)
 – 실료에 2식 또는 3식의 객실요금을 사전에 포함시킨 형태
나. 유럽식 경영방법(The European plan)
 – 객실요금에 아침식사를 포함시킨 형태
다. 대륙식 경영방법(The Continental plan)
 – 객실과 식사요금을 분리시킨 형태
라. 혼합식 경영방법(The dual plan)
 – 객실요금에 미국식 아침식사만을 포함시킨 형태

🖹 가

· American plan : 객실요금에 식사비 포함
· European plan : 객실요금에 식사가 포함되어 있지 않음(우리나라, 캐나다 등)
· Continental plan : continental breakfast 포함한 요금

· Continental breakfast : Roll bread, Toast, Coffee or Tea, Milk
· Modified american plan : 객실료에 2식(조식과 석식)을 포함. half-pension이라고도 함. 휴양지 호텔 등 지역적인 입지조건상 호텔 주변지역에 식당시설이 없는 경우에 채택

/ 2003년도 68번 문제 / 2005년도 63번 문제 /

58 다음 중 호텔기업의 가치평가 방식에 포함되지 않는 방법은?

가. 원가접근법   나. 시장접근법
다. 수익접근법   라. 서비스접근법

🖹 라

〈브랜드 자산 평가 방법〉
1. 원가 접근법
· 브랜드 자산은 브랜드를 재생산 하거나 재배치하기 위해 필요한 금액이라는 정의
· 브랜드는 시간이 경과되고 투자만 되면 지속적으로 증가되는 현상이 나타나게 되어 시장에서의 지위를 반영하는 브랜드 자산의 측정이 구조적으로 불가능함.
· 브랜드에 의한 지출은 어떤 형태를 막론하고 브랜드 자산을 형성한다고 봄.
· 시장에서 소멸되기 바로 이전의 브랜드 자산이 장부상에서는 최고수준으로 표시됨.

2. 시장접근법
· 브랜드 자산의 소유에 의해 비롯되는 미래의 경제적 이익을 현재 가치로 파악하려는 접근방법
· 문제점 : 브랜드자산이 거래되는 실제 시장이 거의 존재하지 않음.
· 과정1. 기업의 현재 시장가치를 측정한다.
· 과정2. 기업주식의 시장가치는 기업의 자산에 기인하는 미래의 현금유입에 대한 불편추정치로 가정한다.
· 과정3. 기업의 다른 자산에 의한 가치에서 기업의 브랜드 가치를 추출한다.

3. 수익접근법
· 브랜드 자산을 브랜드를 위한 미래의 이익 흐름으로부터의 할인된 미래 현금흐름으로 정의함.
· 브랜드 네임에서의 로열티 수익의 자본화
· 브랜드를 부여한 제품에서 벌어 들이는 프리미엄 이익의 자본화
· 조세효과와 브랜드 유지를 위한 비용을 참작한 후 브랜드의 실질적인 이익 획득력을 자본화

59 관광 호텔업의 등급을 결정하는 사유가 아닌 것은?

가. 서비스 및 운영 실태 등의 변동에 따른 등급 조정 사유가 발생한 경우
나. 시설의 증·개축으로 등급조정 사유가 발생한 경우
다. 등급결정을 한 날로부터 1년이 경과한 경우
라. 관광호텔을 신규 등록한 경우

🖐 다

60 다음 중 호텔 식음료 부서의 조직 중 다이닝 룸 매니저(dining room manager)에 대한 설명으로 적합한 것은?

가. 개별 식당의 서비스 부서를 총괄하는 책임자이다.
나. 이 직책의 다른 명칭은 리셉셔니스(receptionist)라고 한다.
다. 자신에게 할당된 구역의 하위근무자인 서버 및 버스 퍼슨을 관리하는 일을 담당한다.
라. 주요 업무는 예약업무의 수행이다.

🖐 가

61 세계 최초의 컴퓨터예약 시스템으로서 예약업무 자동화를 확장시킨 시스템은?

가. Worldspan
나. Galileo
다. Amadeus
라. Sabre

🖐 라

CRS(Computer Reservation System)은 전산 단말기를 통해 항공편의 예약·발권·운송은 물론 항공 운임, 여행에 관한 종합적인 서비스를 제공하는 시스템

62 Complimentary on room[109]에 대한 올바른 설명은?

가. 객실요금과 식사요금 무료
나. 객실요금 무료, 식사요금 유료
다. 객실요금 유료, 식사요금 무료
라. 객실요금 유료

🖐 나

63 호텔예약에서 오버부킹비율(Over-booking Percentage Rate : OPR)을 결정할 때 고려사항이 아닌 것은?

가. 예약된 고객들의 여행목적 유형
나. 전년도 기간의 예약실태
다. 인근 호텔의 예약 상황
라. 보장형 예약제도

🖐 라

64 관광개발을 효율적으로 수행하기 위한 민간부문의 참여형태를 지방자치단체와의 관계 하에서 여러 가지 형태로 살펴볼 수 있는데, 공설민영형에 해당하는 관광개발형태는?

가. 지방자치단체가 건설자금 전부 또는 상당 부분을 부담하여 시설을 건설하는 반면 사업경영·관리 일체를 전문적인 민간법인, 제3섹터, 공공단체에 위임한다.
나. 제4섹터 방식으로서 관광개발사업을 지방자치단체에서 주도하고 지역주민을 참여시킨다.
다. 비용절감차원과 공공성 정도에 따라 기능·노무 등 업무의 일부를 민간에 위탁한다.
라. 특정 민간기업에 특전을 부여하면서 지방자치단체의지도하에 사업을 실시한다.

🖐 가

65 관광사업 중 일반 여행업[110]의 등록기준상 자본금의 규모로 적합한 것은?

가. 2억원 이상
나. 2억 5천만 원이상
다. 3억원 이상
라. 3억 5천만 원이상

🖐 가

---

109) Complimentary on Room Rate : 객실만 무료로 제공
All Complimentary Rate : 객실, 식음료, 부대시설 전체를 무료제공
Complimentary on Food : 식사만 무료제공

110) 일반여행업 등록 구비 서류
1. 법인등기부등본 1부
· 법인인 경우에 한함 : 사업목적에 "일반여행업" 명시 및 여행업 자본금 3억5천만원 이상 확보
2. 사업계획서
· 회사개요
· 주요사업내용
· 향후 3년간 여행알선계획 : In Bound, Out Bound, 국내외 항공권 판매를 구분하여 각각 1, 2, 3차 년도 및 지역별(국가별)로 구분하여 작성
· 향후 3년간 추정손익계산서
· 알선업무 수행을 위한 기구 및 조직

66 식사서비스에서 뼈나 껍질이 있는 요리, 과일 등을 서비스할 때 작은 그릇(Bowl)에 물을 담아 레몬조각을 띄워서 제공하는 서비스는?

가. Side Dish Service
나. Finger Bowl Service
다. Plate Service
라. Platter Service

🖹 나

Service 수단에 따른 분류

· Plate Service : 응급 서비스 라고하는 미국의 서비스방식. 짧은 시간에 많은 사람에게 주방에서 조리된 요리를 종사원이 일일이 날라다 주는 방법. 고급 연회전용식당에서 사용
· Tray Service : 요리가 담긴 접시를 트레이에 담아서 서브하는 방식. Main Dish에 주로 사용되는 방식. 고급식당에서 사용
· French Service : 접시와 Silver류(나이프, 훠크, 스푼 등)를 식탁에 미리 setting 해 놓고, 손님이 주문한 다음에 손님 앞에서 직접 요리를 만들어 serve하는 방식. 고급식당에서 사용
· Silver Service : 바퀴가 달린 이동운반차에 알콜이나, 가스를 연료로 손님 앞에서 조리사가 직접 요리하여 제공하는 방식. 고급식당에서 사용
· Buffet Service(Self Service) : 다종의 요리를 준비해야하므로 Food Cost 가 높다.
· Room Service : 호텔등에서 방으로 제공하는 방법

---

3. 임대차계약서 사본(원본대조필 날인) 1부(전전세의 경우 민법 제629조에 의거 임대건물의 소유자로 부터의 동의서 첨부)
4. 건축물관리대장 또는 부동산 등기부등본 1부
5. 공인회계사 또는 세무사가 확인한 등록신청당시의 대차대조표 1부
   (개인인 경우 : 영업용 자산명세서 및 그 증빙자료)
6. 대표자 및 임원의 성명, 주민등록번호, 본적지 및 현주소, 호주 및 호주와의 관계를 기재한 서류 1부
* 참조 : ○ 외국인의 경우에는 관광진흥법 제7조(결격사유)에 해당하지 아니함을 증명하는 당해국가의 정부, 기타기관이 발행한 서류 또는 재외공관 공증법에 의하여 당해국가에 주재하는 대한민국 공관의 영사관이 확인한 서류 또는
○ 외국인등록증 사본(외국국적동포국내거소신고증 사본), 외국인등록사실증명원(외국국적동포국내거소신고증사실증명원), 여권앞면사본 중 택1

· Platter Service(Russian Service) : 중국식당에서 처럼 요리를 손님의 왼쪽에서 일일이 덜어주는 서비스로서 소요시간이 길다. 고급식당에서 사용

67 양식당의 테이블 세팅(Table setting)요령을 바르게 설명한 것은?

가. Service Plate는 각 고객 가슴 앞 식탁 중앙 테이블 테두리로부터 20cm 이상 떨어지게 놓는다.
나. Dinner Knife는 칼날이 안쪽으로 향하게 하고, 쇼플레이트의 왼쪽에 보기 좋게 놓는다.
다. Bread Plate는 테이블 왼쪽 테두리로부터 3cm정도 떨어진 곳에 놓고, Butter Knife는 빵접시 위오른쪽 1/4 정도 부분에 칼날을 왼쪽으로 향하도록 놓는다.
라. Dessert Spoon과 Dessert Fork는 모두 서비스 플레이트 상단에 위치하도록 하고, Dessert Fork의 손잡이 모두 왼쪽으로 향하도록 놓는다.

🖹 다

68 호텔 식음료 영업부문에서 고객으로부터 주문 받는 요령이 잘못된 것은?

가. 연회 시 메뉴를 고객에게 제시할 때 주변 또는 주최자의 왼쪽 고객부터 시계 바늘이 도는 방향으로 남자, 여자, Host, Hostess 순으로 돌면서 받는다.[111]
나. 요리 주문이 끝나면 와인을 추천하는데, 와인의 전문적인 추천은 소믈리에 또는 와인 웨이터가 한다.
다. 메뉴에 관한 문의시 손바닥 전체를 위쪽으로 향하여 메뉴를 지적하면서 설명한다.
라. 육류 또는 계란 주문 시 익히는 정도, 샐러드 드레싱 종류 등 고객의 기호에 맞게 선택하도록 반드시 물어본다.

🖹 가

69 연회예약 접수의 올바른 절차는?

---

111) 남성분과 여성분이 함께 있을 경우에 여성분먼저 주문을 받는다.

가. 예약의뢰 - 예약전표 - Control Chart
Booking - Control Chart 확인 - 견적서
나. 예약의뢰 - Control Chart 확인 - 예약전표
- 견적서 및 Menu작성 - 연회행사 통보서
작성 - Control Chart Booking
다. 예약의뢰 - Control Chart 확인 - 예약전표
- Control Chart Booking - 견적서 및
Menu 작성 - 연회행사 통보서 작성
라. 예약의뢰 - 예약전표 - Control Chart 확인
- 견적서및 Menu 작성 - Control Chart
Booking - 연회행사 통보서 작성

답 다

고객의 예약의뢰 - Control Chart 확인 - 예
약전표 - Control Chart Booking - 견적서
및 Menu 작성 - 연회행사 통보서 작성

70 예약된 고객의 항공기가 연착하여 다음날 도착했을
경우 전일의 방값까지 지불하는 요금은?

가. No-Show Rate
나. Midnight Charge
다. Hold Room Charge
라. Cancellation Charge

답 다

Midnight charge : 객실을 예약 판매할 경우,
고객의 호텔 도착시간이 새벽이나 아침이라면
호텔측은 그 고객을 위해서 그 전날부터 객실을
비우고 있어야 하기 때문에 비록 그 객실에 투숙
하지 않았더라도 야간요금을 받는 것을 말한다.

/ 2009년 63번 문제 / 2013년 64번 문제 /

41 호텔 레스토랑 서비스 방법인 러시안 서비스(Russian Service)[112]의 특징을 바르게 설명한 것은?

가. 주방에서 음식이 접시에 담아서 제공된다.

나. 일품요리를 제공하는 전문식당에 적합한 서비스이다.

다. 전형적인 연회 서비스이다.

라. 음식을 신속하게 서브할 수 있다.

답 다

/ 2003년 45번 문제 / 2008년 54번 문제 /

---

112) ※ 프랜치 서비스 French Service
· 홀에 직접 나와서 음식을 손질
· 한 테이블에 두 명의 웨이터. 인력이 많이 듦
· 메인 코스는 오른손, 버터 등은 왼손
· 중간에 Finger bowl(손 닦는거)이 나간다.
· 후식 전에 치즈, 과일 등이 나감

※ 러시안 서비스 Russian Service
· 모든 음식을 주방에서 해결
· 큰 접시에 담아서 내놓는다.
· 서비스하기 쉽고 품위가 있다.
· 오른쪽부터 서빙 접시를 놓는다.

※ 아메리칸 서비스 American Service
· 주방에서 미리 접시에 보기 좋게 담겨진 음식을 직접 운반하여 고객에게 서브하는 방법으로 신속하고 능률적이기 때문에 레스토랑에서 가장 일반적으로 사용되며 고객회전이 빠른 레스토랑에 적합하다.

※ Banquet Service
· 같은 시간 내에 단체로 들어온다.
· 웨이터를 잘못 배치하면 서비스에 차질
· 한 테이블에 10명을 앉힌다.
· 테이블 위에 꽃을 놓는다.
· 포크 3개, 나이프 3개, 스푼 3개

※ 뷔페
· 뷔페 상은 아름답게 꾸며야 함
· 채소들로 장식을 많이함
· 뷔페상(접시)을 조금 비스듬 하게
· 25cm이상 올리지 말것
· 뷔페상 5cm 이상은 두 줄로 분류시킬 것
· 음식의 양을 많이 놓으면 소비량 많아 짐
· 음식을 자주 갈아줌
· 찬 음식은 앞에, 더운 음식은 뒤에
· 원가가 적게 드는 것을 앞에, 비싼 것을 뒤에
· 개인 접시가 크면 안됨
· 웨이터가 포스트 역할

※ 룸 서비스
· 일반 식당에서 먹는것 보다 비쌈

42 단독호텔들이 서로 협력하기 위해서 조직한 체인형의 호텔 운영 형태는?

가. 경영계약　　　　　나. 프랜차이즈

다. 독립경영　　　　　라. 리퍼럴

답 라

/ 2004년 55번 문제 / 2006년 58번 문제 /

43 관광위락가치 평가방법 중 직접적인 설문지 평가방법으로, 이용하지 않은 잠재 관광지에 대한 비이용가치도 측정할 수 있는 방법은?

가. 여행비용모형(travel cost method)

나. 가상적 평가방법(contingent valuation method)

다. 개발투자비용평가방법(development cost method)

라. 잠재가격 추정법(implicit price method)

답 나

44 항공운송업의 특성이 아닌 것은?

가. 기술변화에 영향을 받는다.

나. 고도의 성장산업이다.

다. 비정기운송의 급속한 성장

라. 한계적 이윤성이 존재하지 않는다.

답 라

　　오일가격에 영향을 받는다(유류할증료).

/ 2005년 48번 문제 /

· 메뉴가 한정 되어 있다
· 룸 서비스를 위한 엘리베이터 따로 있음
· 24시간 룸서비스 대기
· 방에 들어가서 완전한 상차림을 해 줌

※ Tray Service
· 비행기 음식, 병원 음식 등
· 같은 시간대에 한꺼번에 음식을 내놓음. 음식이 한정되어 있음

※ 카운터 서비스
· 백화점, 공항(스낵바) : 시간을 단축시키는 이점이 있음

45 항공운임을 산정할 때, 마일리지시스템(Mileage System)의 3대요소가 아닌 것은?

가. 최대허용거리　　　나. 발권구간거리
다. 초과거리 할증　　　라. 비항공 운송구간

📋 라

46 프런트 오피스(Front Office)종사원이 객실을 VIP 나 단체 고객 그리고 당일에 도착 할 고객의 객실을 미리 배정하는 것은?

가. 룸 블로킹(Room blocking)
나. 룸 점유(Room occupied)
다. 룸 판매(Room Sales)
라. 룸 예약(Room Reservation)

📋 가

47 다음 중 관광호텔업의 등급결정 신청[113]을 할 수 없는 경우는?

가. 호텔을 신규 등록한 경우
나. 호텔의 경영전략상 등급조정이 절실하다고 판단된 경우
다. 등급결정을 받은 날로부터 3년이 경과한 경우
라. 시설의 증·개축 또는 서비스 및 운영실태 등 의 변동에 따른 등급조정사유가 발생한 경우

📋 나

48 항공운송상품의 특성에 해당되지 않는 것은?

가. 공익성의 확보　　　나. 고속성의 발휘
다. 쾌적성의 향상　　　라. 정시운항 유지

📋 가

---

113) 관광진흥법 시행규칙 제25조 (호텔업의 등급결정기준등)
① 법 제4조제2항에 따라 호텔업의 등록을 한 자는 다음 각 호의 사유가 발생한 날부터 60일 이내에 영 제66조제1항에 따라 문화체육관광부장관으로부터 등급결정권을 위탁받아 고시된 법인에 등급결정을 신청하여야 한다.
1. 호텔을 신규 등록한 경우
2. 등급결정을 받은 날부터 3년이 지난 경우
3. 시설의 증·개축 또는 서비스 및 운영실태 등의 변경에 따른 등급 조정사유가 발생한 경우
③ 제1항 및 제2항에 따른 등급결정을 하는 경우에는 다음 각 호의 요소를 평가하여야 하며, 그 세부적인 기준 및 절차는 문화체육관광부장관이 정하여 고시한다.
1. 서비스 상태
2. 건축·설비·주차시설
3. 전기·통신시설
4. 소방·안전 상태
5. 소비자 만족도

---

49 관광사업의 발전단계에서 발전단계, 사업주체, 관광계층의 연결이 맞지 않는 것은?

가. 자연발생적 관광사업 – 기업 – 특권계층
나. 매개서비스적 관광사업 – 국가, 공공단체 – 일반대중
다. 개발조직적 관광사업 – 기업 – 특권계층 및 일부 서민층
라. 창조적 관광사업 – 국가, 공공단체 – 일반대중

📋 가

50 관광개발 및 촉진을 통한 국가 경제적 측면에서 볼 때, 긍정적 효과와 거리가 먼 것은?

가. 외화획득 및 수지 균형
나. 기업에 부과되는 세수 감소[114]
다. 고용효과 증대
라. 낙후된 지역경제의 활성화

📋 나

51 호텔에 도착한 고객들이 등록을 하고, 객실배정을 받으며 출발시 체크 아웃 절차를 밟는 곳은?

가. 룸 서비스(room service)
나. 프런트 데스크(front desk)
다. 하우스 키핑(house keeping)
라. 레저베이션(reservation)

📋 나

52 A 도시의 상주인구는 1백만 명이다. 이 도시는 매우 매력이 있어 주말인 오늘 A도시로 관광을 온 숙박 관광자는 40만 명이다. 이 도시의 관광자 비율은?

가. 14.0%　　　　　나. 28.6%
다. 32.0%　　　　　라. 40.0%

📋 나

40만명 / 140만명 = 28.6%

53 호텔관광산업에서 생산성 차원에 기초를 두고 운영비, 경험효과의 가치를 높이고자 할 때, 구상, 판매 및 광고에 관한 경비를 엄격하게 감시하여 경쟁자보다 저렴한 가격을 강조하는 전략은?

---

114) 세수의 증가

가. 베스트 코스트 전략
나. 코스트 리더십 전략
다. 코스트 차별화 전략
라. 코스트 집중화 전략

🔖 나

경영자는 기업이 갖고 있는 능력과 결점을 고려하여 채택하고자 하는 전략을 결정한다.

1) 코스트 리더십 전략(비용우위 전략)
비용우위 전략의 기본적 사고방식

낮은 비용은 경쟁우위의 중요한 원천의 하나이며 비용우위전략에서는 비용면에서 '경쟁회사보다도 낮은 비용을 실현한다'는 것이 기본 테마가 된다.

물론 낮은 비용이라고 해서 품질이나 서비스와는 상관이 없다는 것이 아니지만 기본적으로 비용을 중심으로 경쟁우위를 확립한다.

저비용전략에 의해 압도적인 저비용의 지위를 차지하기 위해서는 다음의 호순환(good cycle)을 만들 필요가 있다.

- 대규모 생산설비에 대한 적극적인 투자를 재빨리 행하고 대량 생산체제를 정비한다.
- 시장진입초기의 적자를 각오하고 공격적인 저가격에 의한 침투가격전략(penetration pricing strategy)을 실행한다.
신속한 시장점유율 획득으로 규모의 경제성 실현과 경험곡선을 급속하게 떨어뜨리는 것이 가능해진다.
- 일단 높은 점유율이 확보된다면 원자재의 대량 구입이 가능하게 되고 규모의 경제성, 경험곡선과 함께 더 많은 비용절감을 할 수 있게 된다.
- 저비용구조를 구축하는 데 성공하면 높은 이익률을 확보할 수 있다.
- 축적된 이익에 의해서 더욱 더 비용우위를 유지하기 위한 여러가지 투자가 가능해진다.

이 호순환에 들어가면 경쟁사가 근접하지 못할 정도로 경쟁에 대한 장벽은 높아지게된다.

2) 코스트 차별화 전략
코스트 차별화 전략의 기본적 사고

차별화 전략은 자사의 제품을 차별화하고 업계 내에서도 특이하다고 보여지는 무언가를 창조하고자 하는 전략이다.

그리고 그 특이성이 고객에게 가치로 인식되어야 하고, 또 그것이 간단하게 경쟁적으로 모방되어 판매되는 물건이어서는 안된다. 차별화를 위한 방법으로는 여러가지 형태가 있다.

즉 브랜드 이미지에 의한 차별화, 기술에 의한 차별화, 제품(성능/디자인)에 의한 차별화, 고객 서비스에 의한 차별화, 판매채널에 의한 차별화 등이 있다.

차별화전략은 이하의 두가지 점에서 비용우위전략과 크게 다르다. 우선 시장점유율의 확대와 연결되지 않는 경우가 있다는 점이다. 차별화라는 것은 특이성을 호소하는 것이며, 그것이 극단화되면 열렬한 팬을 얻을지는 모르지만, 다른 한편으로는 대중으로부터 받아들여지지 않을 가능성도 높다.

또한 저비용을 실현하는 것이 곤란하다는 점이다. 차별화를 실현하기 위해서는 대규모 기초연구, 제품설계, 고품질소재, 고도의 서비스 등, 일반적인 것보다 비용이 더 드는 경우가 많다. 따라서 고객에게 그러한 비용이상의 가치를 인식시켜야 한다. 그러나 차별화에 성공해서 상대적으로 고가격을 실현하게 되면 높은 마진에 의한 이익을 새로운 차별화를 위한 재투자에 충당할 수 있게 된다. 그 결과 시간이 흘러 경쟁회사가 모방하거나 고객의 의향이 변해 특이성이 희박해지더라도 새로운 차별화 요인이 발생되어 계속적인 경쟁우위 구축이 가능해진다.

3) 코스트 집중화 전략
집중전략의 기본적 사고방식

집중전략은 특정 고객층, 특정제품, 특정지역 시장 등 한정된 영역으로 기업의 경영 자원을 집중하는 전략이다.

비용우위전략과 차별화전략은 거의 모든 업계에 걸쳐서 목적을 달설하고자 하지만 집중전략은 애초부터 특정 표적만을 누린다.

그러나, 집중전략도 집약적인 특정 시장 부문에 있어서 비용우위를 실현하는 전략과 차별화를 실현하는 전략으로 분류할 수 있다.

54 다음 중 버틀러(Butler) 서비스를 바르게 설명한 것은?

가. 고객의 짐을 일시적으로 보관하는 서비스로 철저한 관리가 요망된다.
나. 고객의 요구에 따라 고장난 방을 바꾸어 주는 서비스이다.

다. 섬세하고 정성스런 호텔서비스로 우리나라는 주로 귀빈층에서 V.I.P.를 상대로 서비스를 한다.
라. 고객의 분실물을 찾아주는 서비스로 호텔 고객에게 신뢰감을 주기 위해 필요한 서비스이다.

🔲 다

· Butler service란 일명 24시간 그림자 서비스라고 불리우며, 고객 당 한 명의 종업원이 집사 역할을 수행하면서 고객이 요구하는 사소한 잔심부름을 포함해서 모든 서비스를 제공한다. 고객의 가장 가까운 곳에 항시 대기하고 있으면서 예를 들어서 수하물을 풀고 싸는 것을 도와주거나, 객실의 생수 교체하거나, 고객의 구두를 닦아주거나, 차와 커피를 객실까지 배달해 주는 등의 세심한 서비스를 제공한다.

· Concierge service : Butler service와 동일한 개념으로 호텔 투숙객이 필요로 하는 모든 서비스를 제공한다. 수하물 들어주기, 신문 제공, 관광, 레스토랑, 항공권, 렌터카, 리무진, 차량 무료 서비스, 각종 문화행사 안내 및 예약을 해결해 준다.

/ 2008년 63번 문제 /

55 호텔에서 초과예약을 하는 이유로 옳은 것은?

가. 객실 수를 증대시키기 위해
나. 숙박하고자 하는 고객에 대한 호텔의 객실예약의 신뢰도를 높이기 위해서
다. 예약고객이 나타나지 않을 경우를 대비해 판매객실수를 증대시키기 위해서
라. 예약된 고객에게 좀 더 확실하게 하기 위해서

🔲 다

/ 2006년 53번 문제 /

56 호텔회계의 손익계산서 항목 중에서 매출 원가에 해당되는 것은?

가. 객실판매액 　　　　나. 식음료수입
다. 식음료재료비 　　　라. 세탁수입

🔲 다

57 호텔의 대외 홍보를 목적으로 여행사, 기업, 항공사, 국제회의 기획업체 등에 무료로 객실을 제공하는 요금 형태는?

가. discount rate 　　　나. off season rate

다. commercial rate 　　라. complimentary[115]

🔲 라

commercial rate : 특정 회사와 호텔간의 계약에 의하여 일정한 비율로 숙박요금을 할인해 주는 제도

/ 2014년 65번 문제 /

58 고객이 사전에 예약을 하고 정해진 시각에 호텔에 도착하지 않은 경우 호텔 측에서 취해야 할 행동이 아닌 것은?

115) · complimentary copy : 무료 배포 책자
☞ Participants will receive a complimentary copy of the proceedings.
· complimentary equipment : 무료로 제공되는 시설
☞ complimentary items include microphone, speakers, tape recorders, a background music and telephones.
· complimentary function tickets : 행사 참가 무료 입장 티켓
· function ticket : 공식 행사장에 입장을 허용하는 티켓, 비표
· social function ticket(s) : 사교행사 입장권
· welcome function ticket : 환영행사 참석 티켓
· farewell function ticket : 송별행사 참석 티켓
· special function ticket : 특별행사 참석 임장권
· tour ticket : 관광 티켓
· complimentary lunch : 점심 식사 무료 제공
☞ Presenters will receive a complete set of all the papers presented at the conference, complemen tary lunch, and the reception.
· complimentary membership : 회비 면제
· complimentary pass(es) : 무료 입장(전시장, 회의장 무료 입장), 별도의 등록비를 내지 않고 참석 = free access, meeting voucher, free meeting voucher
· transport voucher : 차량 이용권 = transportation voucher
· lodging voucher : 숙박권 = hotel voucher, room voucher
· meal voucher : 식사권 = voucher for meal
· press pass : 언론 기자들의 무료 출입
☞ Every speaker will have free access to all con ference sessions.
· complimentary registration : 등록비 면제
· complimentary meeting registration, complimentary conference registration
· complimentary room : 무료 객실, 무료 제공 객실 = complimentary (COMP)
· complimentary service : 무료 서비스
· complimentary ticket(s) : 무료 티켓
☞ An exhibitor will receive two badges which will provide admittance to the opening and closing ceremonies, all plenary sessions, and two complimentary tickets to the opening luncheon

가. 먼저 고객이 이미 호텔에 투숙하였는지를 확인한다.

나. 고객이 예약한 날짜가 정확한지를 다시 한 번 점검한다.

다. 당일의 예약카드를 가까운 날짜의 예약카드와 함께 보관한다.

라. 예약보증금을 회계원(cashier)에게 인계하여 수입 계정으로 분류된다.

📄 라

59 관광사업의 프로젝트에 대한 가치평가 방법이 아닌 것은?

가. 회계적 이익률법
나. 수정 순이익법
다. 회수기간법
라. 순현가법[116]

📄 나

> 회수기간법 : Payback period
> · 단순회수기간법 : 초기에 투자된 총 금액을 회수하는데 소요되는 기간을 말하며, 자금회수는 할인하여 고려하지 않는다.
> · 현재가치 회수기간법 : 초기 투자비를 현재가치로 회수하는데 걸리는 시간을 말한다. 이는 일반적으로 기업에서 많이 사용하며, 비교적 단순하다. 그러나 지속적으로 투자가 있는 경우 또는 준공 후에 원상복구를 하는 경우에는 부적합하다.
> · 순이익법 : D. Durand의 순이익법
> 자본비용이 낮은 타인 자본을 증가시켜 기업의 가중자본비용을 낮출 수 있으며 기업의 가치를 높일 수 있다. 즉, 부채비율이 높을수록 최적자본 구조가 된다는 이론. 그러나 현실적으로 부채비율이 높아지면 재무위험이 높아지기 때문에 당연히 자금조달비용이 높아진다.
> · 회계적 이익률법 : 1년 단위로 평균투자액 대비 회계이익이 얼마 발생했는가를 평가

> – 회계적 이익률 = 회계이익/평균투자액
> – 회계적 이익률법에는 ROE (Return of Equity)와 ROA(Return on Asset) 등이 있다.
> – ROE (자기자본 이익률) = 당기 순이익 / 자기자본금
> – ROA (총자산 이익률) = 당기 순이익/총자산
> · 내부수익율 : 투자규모가 다른 프로젝트 비교

60 다음 중 호텔사업의 특성과 관계가 없는 것은?

가. 고정자산의 의존성이 높다.
나. 시설이 조기노후화 된다.
다. 공급이 비탄력적이다.
라. 신축성이 있다.

📄 라

61 예약을 하고 도착한 고객에게 호텔의 사정으로 인하여 이미 만실이 되었기 때문에 객실을 배정하지 못할 경우 고객을 다른 호텔로 안내하는 서비스는?

가. 셀링업(Selling up) 서비스
나. 발레(Valet) 서비스
다. 턴어웨이(Turn-away) 서비스
라. 턴다운(Turn-down) 서비스

📄 다

> · Up-selling : 격상 판매라고 하는데, 특정한 상품 범주내에서 상품 구매액을 올리도록 업그레이된 상품의 구매를 유도하는 판매활동 예를 들어서 통돌이 세탁기를 구매하려는 소비자에게 드럼 세탁기를 권유하는 것
> · Cross-selling : 추가 구매를 유도하는 판매 방법을 의미한다.

62 휴양콘도미니엄업의 등록기준[117] 중 잘못 설명된 것은?

---

116) 순 현재 가치(Net Present Value, 줄여서 순현가 또는 NPV)는 어떤 사업의 가치를 나타내는 척도 중 하나로서, 최초 투자 시기부터 사업이 끝나는 시기까지의 연도별 순편익의 흐름을 각각 현재가치로 환산하여 합하여 구할 수 있다. 순현재가치법(줄여서 순현가법 또는 NPV법)은 NPV를 계산하여 투자가치를 판단하는 방법이다. NPV가 0보다 크면 투자가치가 있는 것으로, 0보다 작으면 투자가치가 없는 것으로 평가한다.

117) 관광진흥법 시행령 관광사업의 등록기준
국제회의 기획업
– 자본금 5천만원 이상일 것
– 사무실 : 소유권이나 사용권이 있을 것
휴양콘도미니엄
가. 객실
(1) 같은 단지 안에 객실이 50실 이상일 것
(2) 관광객의 취사·체류 및 숙박에 필요한 설비를 갖추고 있을 것

가. 객실기준은 동일 단지안에 객실이 50실 이상이며, 관광객의 취사, 체제 및 숙박에 필요한 설비를 갖추고 있어야 한다.

나. 매점 또는 간이매장이 있을 것이며, 다만 수개의 동으로 단지를 구성할 경우에는 공동으로 설치할 수 있다.

다. 공연장, 전시장, 미술관, 박물관, 수영장, 테니스장, 축구장, 농구장, 기타 관광객의 이용에 적합한 문화체육공간을 1개소이상 갖추어야 한다.

라. 가족단위 관광객이 이용할 수 있는 취사시설이 객실별로 설치되어 있거나, 각 층별로 공동취사장이 설치되어 있어야 한다.

🖹 라

63 호텔객실요금에 대한 설명으로 틀린 것은?

가. 미국식 요금제도(American plan)는 호텔객실요금에 조식·중식·석식의 3식을 포함하는 제도이다.

나. 대륙식 요금제도(Continental plan)는 호텔객실요금에 간단한 아침식사를 포함하는 제도이다.

다. 유럽식 요금제도(European plan)는 호텔객실요금에 조식·중식·석식 중 1식 요금을 포함하는 제도이다.

라. 복식 요금제도(Dual plan)는 미국식과 유럽식을 혼합하여 채택하는 형태로, 고객이 원하는 대로 선택할 수 있는 제도이다.

🖹 다

· American plan : 객실요금에 식사비 포함
· European plan : 객실요금에 식사가 포함되어 있지 않음 (우리나라, 캐나다 등)

나. 매점 등
매점이나 간이매장이 있을 것. 다만, 여러 개의 동으로 단지를 구성할 경우에는 공동으로 설치할 수 있다.

다. 문화체육공간
공연장 · 전시관 · 미술관 · 박물관 · 수영장 · 테니스장 · 축구장 · 농구장, 그 밖에 관광 객이 이용하기 적합한 문화체육공간을 1개소 이상 갖출 것. 다만, 수개의 동으로 단지를 구성할 경우에는 공동으로 설치할 수 있으며, 관광지 · 관광단지 또는 종합휴양업의 시설 안에 있는 휴양콘도미니엄의 경우에는 이를 설치하지 아니할 수 있다.

라. 대지 및 건물의 소유권 또는 사용권을 확보하고 있을 것. 다만, 분양 또는 회원을 모집하는 경우에는 소유권을 확보하여야 한다.

· Continental plan : continental breakfast 포함한 요금
· Modified american plan : 객실료에 2식(조식과 석식)을 포함. half-pension이라고도 함. 휴양지 호텔 등 지역적인 입지조건상 호텔 주변지역에 식당시설이 없는 경우에 채택
* Continental breakfast : Roll bread, Toast, Coffee or Tea, Milk
* American breakfast : two eggs(fried or poached), sliced bacon or sausage, sliced bread or toast with jam/jelly/butter, pan cakes with syrup, cornflakes or other cereal, coffee/tea, orange/grapefruit juice

／ 2007년도 43번 문제 ／

다음은 어느 요금제도에 관한 설명인가?

· 주로 객실요금에 아침, 점심, 저녁 식사 요금이 포함
· *Full pension*이라고도 함
· 휴양지 호텔, 유람선 호텔에서 적용

가. 미국식 요금제도
나. 유럽식 요금제도
다. 대륙식 요금제도
라. 수정식 미국식 요금제도

🖹 가

64 연회행사 계약 후 식사 인원 변동사항이 있을 경우 행사 개최 몇 시간 전에 호텔로 통보해야 변경이 가능한가?

가. 12시간 전　　　나. 24시간 전
다. 48시간 전　　　라. 60시간 전

🖹 다

65 여행업자가 가입하거나 예치하고 이를 유지하여야 할 보증보험 등의 가입금액 또는 영업보조금의 예치금액이 맞는 것은?

가. 기획여행실시의 경우 – 5억원 이상
나. 국내 여행업 – 5천만원 이상
다. 국외 여행업 – 8천만원 이상
라. 일반 여행업 – 1억 5천만원 이상

📝 나

국내여행업 : 5천만원
국외여행업 : 1억 5천만원
일반여행업 : 3억만원

법의 변경으로 2008년도 50번 문제를 확인한다.
/ 2008년도 50번 문제 /

여행업자가 가입하거나 예치하고 이를 유지하여야 할 보증보험 등의 가입금액 또는 영업보조금의 예치금액이 맞는 것은?

가. 국내 여행업 – 2천만원 이상
나. 국외 여행업 – 5천만원 이상
다. 일반 여행업 – 1억원 이상
라. 기획여행 실시의 경우 – 9억원 이상

📝 가

66 산업혁명이후 호텔산업에서 나타나는 가장 큰 변화는?

가. 시장의 세분화   나. 고객의 다양화
다. 산업의 정보화   라. 규모의 대형화

📝 라

67 다음 중 휴버트 방식(Hubbart Formula)을 바르게 설명한 것은?

가. 호텔의 객실료를 산정하는 방법이다.
나. 호텔의 객실점유율을 계산하는 방법이다.
다. 호텔의 간접비를 배부하는 방법이다.
라. 호텔의 연간 총경비를 계산하는 방법이다.

📝 가

/ 2007년도 42번 문제 /

68 예약한 손님이 예약일 다음날 도착했을 경우 적용하는 요금은?

가. Complimentary
나. Hold room charge
다. Midnight charge
라. Later departure charge

📝 다

· Complimentary : 무료

· Hold room charge : 고객이 객실을 이용하지 않고 다른 곳에서 숙박, 고객이 예약하고 아직 도착하지 않은 경우
· Midnight Charge : 고객이 당일 한밤중이나 이틀날 새벽에 도착한 경우 그 전날부터 고객을 위해 객실을 마련해 둔 데 대한 요금을 말한다.

69 다음 중 일드 매니지먼트(Yield Management)와 관계없는 것은?

가. 1970년대 미국에서 항공사들의 경쟁체제에서 시작된 기법으로 가격할인에 따라 가장 수익적인 좌석판매율을 계산하여 수익적 부분을 모색하는 관리기법이다.
나. 호텔에서 한정된 객실 수를 적절히 할당함으로써 이익을 극대화 시키는 것을 의미한다.
다. 현재와 과거의 원보와 통계적 모델을 사용하여 수익과 고객서비스를 동시에 증대하려는 수익증대기법이다.
라. 최근 도입된 인사관리시스템을 말하는 것으로 체인호텔에서 시행되고 있다.

📝 라

/ 2013년도 60번 문제 /

70 다음 중 호텔 식당 서비스 편성 조직[118]이라고 볼 수 없는 것은?

가. 쉽드링 시스템(Chef de rang system)
나. 헤드 웨이터 시스템(head waiter system)
다. 스테이션 웨이터 시스템(station waiter system)
라. 듀티 매니저 시스템(duty manager system)

📝 라

/ 2013년도 69번 문제 /

---

118) 식당의 조직
· 셰프 드 랑 시스템(Chef de Rang System) : 국제서비스제도 혹은 french service system 이라고도 하는데, 가장 정중하고 최고급의 서비스를 제공하는 고급식당에 적합한 조직이다. 식당지배인이 있고 그 밑에 헤드 웨이터, 그리고 3~4명의 웨이터조가 편성된다.
· 헤드 웨이터 시스템(Head Waiter System) : 셰프 드 시스템의 축소형으로 헤드 웨이터 밑에 식사 담당 웨이터와 음료 담당 웨이터를 두어 서브하는 조직이다.
· 스테이션 웨이터 시스템(Station Waiter System) : 계절식당에 적합한 조직으로 헤드 웨이터를 두고 그 밑에 한 명의 웨이터가 있으며 한 담당구역만을 서브하는 식당제도이다.

· head waiter system : 고급외식업 레스토랑에서 헤드웨이터 시스템이란 작은 인원으로 구성되어 큰 효과를 얻고자 하는 편성이 헤드웨이터 시스템이다. 이것은 헤드웨이터 밑에 식음료 담당 웨이터와 보조웨이터로 편성되어 헤드웨이터 관장 하에 웨이터와 웨이트리스는 지정된 테이블이 없이 전 식당을 서비스하게 하는 편성을 일컫는다.

· Chef de Rang System : 국제서비스제도 혹은 french service system이라고도 하는데, 가장 정중하고 최고급의 서비스를 제공하는 고급식당에 적합한 조직이다. 식당지배인이 있고 그 밑에 헤드 웨이터, 그리고 3-4명의 웨이터조가 편성된다.

· Station Waiter System : 계절식당에 적합한 조직으로 헤드 웨이터를 두고 그 밑에 한 명의 웨이터가 있으며 한 담당구역만을 서브하는 식당제도이다.

41 객실료와 식사요금제도에 대한 설명으로 맞는 것은?

   가. American Plan – 객실료에 식사요금이 포함되지 않는 것으로 우리나라의 관광 호텔에서 적용하고 있는 요금제도이다.

   나. European Plan – 객실료에 식사요금이 포함되지 않는 것으로 우리나라의 관광 호텔에서 적용하고 있는 요금제도이다.

   다. Continental Plan – 객실료에 아침, 점심 및 저녁의 식사요금이 포함되는 것으로 우리나라의 관광호텔에서 적용하고 있는 요금제도이다.

   라. Bermuda Plan – 객실료에 아침, 점심 및 저녁의 식사요금이 포함되는 것으로 우리나라의 관광호텔에서 적용하고 있는 요금제도이다.

   답 나

> · American plan : 객실요금에 식사비 포함
> · European plan : 객실요금에 식사가 포함되어 있지 않음 (우리나라, 캐나다 등)
> · Continental plan : continental breakfast 포함한 요금
> · Continental breakfast : Roll bread, Toast, Coffee or Tea, Milk
> · Modified american plan : 객실료에 2식(조식과 석식)을 포함. half-pension이라고도 함. 휴양지 호텔 등 지역적인 입지조건상 호텔 주변지역에 식당시설이 없는 경우에 채택

다음은 어느 요금제도에 관한 설명인가?

> · 주로 객실요금에 아침, 점심, 저녁 식사 요금이 포함
> · Full pension이라고도 함
> · 휴양지 호텔, 유람선 호텔에서 적용

   가. 미국식 요금제도

   나. 유럽식 요금제도

   다. 대륙식 요금제도

   라. 수정식 미국식 요금제도

   답 가

/ 2007년도 43번 문제 /

42 다음 중 정부의 관광진흥정책 수립시 고려해야 할 사항이 아닌 것은?

   가. 외국인 관광객의 유치촉진 및 외국인 관광객에 대한 접대의 향상을 도모하는 일

   나. 가족여행, 그 밖의 건전한 국민대중의 관광여행의 발전을 도모하는 일

   다. 저개발국가에 대하여 관광개발을 도모하는 일

   라. 관광자원의 보호 및 육성 개발을 도모하는 일

   답 다

43 관광객 이용시설업의 종류로 옳게 나열 한 것은?

   가. 전문휴양업, 종합휴양업, 자동차야영장업, 관광유람선업, 관광공연장업, 외국인 전용 관광기념품 판매업

   나. 전문휴양업, 종합관광호텔업, 자동차야영장업, 관광유람 선업, 관광공연장업, 외국인 전용 관광기념품업

   다. 전문휴양업, 종합휴양업, 자동차야영장업, 관광유람선업, 관광공연장업, 휴양콘도미니엄업

   라. 전문휴양업, 종합관광호텔업, 휴양콘도미니엄업, 자동차야영장업, 관광유람선업, 관광공연장업

   답 가

44 호텔 외부에서 구매한 알코올을 반입할 경우 또는 Corkage Charge 형식으로 호텔에서 적용하는 가격정책(Pricing Method)은?

   가. By The Hour

   나. Hospitality Suites

   다. By The Drink

   라. By The bottle

답 라

· Corkage = cork charge의 줄임말
· Free corkage = BYOB : bring your own bottle

/ 2003년도 43번 문제 / 2011년도 58번 문제 /

45 호텔 체인 본사가 호텔 소유주에게 체인 브랜드의
사용과 다양한 서비스를 제공해주고 호텔 소유주는
그에 대한 대가로 비용을 지불하여 경영권은 소유
주에게 있는 경영형태는?

가. 경영계약 (management contract)
나. 소유직영(chain operation)
다. 임차방식(leasing)
라. 프랜차이징(franchising)

답 라

· Chain operation : 소유 직영. 체인 본사가
총자본의 50% 이상에서 100%까지 출자하여
소유권을 확보하고 직접 소유 경영하는 방식
· Management contract : 소유주가 호텔경
영에 대한 경험이 없거나 규모가 커서 직접
운영하기가 힘들 때, 체인본부와 계약에 의해
경영권을 넘겨주고 소유주는 당기순이익에 대
한 배당을 받는 방식. 체인본부에서 파견된
전문경영인에 의해 호텔이 운영되므로 체인의
이미지가 좋은 호텔은 영업신장이 빠르고 위
험으로부터 보호받을 수 있다. 체인본부는 파
견인에 의해 경영된 총매출(gross opera-
tional revenue)의 1.5-5%와 영업이익(gross
operational profit)의 5%-10%의 경영수수
료(management fee)를 지급받는다.
· Independent operational hotel : 단독경영호텔
· Referral organization : 동업자 결합에 의
한 경영방식
· Franchise chain hotel : 호텔의 독립성을
유지하면서 가맹권 및 상품의 판매권을 가진
연쇄경영방식
· Co-owner chain hotel : 합자 연쇄경영 호텔
· Trust management hotel : 위탁경영 호텔
· Lease management hot4el : 임차경영 호텔
· Soft management contract : 영업권만 위
탁하고 관리권을 소유주가 갖는 형태

46 호텔 프론트오피스 서비스 근무자의 직무내용으로
올바른 것은?

가. 벨 어탠던트(Bell attendant) : 고객의 가방
운반, 객실 안내, 세탁물 접수 및 배달
나. 도어 어탠던트(Door attendant) : 주로 현관
에 근무하면서 도착한 고객을 환영하며 도착
이나 출발시 고객들의 가방처리를 도와 주며
현관 앞의 교통통제, 교통편의 제공
다. 운송요원 : 고객의 차량을 대신 주차하여 고
객에게 편의성을 제공하고 호텔서비스의 고
급스러운 이미지를 강화시켜 준다.
라. 컨시어지(Concierge) : 식당의 예약, 극장 및
스포츠 게임표 구매, 교통편 예약

답 다

발레 파킹 서비스

/ 2013년 66번 문제 /

47 호텔의 재무비율분석 중 활동성 비율을 옳게 설명
한 것은?

가. 기업이 소유하고 있는 자산을 얼마나 효율적
으로 이용하고 있는가를 나타내는 비율
나. 단기 부채를 갚을 수 있는 단기지급 능력을
평가하기 위한 비율
다. 주주들에 의하여 조달된 자기자본과 채권자
들로부터 조달된 타인자본과의 구성 비율로
장기지급능력을 평가하기 위한 비율
라. 기업의 기용자원으로부터 얻을 수익성을 측
정하는 비율

답 가

재무비율분석
· 유동성 : 부채의 비율 유동자산 / 유동부채×
100
· 성장성 : (당기매출액 – 전기매출액) / 전기매
출액×100
· 활동성 : 매출액 / 재고자산×100
· 수익성 : 매출총이익 / 매출액×100

48 다음 중 호텔의 컨벤션 유치를 위한 적극적인 노력
으로 적합하지 않은 것은?

가. 다양한 첨단시설의 설치로 보다 다양하고 향
상된 회의시설을 제공
나. 컨벤션 전담부서의 설치
다. 회의기획자를 위한 교육프로그램의 운영
라. 보다 많은 회의 참석자를 유도하기 위한 홍보

프로그램의 개발[119]

답 라

49 세계관광기구 중 가장 많은 회원수를 가진 여행업자들의 단체로서 회원 상호간의 이익을 옹호, 촉진하며 협회윤리규정을 존중하며 불필요한 경쟁을 방지 하기 위한 목적으로 1931년에 창설된 기구는?

가. ASTA(American Society of Travel Agents)
나. EATA(East Asia Travel Association)
다. WATA(World Association of Travel Agencies)
라. PATA(Pacific Asia Travel Association)

답 가

· 아시아, 태평양관광협회(PATA : Pacific Asia Travel Association)
 – 아시아,태평양지역의 관광진흥활동, 지역발전 도모 및 구미관광객 유치를 위한 마케팅 활동을 목적으로 1951년 설립
 – 운영본부 : 태국 방콕
 – 경영본부 : 미국 오클랜드
 – 4개 지역본부 : 미주, 태평양, 유럽, 아시아
 – 주요사업 : 연차총회, 관광교역전 및 지속가능한 관광자원 보호를 위한 총 회를 개최, 회원들을 위한 마케팅, 개발 및 교육사업과 각종 정보자료 발간사업
· 미주여행업협회(ASTA : American Society of Travel Agents) : 미주지역 여행업자 권익보호를 목적으로 1931년에 설립. 미주지역이라는 거대한 시장을 배경으로, 세계 최대의 여행업협회

50 다음은 무엇에 관한 설명인가?

음식의 조리과정을 직접 볼 수 있는 카운터바에 앉아서 주문한 음식을 조리사로부터 직접 서비스를 받는 방식으로 빠른 서비스를 제공하고 음식의 신선함과 식욕을 촉진시킬 수 있는 형태의 식당

가. 리후레쉬멘트 스탠드(Refreshment stand)
나. 다이닝 룸(Dining room)
다. 런치 카운터(Lunch counter)
라. 그릴(Grill)

답 다

---

119) 컨벤션 운영단계에서 해야할 일

51 식사코스 중 식욕을 증진시키고 칵테일 파티에서는 주최자들과 고객들이 자유롭게 이동하면서 연회의 분위기를 조화시킬 수 있는 것은?

가. Ravioli[120]   나. Hors d' oeuvre[121]
다. Filet[122]   라. Brochette[123]

답 나

52 다음 중 객실수입에 지대한 영향을 미치는 요인들은?

가. 위치, 촉진, 가격, 교외, 인사
나. 촉진, 위치, 분위기, 교외, 시설
다. 시설, 서비스, 이미지, 가격, 위치
라. 가격, 교외, 인사, 촉진, 분위기

답 다

53 호텔에서 경영전략상 초과예약(Over Booking)을 실시하는 이유로 올바른 것은?

가. 객실배정을 효율적으로 하기 위해
나. 취소(Cancel)나 노 쇼우(No Show)발생을 대비하기 위해
다. 객실변경을 대비하여
라. 예약을 확인하기 위하여

답 나

· No show : 예약하고 투숙하지 않은 고객
· Skipper : 투숙하고 객실요금을 지불하지 않고 도망을 간 고객
· Walk-in guest : 사전 예약없이 투숙을 하는 고객

/ 2005년 55번 문제 /

54 다음 연회에 필요한 서비스 직원 수는 몇 명인가?

· 300연회 행사
· 20개 라운드 테이블에 10명씩 세팅
· 와인 서비스

---

120) ravioli : 저며서 양념한 고기를 밀가루 반죽으로 감싼 요리
121) 오르되브르의 종류는 요리사의 취향에 달려 있지만 고급 오르되브르에는 캐비아, 어패류, 고기 파이, 마리네이드나 소스를 끼얹은 채소, 작은 과일 파이, 맛있는 음식을 얹은 배 모양의 비스킷 등이 있다. 전채요리의 기능 이외에 술에 곁들이기도 한다.
122) 소의 안심
123) brochette : 꼬치 요리

가. 접객원 15명, 접객조장 1명
나. 접객원 17명, 접객조장 2명
다. 접객원 19명, 접객조장 2명
라. 접객원 21명, 접객조장 1명

📋 다

300연회생사는 300명의 연회행사를 뜻하는 것
이 아니고 행사 이름
200명이 참가하는 행사에 대해서 필요한 서비
스 인원수 계산 문제

(기준 1)
연회 행사에서 식사는 15명에 1명 기준
200명 / 15명 = 13.3명 (13명)
화인 서비스는 60명에 1명 기준
200명 / 50명 = 3.3명(3명)

(기준 2)
테이블 1개당 1명
20개 테이블 : 20명

---

55 다음 중 객실점유율(Occupancy rate)과 평균객
실단가(Average daily rate)를 올바르게 짝 지
워진 것은?

· 판매가능객실 수 : 500실
· 판매된 객실수 : 350실
· 객실수입액 : 38,500,000원

가. 객실점유율 = 60%, 평균객실단가 = 77,000원
나. 객실점유율 = 70%, 평균객실단가 = 77,000원
다. 객실점유율 = 60%, 평균객실단가 = 110,000원
라. 객실점유율 = 70%, 평균객실단가 = 110,000원

📋 라

· 객실 점유율 = 판매된 객실수 나누기 판매가
능한 객실수
☞ 350 / 500 × 100 = 70%
· 객실 수입단가는 객실수입액 나누기 판매된
객실수
☞ 38,500,000 / 350 = 110,000원

---

56 다음 중 T.W.O.V(Transit Without Visa)에
대한 설명으로 틀린 것은?

가. 제3국으로 계속 여행할 수 있는 서류를 구비

하고 있어야 한다.
나. 출입공항이 동일해야 한다.
다. 외교관계가 수립되어 있지 않은 국가에도 적
용된다.
라. 입국하고자 하는 국가로부터 정식 VISA를
받지 않아도 일정기간 체류할 수 있는 제도
이다.[124]

📋 다

transit without visa(무사증 단기체류) : 비자
없이 여행객이 특정 국가에서 단기 체류하는
것. 항공기를 갈아타기 위해서 단기간 체재하는
경우

---

57 관광산업의 특성이 아닌 것은?

가. 유동자산의 비율이 적다.
나. 인적 서비스와 물리적 서브의 결합
다. 경제적 환경에 영향을 받지 않는다.
라. 다양한 고객으로 구성된다.

📋 다

경제적 환경에 영향을 쉽게 받는다. 경제적 환경
이 나쁘면 관광객은 감소한다. 경제적으로 여유
가 없으면 여가비용을 제일 먼저 줄이게 된다.

---

58 다음은 어떤 형태의 호텔에 관한 설명인가?

경쟁에 위협과 위기감을 느낀 독립호텔들이 타
지역의 비슷한 수준에 있는 다른 독립호텔들과
상호 협력하여 공동선전, 공동판매, 공동마케팅
등의 정보를 공유하는 등 동업자의 경영방식으
로 운영되는 호텔

가. 임차방식 호텔(leased hotel)
나. 경영계약방식 호텔(management contract
hotel)
다. 리퍼럴 방식 호텔(referral hotel)[125]
라. 합자에 의한 방식 호텔(joint venture hotel)[126]

---

124) 무비자 입국제도
125) Referral 호텔 : 중소호텔들이 대규모 호텔 체인에 대항
하기 위해서 만든 체인으로 회원 호텔들이 회비를 내고
서로 정보교환, 공동광고, 예약망을 통한 편의를 제공한다.
126) Joint Venture : Joint Venture란 국제합작사업, 국제

圖 다

/ 2004년도 55번 문제 /

59 국제관광수입이 $1,000이고, 국제관광선전비가 $300, 면세품구입가격이 $150이라면 외화가득률은 얼마인가?

가. 45% 　　　　나. 55%

다. 70% 　　　　라. 85%

圖 나

> 외화가득률 = ((국제관광수입 – 국제관광선전비
> – 면세품 구입가격) / 국제관광수입)×100
> (1000 – 300 – 150) / 1000 × 100 = 55%

/ 2008년도 47번 문제 /

60 체인호텔(Chain hotel) 경영의 장점이 아닌 것은?

───────

공동사업 등으로도 불리우며, 일반적으로 2인 혹은 그 이상의 당사자가 특정목적을 달성하기 위해 공동으로 사업을 전개하는 공동조직체로서 국제적인 협력관계에 의해 수행되는 기업형태를 말한다.

이러한 Joint Venture는 외국의 기업과 경영활동상의 협력관계를 맺어 공동사업을 수행하는 조직체로서 일시적인 경영상의 거래관계를 위하여 형성되는 공동사업은 제외된다.

Joint Venture의 특징 : Joint Venture는 해외에 진출하는 기업의 입장에서 보면 외국인직접투자의 한 형식이며, 이를 받아들이는 입장에서는 외자도입이라고도 할 수 있으며, 다음과 같은 특징이 있다.

① 영리목적성

Joint Venture는 각 참가기업의 이윤극대화를 기업 본래의 목적을 위해 형성되는 것으로, 공공복리를 위한 시설투자, 단순한 이자수입, 배당 등을 목적으로 하는 사업은 이에서 제외된다.

② 공동목적성

이는 경리사업인 만큼 이익의 획득이라는 공동목적이 있어야 한다.

③ 공동계획 · 손익분배

Joint Venture는 기술적 · 감정적 노력관계를 바탕으로 공동출자, 공동계산을 행하는 데 있다. 따라서 공동기업 협정에 있어 가장 중요한 것은 손익분배의 관계이다.

④ 전일목적성

Joint Venture는 언제나 일개 또는 수개의 특정한 사업을 대상으로 하여 어떠한 경우에도 협정으로 정해진 사업 이외에는 그 협정의 효력이 미치지 못한다.

⑤ 일시성

이 기업형태는 단일목적을 가지기 때문에 언제나 기업의 재적기간이 한정되어 있으며, 공동목적사업의 완료와 동시에 해산되는 것이 원칙이다.

Joint Venture는 공동출자에 의하여 영리목적을 위해 공동으로 사업을 운영하는 조직체로서 오늘날과 같이 국제적으로 경제적 교류가 활발해짐에 따라 다국적기업의 하나로서 또는 외자도입이나 직접투자의 한 형태로서 그 의의는 매우 크다고 할 수 있다.

가. 경영상의 독립성은 유지한다.

나. 대량구매를 통해 구매비를 절감한다.

다. 체인호텔간의 예약시스템을 공유한다.

라. 투자자금조달이 용이하다.

圖 가

61 호텔 현관회계부서의 회계원(Front cashier)이 투숙객에게 소액 현금(petty cash)을 빌려주고 회계 처리하는 방법으로 맞는 것은?

가. Allowance Voucher를 사용하여 증빙서류로 남기고 그 금액을 Guest Ledger에 계산한다.[127]

나. Paid-Out Voucher를 사용하여 증빙서류로 남기고 Guest Ledgere에 그 금액을 계산한다.

다. Allowance Voucher를 사용하여 증빙서류로 남기고 General Ledger에 그 금액을 계산한다.

라. Paid-Out Voucher를 사용하여 증빙서류로 남기고 General Ledger에 그 금액을 계산한다.

圖 나

/ 2003년도 67번 문제 /

62 호텔 Catering 부서가 높은 마진율을 유지하는 이유로 옳지 않은 것은?

가. 일반적으로 메뉴의 선택이 다양하므로 질 높은 식음료 서비스를 통해 판매가 증가한다.[128]

나. 만찬의 경우 가격이 유동적이므로 보다 비싼 가격을 받을 수 있다.

다. 많은 사람을 동시에 서빙하므로 가격원가를 낮출 수 있다.

라. 참석자의 수나 행사의 종류와 메뉴 등이 정해져 있기 때문에 미리 업무를 부담해 인력의 생산성이 높다.

圖 가

───────

127) allowance : 불만족한 서비스에 의한 가격 할인과 호텔 종사원이 영수증에 금액을 잘못 기재하는 등의 이유로 고객 계산서 지급 금액을 조정해서 기재하는 방법
예를 들면, 객실 시설물 하자에 따른 불평, 불만족한 서비스에 대한 조정 등이 있다.
특히 이용금액의 에누리가 발생된 경우, allowance voucher레 내용을 기입한 후 부서 책임자에게 승인을 받아야 한다.

128) 조리된 음식을 외부로 이동하게 되므로 메뉴의 선택 폭이 정해져 있다.

63 A호텔과 (주)B회사 간의 계약을 체결하여 A호텔에 숙박하는 (주)B회사 고객들에게는 20% 객실료를 할인해주는 요금 제도는?

가. 계절별 할인 요금(Off Season Rate)
나. 커머셜 요금(Commercial Rate)
다. 단체 할인 요금(Group Discount Rate)
라. 가이드 요금(Guide Rate)

🖉 나

· 성수기 : high-season
· 비수기 가격 : off-season rate
· make-=up : 객실 청소
· commercial rate : 특정 회사와 호텔간의 계약에 의하여 일정한 비율로 숙박요금을 할인해 주는 제도

64 항공권분실경위서 (Account of Lost Ticket)에 기재할 필요가 없는 사항으로만 나열된 것은?

가. 성명, 생년월일, 주소, 전화번호
나. 여권번호, 항공권번호, 구입일자, 구입처
다. 전체여정, 분실구간, 분실일자, 분실장소와 상황
라. 직업, 여행 해당국의 방문횟수, 동반 여행자의 수

🖉 라

65 다음 중 연회행사시 사용되는 Crescent Table의 용도를 바르게 설명한 것은?

가. 소규모 연회, Cocktail Party, 일반연회 등의 용도로 사용할 때
나. 기자회견, 학술발표회, 사원 연수회 등 Class room Style로 배열할 때
다. Rectangular Table 사용 시 양쪽에 붙이거나, 2 Line Buffet Table을 배치할 때
라. 코너 또는 Head Table과 연결하거나. Cocktail Reception에서 기둥을 돌릴 때

🖉 라

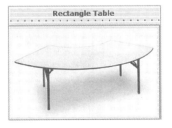
Rectangle Table

66 호텔의 객실, 레스토랑, 기타 부대시설의 서비스를 제공 받고 요금을 지불하지 않고 떠난 손님을 무엇이라고 하는가?

가. 프리컨트 게스트(Frequent guest)
나. 워크인 게스트(walk-in guest)
다. 슬립아웃 게스트(sleep out guest)
라. 스키퍼(skipper)

🖉 라

· leeper : 사무 착오로 인해서 room rack에 투숙 중이라고 되어 있는 빈 객실
· sleep out : 객실은 사용하지만 고객이 취침을 하지 않는 객실 또는 고객
· walk-in guest : 사전에 예약을 하지 않고 당일 호텔에 와서 투숙하는 고객
· walk a guest : 예약을 한 고객 중에서 투숙이 불가능하게 되어, 무료로 다른 호텔에 투숙을 주선해 주는 고객
· innkeeper's lien : 고객의 미지출 대금에 대해서 고객의 재산을 차압할 수 있는 법적 권한
· MIP : most important person으로 VIP 보다 한 단계 귀한 고객
· skipper : 객실 비용을 지불하지 않고 도망가는 고객
· House Use Room : 업무상 부득이한 사정으로 호텔종업원이 공무로 사용하는 객실.
· Hold Room Charge : 고객의 개인 사물을 객실에 놓아둔 채 단기간 여행이나, 지방에 다녀오는 경우, 또는 실제 고객이 도착하지 않은 상태에서 객실을 고객의 성명으로 보류하여 둔 경우에 적용되는 추가요금

67 다음은 무엇에 관한 설명인가?

여행비용과 같은 변동사항을 가급적 빨리 거래처인 해외여행 업자에게 통보하여 편의를 도모하고, 쌍방간에 야기될 수 있는 문제를 사전에 방지하는 동시에 해외 업자와의 연속적인 연락을 취하기 위하여 월 1회 이상 또는 부정기적으로 발행하는 정보지

가. Tour Brochure
나. Confidential Tariff
다. Bulletin
라. Pamphlet

답 다

- Pamphlet, Brochure : 광고목적 안내서
- Confidential Tariff : 세계적으로 유명한 여행잡지

68 우리나라의 여행자 통관에 관한 설명으로 올바른 것은?

가. 해외교포 및 비거주자가 우리나라에 입국시 미화 5,000달러 이상의 상당액을 소지하였을 경우 세관검사 공무원에게 반드시 신고하여야 한다.[129]

나. 세금납부 대상자의 경우 통관 편의를 위하여 은행에서 발급한 신용카드를 소지한 사람의 경우 휴대품을 선통관하고 세금은 후 납부할 수 있다.

다. 면세 제한 물품은 취득가격이 20만원 이하라도 면세의 수량을 초과할 경우 과세의 대상이 된다.[130]

라. 입국 시 반입물품 또는 이주 물품 중 부득이한 사정으로 다른 항공편이나 선박편을 이용하여 물품을 반송할 때에는 입국한 날로부터 2개월 이내에 도착하는 경우에 한하여 별송품으로 인정받아 통관상의 편의를 받을 수 있다.

답 나

관세법 시행규칙 제45조 (관세가 면제되는 소액물품)

① 법 제94조 제3호의 규정에 의하여 관세가 면제되는 물품은 다음 각호와 같다.

1. 물품이 천공 또는 절단되었거나 통상적인 조건으로 판매할 수 없는 상태로 처리되어 견품으로 사용될 것으로 인정되는 물품
2. 판매 또는 임대를 위한 물품의 상품목록·가격표 및 교역안내서등
3. 과세가격이 미화 250달러 이하인 물품으로서 견품으로 사용될 것으로 인정되는 물품
4. 물품의 형상·성질 및 성능으로 보아 견품으로 사용될 것으로 인정되는 물품

② 법 제94조 제4호의 규정에 의하여 관세가 면제되는 물품은 다음 각호와 같다.

1. 당해 물품의 총과세가격이 15만원 상당액 이하의 물품으로서 자가사용 물품으로 인정되는 것. 다만, 반복 또는 분할하여 수입되는 물품으로서 관세청장이 정하는 기준에 해당하는 것을 제외한다.
2. 박람회 기타 이에 준하는 행사에 참가하는 자가 행사장안에서 관람자에게 무상으로 제공하기 위하여 수입하는 물품(전시할 기계의 성능을 보여주기 위한 원료를 포함한다). 다만, 관람자 1인당 제공량의 정상도착가격이 미화 5달러 상당액 이하의 것으로서 세관장이 타당하다고 인정하는 것에 한한다.

관세법 시행규칙 제48조 (관세가 면제되는 휴대품 등)

① 법 제96조 제1호의 규정에 의하여 관세가 면제되는 물품은 다음 각호의 1의 기준에 해당하는 것으로 한다.

1. 여행자가 휴대하는 것이 통상적으로 필요하다고 인정하는 신변용품 및 신변장식품일 것
2. 비거주자인 여행자가 반입하는 물품으로서 본인의 직업상 필요하다고 인정되는 직업용구일 것
3. 세관장이 반출 확인한 물품으로서 재반입되는 물품일 것
4. 물품의 성질·수량·가격·용도 등으로 보아 통상적으로 여행자의 휴대품 또는 별송품인 것으로 인정되는 물품일 것

② 법 제96조 제2호에 따라 관세가 면제되는 물품은 다음 각 호의 어느 하나에 해당하는 것으로 한다. 다만, 자동차(제3호에 해당하는 것은 제외한다), 선박, 항공기와 개당 과세가격이 200만원 이상인 보석·진주·별갑·산호·호박·상아 및 이를 사용한 제품은 제외한다.

1. 해당 물품의 성질·수량·용도 등으로 보아 통상적으로 가정용으로 인정되는 것으로서 우리나라에 입국하기 전에 3개월 이상 사용하였고 입국한 후에도 계속하여 사용할 것으로 인정되는 것
2. 우리나라에 상주하여 취재하기 위하여 입국하는 외국국적의 기자가 최초로 입국할 때에 반입하는 취재용품으로서 문화체육관광부장관이 취재용임을 확인하는 물품일 것
3. 우리나라에서 수출된 물품(조립되지 아니한 물품으로서 법 별표 관세율표상의 완성품에 해당하는 번호로 분류되어 수출된 것을 포함

---

129) 미화 1만 달러를 초과하는 지급수단(대외지급 수단, 내국통화, 원화표시 여행자수표, 원화표시 자기앞수표)를 휴대 수입하는 경우 세관장에게 신고하여야 한다.

130) 우리나라에 입국하는 여행자가 반입하는 여행자 휴대품의 범위에 해당하는 물품(해외에서 구입 또는 선물로 수취한 물품 및 국내 면세점에서 구입 후 재반입하는 물품 포함) 전체 과세가격에서 여행자 1인당 미화 400달러를 면제하며, 두 개 이상의 휴대품 취득가액 합계가 400달러를 초과하는 경우에 1인당 면제금액은 고세율품목부터 적용한다.

한다)이 반입된 경우로서 관세청장이 정하는 사용기준에 적합한 물품일 것

③ 법 제96조 제1호의 규정에 의한 별송품과 법 제96조제2호의 규정에 의한 이사물품중 별도로 수입하는 물품은 천재지변 등 부득이한 사유가 있는 때를 제외하고는 여행자 또는 입국자가 입국한 날부터 6월 이내에 도착한 것이어야 한다.

④ 법 제96조 제3호 단서의 규정에 의하여 관세를 부과하는 물품은 자동차(이륜자동차와 삼륜자동차를 포함한다) · 선박 · 항공기 및 개당 과세가격 50만원 이상의 보석 · 진주 · 별갑 · 산호 · 호박 및 상아와 이를 사용한 제품으로 한다.

*참고 : 제96조 (여행자휴대품 · 이사물품 등의 면세) 다음 각호의 1에 해당하는 물품이 수입되는 때에는 그 관세를 면제할 수 있다.

1. 여행자의 휴대품 또는 별송품으로서 여행자의 입국사유 · 체재기간 · 직업 기타의 사정을 고려하여 기획재정부령이 정하는 기준에 따라 세관장이 타당하다고 인정하는 물품
2. 우리나라로 거주를 이전하기 위하여 입국하는 자가 입국하는 때에 수입하는 이사물품으로서 거주이전의 사유, 거주기간, 직업, 가족수 기타의 사정을 고려하여 기획재정부령이 정하는 기준에 따라 세관장이 타당하다고 인정하는 물품
3. 외국무역선 또는 외국무역기의 승무원이 휴대하여 수입하는 물품으로서 항행일수 · 체재기간 기타의 사정을 고려하여 세관장이 타당하다고 인정하는 물품. 다만, 기획재정부령이 정하는 물품을 제외한다.

69 당일 Walk-in Guest에게 판매 가능한 객실 수로 올바른 것은?

> · Total Rooms Available : 400
> · Out of Order : 10
> · Understay : 5
> · Overstay(extension) : 9
> · Reservation : 160
> · Stayover : 179
> · House Use : 3
> (단, No Show Rate는 10%, Cancellation Rate는 5%로 가정하며, 단위는 Rooms이다.)

가. 66   나. 67   다. 68   라. 69

답 다

· Out of order : 수리 중인 방 (판매할 수 없음)
· Understay : 예약한 기간보다 일찍 방을 비우고 나간 방 (현재 객실이 빈 방인 상태이므로 판매 가능)
· Overstay : 예약한 기간보다 더 오래 방을 사용하면서 체류 중이므로 현재 사용 중이므로 판매할 수 없는 방
· Stayover : 현재 사용 중인 방

Total rooms available	400
Out of order	-10
Overstay	-9
Reservation	-160
Stayover	-179
House use	-3
	39
Reservation에서 10% No show	16
Reservation에서 5% Cancellation	8
Understay	5
	68

· Reservation 160 중에서 10%는 No show(예약하고 나타나지 않는 고객)이므로 160개 객실 중 10%는 판매 가능
· Reservation 160 중에서 Cancellation rate (고객이 예약을 취소)가 5%이므로 160개 객실 중에서 5%는 판매 가능

70 다음 중 호텔 나이트오디터(night auditor)의 업무는?

가. 야간 영업장 관리 및 감독
나. 야간 불편사항 접수
다. 영업장 부문별 당일 매상수입의 정산
라. 객실 초과예약의 처리

답 다

Night Auditor : 야간 회계감시자라고 하며, 야간에 영업이 종료되면, 일일 영업 매출을 심사하여 확정시키는 업무를 담당한다.

/ 2007년 62번 문제 / 2008년 65번 문제 /

41 우리나라 호텔 등급 결정시 평가항목[131]이 아닌 것은?

가. 객실, 현관, 로비, 복도
나. 전기 및 통신
다. 건축 및 설비
라. 당해연도 판매실적

답 라

42 1960년대 후반 미국호텔, 모텔 협회에서 채택한 방법으로 목표이익을 미리 설정하고 이 설정된 목표이익을 달성할 수 있는 객실매출원가, 기타 부문 이익, 영업비 및 자본을 추정하여 평균객실요금을 산출하는 방법은?

가. Horwath Method[132]
나. Howard Method
다. Roy Hubbart Method
라. Ritz Calton Method

답 다

> ・로이 후버트(Roy Hubbart) : 미국 호텔/모텔 협회 1960년에 채택
> ☞ 연간 총경비 + 연간 목표이익
> ☞ 객실 수×목표 객실 점유율×365

/ 2005년 67번 문제 /

43 다음은 어떤 요금제도에 관한 설명인가?

> ・주로 객실요금에 아침, 점심, 저녁 식사 요금 이 포함
> ・Full pension 이라고도 함
> ・휴양지 호텔, 유람선 호텔에서 적용

---

131) 호텔 등급 결정시 평가항목 : 서비스 상태, 건축·설비·주차시설, 전기·통신시설, 소방·안전상태, 소비자 만족도
132) Horwath Method
　・객실 건축비의 1/1,000을 객실당 요금으로 산정
　・1930~60대 까지 적용, 우리나라 조선 및 반도 호텔
　・객실 영업 위주인 경우 가능

가. 미국식 요금제도
나. 유럽식 요금제도
다. 대륙식 요금제도
라. 수정식 미국 요금제도

답 가

> ・American plan : 객실요금에 식사비 포함
> ・European plan : 객실요금에 식사가 포함되어 있지 않음(우리나라, 캐나다 등)
> ・Continental plan : continental breakfast 포함한 요금
> ・Continental breakfast : Roll bread, Toast, Coffee or Tea, Milk
> ・Modified american plan : 객실료에 2식(조식과 석식)을 포함. half-pension이라고도 함. 휴양지 호텔 등 지역적인 입지조건상 호텔 주변지역에 식당시설이 없는 경우에 채택

/ 2006년 41번 문제 /

객실료와 식사요금제도에 대한 설명으로 맞는 것은?

가. *American Plan* - 객실료에 식사요금이 포함되지 않는 것으로 우리나라의 관광 호텔에서 적용하고 있는 요금제도이다.
나. *European Plan* - 객실료에 식사요금이 포함되지 않는 것으로 우리나라의 관광 호텔에서 적용하고 있는 요금제도이다.
다. *Continental Plan* - 객실료에 아침, 점심 및 저녁의 식사요금이 포함되는 것으로 우리나라의 관광호텔에서 적용하고 있는 요금제도이다.
라. *Bermuda Plan* - 객실료에 아침, 점심 및 저녁의 식사요금이 포함되는 것으로 우리나라의 관광호텔에서 적용하고 있는 요금제도이다.

답 나

44 호텔 식음료 영업부문에서 고객으로부터 주문받는 요령이 잘못된 것은?

가. 연회 시 메뉴를 고객에게 제시 할 때 주변 또는 주최자의 왼쪽 고객부터 시계바늘이 도는 방향으로 남자, 여자, Host, Hostess 순으로 돌면서 받는다.[133]

나. 요리주문이 끝나면 와인을 추천하는데, 와인의 전문적인 추천은 소믈리에 또는 와인 웨이터가 한다.

다. 메뉴에 관한 문의시 손바닥 전체를 위쪽으로 향하도록 하여 메뉴를 지적하면서 설명한다.

라. 육류 또는 계란 주문시 익히는 정도, 샐러드 드레싱 종류 등 고객의 기호에 맞게 선택하도록 반드시 물어본다.

🗒 가

주문받는 요령

· 주문은 판매이다. 그리고 매상의 증대와 직결된다. 주문을 받는 종업원은 그 매장의 최일선 담당자로서 중요한 역할을 맡고 있으므로 주문 받는 태도와 요령도 매우 중요하다.

· 종업원은 주문을 받기 전에 우선 안내된 고객에게 다가가서 인사를 하며 인원을 파악한다.

· 주문을 받을때는 테이블에서 1~2보 정도 물러서서 받는다.

· 자세는 너무 뻣뻣해서도 안되고 너무 구부려서도 안되며 허리를 굽힌 정도로 한다.

· 주문을 받은 다음에는 그냥 돌아서지 말고 "네, 감사합니다", "잠깐만 기다려 주십시오" 하고 공손하게 인사한다.

· 계산서의 사본은 계산서 받침대에 꽂아두고 절취한 원본은 케셔에게 가지고간다.

· 서로 잘 모르는 고객끼리의 합석은 고객 상호간에 양해를 얻어야한다.

· 분위기를 흐리게 하거나 다른 고객에게 좋지 못한 영향을 미치는 고객이 있을 때에는 지배인에게 신속히 연락해서 적절한 조치를 취하도록 한다.

· 메뉴판은 고객의 왼쪽에서 제시한다. 이성일 경우에는 여자고객에게 제시하고 동성일 경우에는 연장자에게 제시한다.

· 연회의 경우, 주빈 또는 주최자의 왼쪽 고객으로부터 시계바늘 도는 방향으로 돌면서 주문을 받는다.

· 반드시 메뉴의 내용을 숙지하여 모든 요리를 설명할수 있어야 한다.

· 고객은 자기가 알고 있는 요리만을 주문하는 습관이 있으므로 전문메뉴부터 소개한다.

· 자주오는 고객의 성함이나 직책을 기억하여 대화시에 활용한다.

· 주문은 정확하게 받은 후 복창 확인하여 계산서에 기입한다.

· 주문서에 메뉴를 기입할때는 약어를 사용하고 숫자는 한자 바를정자를 사용한다.

· 계산서에는 날짜, 고객수, 테이블번호를 기록하고 담당 종업원의 서명을 한다.

· 추가 주문은 매상을 증대시키는 방법이다.족기나 안주그릇이 비어 있으면 고객이 부담감을 갖지 않도록 "맛있게 드셨습니까? 더 필요한 것 없으십니까?" 라고 추가 주문을 유도한다.

45 호텔에서 주로 사용되는 용어에 대한 설명이 틀린 것은?

가. Outside Room : 정원, 호수 중 전문에 장애물 없이 전망이 트인 객실을 의미한다.

나. Sleep-out : 잠을 자지 않았다고 객실요금을 지불하지 않고서 몰래 호텔을 빠져나가는 경우를 의미한다.[134]

다. On-change : 고객이 객실에서 퇴숙(Check-out) 하였으나 객실 청소가 완료되지 않은 객실을 의미한다.

라. Inside Call : 전화교환을 통한 호텔 내 전화 사용을 의미한다.

🗒 나

46 다음 중 호텔 식재료 관리의 특징이 아닌 것은?

가. 저장기간이 비교적 짧다.

나. 변동비보다는 고정비에 대한 의존도가 높다.

다. 관리적은 측면에서 관련부서에 따라 그 목적이 상이하다.

라. 수요를 예측하여 원가의 부담이 적을 때 미리

---

133) 주문받는 순서는 시계방향으로 여자, 남자, Hostess, Host 순으로 받는다.

134) Sleep out : 호텔 고객이 객실료를 지불했으나 사정상 외부에서 숙박한 경우

생산, 보관하여 수요를 창출하고 공급할 수 있는 상품이 제한되어 있다.

🗒 나

> 식재료는 변동비의 의존도가 높다.

47 객실예약에 관한 설명으로 틀린 것은?

가. 보장성 예약의 경우라도 호텔에서 규정한 약정시간까지 고객이 나타나지 않으면 호텔측은 이를 취소할 수 있으며 이에 대한 책임은 호텔측이 지지 않는다.
나. 예약은 예약의 시간별로 사전예약과 당일 예약으로 구분된다.
다. 투숙하는 투숙자를 위해 타인이 객실료를 지불 할 수 있다.
라. 호텔은 초과예약(Over booking)을 할 수 있으며 이는 보통 예약가능 객실수의 5~10%정도가 일반적이다.

🗒 가

> 보장성 예약(Guaranteed reservation)은 호텔에서 규정한 약정시간까지 고객이 나타나지 않더라도 호텔측은 다른 고객에게 객실을 판매할 수 없다.

/ 2010년 41번 문제 /

48 여행업의 경영특성에 대한 설명 중 틀린 것은?

가. 높은 인적자원의 의존도
나. 생산과 소비의 동시성 때문에 저장이 곤란
다. 계절성으로 인한 수요의 변화
라. 비교적 높은 고정자본 투자

🗒 라

49 연회행사 계약 후 식사인원 변동사항이 있을 경우 행사 개최 최소 몇 시간 전에 호텔로 통보해야 변경이 가능한가?

가. 12시간
나. 24시간
다. 48시간
라. 60시간

🗒 다

> 연회행사 참석인원 변경의 통보는 식사준비 등을 고려해서 연회 개최 48시간 전에 한다.

> 연회행사 예약금 : 20-300명 10%, 301-1000명 3%, 1001명 이상 1%

50 객실이 400인실인 A호텔은 연간 총 고정비용 240억원 객실단위당 변동비용이 10000원, 객실단위당 판매가격은 250000원이라면 손익분기점에 도달하기 위해서는 몇 실을 판매해야 되는가?

가. 75000실
나. 80000실
다. 100000실
라. 90000실

🗒 다

> 객실 단위당 판매가격 250,000원에서 변동비용인 10,000원을 빼면 객실당 고정비용은 240,000원이 된다.
> 250,000 – 10,000 = 240,000
>
> 연간 총고정비용 240억을 객실당 고정비용인 24만원으로 나누면 100,000실이란 답이 나온다.
> 24,000,000,000 / 240,000 = 100,000

/ 2003년 13번 문제 /

51 다음 중 주최여행을 올바르게 설명한 것은?[135]

가. 여행업자의 기획에 의해 여정, 여행조건, 여행비를 정하고 불특정 다수에 선전하여 모집하는 여행
나. 여행자 자신이 직접 여정, 여행 조건 등을 정해 실시하는 여행[136]
다. 개인, 단체를 불문하고 특정객, 그룹 오거나이저(Group organizer)의 희망에 따라 여정을 정하고 이에 의거한 여행
라. 여행업자가 그룹 또는 단체와 토론하여 여정 및 여행 조건 등을 정하여 공동으로 집객하는 여행

🗒 가

/ 2004년 42번 문제 /

---

135) 여행의 종류
· 주최여행 : 여행사의 기획에 의해서 여정, 여행조건, 여행비용을 정하고 참가자를 모집하는 여행
· 개인여행
· 청부여행 : 단체, 개인의 희망에 따라 여정을 정하는 여행
· 공최여행 : 여행사가 단체와 협의해서 여행일정을 정하는 여행
136) 보장성 예약(guaranteed reservation)은 예약이 취소되지 않도록 고객이 미리 보증금을 지불하며, 호텔은 객실을 판매하지 않고 보유해야만 된다.

52 다음 중 호텔경영형태로 가장 거리가 먼 것은?

가. 합병(Joint)방식
나. 임차(Lease)방식
다. 경영 위탁(Management Contract)방식
라. 프랜차이즈(Franchise)방식

답 가

· Joint Venture : Joint Venture란 국제합작사업, 국제공동사업 등으로도 불리우며, 일반적으로 2인 혹은 그 이상의 당사자가 특정 목적을 달성하기 위해 공동으로 사업을 전개하는 공동조직체로서 국제적인 협력관계에 의해 수행되는 기업형태를 말한다. 이러한 Joint Venture는 외국의 기업과 경영활동상의 협력관계를 맺어 공동사업을 수행하는 조직으로서 일시적인 경영상의 거래관계를 위하여 형성되는 공동사업은 제외된다.
· joint 방식 : 리더가 집단 구성원들과 문제를 공유하며 공동으로 최종안에 도달하는 공동결정방식

조인(調印) :
1. 서로 약속하여 만든 문서에 도장을 찍음.
2. [법률]국제법상 조약 체결 때 조약 당사국의 대표자가 조약문에 동의하여 서명하는 일

· 인수합병 (M&A) : mergers and acquisitions 인수는 하나의 기업이 다른 기업의 경영권을 얻는 것이고, 합병은 둘 이상의 기업들이 하나의 기업으로 합쳐지는 것
· management contract : 소유주가 호텔경영에 대한 경험이 없거나 규모가 커서 직접 운영하기가 힘들 때, 체인본부와 계약에 의해 경영권을 넘겨주고 소유주는 당기순이익에 대한 배당을 받는 방식. 체인본부에서 파견된 전문경영인에 의해 호텔이 운영되므로 체인의 이미지가 좋은 호텔은 영업신장이 빠르고 위험으로부터 보호받을 수 있다. 체인본부는 파견인에 의해 경영된 총매출(gross operational revenue)의 1.5-5%와 영업이익(gross operational profit)의 5%-10%의 경영수수료(management fee)를 지급받는다.
· independent operational hotel : 단독경영 호텔
· referral organization : 동업자 결합에 의한 경영방식
· franchise chain hotel : 호텔의 독립성을 유지하면서 가맹권 및 상품의 판매권을 가진 연쇄경영방식

· co-owner chain hotel : 합자 연쇄경영 호텔
· trust management hotel : 위탁경영 호텔
· lease management hot4el : 임차경영 호텔
· soft management contract : 영업권만 위탁하고 관리권을 소유주가 갖는 형태

53 다음 중 관광 사업의 특성과 거리가 먼 것은?

가. 복합성을 갖고 있다.
나. 입지의존성이 높다.
다. 변동성이 심하다.
라. 사교성이 우선이다.

답 라

54 관광 동기와 욕구에 관한 연결이 올바른 것은?

가. 심적인 동기 – 사향심, 교류심
나. 경제적 동기 – 사업목적, 운동욕구
다. 정신적 동기 – 교류심, 견문욕구
라. 신체적 동기 – 사향심, 지식욕구

답 가

심적인 동기 : 교류심

55 프렌치 서비스(French Service)에 관한 설명으로 맞는 것은?

가. 고객이 직접 원하는 음식을 가져다가 식사하는 서비스
나. 일반레스토랑에서 가장 널리 이용되며 주방에서 만들어진 음식을 서비스 직원이 고객의 식탁에 직접 제공하는 서비스
다. 고급 레스토랑에서 제공되며 고객의 테이블 옆에서 숙련된 종사원이 고객에게 직접 요리를 만들어 제공하거나 생선의 뼈를 발라주는 서비스
라. 주로 연회행사 때 사용되는 격조 높은 서비스 방식으로 종사원이 테이블을 돌아가면서 고객에게 적당량을 덜어주는 서비스

답 다

/ 2014년 61번 문제 /

56 Table d' hote 서비스의 코스를 바르게 나열한 것은?

가. appetizer → soup → fish → 주요리 → salad → dessert → 음료

나. appetizer → salad → soup → fish → 주요리 → dessert → 음료

다. appetizer → soup → salad → fish → 주요리 → dessert → 음료

라. appetizer → soup → 주요리 → fish → salad → dessert → 음료

📝 가

주요리 : main dish

/ 2014년 41번 문제 /

57 관광진흥법상 관광사업의 종류에 해당하지 않는 것은?

가. 카지노 사업　　　　나. 관광편의시설업
다. 모텔업　　　　　　라. 국제회의업

📝 다

관광호텔 – 관광진흥법 적용
일반관광호텔, 여관 등 – 공중위생관리법 적용
일반호텔은 관광호텔이 아닌 30실 이상 숙박업소
여관은 10~30실 사이
여인숙은 욕실을 공동으로 사용

제3조 (관광사업의 종류)
① 관광사업의 종류는 다음 각 호와 같다.
1. 여행업 : 여행자 또는 운송시설·숙박시설, 그 밖에 여행에 딸리는 시설의 경영자 등을 위하여 그 시설 이용 알선이나 계약 체결의 대리, 여행에 관한 안내, 그 밖의 여행 편의를 제공하는 업
2. 관광숙박업 : 다음 각 목에서 규정하는 업
　가. 호텔업 : 관광객의 숙박에 적합한 시설을 갖추어 이를 관광객에게 제공하거나 숙박에 딸리는 음식·운동·오락·휴양·공연 또는 연수에 적합한 시설 등을 함께 갖추어 이를 이용하게 하는 업
　나. 휴양 콘도미니엄업 : 관광객의 숙박과 취사에 적합한 시설을 갖추어 이를 그 시설의 회원이나 공유자, 그 밖의 관광객에게 제공하거나 숙박에 딸리는 음식·운동·오락·휴양·공연 또는 연수에 적합한 시설 등을 함께 갖추어 이를 이용하게 하는 업
3. 관광객 이용시설업 : 다음 각 목에서 규정하는 업
　가. 관광객을 위하여 음식·운동·오락·휴양·문화·예술 또는 레저 등에 적합한 시설을 갖추어 이를 관광객에게 이용하게 하는 업
　나. 대통령령으로 정하는 2종 이상의 시설과 관광숙박업의 시설(이하 "관광숙박시설"이라 한다) 등을 함께 갖추어 이를 회원이나 그 밖의 관광객에게 이용하게 하는 업
4. 국제회의업 : 대규모 관광 수요를 유발하는 국제회의(세미나·토론회·전시회 등을 포함한다. 이하 같다)를 개최할 수 있는 시설을 설치·운영하거나 국제회의의 계획·준비·진행 등의 업무를 위탁받아 대행하는 업
5. 카지노업 : 전문 영업장을 갖추고 주사위·트럼프·슬롯머신 등 특정한 기구 등을 이용하여 우연의 결과에 따라 특정인에게 재산상의 이익을 주고 다른 참가자에게 손실을 주는 행위 등을 하는 업
6. 유원시설업(유원시설업) : 유기시설(유기시설)이나 유기기구(유기기구)를 갖추어 이를 관광객에게 이용하게 하는 업(다른 영업을 경영하면서 관광객의 유치 또는 광고 등을 목적으로 유기시설이나 유기기구를 설치하여 이를 이용하게 하는 경우를 포함한다)
7. 관광 편의시설업 : 제1호부터 제6호까지의 규정에 따른 관광사업 외에 관광 진흥에 이바지할 수 있다고 인정되는 사업이나 시설 등을 운영하는 업
② 제1항제1호부터 제4호까지, 제6호 및 제7호에 따른 관광사업은 대통령령으로 정하는 바에 따라 세분할 수 있다.

58 객실 하나에 싱글베드(Single bed) 2개를 넣어서 두 사람이 동시에 숙박할 수 있도록 꾸며 놓은 객실의 형태는?

가. 싱글룸(Single room)
나. 더블룸(Double room)
다. 트윈룸(Twin room)
라. 스위트룸(Suite room)

📝 다

59 리오카니발과 뮌헨의 맥주축제 및 에든버러축제와 같이 개최지의 인지도와 매력을 향상시키며, 개최지 이미지의 대표성을 지니고 있는 이벤트는?

가. 메가 이벤트　　　　나. 홀마크 이벤트
다. 촉진 이벤트　　　　라. 상업 이벤트

📝 나

Mega-event : 참가 인원이 많은 행사

60 Room Blocking에 대한 설명으로 맞는 것은?

가. 청결한 객실환경유지를 위하여 객실을 일정 시간 동안 비워두는 것이다.

나. 고객이 도착하기 전에 미리 객실에 꽃배달 서비스를 하는 것이다.

다. 고객이 호텔에 도착하기 전에 특정 단체에서 한 구역의 객실을 배정하는 것이다.

라. 객실을 깨끗이 청소하는 것을 말한다.

🖹 다

- Room inspector : 객실의 청소상태를 점검하는 사람
- Make-up : 고객이 객실을 사용하는 동안 침대의 린넨을 교환하거나 객실을 청소하고 정비·정돈하는 것

/ 2004년 53번 문제 / 2011년 47번 문제 /

61 다음 중 비(非)알콜성 음료에 해당하는 것은?

가. 키르슈(Kirsh)

나. 깔바도스(Calvados)

다. 꼬냑(Cognac)

라. 진저엘(Ginger ale)

🖹 라

- 와인 : 발효주
- 브랜드 : 증류주 – 완성된 와인을 팟 스클기에서 두 번 증류한다.
  - Kirsh : 버찌를 증류한 과일 브랜디
  - 깔바도스 : 사과로 만든 브랜디
  - 꼬냑 : 프랑스 보르도 북부의 사랑뜨(Charentes) 지방의 꼬냑 마을에서 생산되는 브랜디
  - Ginger ale is a soft drink flavored with ginger(생강)

62 호텔에서 하루 동안 발생된 호텔 전 영업부문의 회계 및 정산, 감시 등과 밤사이 발생하는 프론트 객실판매 현황과 고객의 계산 및 정확성을 검사하고 일일 호텔 영업 매출 속보를 작성하여 호텔 경영정보를 제공하는 전문야간영업 회계감사원은?

가. Night Auditor

나. Midnight Auditor

다. Front Office Cashier

라. Room Inspector

🖹 가

/ 2006년 70번 문제 /

63 미국의 스타틀러(Statler) 호텔의 경영 방식을 도입, 대중을 상대로 영업한 당시 한국 최대의 시설 규모인 111개를 갖추고 1936년에 개관한 호텔은?

가. 부산철도호텔　　나. 반도호텔

다. 대원호텔　　　　라. 조선호텔

🖹 나

64 투숙한 고객이 단기간 여행을 떠나면서 짐을 객실에 두고 떠나는 경우, 이때 객실은 고객이 계속해서 사용하는 경우가 되므로 객실료는 고객의 청구서에 봉사료를 포함하여 청구되는 요금은?

가. Over Charge

나. Part Day Charge

다. Hold Room Charge

라. Midnight Charge

🖹 다

- Over charge : 호텔마다 상이하지만, 대개 check out time을 기준으로 하여 2시간 이내에는 무료 그 이후부터 6시까지 over-charge는 half day charge(반값)을 적용. 그러나 repeat guest VIP에게는 front office manager 재량으로 half day charge를 부과하지 않는 경우도 있다.
- Hold room charge : 예약하고 늦게 도착한 경우, 투숙한 고객이 단기간 여행을 떠나면서 짐을 객실에 두고 떠나는 경우
- Part day charge : 분할요금. 온천지구 호텔에서 호텔에서 목욕하기 위한 2-3시간 사용 고객에게 적용되는 요금
- Midnight charge : 객실을 예약 판매할 경우, 고객의 호텔 도착시간이 새벽이나 아침이라면 호텔측은 그 고객을 위해서 그 전날부터 객실을 비우고 있어야 하기 때문에 비록 그 객실에 투숙하지 않았더라도 야간요금을 받는 것을 말한다.

/ 2004년 43번 문제 / 2004년 70번 문제 / 2009년 63번 문제 /
/ 2014년 54번 문제 /

65 두 개의 객실이 서로 나란히 연결되어 있으며 객실 내 연결된 문이 있어 객실 내부에서 두 룸 간의 왕래가 가능한 룸은?

　가. 어드조이닝 룸(adjoining room)[137]
　나. 커넥팅 룸(connecting room)
　다. 아웃사이드 룸(outside room)
　라. 인사이드 룸(inside room)

　🗒 나

> Outside room : 바깥 쪽의 객실로 외부의 경치를 볼 수 있는 객실

/ 2009년 70번 문제 /

객실과 객실 사이에 통용문이 설치되어 있는 객실로서 가족여행 및 동료들의 단체여행에 좋으며, 리빙룸(living room)을 공동으로 활용할 수 있는 객실의 형태는?

　가. 스튜디오 베드룸 (studio bed room)
　나. 스위트 룸 (suite room)
　다. 팔러 (parlour)
　라. 커넥팅 룸 (connecting room)

　🗒 라

66 관광진흥법령상[138] 관광객이용시설업에 해당하지 않는 것은?

　가. 전문휴양업　　　　나. 관광유람산업
　다. 관광공연장업　　　라. 관광식당업

　🗒 라

---

137) adjoining room : 벽을 두고 있는 바로 옆 방
138) 관광사업의 종류
1. 여행업의 종류
　가. 일반여행업 : 국내외를 여행하는 내국인 및 외국인을 대상으로 하는 여행업
　나. 국외여행업 : 국외를 여행하는 내국인을 대상으로 하는 여행업
　다. 국내여행업 : 국내를 여행하는 내국인을 대상으로 하는 여행업
2. 호텔업의 종류
　가. 관광호텔업 : 관광객의 숙박에 적합한 시설을 갖추어 관광객에게 이용하게 하고 숙박에 딸린 음식·운동·오락·휴양·공연 또는 연수에 적합한 시설 등을 함께 갖추어 관광객에게 이용하게 하는 업(업)
　나. 수상관광호텔업 : 수상에 구조물 또는 선박을 고정하거나 매어 놓고 관광객의 숙박에 적합한 시설을 갖추거나 부대시설을 함께 갖추어 관광객에게 이용하게 하는 업
　다. 한국전통호텔업 : 한국전통의 건축물에 관광객의 숙박에 적합한 시설을 갖추거나 부대시설을 함께 갖추어 관

광객에게 이용하게 하는 업
　라. 가족호텔업 : 가족단위 관광객의 숙박에 적합한 시설 및 취사도구를 갖추어 관광객에게 이용하게 하거나 숙박에 딸린 음식·운동·휴양 또는 연수에 적합한 시설을 함께 갖추어 관광객에게 이용하게 하는 업
3. 관광객 이용시설업의 종류
　가. 전문휴양업
　나. 종합휴양업
　　(1) 제1종 종합휴양업 : 관광객의 휴양이나 여가 선용을 위하여 숙박시설 또는 음식점시설을 갖추고 전문휴양시설 중 두 종류 이상의 시설을 갖추어 관광객에게 이용하게 하는 업이나, 숙박시설 또는 음식점시설을 갖추고 전문휴양시설 중 한 종류 이상의 시설과 종합유원시설업의 시설을 갖추어 관광객에게 이용하게 하는 업
　　(2) 제2종 종합휴양업 : 관광객의 휴양이나 여가 선용을 위하여 관광숙박업의 등록에 필요한 시설과 「제1종 종합휴양업의 등록에 필요한 전문휴양시설 중 두 종류 이상의 시설 또는 전문휴양시설 중 한 종류 이상의 시설 및 종합유원시설업의 시설을 함께 갖추어 관광객에게 이용하게 하는 업
　다. 자동차야영장업 : 자동차를 이용하는 여행자의 야영·취사 및 주차에 적합한 시설을 갖추어 관광객에게 이용하게 하는 업
　라. 관광유람선업
　　(1) 일반관광유람선업 : 「해운법」에 따른 해상여객운송사업의 면허를 받은 자나 「유선 및 도선사업법」에 따른 유선사업의 면허를 받거나 신고한 자가 선박을 이용하여 관광객에게 관광을 할 수 있도록 하는 업
　　(2) 크루즈업 : 「해운법」에 따른 순항(순항) 여객운송사업이나 복합 해상여객운송사업의 면허를 받은 자가 해당 선박 안에 숙박시설, 위락시설 등 편의시설을 갖춘 선박을 이용하여 관광객에게 관광을 할 수 있도록 하는 업
　마. 관광공연장업 : 관광객을 위하여 적합한 공연시설을 갖추고 공연물을 공연하면서 관광객에게 식사와 주류를 판매하는 업
　바. 외국인전용 관광기념품판매업 : 외국인 관광객(출국 예정 사실이 확인되는 내국인을 포함한다)에게 물품을 판매하기에 적합한 시설을 갖추어 국내에서 생산되는 주원료를 이용하여 제조하거나 가공된 물품을 판매하는 업
4. 국제회의업의 종류
　가. 국제회의시설업 : 대규모 관광 수요를 유발하는 국제회의를 개최할 수 있는 시설을 설치하여 운영하는 업
　나. 국제회의기획업 : 대규모 관광 수요를 유발하는 국제회의의 계획·준비·진행 등의 업무를 위탁받아 대행하는 업
5. 유원시설업(유원시설업)의 종류
　가. 종합유원시설업 : 유기시설이나 유기기구를 갖추어 관광객에게 이용하게 하는 업으로서 대규모의 대지 또는 실내에서 법 제33조에 따른 안전성검사 대상 유기시설 또는 유기기구 여섯 종류 이상을 설치하여 운영하는 업
　나. 일반유원시설업 : 유기시설이나 유기기구를 갖추어 관광객에게 이용하게 하는 업으로서 법 제33조에 따른 안전성검사 대상 유기시설 또는 유기기구 한 종류 이상을 설치하여 운영하는 업
　다. 기타유원시설업 : 유기시설이나 유기기구를 갖추어 관광객에게 이용하게 하는 업으로서 법 제33조에 따른 안전성검사 대상이 아닌 유기시설 또는 유기기구를 설치하여 운영하는 업
6. 관광 편의시설업의 종류
　가. 관광유흥음식점업 : 식품위생 법령에 따른 유흥주점 영

67 다음은 무엇에 관한 설명인가?

> '대중관광' 이라는 의미로서, 여행하는 모든 국민은 지위고하, 빈부격차를 불문하고, 비용에 여유가 없는 계층의 사람들에게 여행할 기회를 주려고 하는 취지

가. Family Tourism   나. New Tourism
다. Social Tourism   라. Modern Tourism

📝 다

68 500실을 보유하고 있는 특급호텔이 50실은 호텔의 사로 이용하고 있으며, 2006년 평균공표 요금은 객실당 15000원일 경우, 2006년 80000실이 판매되었다면 객실 판매율은?[139]

가. 52.4%   나. 48.7%
다. 30.9%   라. 62.4%

업의 허가를 받은 자가 관광객이 이용하기 적합한 한국전통 분위기의 시설을 갖추어 그 시설을 이용하는 자에게 음식을 제공하고 노래와 춤을 감상하게 하거나 춤을 추게 하는 업

나. 관광극장유흥업 : 식품위생 법령에 따른 유흥주점 영업의 허가를 받은 자가 관광객이 이용하기 적합한 무도(무도)시설을 갖추어 그 시설을 이용하는 자에게 음식을 제공하고 노래와 춤을 감상하게 하거나 춤을 추게 하는 업

다. 외국인전용 유흥음식점업 : 식품위생 법령에 따른 유흥주점영업의 허가를 받은 자가 외국인이 이용하기 적합한 시설을 갖추어 그 시설을 이용하는 자에게 주류나 그 밖의 음식을 제공하고 노래와 춤을 감상하게 하거나 춤을 추게 하는 업

라. 관광식당업 : 식품위생 법령에 따른 일반음식점영업의 허가를 받은 자가 관광객이 이용하기 적합한 음식 제공 시설을 갖추고 관광객에게 특정 국가의 음식을 전문적으로 제공하는 업

마. 시내순환관광업 : 「여객자동차 운수사업법」에 따른 여객자동차운송사업의 면허를 받거나 등록을 한 자가 버스를 이용하여 관광객에게 시내와 그 주변 관광지를 정기적으로 순회하면서 관광할 수 있도록 하는 업

바. 관광사진업 : 외국인 관광객과 동행하며 기념사진을 촬영하여 판매하는 업

사. 여객자동차터미널시설업 : 「여객자동차 운수사업법」에 따른 여객자동차터미널사업의 면허를 받은 자가 관광객이 이용하기 적합한 여객자동차터미널시설을 갖추고 이들에게 휴게시설·안내시설 등 편의시설을 제공하는 업

아. 관광펜션업 : 숙박시설을 운영하고 있는 자가 자연·문화 체험관광에 적합한 시설을 갖추어 관광객에게 이용하게 하는 업

자. 관광삭도업 : 「삭도·궤도법」에 따른 삭도사업의 허가를 받은 자가 주변 관람과 운송에 적합한 시설을 갖추어 관광객에게 이용하게 하는 업

139) 판매 가능한 객실 : 450×365 = 164250실
    판매된 객실 : 80000
    객실 판매율 = 판매된 객실 / 판매가능한 객실×100

📝 나

450 × 365일 = 164,250
(80,000 / 164,250) × 100 = 48.7%

69 안내원이 각 관광지에서의 관광만 안내서비스하고 그 외에는 여행자가 단독으로 여행하는 방식으로 일명 "Local Guide System"이라고 하는 것은?

가. IIT(Inclusive Independent Tour)
나. FIT(Foreign Independent Tour)
다. DIT(Domestic Independent Tour)
라. ICT(Inclusive Conducted Tour)

📝 가

· FIT : foreign independent tour
· Package tour = inclusive conducted tour
· Inclusive tour : 여행알선업자에게 필요한 총경비를 전액 지불하고 여행안내를 첨부시키는 것
· Inclusive conducted tour : 안내원이 여행의 전 일정을 동행하며 인솔하는 포괄여행
· Inclusive independent tour : 관광지에서 안내원이 서비스만을 행하고 그 외에는 관광객 단독으로 즐기는 여행. 일명 local guide system이라고 함
· Domestic independent tour : 국내 개인여행
· Foreign escorted tour : 외국 안내원이 첨승하는 여행

70 호텔서비스 중 "Paging Service"란 무엇을 의미하는가?

가. 현관에서 등록데스크까지 짐을 운반해주는 서비스이다.
나. 도어맨(Door Man)이 현관에서 고객을 영접하는 서비스이다.
다. 고객의 요청에 따라 다른 고객을 찾아주는 서비스이다.
라. 고객의 짐을 호텔을 이용하는 동안 보관해 주는 서비스이다.

📝 다

41 항공권의 예약상황을 표시하는 약어 중 대기상태를 뜻하는 것은?

가. OK 　　　　　나. RQ
다. RT 　　　　　라. CH

답 나

OK = KH : Confirmed
RQ : Requested, Waitlisted
OW : One way
RT : Round trip = CT : Circle trip
RTW : Round the world

/ 2010년 69번 문제 /

42 관광산업의 경제적 효과에 해당되지 않는 것은?

가. 국제 수지효과 　　나. 여가생활 증대효과
다. 조세수입 증가효과 　라. 고용 창출효과

답 나

43 다음 중 호텔 객실점유율에 관한 설명으로 옳은 것은?

가. 호텔경영 성공을 위한 기본측정으로서 매출액, 인력관리, 영업성과 등과 관련된 주요한 자료이다.
나. 객실에서 확실한 이윤을 창출하는 방법으로 다른 운영 부서에 적용할 때 이익을 창출하는 중요한 수단이다.
다. 객실 판매 촉진을 위한 할인 제도이다.
라. 호텔과 거래가 많은 개인, 기업, 여행사들을 위해 시간제한이나 보증금 없이 예약을 받아주는 상호 협약이다.

답 가

/ 2006년 55번 문제 /

44 예약고객의 No-Show와 Cancellation의 차이는?

가. 지불 여부 　　　나. 취소 여부
다. 만족 여부 　　　라. 투숙 여부

답 나

No show : 객실을 예약한 고객이 사전에 아무런 예약없이 나타나지 않는 경우
예약시 신용카드 번호를 남겼다면 guaranteed payment reservation으로 객실료를 청구할 수 있다.

45 매리어트, 홀리데이 인 등의 기존 대규모 호텔체인들은 1박에 30달러의 숙박으로부터 200달러 이상의 고급 호텔에 이르기까지 다양한 형태를 개발하여 모든 시장에 대응하려는 시장전략을 구사하고 있다. 이러한 전략을 무엇이라고 하는가?

가. 풀 라인(Full line)전략
나. 풀 코스(Full course)전략
다. 제한된 서비스(Limited service)전략
라. 강화된 서비스(Up-grade service)전략

답 가

· Full line전략 : 기업이 제공하는 상품라인의 폭과 깊이와 그 업계에서 판매하는 모든 상품을 폭넓게 갖추려는 전략으로 예를 들면, 가정전기메이커가제작한 모든 상품품목을 계열 판매점에서 모두 갖추려는 전략을 말한다.
· Product differentiation strategy : 상품차별화 전략
· Trading up전략 : 고품질, 고성능, 고급 이미지 등 이미지 개선을 노리는 전략
· Diversification 전략 : 신제품 개발 등
· 수평적 다각화(Horizontal diversification)은 동일 고객층에게 신상품을 제공하는 전략
· 수직적 다각화(Vertical diversification)은 완성품 메이커가 원료부문에 진출하는 경우
· 집성적 다각화(Conglomerate diversification)은 현재 상품과 관련없는 이질적 분야로의 진출. 예를 들어서 메리어트사가 레스토랑 → 호텔 → 유람선 → 항공사 케이터링 → 테마공원 등으로 다각화하여 성공하고 있다.

46 다음 중 TWOV(Transit Without Visa)에 대한 설명으로 틀린 것은?

가. 제3국으로 계속 여행할 수 있는 서류를 구비하고 있어야 한다.

나. 출입공항이 동일해야 한다.

다. 외교관계가 수립되어 있지 않은 국가에도 적용된다.

라. 입국하고자 하는 국가로부터 정식 Visa를 받지 않아도 일정기간 체류할 수 있는 제도이다.

🔲 다

Transit without visa(무사증 단기체류) : 비자 없이 여행객이 특정 국가에서 단기 체류하는 것. 항공기를 갈아타기 위해서 단기간 체재하는 경우

/ 2010년 59번 문제 /

47 국제관광수입이 $1000이고, 국제관광선전비가 $300, 면세품 구입가격이 $150이라면 외화가득률은?

가. 45%   나. 55%

다. 70%   라. 85%

🔲 나

외화가득률 = 국제관광수입 - 국제관광선전비 - 면세품 구입가격 / 국제관광수입×100
1000 / 1000- 300 - 150×1000 = 55%

/ 2006년도 59번 문제 /

48 단독호텔들이 서로 협력하기 위해 조직한 체인형의 호텔 운영 형태는?

가. 경영계약   나. 프랜차이즈

다. 독립경영   라. 리퍼럴

🔲 라

Referral 호텔 : 중소호텔들이 대규모 호텔 체인에 대항하기 위해서 만든 체인으로 회원 호텔들이 회비를 내고 서로 정보교환, 공동광고, 예약망을 통한 편의를 제공한다.

49 19C 초 유럽에서 건설된 최초의 근대식 호텔은?

가. 바디쉬 호프 (Badische Hof)

나. 루브르 호텔 (Hotel de Louvre)

다. 그랜드 호텔 (Le Grand Hotel)

라. 카이제르 호프 (Kaiser Hof)

🔲 가

50 여행업자가 가입하거나 예치하고 이를 유지하여야 할 보증보험 등의 가입금액 또는 영업보조금의 예치금액이 맞는 것은?

가. 국내 여행업 – 2천만원 이상

나. 국외 여행업 – 5천만원 이상

다. 일반 여행업 – 1억원 이상

라. 기획여행실시의 경우 – 9억원 이상

🔲 가

법이 바뀌었으므로 2011년도 69번을 확인한다.

관광진흥법규상 직전년도 매출액이 1억원 미만인 국외여행업자가 여행알선과 관련한 사고로 인해 관광객에게 피해를 준 경우 그 손해를 배상할 것을 내용으로 하는 보증보험 가입금액 기준으로 옳은 것은?

가. 30,000천원   나. 40,000천원

다. 55,000천원   라. 100,000천원

🔲 가

보증보험 가입금액(영업보증금 예치금액) 기준

단위: 천원

직전 사업연도 매출액	국내 여행업	국외 여행업	일반 여행업	국외여행업의 기획여행	일반여행업의 기획여행
1억원 미만	20,000	30,000	50,000		
1억원 이상 5억원 미만	30,000	40,000	65,000		
5억원 이상 10억원 미만	45,000	55,000	85,000	200,000	200,000
10억원 이상 50억원 미만	85,000	100,000	150,000		
50억원 이상 100억원 미만	140,000	180,000	250,000	300,000	300,000
100억원 이상 1000억원 미만	450,000	750,000	1,000,000	500,000	500,000
1000억원 이상	750,000	1,250,000	1,510,000	700,000	700,000

/ 2011년도 69번 문제 /

51 다음 중 객실형태에 따른 호텔의 공표요금은?

가. tariff

나. complimentary

다. commercial rate

라. hold room charge

🔲 가

· Commercial rate : 특정 회사와 호텔간의 계약에 의하여 일정한 비율로 숙박요금을 할 인해 주는 제도

· Hold Room Charge : 고객의 개인 사물을 객실에 놓아둔 채 단기간 여행이나, 지방에 다 녀오는 경우, 또는 실제 고객이 도착하지 않은 상태에서 객실을 고객의 성명으로 보류하여 둔 경우에 적용되는 추가요금

· Complimentary : 무료

· Sleeper : 사무 착오로 인해서 room rack에 투숙 중이라고 되어 있는 빈 객실

· Sleep out : 객실은 사용하지만 고객이 취침 을 하지 않는 객실 또는 고객

· Walk-in guest : 사전에 예약을 하지 않고 당일 호텔에 와서 투숙하는 고객

· Walk a guest : 예약을 한 고객 중에서 투숙 이 불가능하게 되어, 무료로 다른 호텔에 투숙 을 주선해 주는 고객

· Innkeeper's lien : 고객의 미지출 대금에 대 해서 고객의 재산을 차압할 수 있는 법적 권한

· MIP : most important person으로 VIP 보 다 한 단계 귀한 고객

· Skipper : 객실 비용을 지불하지 않고 도망가 는 고객

· House Use Room : 업무상 부득이한 사정으 로 호텔종업원이 공무로 사용하는 객실

52 다음은 무엇에 관한 설명인가?

구매가격 결정방법의 하나로서, 업자와 전화나 구두로 협상하여 거래하는 것을 말하며, 이 경 우 많은 업자가 동일지역에 밀집해 있는 경우에 사용된다. 신선한 재료구입과 재료의 손실이 적 은 것이 장점이다.

가. Informal buying method
나. Semi informal purchase method
다. Formal buying method
라. All food buying method

📋 가

· Formal buying method : 여러 입찰업체 (vender)로부터 제안(bids)를 받아서 결정하 는 방법. 모든 구매가 서식이나 일정 양식에 의하여 이루어진다.

· Informal buying method : 전화나 구두로 구매협상을 하여 거래가격을 결정하는 방법으 로 우리나라 호텔에서 농수산물 구입에 주로 사용하는 방법

53 다음 중 양식당의 테이블과 의자에 관한 설명으로 옳은 것은?

가. 2인용 정사각형 테이블의 가로 · 세로는 50~ 60cm이며, 높이는 90~100cm이다.

나. 4인용 직사각형 테이블은 가로 150cm, 세로 200cm이며, 높이는 72~75cm이다.

다. 4인용 정사각형의 테이블일 경우 가로 · 세로 가 각 85~90cm이며, 높이는 72~75cm이다.

라. 의자의 높이는 50cm이며, 앉는 부분의 넓이 는 60×60cm이다.

📋 다

54 다음 중 서비스 종류와 그에 대한 설명으로 옳은 것만 고른 것은?

ⓐ English Service – 접객원은 많은 고객을 서브 할 수 있으며, 좋은 서비스도 제공할 수 있다.

ⓑ American Service – 고객의 회전이 느린 식당에 적합하다.

ⓒ French Service – 고객 스스로 요리를 분 배하여 식사한다.

ⓓ Russian Service – 게리돈 서비스에 비해 서 특별한 준비물이 필요 없다.

ⓔ Buffet Service – 다수의 접객원으로 많은 고객을 서비스할 수 있다.

가. ⓐ, ⓒ   나. ⓐ, ⓓ
다. ⓑ, ⓓ   라. ⓑ, ⓔ

📋 나

※ 프랜치 서비스 French Service

· 고객의 테이블 앞에서 간단한 조리기구와 재 료가 준비된 조리용 카트(wagon)을 이용하여 직접 요리를 만들어 제공하거나, gueridon을 이용하여 silver platter에 담겨 나온 음식을 알코올 램프 또는 가스 램프를 사용하여 음식 이 식지 않게 하여 덜어주기도 하며 먹기 편 하도록 생선가시를 제거해 주고 요리를 잘라 주기도 한다.

- 보통 2-3명의 상당히 숙련된 종사원이 서비스하기 때문에 인력이 많이 필요
- 일품요리를 제공하는 전문식당에 적합한 서비스
- 메인 코스는 오른손, 버터 등은 왼손
- 중간에 Finger bowl(손 닦는거)이 나간다.
- 후식 전에 치즈, 과일 등이 나감
- 유리그릇은 되도록 사용하지 않는다.

※ 러시안 서비스 Russian Service
- Russian service는 French service와 비슷한 점이 많으며, 종사원이 무거운 platter를 사용하며 테이블 셋팅은 french service와 동일하다.
- 전형적인 연회서비스이다.
- french service에 비해 특별한 준비기물이 필요하지 않다.
- 모든 음식을 주방에서 해결
- 큰 접시에 담아서 내놓는다.
- 서비스 하기 쉽고 품위가 있다

※ 영국식 서비스 English Service
- family style service라고도 한다. 음식이 plate 또는 tray에 담겨져 테이블로 운반되면 테이블에서 주빈 또는 종사원이 각 접시에 담아서 모든 사람에게 돌려주거나, 큰 접시를 돌려 가면서 각자가 덜어먹는 형식이다. 이 서브 형식은 가족적인 소연회나 칠면조가 제공되는 미국식 추수감사절 만찬에 적합하다.

※ 아메리칸 서비스 American Service
- french service 보다 화려하지 않으나 레스토랑에서 일반적으로 이루어지는 서비스 형식이다. 즉, 주방에서 미리 접시에 보기 좋게 담겨진 음식을 직접 운반하여 고객에게 서브하는 방법으로 신속하고 능률적이기 때문에 레스토랑에서 가장 일반적으로 사용되며 고객회전이 빠른 레스토랑에 적합하다.

※ Banquet Service
- 같은 시간내에 단체로 들어온다.
- 웨이터를 잘못배치하면 서비스에 차질
- 한 테이블에 10명을 앉힌다.
- 테이블 위에 꽃을 놓는다.
- 포크 3개, 나이프 3개, 스푼 3개

※ 뷔페
- 뷔페 상은 아름답게 꾸며야 함
- 채소들로 장식을 많이 함

- 뷔페상(접시)을 조금 비스듬하게
- 25cm이상 올리지 말것
- 뷔페상 5cm 이상은 두 줄로 분류시킬 것
- 음식의 양을 많이 놓으면 소비량 많아짐
- 음식을 자주 갈아줌
- 찬 음식은 앞에, 더운 음식은 뒤에
- 원가가 적게 드는 것을 앞에, 비싼 것을 뒤에
- 개인 접시가 크면 안 됨
- 웨이터가 포스트 역할

※ 룸 서비스
- 일반 식당에서 먹는것 보다 비쌈
- 메뉴가 한정 되어 있다
- 룸 서비스를 위한 엘리베이터 따로 있음
- 24시간 룸서비스 대기
- 방에 들어가서 완전한 상차림을 해 줌

※ Tray Service
- 비행기 음식, 병원 음식 등
  같은 시간대에 한꺼번에 음식을 내놓음. 음식이 한정되어 있음

※ 카운터 서비스
- 백화점, 공항(스낵바) : 시간을 단축시키는 이점이 있음

55 호텔에서 초과예약을 하는 이유로 옳은 것은?

가. 객실수를 증대시키기 위해
나. 숙박하고자 하는 고객에 대한 호텔의 객실예약의 신뢰도를 높이기 위해서
다. 예약고객의 나타나지 않을 경우를 대비해 판매객실수를 증대시키기 위해
라. 예약된 고객에게 좀 더 확실하게 하기 위해서
📋 다

56 다음 중 연회예약 접수의 절차로 옳은 것은?

가. 예약접수 → 예약전표 → Control Chart Booking → Control Chart 확인 → 견적서 및 Menu 작성 → 연회 행사 통보서 작성
나. 예약접수 → Control Chart 확인 → 예약전표 → 견적서 및 Menu 작성 → 연회 행사 통보서 작성 → Control Chart Booking
다. 예약접수 → Control Chart 확인 → 예약전표 → Control Chart Booking → 견적서 및 Menu 작성 → 연회 행사 통보서 작성
라. 예약접수 → 예약전표 → Control Chart 확

인 → 견적서 및 Menu 작성 → Control Chart Booking → 연회 행사 통보서 작성

🈔 다

> 고객의 예약의뢰 - Control Chart 확인 - 예약전표 - Control Chart Booking - 견적서 및 Menu 작성 - 연회행사 통보서 작성

57 다음 중 호텔 서비스품질에 관한 설명으로 옳은 것은?

가. 호텔 서비스품질은 최종적으로 종업원 자신에 의해서 판단된다.
나. 호텔 서비스품질은 인적 서비스의 품질을 지칭하는 것이다.
다. 호텔 서비스품질은 고객과의 만남(encounter)에서 결정된다.
라. 호텔 서비스품질은 생산을 중시하기 때문에 고객의 성향보다는 종업원의 태도가 더 중요하다.

🈔 다

58 다음 중 정부의 관광 진흥정책 수립시 고려해야 할 사항이 아닌 것은?

가. 외국인 관광객의 유치촉진 및 외국인 관광객에 대한 접대의 향상을 도모하는 일
나. 가족여행, 그 밖의 건전한 국민대중 관광여행의 발전을 도모하는 일
다. 저개발국가에 대하여 관광개발을 도모하는 일
라. 관광자원의 보호 및 육성 · 개발을 도모하는 일

🈔 다

59 호텔 Catering 부서가 높은 마진율을 유지하는 이유가 아닌 것은?

가. 일반적으로 메뉴의 선택이 다양하므로 질 높은 식음료 서비스를 통해 판매가 증가한다.
나. 만찬의 경우 가격이 유동적이므로 보다 비싼 가격을 받을 수 있다.
다. 많은 사람을 동시에 서빙하여 가격원가를 낮출 수 있다.
라. 참석자의 수나 행사의 종류와 메뉴 등이 정해져 있기 때문에 미리 업무를 분담해 인력의 생산성이 높다.

🈔 가

셋팅된 메뉴로 한정하여 음식 서비스 제공

/ 2014년 58번 문제 /

60 다음 중 호텔 하우스 키핑의 중요성과 관계가 없는 것은?

가. 호텔의 고정자산 관리
나. 호텔상품의 창조 및 재생산 기능
다. 운영경비의 효율적 활용
라. 호텔상품의 판매기능

🈔 라

61 호텔업 경영의 특성에 관한 설명 중 틀린 것은?

가. 자본의 고정화율이 높다.
나. 자본의 회전율이 높다.
다. 노동집약적인 산업이다.
라. 입지조건이 경영을 좌우한다.

🈔 나

62 다음 중 관광호텔업의 등급결정신청을 할 수 없는 경우는?

가. 호텔을 신규 등록한 경우
나. 호텔의 경영전략상 등급조정이 절실하다고 판단된 경우
다. 등급결정을 받은 날부터 3년이 지난 경우
라. 시설의 증 · 개축 또는 서비스 및 운영실태 등의 변동에 따른 등급조정사유가 발생한 경우

🈔 나

> 관광진흥법 시행규칙 제25조 (호텔업의 등급결정기준등)
> ① 호텔업의 등록을 한 자는 다음 각 호의 사유가 발생한 날부터 60일 이내에 문화체육관광부장관으로부터 등급결정권을 위탁받아 고시된 법인에 등급결정을 신청하여야 한다.
> 1. 호텔을 신규 등록한 경우
> 2. 등급결정을 받은 날부터 3년이 지난 경우
> 3. 시설의 증 · 개축 또는 서비스 및 운영실태 등의 변경에 따른 등급 조정사유가 발생한 경우
> ③ 등급결정을 하는 경우에는 다음 각 호의 요소를 평가하여야 하며, 그 세부적인 기준 및 절차는 문화체육관광부장관이 정하여 고시한다.

1. 서비스 상태
2. 건축 · 설비 · 주차시설
3. 전기 · 통신시설
4. 소방 · 안전 상태
5. 소비자 만족도

---

63 특정 VIP나 Executive Floor에서 고객에게 세심하게 식음료 서비스를 하는 것은?

가. 프렌치(French) 서비스
나. 러시안(Russian) 서비스
다. 컨티넨탈(Continental) 서비스
라. 버틀러(Butler) 서비스

답 라

Butler service란 일명 24시간 그림자 서비스라고 불리우며, 고객 당 한 명의 종업원이 집사 역할을 수행하면서 고객이 요구하는 사소한 잔심부름을 포함해서 모든 서비스를 제공한다. 고객의 가장 가까운 곳에 항시 대기하고 있으면서 예를 들어서 수하물을 풀고 싸는 것을 도와주거나, 객실의 생수 교체하거나, 고객의 구두를 닦아주거나, 차와 커피를 객실까지 배달해 주는 등의 세심한 서비스를 제공한다.
concierge service : Butler service와 동일한 개념으로 호텔 투숙객이 필요로 하는 모든 서비스를 제공한다. 수하물 들어주기, 신문 제공, 관광, 레스토랑, 항공권, 렌터카, 리무진, 차량 무료 서비스, 각종 문화행사 안내 및 예약을 해결해 준다.

/ 2005년 54번 문제 /

---

64 다음 중 패키지 관광의 장점이 아닌 것은?

가. 여행 전에 총 비용을 정확하게 알 수 있다.
나. 매력있는 장소 등을 확실하게 관람할 수 있다.
다. 관광상품의 변경을 탄력적으로 할 수 있다.
라. 가격이 저렴하다.

답 다

---

65 다음과 같은 조건에서 당일 Walk-in Guest에게 판매 가능한 객실 수는?

· Total Rooms Available : 400

· Out of Order : 10
· Understay : 5
· Overstay(extension) : 9
· Reservation : 160
· Stayover : 179
· House Use : 3
(단, No Show Rate는 10%, Cancellation Rate는 5%로 가정하며, 단위는 Rooms이다.)

가. 66   나. 67
다. 68   라. 69

답 다

· Out of order : 수리 중인 방 (판매할 수 없음)
· Understay : 예약한 기간보다 일찍 방을 비우고 나간 방 (현재 객실이 빈 방인 상태이므로 판매 가능)
· Overstay : 예약한 기간보다 더 오래 방을 사용하면서 체류 중이므로 현재 사용 중이므로 판매할 수 없는 방
· Stayover : 현재 사용 중인 방

Total rooms available	400
Out of order	-10
Overstay	-9
Reservation	-160
Stayover	-179
House use	-3
	39
Reservation에서 10% No show	16
Reservation에서 5% Cancellation	8
Understay	5
	68

· Reservation 160 중에서 10%는 No show(예약하고 나타나지 않는 고객)이므로 160개 객실 중 10%는 판매 가능
· Reservation 160 중에서 Cancellation rate(고객이 예약을 취소)가 5%이므로 160개 객실 중에서 5%는 판매 가능

/ 2006년 69번 문제 / 2011년 55번 문제 /

---

66 다음 중 관광산업의 일반적 특징으로 틀린 것은?

가. 복합성   나. 입지의존성
다. 공익성   라. 불변성

답 불변성

67 1달러의 관광지출 투입이 50센트의 직접소득과 25센트의 간접소득 및 유발소득을 창출한다고 가정하면 계산상 정상적 소득승수[140]는 얼마인가?

가. 0.5달러 나. 0.75달러
다. 1.5달러 라. 2달러

답 다

/ 2004년도 46번 문제 /

68 고객이 사전에 예약을 하고 정해진 시각에 호텔에 도착하지 않는 경우 호텔 측에서 취해야 할 행동이 아닌 것은?

가. 먼저 고객이 이미 호텔에 투숙하였는지를 확인한다.
나. 고객이 예약한 날짜가 정확한지를 다시 한번 점검한다.
다. 당일의 예약카드를 가까운 날짜의 예약카드와 함께 보관한다.
라. 예약보증금을 회계원(cashier)에게 인계하여 수입 계정으로 분류한다.

답 라

69 하우스 유스(House Use)의 의미로 옳은 것은?

가. 호텔의 임직원이 공무로 사용하는 객실
나. 무료로 제공하는 객실
다. 하우스 키핑(House Keeping) 사무실
라. 가족이 공동으로 사용하는 객실

답 가

/ 2003년 65번 문제 / 2012년 68번 문제 /

70 관광산업체의 특성과 거리가 먼 것은?

가. 서비스지향성
나. 고객과 종업원에 대한 고려
다. 높은 생산성
라. 대규모보다는 중소규모의 사업

답 다

---

140) 소득승수 : 각 산업에 대한 최종수요 1단위가 발생하였을 때 그 것이 그 나라 국민의 소득수준을 얼마나 증대시켰는가를 나타낸다.
고용승수 : 한 단위의 최종수요 발생이 그 나라 산업에서의 고용기회를 얼마나 증대시키는가를 나타낸다.

41 호텔의 Rack rate가 의미하는 것은?

가. 실제요금　　　나. 단체요금
다. 할인요금　　　라. 공표요금

답 라

/ 2006년 73번 문제 / 2011년 65번 문제 /

42 다음 중 린넨 클럭(Linen clerk)의 업무와 가장 거리가 먼 것은?

가. 세탁물을 집계 · 확인한다.
나. 파손과 망실을 파악하여 보고하고 처리한다.
다. 세탁물에 관한 bill을 작성 · 발행한다.
라. 비품, 린넨류, 소모품을 장표에 기록하고 정리한다.

답 다

43 다음 중 Turn away 서비스에 대한 설명으로 옳은 것은?

가. 호텔이 보유객실보다 많은 예약을 받는 것을 말하며, 예약을 취소하거나 no show에 대비하기 위한 것이다.
나. 호텔 예약을 하고 취소 연락없이 호텔을 이용하지 않는 경우를 말하며, 이런 경우를 대비하여 통상 초과예약을 받는다.
다. 호텔 내부나 외부 고객으로부터의 요구에 의해 로비 및 커피숍 등의 업장에 있는 고객을 찾아주는 서비스이다.
라. 초과 예약된 손님한테 객실제공을 하지 못한 경우, 정중한 사과와 함께 다른 호텔을 잡아주는 서비스이다.

답 라

44 다음 A호텔이 가지고 있는 객실예약관련 문제점은?

> A호텔은 객실예약시 이 문제를 해결하기 위하여 초과예약(over booking)제도를 실시하였고 최근 고객 예치금과 보증 예약제도를 도입하였다.

가. 노우 쇼우(no show)
나. 조기 도착(early arrivals)
다. 돈을 지불하지 않고 체크아웃
라. 예약된 기간보다 초과 체류

답 가

45 A호텔은 작년 크리스마스에 보유한 객실 300실 중 250실을 판매하여 일 매출액이 50,000,000원이었다면 작년 크리스마스의 객실 평균요금과 점유율은?

가. 166,666원, 약 73.3%
나. 166,666원, 약 83.3%
다. 200,000원, 약 73.3%
라. 200,000원, 약 83.3%

답 라

· 객실점유율은 300실/250실 = 0.83.3(83.3%)
· 객실 평균요금은 50,000,000/250 = 200,000원
☞ 일매출액이므로 50,000,000이므로 50,000,000/250(실)×365일로 계산하면 틀리다. 그러나 만약 문제가 연매출액이면 50,000,000 / 250(실)×365로 계산한다.

46 관광진흥법령상 수상관광호텔업의 등록기준으로 옳은 것은?

가. 수상관광호텔이 위치하는 대지는 관계법에 따라 점용허가를 받아야 한다.
나. 욕실이나 샤워시설을 갖춘 객실을 30실 이상 갖추고 있어야 한다.
다. 수상오염을 방지하기 위한 오수 · 저장 · 처리시설 또는 폐기물처리시설을 갖추고 있어야 한다.
라. 회원을 모집하는 경우에는 구조물 및 선박의 소유권 또는 사용권을 확보하여야 한다.

답 나

47 국제회의 개최가 관광산업에 미치는 효과와 가장 거리가 먼 것은?

가. 지역문화와 관광홍보
나. 대규모 관광객 유치
다. 관광의 계절성 극복 가능
라. 관광기업의 마케팅 비용 증대

🔖 라

/ 2004년 8번 문제 /

48 호텔의 FOH(Front of the house) 기능에 해당되지 않는 것은?

가. front office/desk   나. F&B
다. banquet   라. purchasing agent

🔖 라

49 사업계획 승인을 받지 않고 등록하는 관광사업 업종은?

가. 여행업
나. 관광숙박업
다. 관광객이용시설업 중 관광유람선업
라. 국제회의업 중 국제회의시설업

🔖 가

50 미국의 버팔로 스타틀러(Buffalo statler) 호텔의 경영 방식을 도입, 일반대중을 상대로 영업한, 당시 한국 최대의 시설규모인 객실 111개를 갖추고 1936년에 개관한 호텔은?

가. 부산철도호텔   나. 반도호텔
다. 대원호텔   라. 조선호텔

🔖 나

51 호텔업의 등급결정을 위한 평가 요소가 아닌 것은?

가. 재정 상태   나. 서비스 상태
다. 전기, 통신시설   라. 건축, 설비, 주차시설

🔖 가

52 카지노사업의 도입에 따른 기대효과와 가장 거리가 먼 것은?

가. 외래 관광객의 1인당 소비액 증가
나. 지방자치단체의 재정수입 창출
다. 낮은 고용효과

라. 빈약한 자연관광자원지역 이용

🔖 다

53 항공요금 중 Stretcher 운임이란?

가. 인솔자 할인요금
나. 건강상태가 나빠 들 것에 실려 항공여행을 할 때 동반자와 함께 지불하는 운임
다. 배우자와 함께 지불하는 운임
라. 소아에 적용되는 운임

🔖 나

54 다음은 무엇에 관한 설명인가?

> '대중관광' 이라는 의미로서, 여행하는 모든 국민은 지위고하, 빈부격차를 불문하고, 비용에 여유가 없는 계층의 사람들에게 여행할 기회를 주려고 하는 취지

가. Family tourism   나. New tourism
다. Social tourism   라. Modern tourism

🔖 다

55 프런트 데스크(Front desk)의 기능이 아닌 것은?

가. 고객서비스 접수 및 처리
나. 투숙객 여신한도 점검
다. 객실소모품 확인 및 보충
라. 수입 극대화를 위한 정확하고 효율적인 객실 관리

🔖 다

56 관광사업의 경제효과 중 산업효과에 해당되지 않는 것은?

가. 산업진흥   나. 사회자본의 고도이용
다. 고용증대   라. 투자소득

🔖 라

57 호텔상품의 특성이 아닌 것은?

가. 소매성
나. 종사원에 대한 의존성
다. 고정자산에 대한 의존성
라. 수요변화에 따른 탄력성

🔖 라

수요변화에 영향을 크게 받는다. 탄력적으로 대처하지 어렵다.

58 다음은 무엇에 관한 설명인가?

> 마케팅의 철학과 실천을 외부 고객에게 봉사하는 사람들에게 적용하는 마케팅으로, 그 것을 위하여 최고의 사람들이 고용되고 유지될 수 있어야 하며, 그들이 최고의 과업을 수행할 수 있도록 하여야 한다.

가. 관계마케팅(relationship marketing)
나. 외부마케팅(external marketing)
다. 내부마케팅(internal marketing)
라. 미시적 마케팅(micro marketing)

답 다

59 호텔 용어 중 슬리퍼(Sleeper)의 의미로 옳은 것은?

가. 객실에서 투숙 중인 고객을 말한다.
나. 객실용 신을 말한다.
다. 적당한 회계 절차를 밟지 않고 도망친 고객을 말한다.
라. 기록착오로 인하여 비어 있는 객실을 고객이 사용 중인 줄 알고 판매하지 못한 객실을 말한다.

답 라

60 숙박형태에 따른 호텔의 요금제도 중 미국식 (American plan)에 관한 설명으로 옳은 것은?

가. 객실 요금에 아침, 점심, 저녁 식사 요금을 모두 포함해서 계산하는 방식의 요금제도이다.
나. 객실 요금과 식사 요금을 별도로 계산하는 방식의 요금제도이다.
다. 객실 요금에 아침 식사만 포함해서 계산하는 방식의 요금제도이다.
라. 객실 요금에 점심만 포함해서 계산하는 방식의 요금제도이다.

답 가

61 일반 항공권에서 Reservation status를 나타내는 용어 중 RQ의 의미는?

가. 좌석이 확정되었을 때
나. 유아운임을 지불하는 여행객을 표기할 때
다. 좌석예약이 신청 중이거나 대기자 명단에 들어 있을 때
라. 좌석예약을 하지 않은 상태를 나타낼 때 표기하는 방법

답 다

62 호텔의 객실, 레스토랑, 기타 부대시설의 서비스를 제공받고 요금을 지불하지 않고 떠난 손님은?

가. 프리컨트 게스트(frequent guest)
나. 워크인 게스트(walk-in guest)
다. 슬립아웃 게스트(sleep out guest)
라. 스키퍼(skipper)

답 라

/ 2006년 66번 문제 /

63 홀드 룸 차지(Hold room charge)가 적용되는 경우는?

가. 고객이 짐을 객실에 두고 출타하여 사용하지 않을 때
나. 예약한 고객이 당일 한밤 중에 도착할 때
다. 특정한 회사와 일정한 요금으로 계약할 때
라. 예약한 고객이 당일 예약을 취소할 때

답 가

/ 2005년 70번 문제 /

64 다음이 설명하는 메뉴는?

> · 한 입 분량의 크기
> · 계절감과 지방색을 반영한 고유미
> · 주 요리와의 조화를 고려하고, 양이 적고 맛이 좋아야 함
> · 식욕을 돋구는 요리

가. Appetizer   나. Fish
다. Salad   라. Dessert

답 가

65 관광사업의 프로젝트에 대한 가치평가 방법이 아닌 것은?

가. 회계적 이익률법   나. 수정 순이익법
다. 회수기간법   라. 순현가법

답 나

66 관광진흥법령상 여행업의 종류에 해당하지 않는 것은?

가. 국내여행업 　　　　나. 국외여행업
다. 종합여행업 　　　　라. 일반여행업

🗒 다

여행업의 종류
가. 일반여행업 : 국내외를 여행하는 내국인 및 외국인을 대상으로 하는 여행업[사증(査證)을 받는 절차를 대행하는 행위를 포함한다]
나. 국외여행업 : 국외를 여행하는 내국인을 대상으로 하는 여행업(사증을 받는 절차를 대행하는 행위를 포함한다)
다. 국내여행업 : 국내를 여행하는 내국인을 대상으로 하는 여행업

---

67 호텔의 시설이 복합화 되는 이유와 가장 거리가 먼 것은?

가. 좋은 입지의 획득이 어렵다.
나. 식당의 공간이 넓어지고 있다.
다. 지가가 고가이다.
라. 대형화, 고층화와 복합기능화되고 있다.

🗒 나

---

68 체인경영호텔에 관한 설명으로 틀린 것은?

가. 위탁경영은 호텔소유주의 경영권이 상실된다.
나. 체인본부에 로열티 및 수수료를 지급해야 하는 부담이 있다.
다. 유명 브랜드의 사용으로 초기에 신뢰성을 확보할 수 있다.
라. 프랜차이즈 호텔은 체인본부와 가맹점의 관계가 예속관계여서 체인본부가 경영권을 행사한다.

🗒 라

/ 2006년 60번 문제 /

---

69 호텔의 부재소유주(Absentee owner)의 의미로 옳은 것은?

가. 호텔 내에 거주하지 않는 소유주
나. 하나 이상의 호텔을 경영하는 소유주
다. 일상적인 호텔경영관리에 참여하지 않는 소유주
라. 합작투자인 경우 상대편의 호칭

🗒 다

---

70 객실과 객실 사이에 통용문이 설치되어 있는 객실로서 가족여행 및 동료들의 단체여행에 좋으며, 리빙룸(living room)을 공동으로 활용할 수 있는 객실의 형태는?

가. 스튜디오 베드룸(Studio bed room)
나. 스위트 룸(Suite room)
다. 팔러(Parlour)
라. 커넥팅 룸(Connecting room)

🗒 라

/ 2005년 65번 문제 /

2010년도 시행 호텔관광실무론

41 여행업의 경영 특성과 가장 거리가 먼 것은?

　가. 높은 인적자원의 의존도
　나. 생산과 소비의 동시성 때문에 저장이 곤란
　다. 계절성으로 인한 수요의 변화
　라. 비교적 높은 고정자본 투자

　🔖 라

/ 2007년 48번 문제 /

42 여행사의 기본적인 직무기능과 가장 거리가 먼 것은?

　가. 여행상품의 기획 및 판매 기능
　나. 여권 및 사증 (VISA) 수속 대행업무
　다. 고객상담 기능
　라. 옵셔널 투어 (Optional Tour) 기능

　🔖 라

43 다음 중 하우스키핑 부서의 종사원이 아닌 사람은?

　가. House Man　　　나. Room Maid
　다. Linen Woman　　라. Bell Man

　🔖 라

44 호텔의 소유주와 호텔경영에 관한 책임 및 전문적인 지식과 기술을 가진 호텔경영회사 사이에 계약을 체결하여 운영하는 것으로 일명 힐튼방식이라고 불리는 호텔경영방식은?

　가. 일반 체인호텔 (Regular Chain Hotel)
　나. 프랜차이즈호텔 (Franchise Hotel)
　다. 관리운영위탁호텔 (Management Contract Hotel)
　라. 리퍼럴조직호텔 (Referral Group Hotel)

　🔖 다

/ 2011년 49번 문제 /

45 American Breakfast에서 끓는 물에 계약을 깨서 익혀서 서비스하는 요리는?

　가. Scrambled Egg　　나. Fried Egg
　다. Baked Egg　　　　라. Poached Egg

　🔖 라

46 다음 중 양식 식사 코스의 전채요리(Hors D'oeuvre)로 가장 적합하지 않은 것은?

　가. 철갑상어알 (Caviar)
　나. 거위간 (Foie Gras)
　다. 훈제연어 (Smoked Salmon)
　라. 파르페 (Parfait)

　🔖 라

47 1인 분량이 200g, 서빙할 고객의 수가 100명, 구매가격이 10,000원/kg, 재료비율(Yield %)이 50%라고 할 때, 1인 분량에 대한 원가는? (단, 주어진 조건 외는 고려하지 않는다.)

　가. 1,000원　　　　나. 2,000원
　다. 3,000원　　　　라. 4,000원

　🔖 라

48 호텔 객실요금의 결정방법은 내부적 요인과 외부적 요인 등을 고려하여 여러 가지 방법이 있다. 다음 설명에 적합한 가격결정방법은?

> 비용의 접근을 통하여 객실가격을 거꾸로 접근하는 방법으로 객실당 평균판매가격, 비용의 설정, 요구되는 목표이익, 예상 판매 객실수 등을 결정하여 시행하는 방법

　가. 경쟁력 가격 결정방법
　나. 건축비 1/1000의 접근법
　다. 휴버트 (Hubbert) 방법
　라. 심리적 가격 결정방법

　🔖 다

/ 2003년 61번 문제 /

49 호텔 Catering 부서가 높은 마진율을 유지하는 이유가 아닌 것은?

가. 일반적으로 메뉴의 선택이 다양하므로 질 높은 식음료 서비스를 통해 판매가 증가한다.

나. 만찬의 경우 가격이 유동적이므로 보다 비싼 가격을 받을 수 있다.

다. 많은 사람을 동시에 서빙하여 가격원가를 낮출 수 있다.

라. 참석자의 수나 행사의 종류와 메뉴 등이 정해져 있기 때문에 미리 업무를 분담해 인력의 생산성이 높다.

🗒 가

50 A호텔과 B회사 간에 계약을 체결하여 A호텔에 숙박하는 B회사 고객들에게는 일정비율의 객실료를 할인해주는 요금제도는?

가. 계절별 할인요금 (Off Season Rate)

나. 커머셜 요금 (Commercial Rate)

다. 단체 할인요금 (Group Discount Rate)

라. 가이드 요금 (Guide Rate)

🗒 나

51 샴페인(Champagne)은 어떤 체계(종류)의 주류에 해당하는가?

가. 증류주 나. 혼성주
다. 칵테일 라. 양조주

🗒 라

52 관광진흥법령상 일반여행업의 자본금 등록 기준은?

가. 3억 5천만원 이상 나. 2억원 이상
다. 1억 5천만원 이상 라. 1억원 이상

🗒 나

53 다음 중 패키지 관광의 일반적인 장점과 가장 거리가 먼 것은?

가. 여행 전에 총 비용을 정확하게 알 수 있다.
나. 매력있는 장소 등을 확실하게 관람할 수 있다.
다. 관광상품의 변경을 탄력적으로 할 수 있다.
라. 가격이 저렴하다.

🗒 다

54 호텔 식음료 영업부문에서 고객으로부터 주문받는 요령으로 가장 적합하지 않은 것은?

가. 연회시 메뉴를 고객에게 제시할 때 주빈 또는 주최자의 왼쪽 고객부터 시계바늘이 도는 방향으로 남자, 여자, Host, Hostess 순으로 돌면서 받는다.

나. 요리 주문이 끝나면 화인을 추천하는데, 화인의 전문적인 추천은 소믈리에 또는 와인 웨이터가 한다.

다. 메뉴에 관한 문의시 손바닥 전체를 위쪽으로 향하도록 하여 메뉴를 지적하면서 설명한다.

라. 육류 또는 계란 주문시 익히는 정도, 샐러드 드레싱 종류 등 고객의 기호에 맞게 선택하도록 반드시 물어본다.

🗒 가

55 다음 중 서비스 종류와 그에 대한 설명으로 옳은 것만으로 짝지어진 것은?

ⓐ English Service : 접객원은 많은 고객을 서브할 수 있으며, 좋은 서비스도 할 수 있다.

ⓑ American Service : 고객의 왼쪽에서 오른손으로 서비스한다.

ⓒ French Service : 고객 스스로가 요리를 분배하여 식사한다.

ⓓ Russian Service : 게리돈 서비스에 대해서 특별한 준비기물이 필요 없다.

ⓔ Buffet Service : 다수의 접객원으로 많은 고객을 서비스할 수 있다.

가. ⓐ, ⓒ 나. ⓐ, ⓓ
다. ⓑ, ⓓ 라. ⓑ, ⓔ

🗒 나

※프랜치 서비스 French Service

· 고객의 테이블 앞에서 간단한 조리기구와 재료가 준비된 조리용 카트(Wagon)을 이용하여 직접 요리를 만들어 제공하거나, Gueridon을 이용하여 Silver platter에 담겨 나온 음식을 알코올 램프 또는 가스 램프를 사용하여 음식이 식지 않게 하여 덜어주기도 하며 먹기 편하도록 생선가시를 제거해 주고 요리를 잘라 주기도 한다.

· 보통 2~3명의 상당히 숙련된 종사원이 서비스하기 때문에 인력이 많이 필요

- 일품요리를 제공하는 전문식당에 적합한 서비스
- 메인 코스는 오른손, 버터 등은 왼손
- 중간에 Finger bowl이 나간다.
- 후식 전에 치즈, 과일 등이 나감
- 유리그릇은 되도록 사용하지 않는다.

※ 러시안 서비스 Russian Service
- Russian service는 French service와 비슷한 점이 많으며, 종사원이 무거운 Platter를 사용하며 테이블 셋팅은 French service와 동일하다.
- 전형적인 연회서비스이다.
- French service에 비해 특별한 준비기물이 필요하지 않다.
- 모든 음식을 주방에서 해결
- 큰 접시에 담아서 내놓는다.
- 서비스 하기 쉽고 품위가 있다

※ 영국식 서비스 English Service
- Family style service라고도 한다. 음식이 plate 또는 tray에 담겨져 테이블로 운반되면 테이블에서 주빈 또는 종사원이 각 접시에 담아서 모든 사람에게 돌려주거나, 큰 접시를 돌려 가면서 각자가 덜어먹는 형식이다.

※ 아메리칸 서비스 American Service
- French service 보다 화려하지 않으나 레스토랑에서 일반적으로 이루어지는 서비스 형식이다. 즉, 주방에서 미리 접시에 보기 좋게 담겨진 음식을 직접 운반하여 고객에게 서브하는 방법으로 신속하고 능률적이기 때문에 레스토랑에서 가장 일반적으로 사용되며 고객 회전이 빠른 레스토랑에 적합하다.

※ Banquet Service
- 같은 시간내에 단체로 들어온다.
- 웨이터를 잘못배치하면 서비스에 차질
- 한 테이블에 10명을 앉힌다.
- 테이블 위에 꽃을 놓는다.
- 포크 3개, 나이프 3개, 스푼 3개

※ 뷔페
- 뷔페 상은 아름답게 꾸며야 함
- 채소들로 장식을 많이 함
- 뷔페상(접시)을 조금 비스듬하게
- 25cm 이상 올리지 말것
- 뷔페상 5cm 이상은 두 줄로 분류시킬 것
- 음식의 양을 많이 놓으면 소비량 많아짐
- 음식을 자주 갈아줌

- 찬 음식은 앞에, 더운 음식은 뒤에
- 원가가 적게 드는 것을 앞에, 비싼 것을 뒤에
- 개인 접시가 크면 안 됨
- 웨이터가 포스트 역할

※ 룸 서비스
- 일반 식당에서 먹는것 보다 비쌈
- 메뉴가 한정 되어 있다.
- 룸 서비스를 위한 엘리베이터 따로 있음
- 24시간 룸서비스 대기
- 방에 들어가서 완전한 상차림을 해 줌

※ Tray Service
- 비행기 음식, 병원 음식 등
- 같은 시간대에 한꺼번에 음식을 내놓음. 음식이 한정되어 있음

※ 카운터 서비스
- 백화점, 공항(스낵바) ; 시간을 단축시키는 이점이 있음

---

56 관광진흥법상 대규모 관광 수요를 유발하는 국제회의를 개최할 수 있는 시설을 설치·운영하거나 국제회의의 계획·준비·진행 등의 업무를 위탁받아 대행하는 관광사업의 종류는?

가. 국제회의시설업   나. 국제회의기획업
다. 국제회의임대업   라. 국제회의업

🗒 라

57 항공사업의 3대 구성요소가 아닌 것은?

가. 공항   나. 항공기
다. 정비요원   라. 항공노선

🗒 다

58 총 객수 수가 820개인 호텔에서 전날 판매된 객실수는 512개였다. 오늘 퇴실할 객실수는 407개, 오늘 새롭게 예약된 객실수는 684개라고 할 때 오늘의 예상 객실점유율은 약 몇 퍼센트일까? (단, 예상 워크인(Walk in)의 수는 20개, 예상 노쇼(No Show)의 수는 14개, 예상 객실취소(Cancellation)의 수는 10개이며, 주어진 조건 외는 고려하지 않는다.)

가. 86%   나. 89%
다. 96%   라. 99%

🗒 다

59 다음 중 TWOV(Transit Without Visa)에 관한 설명으로 틀린 것은?

가. 제3국으로 계속 여행할 수 있는 서류를 구비하고 있어야 한다.
나. 출입 공항이 동일해야 한다.
다. 외교관계가 수립되어 있지 않은 국가에도 적용된다.
라. 입국하고자 하는 국가로부터 정식 Visa를 받지 않아도 일정기간 체류할 수 있는 제도이다.

🗒 다

/ 2008년 46번 문제 /

60 관광진흥법령상 관광 편의시설업에 해당하는 것은?

가. 전문휴양업
나. 관광유람선업
다. 외국인전용 유흥음식점업
라. 한국전통호텔업

🗒 다

61 세계 최대 호텔체인의 하나인 홀리데이 인(Holiday Inn)의 모체가 되었던 숙박시설은?

가. 요텔 (Yotel)
나. 유스호스텔 (Youth Hostel)
다. 버짓 호텔 (Budget Hotel)
라. 모텔 (Motel)

🗒 라

/ 2010년 61번 문제 /

62 다음 중 호텔 서비스 품질에 관한 설명으로 가장 적합한 것은?

가. 호텔 서비스 품질은 최종적으로 종업원 자신에 의해서 판단된다.
나. 호텔 서비스 품질은 인적 서비스의 품질을 지칭하는 것이다.
다. 호텔 서비스 품질은 고객과의 만남(Encounter)에서 결정된다.
라. 호텔 서비스 품질은 생산을 중시하기 때문에 고객의 성향보다는 종업원의 태도가 더 중요하다.

🗒 다

63 다음 중 식음료 메뉴 계획시의 착안사항과 가장 거리가 먼 것은?

가. 영양적 요소
나. 고객의 욕구 파악
다. 원가와 양과의 함수관계
라. 구입 가능한 식품

🗒 다

64 관광진흥법령상 호텔업의 등급 구분에 해당되지 않는 것은?

가. 특2등급   나. 2등급
다. 특3등급   라. 3등급

🗒 다

65 다음 중 호텔 객실점유율에 관한 설명으로 옳은 것은?

가. 호텔경영 성공을 위한 기본 측정으로서 매출액, 인력관리, 영업성과 등과 관련된 주요한 자료이다.
나. 객실에서 확실한 이윤을 창출하는 방법으로 다른 운영 부서에 적용할 때 이익을 창출하는 중요한 수단이다.
다. 객실 판매 촉진을 위한 할인 제도이다.
라. 호텔과 거래가 많은 개인, 기업, 여행사들을 위해 시간제한이나 보증금 없이 예약을 받아주는 상호협약이다.

🗒 가

66 관광진흥법규상 기획여행을 실시하는 자가 광고를 하고자 할 때 표시해야 하는 사항에 해당되지 않는 것은?

가. 여행업의 등록번호, 상호, 소재지 및 등록관청
나. 기획여행업, 여행일정 및 주요 여행지
다. 여행일정 변경 시 여행자의 사전 동의 규정
라. 예약 최대인원

🗒 가

67 다음 중 호텔 용어에 관한 설명으로 틀린 것은?

가. 호텔의 리넨(Linen)이란 객실이나 부대시설에서 이용하는 면의 종류 또는 섬유로 제작된 타월 시트, 담요, 냅킨, 유니폼, 커튼 등을 말한다.
나. 호텔의 소믈리에(Sommelier)는 와인을 전문적으로 다루는 사원으로 고객에게 어울리는 와인 추천, 서브 와인진열 및 재고관리를 책임진다.
다. 서비스 보조원(Busboy)이란 호텔의 공항 리무진버스에서 고객에 대한 안내 및 짐을 들어

주는 등의 버스관련 제반 서비스를 담당하는
사람을 말한다.

라. 호텔의 다이닝(Dining) 레스토랑은 고급스럽
고 정중한 서비스로 독특한 음식을 전문적으
로 제공하는 식당으로 정식 요리와 선택요리
를 판매하고 있다.

📝 다

/ 2006년 41번 문제 /

객실료와 식사요금제도에 대한 설명으로 맞는 것은?

가. *American Plan* – 객실료에 식사요금이 포
함되지 않는 것으로 우리나라의 관광 호텔에
서 적용하고 있는 요금제도이다.

나. *European Plan* – 객실료에 식사요금이 포
함되지 않는 것으로 우리나라의 관광 호텔에
서 적용하고 있는 요금제도이다.

다. *Continental Plan* – 객실료에 아침, 점심
및 저녁의 식사요금이 포함되는 것으로 우리
나라의 관광호텔에서 적용하고 있는 요금제
도이다.

라. *Plan* – 객실료에 아침, 점심 및 저녁의 식사
요금이 포함되는 것으로 우리나라의 관광호
텔에서 적용하고 있는 요금제도이다.

📝 나

/ 2007년도 43번 문제 /

다음은 어느 요금제도에 관한 설명인가?

> · 주로 객실요금에 아침, 점심, 저녁 식사 요금
> 이 포함
> · *Full pension*이라고도 함
> · 휴양지 호텔, 유람선 호텔에서 적용

가. 미국식 요금제도
나. 유럽식 요금제도
다. 대륙식 요금제도
라. 수정식 미국식 요금제도

📝 가

**68 호텔에 투숙하면서 숙박요금에 식사요금을 포함시
키지 않고 각각 구분하여 계산하는 요금 방식은?**

가. 유럽식 요금제도(European Plan)
나. 대륙식 요금제도(Continental Plan)
다. 순미국식 요금제도(Full American Plan)

라. 미국식 중간형 요금제도(Modified American
Plan)

📝 가

69 관광산업의 경제적 효과와 가장 거리가 먼 것은?

가. 국제 수지효과   나. 여가생활 증대효과
다. 조세수입 증가효과   라. 고용 창출효과

📝 나

/ 2008년 42번 문제 /

**70 관광진흥법상 여행업을 경영하고자 하는 자의 등록
결격 사유 기준으로 틀린 것은?**

가. 동법에 따라 사업계획의 승인이 취소된 후 2
년이 지나지 아니한 자
나. 파산신고를 받고 복권되지 아니한 자
다. 금치산자, 한정치산자
라. 동법을 위반하여 징역 이상의 실형을 선고받
고 그 집행이 끝나거나 집행을 받지 아니하기
로 확정된 후 3년이 지나지 아니한 자 또는
형의 집행유예 기간 중에 있는 자

📝 라

관광진흥법 제7조(결격사유) ① 다음 각 호의 어
느 하나에 해당하는 자는 관광사업의 등록등을
받거나 신고를 할 수 없고, 제15조 제1항 및 제2
항에 따른 사업계획의 승인을 받을 수 없다. 법
인의 경우 그 임원 중에 다음 각 호의 어느 하나
에 해당하는 자가 있는 경우에도 또한 같다.
1. 금치산자 · 한정치산자
2. 파산선고를 받고 복권되지 아니한 자
3. 이 법에 따라 등록 등 또는 사업계획의 승인
이 취소되거나 제36조 제1항에 따라 영업소가
폐쇄된 후 2년이 지나지 아니한 자
4. 이 법을 위반하여 징역 이상의 실형을 선고
받고 그 집행이 끝나거나 집행을 받지 아니하기
로 확정된 후 2년이 지나지 아니한 자 또는 형의
집행유예 기간 중에 있는 자
② 관광사업의 등록 등을 받거나 신고를 한 자
또는 사업계획의 승인을 받은 자가 제1항 각 호
의 어느 하나에 해당하면 문화체육관광부장관,
시 · 도지사 또는 시장 · 군수 · 구청장은 3개월
이내에 그 등록 등 또는 사업계획의 승인을 취
소하거나 영업소를 폐쇄하여야 한다. 다만, 법
인의 임원 중 그 사유에 해당하는 자가 있는 경
우 3개월 이내에 그 임원을 바꾸어 임명한 때에
는 그러하지 아니하다.

41 다음 중 유럽식 요금제도(European Plan)에 관한 설명으로 가장 적합한 것은?

가. 객실요금에 아침, 점심, 저녁식사가 모두 포함된다.

나. 객실요금에 아침식사와 저녁식사가 포함된다.

다. 객실요금에 대륙식 조식(Continental Breakfast)이 포함된다.

라. 객실요금만 포함된다.

답 라

42 프런트 데스크 지배인의 일반적인 직무 및 책임사항과 가장 거리가 먼 것은?

가. 객실 판매를 위하여 TV, 신문 광고 등 홍보 활동을 수행한다.

나. 프런트 오피스의 업무를 지휘, 감독하는 책임자이다.

다. 프런트 오피스 종사원 업무의 훈련과 지도를 하는 책임이 있다.

라. 고객의 불편사항과 문제점을 신속히 처리한다.

답 가

43 다음 중 관광 동기와 욕구에 관한 연결로 옳은 것은?

가. 심적인 동기 – 사향심, 교류심

나. 경제적 동기 – 사업 목적, 운동 욕구

다. 정신적 동기 – 교류심, 견문욕구

라. 신체적 동기 – 사향심, 지식욕구

답 가

44 다음 중 관련법상 관광호텔업의 등급 결정 신청을 할 수 있는 경우가 아닌 것은?

가. 호텔을 신규 등록한 경우

나. 호텔의 경영전략상 등급 조정이 절실하다고 판단된 경우

다. 등급 결정을 받은 날부터 3년이 지난 경우

라. 시설의 증·개축 또는 서비스 및 운영실태 등

의 변동에 따른 등급 조정 사유가 발생한 경우

답 나

45 다음 중 호텔 외부의 각종 연회를 위한 출장 연회 서비스는?

가. Food Service 나. Banquet Service

다. Catering Service 라. Room Service

답 다

46 컨벤션이 종료된 후 참가자들이 호텔에서 체크아웃할 때 참가자 개별적으로 지불하는 계정은?

가. 마스터 계정 (Master Account Folio)

나. 고객 계정 (Guest Folio)

다. 분할 계정 (Split Folio)

라. 여행사 계정 (Agent Folio)

답 나

47 Room Blocking에 관한 설명으로 가장 적합한 것은?

가. 청결한 객실 환경유지를 위하여 객실을 일정 시간 동안 비워두는 것이다.

나. 고객이 도착하기 전에 미리 객실에 꽃배달 서비스를 하는 것이다.

다. 고객이 호텔에 도착하기 전에 특정 단체에서 한 구역의 객실을 배정하는 것이다.

라. 객실을 깨끗이 청소하는 것을 말한다.

답 다

/ 2004년 53번 문제 / 2007년 60번 문제 /

48 연회 (Banquet)의 특성에 관한 설명으로 가장 적합한 것은?

가. 호텔 외부로 판매가 불가능하다.

나. 일부 특정계층만 이용한다.

다. 식음료부서의 원가를 절감할 수 없다.

라. 판매 식음료의 종류에 따라 매출액이 신축적이다.

답 라

49 단독호텔들이 서로 협력하기 위해 조직한 체인형의 호텔 운영 형태는?

가. 경영계약   나. 프랜차이즈
다. 독립경영   라. 리퍼럴경영

📋 라

/ 2010년 44번 문제 /

50 관광사업체의 특성과 가장 거리가 먼 것은?

가. 서비스 지향성
나. 고객과 종업원에 대한 고려
다. 높은 생산성
라. 대규모 보다는 중소규모의 사업

📋 다

51 호텔예약에서 오버부킹비율(Over-Booking Percentage)를 결정할 때의 고려사항과 가장 거리가 먼 것은?

가. 예약된 고객들의 여행목적 유형
나. 전년도 같은 시기의 예약실태
다. 인근 호텔의 예약 상황
라. 보장형 예약제도

📋 라

52 일반제조업과 비교하여 호텔의 상품공급의 비탄력성 특성의 원인에 관한 설명으로 가장 적합한 것은?

가. 호텔의 고정자산 의존도가 높음에 따라 일반 제조업에 비해 수요의 변화의 정도에 대처하는 공급량의 변화가 민감하게 따라 가지 못하기 때문이다.
나. 호텔상품의 공급자의 직원들의 이기적 성향, 변화 기피성, 보상 없는 업무량의 증대 회피, 도덕적 위해 (Moral Hazard) 등의 이유로 탄력성을 저해받기 때문이다.
다. 호텔 종사원들 대부분이 일반 제조업에 비해 조리장처럼 기능 성격이 강함에 따라 제품에 대한 자존심과 명예가 있으므로 쉽게 수요 증대에 대처하기 곤란하기 때문이다.
라. 호텔 소비자인 고객의 주관성, 고객 의식의 향상, 고발 매체의 다양화, 고객의 변덕스러움으로 인하여 제품 공급자인 호텔에서 고객의 기대를 만족시키기가 어렵기 때문이다.

📋 가

53 관광진흥법상 국외여행업의 등록기준 중 자본금 규모로 옳은 것은?

가. 1천만원 이상일 것   나. 2천만원 이상일 것
다. 4천만원 이상일 것   라. 6천만원 이상일 것

📋 라

54 항공권의 예약상황을 표시하는 약어 중 대기상태를 뜻하는 것은?

가. OK   나. CH   다. RT   라. RQ

📋 라

· CH: 어린이 요금
· OK: 예약 확인
· RQ: 예약을 신청하였으나 확정되지 않은 경우
· OW: 편도(One Way)
· RT: 왕복(Round Trip)

55 다음과 같은 조건에서 당일 Walk-In Guest에게 판매 가능한 객실 수는?

> Total Romos Available : 400
> Out of Order : 10
> Understay : 5
> Overstay (Extension) : 9
> Reservation : 160
> Stayover : 79
> House Use : 3
> (단, No Show Rate는 10%, Cancellation Rate는 5%로 가정하며, 단위는 Room이다.)

가. 66   나. 67   다. 68   라. 69

📋 다

/ 2008년 65번 문제 /

56 다음 중 C.I.Q와 관계없는 것은?

가. 세관   나. 환전
다. 출입국관리   라. 검역

📋 나

CIQ : Customs, Immigration, Quarantine

/ 2013년 68번 문제 /

57 다음 중 호텔 하우스 키핑의 중요성과 가장 거리가 먼 것은?

가. 호텔의 고정자산 관리
나. 호텔상품의 창조 및 재생산 기능
다. 운영경비의 효율적 활용
라. 호텔상품의 판매 기능

📋 라

58 다음 중 Corkage Charge의 의미로 가장 적합한 것은?

가. 고객이 연회장으로 직접 가져온 주류에 대하여 서비스 요금을 부과하는 것
나. Check Out시간이 지난 고객에게 요금을 부과하는 것
다. 팁의 새로운 용어
라. 직원에게 새로운 의무를 부과하는 것

📋 가

59 General Cashier의 업무와 가장 거리가 먼 것은?

가. 소액환전 및 금고관리
나. 현금집계 및 은행.입금업무
다. 업장 회계기 소모품 관리
라. Daily Revenue Report 작성

📋 라

> Daily Revenue Report : 호텔 회계담당의 역할

60 다음 중 여행상품의 특성과 가장 거리가 먼 것은?

가. 저장이 가능하기 때문에 언제든지 사용이 가능한 상품이다.
나. 다른 사람이 쉽게 모방이 가능한 상품이다.
다. 계절적인 영향을 많이 받는 상품이다.
라. 무형의 상품이라고 할 수 있다.

📋 가

61 Stanley Plog(1972)는 관광객의 성향에 따라 관광객을 5개 집단으로 분류하고, 성향에 따른 여행목적지 선택과 여행목적을 설명하였다. 분류된 집단 중 "다양하고 새로운 것을 추구하며, 여행할 때도 완전히 다른 문화와 환경을 경험할 수 있고, 새로운 기회를 제공하는 관광목적지를 선호한다."는 특성을 지닌 집단은?

가. Phycho-centric
나. Mid-centric
다. Fanatic-centric
라. Allo-centric

📋 가

62 미국의 버팔로 스타틀러(Buffalo Statler)호텔의 경영방식을 도입, 일반대중을 상대로 영업한 당시 한국 최대의 시설 규모의 객실 111개를 갖추고 1936년에 개관한 호텔은?

가. 부산철도호텔 　　나. 반도호텔
다. 대원호텔 　　　　라. 조선호텔

📋 나

63 관광진흥법령상 호텔업의 종류가 아닌 것은?

가. 수상관광호텔업 　　나. 국민호텔업
다. 한국전통호텔업 　　라. 호스텔업

📋 나

> **호텔업의 종류**
> 가. 관광호텔업 : 관광객의 숙박에 적합한 시설을 갖추어 관광객에게 이용하게 하고 숙박에 딸린 음식·운동·오락·휴양·공연 또는 연수에 적합한 시설 등(이하 "부대시설"이라 한다)을 함께 갖추어 관광객에게 이용하게 하는 업(業)
> 나. 수상관광호텔업 : 수상에 구조물 또는 선박을 고정하거나 매어 놓고 관광객의 숙박에 적합한 시설을 갖추거나 부대시설을 함께 갖추어 관광객에게 이용하게 하는 업
> 다. 한국전통호텔업 : 한국전통의 건축물에 관광객의 숙박에 적합한 시설을 갖추거나 부대시설을 함께 갖추어 관광객에게 이용하게 하는 업
> 라. 가족호텔업 : 가족단위 관광객의 숙박에 적합한 시설 및 취사도구를 갖추어 관광객에게 이용하게 하거나 숙박에 딸린 음식·운동·휴양 또는 연수에 적합한 시설을 함께 갖추어 관광객에게 이용하게 하는 업
> 마. 호스텔업 : 배낭여행객 등 개별 관광객의 숙박에 적합한 시설로서 샤워장, 취사장 등의 편의시설과 외국인 및 내국인 관광객을 위한 문화·정보 교류시설 등을 함께 갖추어 이용하게 하는 업

64 다음 중 호텔 식재료 관리의 특징이 아닌 것은?

가. 저장기간이 비교적 짧다.
나. 변동비보다는 고정비에 대한 의존도가 높다.
다. 관리적인 측면에서 관련 부서에 따라 그 목적이 상이하다.
라. 수요를 예측하여 원가의 부담이 적을 때 미리 생산, 보관하여 수요를 창출하고 공급할 수 있는 상품이 제한되어 있다.

답 나

65 다음 중 객실형태에 따른 호텔의 공표요금은?

가. Tariff
나. Complimentary
다. Commercial Rate
라. Hold Room Charge

답 가

/ 2006년 73번 문제 / 2009년 41번 문제 /

66 관광진흥법규상 국외여행 인솔자의 자격요건으로 틀린 것은?

가. 관광통역안내사 자격을 취득할 것
나. 전문대학 이상의 학교에서 관광분야를 전공하고 졸업할 것
다. 여행업체에서 6개월 이상 근무하고 국외여행 경험이 있는 자로서 문화체육관광부장관이 정하는 소양교육을 이수할 것
라. 문화체육관광부장관이 지정하는 교육기관에서 국외여행인솔에 필요한 양성교육을 이수할 것

답 나

> 국외여행 인솔자의 자격요건 : ① 법 제13조제1항에 따라 국외여행을 인솔하는 자는 다음 각 호의 어느 하나에 해당하는 자격요건을 갖추어야 한다.
> 1. 관광통역안내사 자격을 취득할 것
> 2. 여행업체에서 6개월 이상 근무하고 국외여행 경험이 있는 자로서 문화체육관광부장관이 정하는 소양교육을 이수할 것
> 3. 문화체육관광부장관이 지정하는 교육기관에서 국외여행 인솔에 필요한 양성교육을 이수할 것

67 다음 중 Door Man의 업무와 가장 거리가 먼 것은?

가. 호텔 고객의 영접 및 전송
나. 숙박객의 체크인 및 체크아웃 업무
다. 호텔 현관의 교통정리
라. 차량수배 및 시내 안내

답 나

68 관광진흥법령상 문화체육관광부장관이 지정하는 우수 숙박시설의 지정 기준으로 틀린 것은?

가. 외국인에게 이용 정보 안내서비스 등의 서비스를 제공할 수 있는 체제를 갖추고 있을 것
나. 관광객을 맞이하는 프론트 등의 접객 공간이 개방형 구조일 것
다. 주차장에 차단막 등 폐쇄형 구조물이 없을 것
라. 건물 내부 및 외부에 대실 영업에 대한 공지를 하고 신용카드 결재가 가능할 것

답 라

69 관광진흥법규상 직전년도 매출액이 1억원 미만인 국외여행업자가 여행알선과 관련한 사고로 인해 관광객에게 피해를 준 경우 그 손해를 배상할 것을 내용으로 하는 보증보험 가입금액 기준으로 옳은 것은?

가. 30,000천원   나. 40,000천원
다. 55,000천원   라. 100,000천원

답 가

보증보험 가입금액(영업보증금 예치금액) 기준

단위: 천원

직전 사업연도 매출액	국내 여행업	국외 여행업	일반 여행업	국외여행업의 기획여행	일반여행업의 기획여행
1억원 미만	20,000	30,000	50,000		
1억원 이상 5억원 미만	30,000	40,000	65,000		
5억원 이상 10억원 미만	45,000	55,000	85,000	200,000	200,000
10억원 이상 50억원 미만	85,000	100,000	150,000		
50억원 이상 100억원 미만	140,000	180,000	250,000	300,000	300,000
100억원 이상 1000억원 미만	450,000	750,000	1,000,000	500,000	500,000
1000억원 이상	750,000	1,250,000	1,510,000	700,000	700,000

70 다음 중 양조주의 종류에 해당하지 않는 것은?

가. 와인   나. 과실주
다. 맥주   라. 위스키

답 라

/ 2014년 46번 문제 /

2012년도 시행 호텔관광실무론

41 Room Clerk이 수행하는 객실 사전할당(Room Pre-Assignment)에 관한 설명으로 틀린 것은?

가. 초과 예약(Over Booking) 고객 처리를 위한 사전조치 가능
나. Blocking Room은 마지막으로 배정
다. 당일 객실 부족분 및 여유분 파악 가능
라. Up-Grading Room은 1박 고객에게 우선 배정

🗂 나

> Blocking Room을 먼저 배정

42 다음 중 양식 메뉴의 제공 순서가 올바르게 배열된 것은?

가. 전채요리 → 생선요리 → 수프 → 야채 → 육류요리 → 음료 → 후식
나. 수프 → 전채요리 → 육류요리 → 생산요리 → 후식 → 음료
다. 전채요리 → 수프 → 생선요리 → 육류요리 → 야채 → 후식 → 음료
라. 전채요리 → 수프 → 야채 → 육류요리 → 생선요리 → 음료 → 후식

🗂 다

> 전채요리 → 수프 → 생선요리 → 육류요리 → 야채 → 후식 → 음료

43 여권의 종류에 속하지 않는 것은?

가. 일반여권   나. 관용여권
다. 외교관 여관   라. 여행여권

🗂 라

> 여권종류 : 일반여권, 관용여권, 외교관여권

44 매리어트, 홀리데이 인 등의 기존 대규모 호텔체인들이 1박에 30달러의 숙박으로부터 200달러 이상의 고급호텔에 이르기까지 다양한 형태를 개발하여 모든 시장에 대응하려는 시장전략은?

가. 풀 라인(Full Line) 전략
나. 풀 코스(Full Course) 전략
다. 제한된 서비스(Limited Service) 전략
라. 강화된 서비스(Upgrade Service) 전략

🗂 가

45 호텔 식음료서비스 중 컨벤션과 관련이 깊은 연회서비스에 관한 설명 중 옳은 것은?

가. 연회 지배인(Banquet Manager)은 연회부서의 최고 책임자로 행사를 총괄 지휘한다.
나. 출장 연회는 가장 정식적인 행사로서 경비의 규모가 크고 사교상의 중요한 목적을 띠는 연회행사이다.
다. 연회를 담당하는 부서는 통상적으로 객실부에 소속되어 있다.
라. 정원파티(Garden Party)는 일반적으로 3-5시에 간단하게 열리는 파티로 더운 음료, 찬 음료, 과일, 샌드위치, 다과 등이 함께 제공되는 연회행사이다.

🗂 가

46 그리트레스(Greetress)의 주요 업무는?

가. 메뉴를 추천하고 판매한다.
나. 고객을 착석시키고 주문을 받는다.
다. 호텔 레스토랑에 방문하는 고객을 환영하고 안내한다.
라. 고객을 만족시킬 수 있는 음식을 제공하도록 감독한다.

🗂 다

47 컨벤션 행사에 대한 모든 정보가 있으며, 호텔 각 부서에서는 이 문서에 의해 모든 행사를 준비하고 진행하는 호텔 내부 문서는?

가. 행사기획서(Specification Sheet)
나. 사전 컨벤션 회의 안건 (Pre Convention Meeting Agenda)
다. 견적서 (Quotation)
라. 행사 지시서 (Function Order Sheet)

📋 라

48 호텔의 형태에 따른 분류 중 소규모의 숙박시설을 갖추고 조용한 주위환경 등을 원하는 고객에게 제공되는 호텔이며 높은 품질의 식당과 심도 있는 객실 서비스를 제공하는 호텔 형태는?

가. 뷰티크 호텔 (Boutique Hotel)
나. 커머셜 호텔 (Commercial Hotel)
다. 마이크로 호텔 (Microhotel)
라. 스위트 호텔 (Suite Hotel)

📋 가

49 Turn Away란 사전 예약된 고객에게 호텔 측의 사정에 의하여 객실을 제공하지 못하고 다른 호텔의 객실을 알선해 주는 것을 말한다. 다음 중 Turn Away 발생 원인이 호텔 측에 있는 경우는?

가. 통보된 항공기의 탑승자 명단에 없는 경우
나. 예약금이 지불된 예약으로 자정 전 늦게 도착한 경우
다. 통보된 도착시간으로부터 1시간 이상 아무 연락이 없고, 도착이 안된 경우
라. 도착시간이 없고 예약처 및 본인과 확인이 되지 않은 예약으로 18:00가 경과한 경우

📋 나

/ 2013년 54번 문제 /

턴 다운(Durn Down) 서비스에 대한 설명으로 옳은 것은?

가. 객실고객이 침대에 쉽게 들어갈 수 있도록 침대시트 한 쪽을 접어놓는 등 최종적으로 침실 정리 등을 하여 주는 세심한 배려를 하는 서비스이다.
나. 예약고객이 당 호텔에 도착했으나 초과예약에 의해 객실이 없을 경우 정중한 사과와 함께 다른 호텔을 잡아주는 서비스이다.

다. 욕조선반에 비치되어 있는 여러 개의 다양한 타월종류 일체 중, 전체 또는 사용하여 교체해야 할 타월을 내리고 새로 교체하는 서비스이다.
라. 호텔에서의 스위트룸 등의 고급객실이 다 팔린 상태에서 최초 고객이 예약한 당시의 호텔 객실보다 낮은 객실로 수준을 낮추어 이용하게 될 때의 부가서비스이다.

📋 가

50 컨벤션, 회의, 세미나의 특성을 지닌 여행의 형태로서 관광을 포함시키는 관광여행은?

가. 문화 관광(Cultural Tourism)
나. 레크레이션 관광 (Recreation Tourism)
다. 사업관광 (Business Tourism)
라. 역사적 관광 (Historical Tourism)

📋 다

51 여행객이 항공사의 사전승인을 얻어 출발지와 도착지의 한 지점에서 상당기간(국내선 4시간, 국제선 24시간 이상) 동안 의도적으로 여행을 중지하는 여행의 계획적 단기 체재는?

가. Hold Travel
나. Break Tour
다. Stopover
라. Stopsign

📋 다

Stopover : 경유지에서의 단기 체류

52 호텔의 객실, 레스토랑, 기타 부대시설의 서비스를 제공받고 요금을 지불하지 않고 떠난 손님은?

가. 프리컨트 게스트 (Frequent guest)
나. 워크인 게스트 (Walk-in guest)
다. 슬립아웃 게스트 (Sleep out guest)
라. 스키퍼 (Skipper)

📋 라

Frequent guest : 호텔을 자주 이용하는 고객
Sleep-out guest : 호텔에 등록을 하였으나 숙박하지 않은 고객
Walk-in guest : 예약없이 호텔을 내방한 고객

53 비자(Visa)란 무엇인가?

가. 여권
나. 세관확인서
다. 출국허가서
라. 입국허가서

📖 라

54 관광진흥법에 의한 호텔업이 아닌 것은?

가. 관광호텔업
나. 한국전통호텔업
다. 가족호텔업
라. 휴양콘도미니엄업

📖 라

관광사업의 종류

1. 여행업 : 여행자 또는 운송시설·숙박시설, 그 밖에 여행에 딸리는 시설의 경영자 등을 위하여 그 시설 이용 알선이나 계약 체결의 대리, 여행에 관한 안내, 그 밖의 여행 편의를 제공하는 업
2. 관광숙박업 : 다음 각 목에서 규정하는 업
   가. 호텔업 : 관광객의 숙박에 적합한 시설을 갖추어 이를 관광객에게 제공하거나 숙박에 딸리는 음식·운동·오락·휴양·공연 또는 연수에 적합한 시설 등을 함께 갖추어 이를 이용하게 하는 업
   나. 휴양 콘도미니엄업 : 관광객의 숙박과 취사에 적합한 시설을 갖추어 이를 그 시설의 회원이나 공유자, 그 밖의 관광객에게 제공하거나 숙박에 딸리는 음식·운동·오락·휴양·공연 또는 연수에 적합한 시설 등을 함께 갖추어 이를 이용하게 하는 업
3. 관광객 이용시설업 : 다음 각 목에서 규정하는 업
   가. 관광객을 위하여 음식·운동·오락·휴양·문화·예술 또는 레저 등에 적합한 시설을 갖추어 이를 관광객에게 이용하게 하는 업
   나. 대통령령으로 정하는 2종 이상의 시설과 관광숙박업의 시설(이하 "관광숙박시설"이라 한다) 등을 함께 갖추어 이를 회원이나 그 밖의 관광객에게 이용하게 하는 업
4. 국제회의업 : 대규모 관광 수요를 유발하는 국제회의(세미나·토론회·전시회 등을 포함한다. 이하 같다)를 개최할 수 있는 시설을 설치·운영하거나 국제회의의 계획·준비·진행 등의 업무를 위탁받아 대행하는 업
5. 카지노업 : 전문 영업장을 갖추고 주사위·트럼프·슬롯머신 등 특정한 기구 등을 이용하여 우연의 결과에 따라 특정인에게 재산상의 이익을 주고 다른 참가자에게 손실을 주는 행위 등을 하는 업
6. 유원시설업(遊園施設業) : 유기시설(遊技施設)이나 유기기구(遊技機具)를 갖추어 이를 관광객에게 이용하게 하는 업(다른 영업을 경영하면서 관광객의 유치 또는 광고 등을 목적으로 유기시설이나 유기기구를 설치하여 이를 이용하게 하는 경우를 포함한다)
7. 관광 편의시설업 : 제1호부터 제6호까지의 규정에 따른 관광사업 외에 관광 진흥에 이바지할 수 있다고 인정되는 사업이나 시설 등을 운영하는 업

55 호텔경영조직의 부문별 분류에서 객실부문에 해당하는 것은?

가. 영업이익
나. 구매
다. 판촉
라. 프런트 오피스

📖 라

56 다음 중 여행사 수배 업무가 아닌 것은?

가. 고객의 특성을 파악하여 상품을 홍보하고 판매한다.
나. 호텔 등급 수준과 객실종류, 객실 수 등을 정확히 확보한다.
다. 관광시설의 예약과 교통시설의 좌석을 확보한다.
라. 각종 예약사항의 확인 여부를 기록한다.

📖 가

57 다음에서 설명하는 메뉴는?

> · 계절감과 지방색을 반영한 고유미
> · 주요리와의 조화를 고려하고, 양이 적고 맛이 좋아야 함
> · 식욕을 돋구는 오리

가. Appetizer
나. Fish
다. Salad
라. Dessert

📖 가

58 관광진흥법규상 국외여행 인솔자의 자격요건으로 틀린 것은?

가. 관광통역안내사 자격을 취득할 것

나. 전문대학 이상의 학교에서 관광분야를 전공하고 졸업할 것

다. 여행업체에서 6개월 이상 근무하고 국외여행 경험이 있는 자로서 문화체육관광부장관이 정하는 소양교육을 이수할 것

라. 문화체육관광부장관이 지정하는 교육기관에서 국외여행 인솔에 필요한 양성교육을 이수할 것

답 나

59 다음 중 관광사업의 분류에서 관광객 이용시설업이 아닌 것은?

가. 전문휴양업　　　　나. 종합유양업

다. 자동차 야영장업　　라. 국제회의 시설업

답 라

관광객이용시설업 : 전문휴양업, 종합휴양업, 자동차야영장업, 관광유람선업, 관광공연장업, 외국인전용 관광기념품판매업

60 비용 절감과 봉사료의 부담을 줄이기 위해 참가자들이 직접 칵테일을 제조하고 셀프 서비스하는 연회 바(Bar) 운영방법은?

가. 오픈 바 (Open Bar)

나. 호스트 바 (Host Bar)

다. 캐쉬 바 (Cash Bar)

라. 캡틴 바 (Captain Bar)

답 라

/ 2014년 2번 문제 /

61 외국인관광객의 유치촉진 등을 위하여 관광활동과 관련된 관계법령의 적용이 배제되거나 완화되고 관광활동과 관련된 서비스, 안내체계 및 홍보 등 관광여건을 집중적으로 조성할 필요가 있는 지역으로 이 법에 따라 지정된 곳은?

가. 관광지　　　　나. 국민관광지

다. 관광단지　　　라. 관광특구

답 라

62 관광진흥법에서 규정하고 있는 관광사업의 종류에서 업종 연결이 옳은 것은?

가. 유원시설업 : 자동차 야영장업, 관광유람선업, 관광공연장업

나. 종합휴양업 : 시내순환관광업, 관광사진업

다. 관광편의시설업 : 관광유흥음식점업, 외국인전용유흥음식점업, 외국인관광 도시민박업

라. 국제회의업 : 제2종 국제회의업, 제1종 국제회의업

답 다

관광진흥법에 따른 관광사업의 종류

1. 여행업의 종류

가. 일반여행업 : 국내외를 여행하는 내국인 및 외국인을 대상으로 하는 여행업[사증(査證)을 받는 절차를 대행하는 행위를 포함한다]

나. 국외여행업 : 국외를 여행하는 내국인을 대상으로 하는 여행업(사증을 받는 절차를 대행하는 행위를 포함한다)

다. 국내여행업 : 국내를 여행하는 내국인을 대상으로 하는 여행업

2. 호텔업의 종류

가. 관광호텔업 : 관광객의 숙박에 적합한 시설을 갖추어 관광객에게 이용하게 하고 숙박에 딸린 음식·운동·오락·휴양·공연 또는 연수에 적합한 시설 등(이하 "부대시설"이라 한다)을 함께 갖추어 관광객에게 이용하게 하는 업(業)

나. 수상관광호텔업 : 수상에 구조물 또는 선박을 고정하거나 매어 놓고 관광객의 숙박에 적합한 시설을 갖추거나 부대시설을 함께 갖추어 관광객에게 이용하게 하는 업

다. 한국전통호텔업 : 한국전통의 건축물에 관광객의 숙박에 적합한 시설을 갖추거나 부대시설을 함께 갖추어 관광객에게 이용하게 하는 업

라. 가족호텔업 : 가족단위 관광객의 숙박에 적합한 시설 및 취사도구를 갖추어 관광객에게 이용하게 하거나 숙박에 딸린 음식·운동·휴양 또는 연수에 적합한 시설을 함께 갖추어 관광객에게 이용하게 하는 업

마. 호스텔업: 배낭여행객 등 개별 관광객의 숙박에 적합한 시설로서 샤워장, 취사장 등의 편의시설과 외국인 및 내국인 관광객을 위한 문화·정보 교류시설 등을 함께 갖추어 이용하게 하는 업

3. 관광객 이용시설업의 종류

가. 전문휴양업 : 관광객의 휴양이나 여가 선용을 위하여 숙박업 시설(「공중위생관리법 시행령」 제2조제1항제1호 및 제2호의 시설을 포함하며, 이하 "숙박시설"이라 한다)이나 「식품위생법 시행령」 제21조제8호가목·나목 또는 바목에 따른 휴게음식점영업, 일반음식점영업 또는 제과점영업의 신고에 필요한 시설(이하 "음식점시설"이라 한다)을 갖추고 별표 1 제4호가목(2)(가)부터 (거)까지의 규정에 따른 시설(이하 "전문휴양시설"이라 한다) 중 한 종류의 시설을 갖추어 관광객에게 이용하게 하는 업

나. 종합휴양업

(1) 제1종 종합휴양업 : 관광객의 휴양이나 여가 선용을 위하여 숙박시설 또는 음식점시설을 갖추고 전문휴양시설 중 두 종류 이상의 시설을 갖추어 관광객에게 이용하게 하는 업이나, 숙박시설 또는 음식점시설을 갖추고 전문휴양시설 중 한 종류 이상의 시설과 종합유원시설업의 시설을 갖추어 관광객에게 이용하게 하는 업

(2) 제2종 종합휴양업 : 관광객의 휴양이나 여가 선용을 위하여 관광숙박업의 등록에 필요한 시설과 제1종 종합휴양업의 등록에 필요한 전문휴양시설 중 두 종류 이상의 시설 또는 전문휴양시설 중 한 종류 이상의 시설 및 종합유원시설업의 시설을 함께 갖추어 관광객에게 이용하게 하는 업

다. 자동차야영장업 : 자동차를 이용하는 여행자의 야영·취사 및 주차에 적합한 시설을 갖추어 관광객에게 이용하게 하는 업

라. 관광유람선업

1) 일반관광유람선업:「해운법」에 따른 해상여객운송사업의 면허를 받은 자나「유선 및 도선사업법」에 따른 유선사업의 면허를 받거나 신고한 자가 선박을 이용하여 관광객에게 관광을 할 수 있도록 하는 업

2) 크루즈업:「해운법」에 따른 순항(順航) 여객운송사업이나 복합 해상여객운송사업의 면허를 받은 자가 해당 선박 안에 숙박시설, 위락시설 등 편의시설을 갖춘 선박을 이용하여 관광객에게 관광을 할 수 있도록 하는 업

마. 관광공연장업 : 관광객을 위하여 적합한 공연시설을 갖추고 공연물을 공연하면서 관광객에게 식사와 주류를 판매하는 업

바. 외국인전용 관광기념품판매업 : 외국인 관광객(출국 예정 사실이 확인되는 내국인을 포함한다)에게 물품을 판매하기에 적합한 시설을 갖추어 국내에서 생산되는 주원료를 이용하여 제조하거나 가공된 물품을 판매하는 업

4. 국제회의업의 종류

가. 국제회의시설업 : 대규모 관광 수요를 유발하는 국제회의를 개최할 수 있는 시설을 설치하여 운영하는 업

나. 국제회의기획업 : 대규모 관광 수요를 유발하는 국제회의의 계획·준비·진행 등의 업무를 위탁받아 대행하는 업

5. 유원시설업(遊園施設業)의 종류

가. 종합유원시설업 : 유기시설이나 유기기구를 갖추어 관광객에게 이용하게 하는 업으로서 대규모의 대지 또는 실내에서 법 제33조에 따른 안전성검사 대상 유기시설 또는 유기기구 여섯 종류 이상을 설치하여 운영하는 업

나. 일반유원시설업 : 유기시설이나 유기기구를 갖추어 관광객에게 이용하게 하는 업으로서 법 제33조에 따른 안전성검사 대상 유기시설 또는 유기기구 한 종류 이상을 설치하여 운영하는 업

다. 기타유원시설업 : 유기시설이나 유기기구를 갖추어 관광객에게 이용하게 하는 업으로서 법 제33조에 따른 안전성검사 대상이 아닌 유기시설 또는 유기기구를 설치하여 운영하는 업

6. 관광 편의시설업의 종류

가. 관광유흥음식점업: 식품위생 법령에 따른 유흥주점 영업의 허가를 받은 자가 관광객이 이용하기 적합한 한국 전통 분위기의 시설을 갖추어 그 시설을 이용하는 자에게 음식을 제공하고 노래와 춤을 감상하게 하거나 춤을 추게 하는 업

나. 관광극장유흥업: 식품위생 법령에 따른 유흥주점 영업의 허가를 받은 자가 관광객이 이용하기 적합한 무도(舞蹈)시설을 갖추어 그 시설을 이용하는 자에게 음식을 제공하고 노래와 춤을 감상하게 하거나 춤을 추게 하는 업

다. 외국인전용 유흥음식점업 : 식품위생 법령에 따른 유흥주점영업의 허가를 받은 자가 외국인이 이용하기 적합한 시설을 갖추어 그 시설을 이용하는 자에게 주류나 그 밖의 음식을 제공하고 노래와 춤을 감상하게 하거나 춤을 추게 하는 업

라. 관광식당업 : 식품위생 법령에 따른 일반음식점영업의 허가를 받은 자가 관광객이 이용하기 적합한 음식 제공시설을 갖추고 관광객에게 특정 국가의 음식을 전문적으로 제공하는 업

마. 시내순환관광업 : 「여객자동차 운수사업법」에 따른 여객자동차운송사업의 면허를 받거나 등록을 한 자가 버스를 이용하여 관광객에게 시내와 그 주변 관광지를 정기적으로 순회하면서 관광할 수 있도록 하는 업

바. 관광사진업 : 외국인 관광객과 동행하며 기념사진을 촬영하여 판매하는 업

사. 여객자동차터미널시설업 : 「여객자동차 운수사업법」에 따른 여객자동차터미널사업의 면허를 받은 자가 관광객이 이용하기 적합한 여객자동차터미널시설을 갖추고 이들에게 휴게시설 · 안내시설 등 편익시설을 제공하는 업

아. 관광펜션업 : 숙박시설을 운영하고 있는 자가 자연 · 문화 체험관광에 적합한 시설을 갖추어 관광객에게 이용하게 하는 업

자. 관광궤도업 : 「궤도운송법」에 따른 궤도사업의 허가를 받은 자가 주변 관람과 운송에 적합한 시설을 갖추어 관광객에게 이용하게 하는 업

차. 한옥체험업 : 한옥(주요 구조부가 목조구조로서 한식기와 등을 사용한 건축물 중 고유의 전통미를 간직하고 있는 건축물과 그 부속시설을 말한다)에 숙박 체험에 적합한 시설을 갖추어 관광객에게 이용하게 하는 업

카. 외국인관광 도시민박업 : 「국토의 계획 및 이용에 관한 법률」 제6조제1호에 따른 도시지역(「농어촌정비법」에 따른 농어촌지역 및 준농어촌지역은 제외한다)의 주민이 거주하고 있는 다음의 어느 하나에 해당하는 주택을 이용하여 외국인 관광객에게 한국의 가정문화를 체험할 수 있도록 숙식 등을 제공하는 업

63 숙박요금 중 COMP(Complimentary)란?

가. 무료요금　　　　나. 할인요금
다. 추가요금　　　　라. 분할요금

🗒 가

/ 2006년 84번 문제 /

64 관광이벤트의 역할과 기능에 관한 설명 중 틀린 것은?

가. 관광이벤트는 보존적 개발(Sustainable Development)과 지역적 관계증진에 기여하는 대체관광(Alternative Tourism)의 역할을 할 수 있다.
나. 관광이벤트는 특화되어 있거나 고유할수록 여행을 강하게 동기부여시키며 다른 정태적 관광대상(Static Attractions)을 활성화시킨다.
다. 관광이벤트는 관광대상으로서 관광지의 시간적, 공간적 한계를 지니고 있지 않아 성수기의 연장이나 비수기 대책으로 활용된다.
라. 관광이벤트는 타 지역으로부터 관광객을 흡수할 수 있는 큰 매력물로서 자연관광자원의 물리적 변형을 시켜 시설의 활용도를 높여준다.

🗒 라

65 프론트 데스크(Front Desk)의 기능이 아닌 것은?

가. 고객서비스 접수 및 처리
나. 투숙객 여신한도 점검
다. 객실소모품 확인 및 보충
라. 수입 극대화를 위한 정확하고 효율적인 객실 관리

🗒 다

하우스 키핑 : 객실 소모품 확인 및 보충

/ 2005년 51번 문제 /

66 연회행사 중 여러 가지의 주류와 음료를 주제로 하고 오르되브르(Hor D'oeuvre)를 곁들이면서 스탠딩(Standing) 형식으로 행해지는 연회는?

가. 정찬파티　　　　나. 뷔페파티
다. 칵테일파티　　　　라. 티파티

🗒 다

67 다음 중 연회행사시 사용되는 Crescent Table의 용도에 대한 설명으로 옳은 것은?

가. 소규모 연회, Cocktail Party, 일반연회 등의 용도로 사용할 때

나. 기자회견, 학술발표회, 사원 연수회 등 Classroom Style로 배열할 때

다. Rectangular Table 사용 시 양쪽에 붙이거나 2 Line Buffet Table를 배치할 때

라. 코너 또는 Head Table과 연결하거나, Cocktail Reception에서 기둥을 돌릴 때

答 라

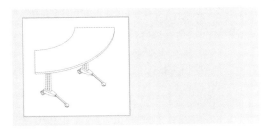

68 하우스 유스(House Use) 룸의 의미로 옳은 것은?

가. 호텔의 임직원이 공무로 사용하는 객실

나. 무료로 제공하는 객실

다. 하우스 키핑(House Keeping) 사무실

라. 가족이 공동으로 사용하는 객실

答 가

/ 2003년 65번 문제 / 2008년 69번 문제 /

69 투숙객을 위하여 24시간 대기하여, 불평을 처리하고, 야간 · 공휴일 업무 및 일일 일반사항을 정리 · 보고하는 업무를 수행하는 호텔직무는?

가. 경비지배인

나. 당직지배인

다. 프론트오피스 지배인

라. 지알오(Guest Relation Officer)

答 나

70 객실을 블로킹(Blocking)한다는 것은 무엇을 의미하는가?

가. 객실 등의 시설이 고장으로 인하여 당분간 판매가 불가능하게 된 상태로 예약을 받지 않는다는 것

나. 호텔에 예약되어 있는 국제행사 참가자나 VIP를 위해 사전에 객실구획을 한꺼번에 예약하는 것

다. 호텔직원이 숙소로 이용하거나 사무실이 부족하여 객실을 사무실로 이용하는 것

라. VIP고객을 위해서 객실을 사전에 Turn Down 서비스해주는 것

答 나

/ 2004년 11번 문제 /

2013년도 시행 호텔관광실무론

41 컨벤션이 종료된 후 참가자들이 호텔에서 체크아웃할 때 참가자가 개별적으로 지불하는 계정은?

가. 마스터 계정 (Master Account Folio)
나. 고객 계정 (Guest Folio)
다. 분할 계정 (Split Folio)
라. 여행사 계정 (Agent Folio)

답 나

42 리오카니발과 뮌헨의 맥주축제 및 에든버러축제와 같이 개최지의 이미지, 인지도와 매력을 향상시키며 수익창출을 향상시키기 위한 대표성을 지니고 있는 이벤트는?

가. 대중이벤트
나. 홀마크이벤트
다. 지역이벤트
라. 도시이벤트

답 나

· Hallmark Event : 상징적인 의미의 Event. 질적인 면과 진위성에 있어서의 상징 관광목적지의 상대적 우위를 제공하는 전통, 흥미, 이미지, 명성, 경제적인 의미에 중요성을 포함하는 Event
· Special Event : 주관조직과 후원조직이 일반적으로 Program하는 활동이외의 범주에 속하는 Event이다. 참가자들에 있어서는 여가 경험의 기회로서 일상생활 경험에 속하지 않는 것이다.
· Mega Event : 대단위의 국제 컨퍼런스, 정치적 목적으로 사용. 경제적 효과의 의미

43 우리나라의 관광진흥법상 관광사업의 유형을 올바르게 분류한 것은?

가. 여행업, 관광숙박업, 국제회의업, 관광객이용시설업, 카지노업, 관광편의시설업, 유원시설업
나. 관광호텔업, 국제회의업, 관광객이용시설업, 카지노업, 관광객이용시설업, 관광편의시설업, 유원시설업
다. 여행업, 관광숙박업, 국제회의용역업, 카지노업, 관광객이용시설업, 관광편의시설업, 유원시설업
라. 관광호텔업, 국제회의용역업, 관광객이용시설업, 카지노업, 관광편의시설업, 유원시설업

답 가

구 분	내 용
관광숙박업	관광호텔업, 수상관광호텔업, 한국전통호텔업, 가족호텔업, 호스텔업
관광객 이용시설업	· 전문휴양업 : 민속촌, 해수욕장, 수렵장, 동물원, 식물원, 수족관, 온천장, 동굴자원, 수영장, 농어촌휴양시설, 활공장, 등록 및 신고 체육시설, 산림휴양시설, 박물관, 미술관 · 종합휴양업 : 제1종 종합휴양업, 제2종 종합휴양업 · 자동차야영장업 · 관광유람선업 : 일반관광유람선업, 크루즈업 · 관광공연장업 · 외국인전용 관광기념품판매업
국제회의업	국제회의시설업 국제회의기획업
카지노업	
유원시설업	종합유원시설업, 일반유원시설업, 기타유원시설업
관광편의시설업	관광유흥음식점업, 관광극장유흥업, 외국인전용 유흥음식점업, 관광식당업, 시내순환관광업, 관광사진업, 여객자동차터미널시설업, 관광펜션업, 관광궤도업, 한옥체험업

44 세계관광기구를 의미하는 영문약자는?

가. ESCAP
나. WTO
다. OECD
라. IHA

답 나

- WTO : World Tourism Organization
- OECD : Organization for Economic Co-operation and Development (경제협력개발기구)
- ESCAP : Economic and Social Commission for Asia and the Pacific (아시아 태평양 경제사회위원회)

45 여행시 운임 및 지상비 이외의 여행경비로서 여행요금에 포함되지 않는 것은?

가. 초과 수하물 요금
나. 여행 보험료
다. 국외여행 인솔자의 여행경비
라. 국내 출발시의 공항이용료 및 관광진흥개발기금

답 가

46 다음 중 여행상품의 지상경비에 포함되지 않는 것은?

가. 숙박비용　　　　나. 식사비용
다. 관광비용　　　　라. 여권발급비용

답 라

47 도어 맨(Door Man)의 역할로 옳은 것은?

가. 고객등록업무
나. 객실정리
다. 고객의 영접 및 전송
라. 고객요청에 관한 기록

답 다

48 다음은 어떤 형태의 호텔에 관한 설명인가?

경쟁에 위협과 위기감을 느낀 독립호텔들이 타지역의 비슷한 수준에 있는 다른 독립호텔들과 상호 협력하여 공동선전, 공동판매, 공동마케팅 등의 정보를 공유하는 등 동업자의 경영방식으로 운영되는 호텔

가. 임차방식 호텔 (Leased Hotel)
나. 계약방식 호텔 (Contract Hotel)
다. 프랜차이즈 호텔 (Franchise Hotel)
라. 리퍼럴방식 호텔 (Referral Hotel)

답 라

45 호텔 경영방식 중 리퍼럴 방식(Referral Organization) 경영을 설명하는 것은?

가. 동일 사업자가 하나의 회사를 만든 조직
나. 동업자 결합에 의한 경영 방식
다. 합자회사에 의한 경영 방식
라. 프랜차이즈(Franchise) 경영 조직

답 가

/ 2014년 45번 문제 /

49 휴양콘도미니엄의 등록기준 중 틀린 것은?

가. 객실 기준은 같은 단지 안에 객실이 30실 이상이며, 관광객의 취사, 체류 및 숙박에 필요한 설비를 갖추고 있어야 한다.
나. 매점 또는 간이매장이 있을 것이며, 다만 수개의 동으로 단지를 구성할 경우에는 공동으로 설치할 수 있다.
다. 공연장, 전시관, 미술관, 박물관, 수영장, 테니스장, 축구장, 농구장, 기타 관광객의 이용에 적합한 문화체육공간을 1개소 이상 갖추어야 한다.
라. 가족단위 관광객이 이용할 수 있는 취사시설이 객실별로 설치되어 있거나, 각 층별로 공동취사장이 설치되어 있어야 한다.

답 라

관광사업의 등록기준

1. 여행업
   가. 일반여행업
     (1) 자본금(개인의 경우에는 자산평가액) : 2억원 이상일 것
     (2) 사무실 : 소유권이나 사용권이 있을 것
   나. 국외여행업
     (1) 자본금(개인의 경우에는 자산평가액) : 6천만원 이상일 것
     (2) 사무실 : 소유권이나 사용권이 있을 것
   다. 국내여행업
     (1) 자본금(개인의 경우에는 자산평가액) : 3천만원 이상일 것
     (2) 사무실 : 소유권이나 사용권이 있을 것
2. 호텔업
   가. 관광호텔업
     (1) 욕실이나 샤워시설을 갖춘 객실을 30실

이상 갖추고 있을 것

(2) 외국인에게 서비스를 제공할 수 있는 체제를 갖추고 있을 것

(3) 대지 및 건물의 소유권 또는 사용권을 확보하고 있을 것. 다만, 회원을 모집하는 경우에는 소유권을 확보하여야 한다.

나. 수상관광호텔업

(1) 수상관광호텔이 위치하는 수면은 「공유수면 관리 및 매립에 관한 법률」 또는 「하천법」에 따라 관리청으로부터 점용허가를 받을 것

(2) 욕실이나 샤워시설을 갖춘 객실이 30실 이상일 것

(3) 외국인에게 서비스를 제공할 수 있는 체제를 갖추고 있을 것

(4) 수상오염을 방지하기 위한 오수 저장·처리시설과 폐기물처리시설을 갖추고 있을 것

(5) 구조물 및 선박의 소유권 또는 사용권을 확보하고 있을 것. 다만, 회원을 모집하는 경우에는 소유권을 확보하여야 한다.

다. 한국전통호텔업

(1) 건축물의 외관은 전통가옥의 형태를 갖추고 있을 것

(2) 이용자의 불편이 없도록 욕실이나 샤워시설을 갖추고 있을 것

(3) 외국인에게 서비스를 제공할 수 있는 체제를 갖추고 있을 것

(4) 대지 및 건물의 소유권 또는 사용권을 확보하고 있을 것. 다만, 회원을 모집하는 경우에는 소유권을 확보하여야 한다.

라. 가족호텔업

(1) 가족단위 관광객이 이용할 수 있는 취사시설이 객실별로 설치되어 있거나 층별로 공동취사장이 설치되어 있을 것

(2) 욕실이나 샤워시설을 갖춘 객실이 30실 이상일 것

(3) 객실별 면적이 19제곱미터 이상일 것

(4) 외국인에게 서비스를 제공할 수 있는 체제를 갖추고 있을 것

(5) 대지 및 건물의 소유권 또는 사용권을 확보하고 있을 것. 다만, 회원을 모집하는 경우에는 소유권을 확보하여야 한다.

마. 호스텔업

1) 배낭여행객 등 개별 관광객의 숙박에 적합한 객실을 갖추고 있을 것

2) 이용자의 불편이 없도록 화장실, 샤워장, 취사장 등의 편의시설을 갖추고 있을 것. 다만, 이러한 편의시설은 공동으로 이용하게 할 수 있다.

3) 외국인 및 내국인 관광객에게 서비스를 제공할 수 있는 문화·정보 교류시설을 갖추고 있을 것

4) 대지 및 건물의 소유권 또는 사용권을 확보하고 있을 것

라. 가족호텔업

(1) 가족단위 관광객이 이용할 수 있는 취사시설이 객실별로 설치되어 있거나 층별로 공동취사장이 설치되어 있을 것

(2) 욕실이나 샤워시설을 갖춘 객실이 30실 이상일 것

(3) 객실별 면적이 19제곱미터 이상일 것

(4) 외국인에게 서비스를 제공할 수 있는 체제를 갖추고 있을 것

(5) 대지 및 건물의 소유권 또는 사용권을 확보하고 있을 것. 다만, 회원을 모집하는 경우에는 소유권을 확보하여야 한다.

마. 호스텔업

1) 배낭여행객 등 개별 관광객의 숙박에 적합한 객실을 갖추고 있을 것

2) 이용자의 불편이 없도록 화장실, 샤워장, 취사장 등의 편의시설을 갖추고 있을 것. 다만, 이러한 편의시설은 공동으로 이용하게 할 수 있다.

3) 외국인 및 내국인 관광객에게 서비스를 제공할 수 있는 문화·정보 교류시설을 갖추고 있을 것

4) 대지 및 건물의 소유권 또는 사용권을 확보하고 있을 것

3. 휴양콘도미니엄업

가. 객실

(1) 같은 단지 안에 객실이 30실 이상일 것

(2) 관광객의 취사·체류 및 숙박에 필요한 설비를 갖추고 있을 것

나. 매점 등

매점이나 간이매장이 있을 것. 다만, 여러 개의 동으로 단지를 구성할 경우에는 공동으로 설치할 수 있다.

다. 문화체육공간

공연장·전시관·미술관·박물관·수영장·테니스장·축구장·농구장, 그 밖에 관광객이 이용하기 적합한 문화체육공간을 1개

소 이상 갖출 것. 다만, 수개의 동으로 단지를
구성할 경우에는 공동으로 설치할 수 있으며,
관광지·관광단지 또는 종합휴양업의 시설
안에 있는 휴양콘도미니엄의 경우에는 이를
설치하지 아니할 수 있다.
라. 대지 및 건물의 소유권 또는 사용권을 확보
하고 있을 것. 다만, 분양 또는 회원을 모집
하는 경우에는 소유권을 확보하여야 한다.

4. 관광객이용시설업
  가. 전문휴양업
    (1) 공통기준
      (가) 숙박시설이나 음식점시설이 있을 것
      (나) 주차시설·급수시설·공중화장실 등
          의 편의시설과 휴게시설이 있을 것

50 체인호텔(Chain Hotel) 경영의 장점으로 틀린
것은?

가. 경영상의 독립성을 유지하기 어렵다.
나. 대량구매를 통해 구매비를 절감한다.
다. 체인호텔간의 예약시스템을 공유한다.
라. 체인호텔 인력에 대한 충원 및 교육 관리는
   본사에 의해서 이루어진다.

🔖 라

51 서비스로서의 호텔상품의 특징으로 틀린 것은?

가. 호텔상품은 이질적이다.
나. 호텔상품은 소멸성을 갖고 있다.
다. 호텔상품은 생산과 판매가 동시에 이루어
   진다.
라. 호텔상품은 유형적이다.

🔖 라

52 국제연맹 통계 전문가 위원회가 정의하는 국제관광
자에 해당하는 사람이 아닌 것은?

가. 사업상 이유로 여행하는 사람
나. 각종 회의에 참석하기 위해 여행하는 사람
다. 여행 중 어느 나라를 통과해 가는 사람
라. 친지 방문을 위해 여행하는 사람

🔖 다

53 다음의 호텔 식당 서비스맨의 일반수칙으로 틀린
것은?

가. 모든 음료는 고객의 왼쪽에서 왼손으로 서브
나. 플레이트에 담긴 요리는 고객의 오른쪽에서
   오른손으로 서브
다. 고객이 도착 전 모든 집기류와 테이블 준비
라. 디저트 서브 전, 클라스류를 제외한 기물을
   치움

🔖 가

54 턴 다운(Turn Down) 서비스에 대한 설명으로 옳
은 것은?

가. 객실고객이 침대에 쉽게 들어갈 수 있도록 침
   대시트 한 쪽을 접어놓는 등 최종적으로 침실
   정리 등을 하여 주는 세심한 배려를 하는 서
   비스이다.
나. 예약고객이 당 호텔에 도착했으나 초과예약
   에 의해 객실이 없을 경우 정중한 사과와 함
   께 다른 호텔을 잡아주는 서비스이다.
다. 욕조선반에 비치되어 있는 여러 개의 다양한
   타월종류 일체 중, 전체 또는 사용하여 교체
   해야 할 타월을 내리고 새로 교체하는 서비스
   이다.
라. 호텔에서의 스위트룸 등의 고급객실이 다 팔
   린 상태에서 최초 고객이 예약한 당시의 호텔
   객실 보다 낮은 객실로 수준을 낮추어 이용하
   게 될 때의 부가서비스이다.

🔖 가

55 관광특구의 지정신청 요건 중 틀린 것은?

가. 지정하고자 하는 지역 안에 관광안내시설, 공
   공편익시설 및 숙박시설 등 외국인관광객의
   관광수요를 충족시킬 수 있어야 한다.
나. 임야, 농지, 공업용지 또는 택지 등 관광활동
   과 직접적인 관련성이 없는 토지의 비율이 대
   통령령으로 정하는 기준을 초과하지 아니해
   야 한다.
다. 통계전문기관의 조사결과 당해 지역의 최근 1
   년간 외국인 관광객이 5만명 이상이어야 한다.
라. 문화체육관광부에 제출될 서류 중에는 관광
   특구의 진흥계획서가 첨부되어야 한다.

🔖 다

56 아침식사의 종류 중에서 주스, 빵(Pastry), 계란
요리 그리고 커피를 제공하는 것은?

가. American Breakfast

나. Continental Breakfast
다. English Breakfast
라. Vienna Breakfast

🔖 가

57 컨벤션을 위한 호텔의 중요한 속성이 아닌 것은?

가. 회의장　　　　　나. 요금
다. 접근성　　　　　라. 객실의 면적

🔖 라

58 호텔 및 부대시설의 이용 시에 자주 접촉하는 종사원이 아닌 것은?

가. Front Clerk
나. Room Maid (Room Attendant)
다. Concierge
라. Stewards

🔖 라

59 연회(Banquet)의 특성에 관한 설명으로 가장 적합한 것은?

가. 호텔 외부로 판매가 불가능하다.
나. 일부 특정계층만 이용한다.
다. 식음료부서의 원가를 절감할 수 없다.
라. 판매 식음료의 종류에 따라 매출액이 신축적이다.

🔖 라

60 다음 중 일드 매니지먼트 (Yield Management)와 관계없는 내용은?

가. 1970년대 미국에서 항공사들의 경쟁체제에서 시작된 기법으로 가격할인에 따라 가장 수익적인 좌석 판매율을 계산하여 수익적 부분을 모색하는 관리기법이다.
나. 호텔에서 한정된 객실 수를 적절히 할당함으로써 이익을 극대화시키는 것을 의미한다.
다. 현재와 과거의 정보와 통계적 모델을 사용하여 수익과 고객 서비스를 동시에 증대하려는 수익증대기법이다.
라. 최근 도입된 인사관리시스템을 말하는 것으로 체인호텔에서 시행되고 있다.

🔖 라

/ 2005년 69번 문제 /

61 예약을 한 고객이 한밤 중이나 새벽에 도착할 경우 부과되는 야간 객실요금은?

가. Over Charge　　　나. Part Day Charge
다. Hold Room Charge　라. Midnight Charge

🔖 라

· Part Day Charge : 낮 시간만 객실을 이용하고자 하는 고객에게 부과시키는 대실요금
· Hold Room Charge : 숙박한 고객이 사용물을 객실에 놓아둔 채 단기간의 지방 여행을 떠날 경우, 고객이 객실을 예약하고 호텔에 도착하지 않았을 시, 그 객실 판매를 보류시킨 경우에 적용되는 요금

62 호텔 식음료부서의 양식 레스토랑이나 회원제 레스토랑에 근무하며 와인을 전문적으로 다루는 종사원은?

가. 소믈리에 (Sommelier)
나. 버스퍼슨 (Bus Person)
다. 캡틴 (Captain)
라. 호스티스 (Hostess)

🔖 가

63 다음 중 호텔의 컨벤션 유치를 위한 적극적인 노력으로 적합하지 않은 것은?

가. 다양한 첨단 시설의 설치로 보다 다양하고 향상된 회의시설을 제공
나. 컨벤션 전담부서의 설치
다. 회의기획자를 위한 교육프로그램의 운영
라. 홍보 프로그램 개발을 통한 회의참석자 확대 유도

🔖 라

64 홀드 룸 차지(Hold Room Charge)가 적용되는 경우는?

가. 고객이 짐을 객실에 두고 출타하여 사용하지 않을 때
나. 예약한 고객이 당일 한밤 중에 도착할 때
다. 특정한 회사와 일정한 요금으로 계약할 때
라. 예약한 고객이 당일 예약을 취소할 때

🔖 가

/ 2004년 70번 문제 / 2009년 63번 문제 /

65 다음 중 컨넥팅 룸(Connecting Room)에 대한 설명으로 가장 적합한 것은?

가. 침대가 두 개 있는 객실이다.
나. 호텔 건물의 내부 또는 뒤 쪽에 위치하는 객실이다.
다. 호텔 건물의 바깥 쪽에 위치하는 객실로서 외부의 경관을 내다볼 수 있는 전망이 좋은 객실이다.
라. 객실과 객실 사이에 통용문이 있어 외부의 문을 통하지 않고도 객실 사이를 자유롭게 왕래할 수 있는 객실이다.

답 라

Adjoining Room : 서로 붙어있는 방

66 호텔의 고객들에게 식당 예약, 극장표 예약, 교통편 예약 등의 개인적 서비스를 제공하는 업무를 담당하며 특히 고급 호텔을 중심으로 그 개념이 확산되어 가고 있는 종사원은?

가. 벨 어텐던트 (Bell Attendant)
나. 페이지 보이 (Page Boy)
다. 로비 보이 (Lobby Boy)
라. 컨시어지 (Concierge)

답 라

/ 2006년 46번 문제 /

67 호텔 기업의 특성에 대한 설명으로 틀린 것은?

가. 고정자산의 비율이 낮다.
나. 인적 서비스에 많이 의존한다.
다. 시설의 노후화가 빠르다.
라. 정치 · 경제적인 영향을 많이 받는다.

답 가

호텔 기업의 특성 : 인적 서비스 의존성이 높음(인건비의 비중이 높음), 입지 조건 의존성이 높음, 시설의 조기 노후화, 상품 판매의 시간적 및 장소적 제약, 초기 고정자산의 투자가 높음, 연중 무휴의 영업, 시장환경에 민감

68 다음 중 C.I.Q와 관계없는 것은?

가. 세관
나. 환전
다. 출입국관리
라. 검역

답 나

C.I.Q : Customs, Immigration, Quarantine

/ 2011년 56번 문제 /

69 당직 지배인(Duty Manager)의 일이 아닌 것은?

가. 귀빈환송
나. 고객 불만처리
다. 야간 총지배인
라. 식음료 부서 감독

답 라

/ 2005년 70번 문제 /

70 각종 회의 및 행사 유치를 위한 중소규모의 회의장이나 대규모의 회의를 개최할 수 있는 대회의장 및 전시장 시설 및 회의관련 서비스 등을 갖추고 운영하는 호텔은?

가. 컨벤션 호텔
나. 커머셜 호텔
다. 리조트 호텔
라. 시티 호텔

답 가

41 풀코스 또는 풀코스에 준하는 요리로서 특정 코스의 세트 요리라고 할 수 있는 음식 제공 형태를 무엇이라고 하는가?

가. 정식(Table d' hote)
나. 뷔페(Buffet)
다. 일품(A la Carte)
라. 오드볼(Hor d' oeuvre)

🖹 가

/ 2006년 77번 문제 / 2007년 56번 문제 / 2014년 68번 문제 /

42 관광사업 중 수상관광호텔의 등록 기준 중 틀린 것은?

가. 외국인에게 서비스 제공이 가능한 서비스 체제를 갖추어야 한다.
나. 구조물 및 선박의 소유권 또는 사용권이 있어야 한다.
다. 욕실 또는 샤워시설을 갖춘 객실이 70실 이상이어야 한다.
라. 수상오염을 방지하기 위한 오수저장, 처리 시설 및 폐기물 처리 시설을 갖추어야 한다.

🖹 다

수상관광호텔업
(1) 수상관광호텔이 위치하는 수면은 「공유수면 관리 및 매립에 관한 법률」 또는 「하천법」에 따라 관리청으로부터 점용허가를 받을 것
(2) 욕실이나 샤워시설을 갖춘 객실이 30실 이상일 것
(3) 외국인에게 서비스를 제공할 수 있는 체제를 갖추고 있을 것
(4) 수상오염을 방지하기 위한 오수 저장 · 처리 시설과 폐기물처리시설을 갖추고 있을 것
(5) 구조물 및 선박의 소유권 또는 사용권을 확보하고 있을 것. 다만, 회원을 모집하는 경우에는 소유권을 확보하여야 한다.

43 일반여행업의 등록 기준으로 옳은 것은?

가. 자본금(개인의 경우에는 자산평가액) 2억원 이상

나. 자본금(개인의 경우에는 자산평가액) 1억원 5천만원 이상
다. 자본금(개인의 경우에는 자산평가액) 1억원 이상
라. 자본금(개인의 경우에는 자산평가액) 5천만원 이상

🖹 가

가. 일반여행업
(1) 자본금(개인의 경우에는 자산평가액) : 2억원 이상일 것
(2) 사무실 : 소유권이나 사용권이 있을 것
나. 국외여행업
(1) 자본금(개인의 경우에는 자산평가액) : 6천만원 이상일 것
(2) 사무실 : 소유권이나 사용권이 있을 것
다. 국내여행업
(1) 자본금(개인의 경우에는 자산평가액) : 3천만원 이상일 것
(2) 사무실 : 소유권이나 사용권이 있을 것

44 관광진흥법 시행령상 문화체육관광부 장관이 지정하는 우수 숙박시설의 지정 기준으로 틀린 것은?

가. 외국인에게 이용 정보 안내 서비스 등의 서비스를 제공할 수 있는 체제를 갖추고 있을 것
나. 관광객을 맞이하는 프론트 등의 접객 공간이 개방형 구조일 것
다. 주차장에 차단막 등 폐쇄형 구조물이 없을 것
라. 건물 내부 및 외부에 대실 영업에 대한 공지를 하고 신용카드 결제가 가능할 것

🖹 라

우수숙박시설의 지정 기준(관광진흥법 제22조의 2 제1항 관련)
1. 외국인에게 서비스(숙박요금 등 이용 정보 안내서비스 등을 말한다)를 제공할 수 있는 체제를 갖추고 있을 것
2. 안내데스크에 요금표를 게시하고 신용카드

결제가 가능할 것

3. 조명, 소방 및 안전 관리 등은 관련 법령으로 정한 기준에 적합하게 유지하고, 정기적으로 점검하고 관리할 것

4. 관광객을 맞이하는 프론트 등의 접객공간이 개방형 구조일 것

5. 주차장에 차단막 등 폐쇄형 구조물이 없을 것

6. 건물 내부 및 외부에 대실 영업에 대한 공지를 하지 아니할 것

7. 성인방송을 제공하는 경우에는 청소년의 이용을 제한할 수 있는 등의 제어기능 장치를 갖추고 있을 것

45 호텔 경영방식 중 리퍼럴 방식(Referral Organization) 경영을 설명하는 것은?

가. 동일 사업자가 하나의 회사를 만든 조직
나. 동업자 결합에 의한 경영 방식
다. 합자회사에 의한 경영 방식
라. 프랜차이즈(Franchise) 경영 조직

🈳 가

/ 2013년 48번 문제 /

다음은 어떤 형태의 호텔에 관한 설명인가?

경쟁에 위협과 위기감을 느낀 독립호텔들이 타 지역의 비슷한 수준에 있는 다른 독립호텔들과 상호 협력하여 공동선전, 공동판매, 공동마케팅 등의 정보를 공유하는 등 동업자의 경영방식으로 운영되는 호텔

가. 임차방식 호텔 (Leased Hotel)
나. 계약방식 호텔 (Contract Hotel)
다. 프랜차이즈 호텔 (Franchise Hotel)
라. 리퍼럴방식 호텔 (Referral Hotel)

🈳 라

/ 2013년 50번 문제 /

체인호텔(Chain Hotel) 경영의 장점으로 틀린 것은?

가. 경영상의 독립성을 유지하기 어렵다.
나. 대량구매를 통해 구매비를 절감한다.
다. 체인호텔간의 예약시스템을 공유한다.
라. 체인호텔 인력에 대한 충원 및 교육 관리는 본사에 의해서 이루어진다.

🈳 라

46 다음 중 양조주의 종류에 해당하지 않는 것은?

가. 와인
나. 과실주
다. 맥주
라. 위스키

🈳 라

/ 2011년 70번 문제 /

47 관광진흥법상 호텔업의 등급 구분에 해당되지 않는 것은?

가. 특2등급
나. 2등급
다. 특3등급
라. 3등급

🈳 다

48 일반적으로 잉글리쉬 서비스(English Service)라고 불리는 형식으로 모든 음식이 플래터(Platter)나 큰 접시에 담겨져 테이블로 운반되면 테이블에서 주빈 혹은 접객원이 카빙(Carving)하고 각 접시에 담아서 모든 사람에게 돌려주거나 카빙(Carving)된 큰 접시를 돌려가면서 각자가 덜어먹는 형식의 음식 서비스 방식은 무엇인가?

가. 패밀리 서비스(Family Service)
나. 플레이트 서비스(Plate Service)
다. 러시안 서비스(Russian Service)
라. 카트 서비스(Cart Service)

🈳 가

49 프런트 데스크 지배인의 일반적인 직무 및 책임 사항과 가장 거리가 먼 것은?

가. 객실 판매를 위하여 TV, 신문 광고 등 홍보 활동을 수행한다.
나. 프런트 오피스의 업무를 지취·감독하는 책임자이다.
다. 프런트 오피스 종사원 업무의 훈련과 지도를 하는 책임이 있다.
라. 고객의 불편사항과 문제점을 신속히 처리한다.

🈳 가

/ 2005년 51번 문제 /

50 관광진흥법상 관광객의 다양한 관광 및 휴양을 위하여 각종 관광시설을 종합적으로 개발하는 관광거점 지역을 뜻하는 것은?

가. 관광지
나. 관광단지
다. 관광특구
라. 위락지구

🈳 나

51 다음 중 식음료 서비스 메뉴 계획 시의 착안사항과 가장 거리가 먼 것은?

가. 영양적 요소
나. 고객의 욕구 파악
다. 원가와 양과의 함수관계
라. 구입 가능한 식품

답 다

52 프론트 오피스의 위치 및 규모와 직접적인 관계가 없는 것은?

가. 객실의 수
나. 호텔 직원의 수
다. 현관 업무를 담당할 인원
라. 일시 최대의 고객 예상 수

답 나

53 관광사업별 등록 · 허가에 관한 사항 중 틀린 것은?

가. 관광객이용시설업을 경영하려는 자는 특별자치도지사 · 시장 · 군수 · 구청장(자치구와 구청장)에게 등록하여야 한다.
나. 카지노업을 경영하려는 자는 특별자치도지사 · 시장 · 군수의 허가를 받아야 한다.
다. 종합유원시설업은 특별자치도지사 · 시장 · 군수 · 구청장(자치구의 구청장)의 허가를 받아야 한다.
라. 호텔업을 경영하려는 자는 특별자치도지사 · 시장 · 군수 · 구청장(자치구의 구청장)에게 등록하여야 한다.

답 나

> 제4조(등록) ① 여행업, 관광숙박업, 관광객 이용시설업 및 국제회의업을 경영하려는 자는 특별자치도지사 · 시장 · 군수 · 구청장에게 등록하여야 한다.
> 제5조(허가와 신고) ① 카지노업을 경영하려는 자는 전용영업장 등 문화체육관광부령으로 정하는 시설과 기구를 갖추어 문화체육관광부장관의 허가를 받아야 한다.
> ② 유원시설업을 경영하려는 자는 문화체육관광부령으로 정하는 시설과 설비를 갖추어 특별자치도지사 · 시장 · 군수 · 구청장의 허가를 받아야 한다.
> 제6조(지정) 관광 편의시설업을 경영하려는 자는 문화체육관광부령으로 정하는 바에 따라 특별시장 · 광역시장 · 도지사 · 특별자치도지사 또는 시장 · 군수 · 구청장의 지정을 받을 수 있다.

54 공표요금으로서 호텔에서 공표한 정규요금은?

가. Tariff　　　　　나. Complimentary
다. Commercial Rate　라. Hold Room Charge

답 가

/ 2009년 41번 문제 / 2011년 89번 문제 /

55 호텔 프론트 오피스 서비스 근무자의 직무 내용으로 틀린 것은?

가. 벨 어텐던트(Bell Attendant): 고객의 가방 운반, 객실 안내, 세탁물 접수 및 배달
나. 도어 어텐던트(Door Attendant): 주로 현관에 근무하면서 도착한 고객을 환영하여 도착이나 출발 시 고객들의 가방 처리를 도와주며 현관 앞의 교통통제, 교통편의 제공
다. 주차 서비스 요원: 고객의 차량을 대신 주차하여 고객에게 편의성을 제공하고 호텔 서비스의 고급스러운 이미지를 강화시켜준다.
라. 예약 매니저: 식당의 예약, 극장 및 스포츠 게임표 구매, 교통편 예약

답 라

56 식음료 서비스에는 다양한 종사원이 필요하게 되고 그 인원도 다양한 요인에 의해 결정되게 된다. 다음 중 식음료 서비스 종사원의 적정한 수의 산출시 고려되는 요인이 아닌 것은?

가. 최대 좌석 수에 의한 식당 규모
나. 적용하게 되는 서비스 형식
다. 주 영업일수 및 근무 시간
라. 직원의 성별 비율

답 라

/ 2012년 10번 문제 /

57 해외여행과 관련한 설명으로 옳은 것은?

가. 해외여행 중 항공권을 분실하였을 때 새로운 항공권을 구입하여야 한다.
나. 여행자 수표는 서명란에 있는 두 곳 이상 서명을 하여도 유효하다.
다. 고객 1인이 무료로 소지할 수 있는 항공화물의 중량 한계는 동일하다.
라. Eurail pass는 유럽 국가 내에서만 구입할 수 있다.

답 나

58 다음 중 호텔 외부의 각종 연회를 위한 출장연회 서비스는?

가. Food Service 나. Banquet Service
다. Catering Service 라. Room Service

🔲 다

/ 2006년 62번 문제 / 2008년 59번 문제 /

59 다음 중 객실 부문의 프론트 오피스 업무 분야에 해당되지 않는 것은?

가. 판촉 나. 리셉션
다. 비즈니스 전용층 라. 컨시어지

🔲 가

60 특수 목적관광(SIT: Special Interest Tourism) 의 특성을 설명한 것으로 가장 거리가 먼 것은?

가. 모험관광, 환경관광, 자연관광, 문화관광 등 관광객의 특별한 관심을 가지고 여행하는 관광이다.
나. 관광활동에 있어서 수동적인 형태를 취한다.
다. 여행 목적지에서 다양한 관심 사항 등을 체험하고 학습한다.
라. 다른 관광의 형태보다 관광활동이 비교적 진지하고 적극적이다.

🔲 나

61 다음 중 서비스 종류와 그에 대한 설명으로 옳은 것만으로 짝지어진 것은?

A: English Service(접객원은 많은 고객을 서브할 수 있으며, 좋은 서비스도 제공할 수 있다.)
B: American Service(고객의 회전이 느린 식당에 적합하다.)
C: French Service(고객 스스로 요리를 분배하여 식사한다.)
D: Russian Service(게리돈 서비스에 비해서 특별한 준비물이 필요없다.)
E: Buffet Service(다수의 접객원으로 많은 고객을 서비스할 수 있다.)

가. A, C 나. A, D
다. B, D 라. B, E

🔲 나

/ 2003년 70번 문제 / 2007년 55번 문제 / 2008년 54번 문제 /
/ 2010년 55번 문제 /

62 더블 룸(Double Room)의 객실 및 침대의 크기는 몇 이상인가?

가. 13㎡, 90cm X 195cm
나. 18㎡, 137cm X 194cm
다. 19㎡, 138cm X 195cm
라. 20㎡, 100cm X 200cm

🔲 다

63 숙박 Check in 절차로 옳은 것은?

가. 숙박객 도착 → 숙박 기재 등록 → 예약 확인 → 객실 배정 → 객실 안내 → 회계원장 작성
나. 숙박객 도착 → 예약 확인 → 숙박 기재 등록 → 객실 배정 → 객실 안내 → 회계원장 작성
다. 숙박객 도착 → 예약 확인 → 객실 배정 → 숙박 기재 등록 → 객실 안내 → 회계원장 작성
라. 숙박객 도착 → 예약 확인 → 객실 배정 → 객실 안내 → 숙박 기재 등록 → 회계원장 작성

🔲 나

64 하우스 키핑(House Keeping) 부서의 주요 직무가 아닌 것은?

가. 객실 청소 나. 주방 청소
다. 린넨류 세탁 라. 공공장소 청소

🔲 나

65 호텔 객실 요금의 종류에 대한 설명으로 틀린 것은?

가. Group Rate: 일정 인원 이상의 단체에서 할인된 요금을 적용하는 제도이다.
나. Commercial Rate: 특정 회사와 상호 계약을 맺고 협정된 요금으로 객실을 판매하는 제도이다.
다. Single Rate: 객실 요금을 고객의 수에 기준을 두는 것이 아니라 객실의 종류에 기준을 두는 제도이다.
라. Complimentary: 호텔의 판매촉진을 목적으로 요금을 50%의 가격에 객실을 판매하는 제도이다.

🔲 라

Complimentary: 객실 무료 제공

/ 2005년 57번 문제 /

66 100석의 좌석을 갖춘 어느 식당이 일주일에 6일 영업하고 좌석 회전율이 1일 평균 2회, 작년의 총 판매액이 825,000천원이었다면, 1인당 평균 요금에 가장 가까운 액수는?

가. 15,000원   나. 13,220원
다. 12,800원   라. 11,000원

🖋 가

> 100 X 2 회전 X 6일 X 48주 = 연간 57600석 판매
> 825,000,000/57600 = 14,323

67 호텔 식음료 영업부문에서 고객으로부터 주문받는 방법으로 가장 적합하지 않은 것은?

가. 차림표를 제시할 때는 부부 동반의 경우 부인에게 먼저 보이고, 연회 시와 같은 많은 고객인 경우에는 주빈 또는 주최자의 왼쪽 고객부터 시계 바늘이 도는 방향으로 여자, 남자, Hostess, Host의 순으로 돌면서 주문을 받는 것이 원칙이다.
나. 요리 주문이 끝나면 와인 리스트를 고객의 우측에서 제시한다. 모든 음료 주문은 반드시 고객의 우측에서 받는다. 그리고 와인의 전문적인 추천은 소믈리에 또는 와인 웨이터가 한다.
다. 메뉴 설명시 손가락으로 가리키면서 메뉴 품명 설명하며 우선 메인메뉴부터 주문을 받는다.
라. 육류 주문 시 굽는 정도, 계란 주문 시 익히는 정도, 샐러드 드레싱 종류 등 고객의 기호에 맞게 선택하도록 반드시 물어보고, 주문서에 정확히 기입하여 주방에 건넨다.

🖋 다

68 Table d' hote 서비스의 코스를 바르게 나열한 것은?

가. Appetizer → Soup → Fish → 주요리 → Salad → Dessert → 음료
나. Appetizer → Salad → Soup → Fish → 주요리 → Dessert → 음료
다. Appetizer → Salad → Soup → 주요리 → Fish → Dessert → 음료
라. Appetizer → Soup → 주요리 → Fish → Salad → Dessert → 음료

🖋 가

69 Special Interest Tour에 대한 설명으로 옳은 것은?

가. 동일한 형태, 목적, 기간, 코스를 따라 정기적

으로 실시되는 것이다.
나. 특별한 판매업적 또는 이와 유사한 회사의 업적을 수행한 종업원에 대해 보상으로 제공되는 것이다.
다. 관광기관, 항공회사 등이 여행업자, 보도관계자 등을 초청해서 관광루트, 관광지 관광시설, 관광대상 등을 시찰시키는 것이다.
라. 사진, 조류관찰, 오페라 등 공통된 취미를 지닌 클럽, 사회단체를 위해 수배되는 것이다.

🖋 라

70 관광숙박업 중 호텔업의 종류에 속하지 않는 것은?

가. 수상관광호텔업   나. 한국전통호텔업
다. 가족호텔업   라. 휴양콘도미니엄업

🖋 라

호텔업의 종류

가. 관광호텔업 : 관광객의 숙박에 적합한 시설을 갖추어 관광객에게 이용하게 하고 숙박에 딸린 음식·운동·오락·휴양·공연 또는 연수에 적합한 시설 등(이하 "부대시설"이라 한다)을 함께 갖추어 관광객에게 이용하게 하는 업
나. 수상관광호텔업 : 수상에 구조물 또는 선박을 고정하거나 매어 놓고 관광객의 숙박에 적합한 시설을 갖추거나 부대시설을 함께 갖추어 관광객에게 이용하게 하는 업
다. 한국전통호텔업 : 한국전통의 건축물에 관광객의 숙박에 적합한 시설을 갖추거나 부대시설을 함께 갖추어 관광객에게 이용하게 하는 업
라. 가족호텔업 : 가족단위 관광객의 숙박에 적합한 시설 및 취사도구를 갖추어 관광객에게 이용하게 하거나 숙박에 딸린 음식·운동·휴양 또는 연수에 적합한 시설을 함께 갖추어 관광객에게 이용하게 하는 업
마. 호스텔업: 배낭여행객 등 개별 관광객의 숙박에 적합한 시설로서 샤워장, 취사장 등의 편의시설과 외국인 및 내국인 관광객을 위한 문화·정보 교류시설 등을 함께 갖추어 이용하게 하는 업
바. 소형호텔업: 관광객의 숙박에 적합한 시설을 소규모로 갖추고 숙박에 딸린 음식·운동·휴양 또는 연수에 적합한 시설을 함께 갖추어 관광객에게 이용하게 하는 업
사. 의료관광호텔업: 의료관광객의 숙박에 적합한 시설 및 취사도구를 갖추거나 숙박에 딸린 음식·운동 또는 휴양에 적합한 시설을 함께 갖추어 주로 외국인 관광객에게 이용하게 하는 업

Chapter 3_
컨벤션 영어
문제풀이 및 해설

PROFESSIONAL CONVENTION PLANNERS

71 다음 문장에서 문법적으로 틀린 것은?

> The operational or administrative depart-
> ment of(1) CVB[141] is responsible for
> generating funds and keeping(2) a track
> of these funds as well as for promotion(3)
> membership drives(4).[142]

가. (1)　　　　　나. (2)
다. (3)　　　　　라. (4)

답 다

> CVB의 운영 또는 관리부서는 자금을 확보하고
> 확보된 자금을 회원유대강화에 책임이 있다.

---

141) CVB : Convention Visitors Bureau
　　CVB는 방문객과 컨벤션을 지역사회에 유치하기 위한 비
　　영리기구이다. CVB는 개최지의 마케팅을 포함한 회의와
　　컨벤션을 포괄하는 활동, 잠재개최시설부분에 관한 정보
　　의 제공, 관심있는 회의 기획가와 협회간부의 FAM
　　Tour (Familiarization Tour)의 기획, 단체와 지역사회
　　내의 많은 공급자들간의 섭외역 등 관련된 모든 활동을
　　조정하는 기구이다.
　　CVB의 중요한 책무는 다음과 같다.
　　· CVB가 대표하는 해당 도시에서 회의, 컨벤션, 산업전
　　　시회를 개최하도록 여러 단체를 유치.
　　· 회의 준비를 위한 이들 단체의 지원과 회의 전반을 통한
　　　지원제공.
　　· 해당 도시가 제공하는 역사적,문화적, 레크리에이션 지
　　　역을 방문하도록 관광객의 장려.
　　· 해당 CVB가 대표하는 지역사회의 이미지 전개와 촉진.
　　CVB와 관련한 국제기구
　　· IACVB(International Association of Convention
　　　and Visitors Bureau)
　　· AACVB(Asizn Association of Convention and
　　　Visitor Bureau)
142) The operational or administrative department of
　　CVB is responsible for generating funds and
　　keeping a track of these funds as well as for
　　promoting membership drives.
　　= The operational or administrative department of
　　CVB is responsible for generating funds and
　　keeping a track of these funds. It is also responsible
　　for promoting membership drives.

72 다음의 (　)에 알맞은 표현은?

> The Host Committee[143] will be glad to
> examine papers[144] from all who are
> interested in submitting them[145].
> Ideally, these papers should not exceed
> five double-spaced typed pages (　　),
> should not use notes, should treat
> subjects of contemporary significance,
> and should be interesting and readable.
> If accepted, presented papers will appear
> in the Conference Proceedings[146].

가. at length

---

143) · committee : 위원회
　　· ad hoc committee : 임시 특별위원회(특별한 목적으
　　　로 갖고 전문가 집단으로 임시로 구성된 위원회)
　　· executive committee : 집행 위원회
　　· adjudicating committee : 논문평가위원회 = review
　　　committee
　　· board of directors : 간사회, 이사회
　　· board of trustees : 이사회
　　· commission of inquiry : 조사 위원회
　　· arbitration committee : 중재 위원회
　　· credential committee : 자격 심의위원회 (자격 심사
　　　위원회)
　　· special committee : 특별 위원회
　　· standing committee: 상임 위원회
　　· host committee : 조직위원회 (개최준비위원회) =
　　　host authority, host organization, organizing
　　　committee, preparation committee, arrangement
　　　committee
　　· committee members : 위원회 회원[임원]
　　· committee meeting(s) : 위원회 회의
144) 논문 심사에서 발표까지의 과정
　　· 발표논문 요청, 발표논문 모집 : call for paper(s) →
　　　(발표)논문 제출 : submission of paper(s) → (발표)
　　　논문 심사 : examination of paper(s) → (발표)논문
　　　채택 : acceptance of paper(s) ≠ rejection of
　　　paper(s) → (발표)논문 인쇄 : publication of paper(s)
　　　= production of paper(s) → 논문 발표 : presentation
　　　of paper(s)
　　· revision of paper(s) : 발표 논문의 수정
　　· withdrawal of paper(s) : 발표 논문의 취소
　　· submission of abstract(s) : 초록의 제출 = abstract
　　　submittal

나. for a length of time
다. in length
라. of some length

답 다

국제회의 개최준비위원회는 논문을 제출하는 데 관심이 있는 분들로부터 접수받은 논문의 심사를 합니다. 원칙적으로 논문들은 길이가 더블스페이스로 제작해서 다섯 줄을 넘으면 안됩니다. 주석을 달지 않고 최근 중요한 이수를 다루어야 하며, 흥미있고 읽을 수 있는 상태로 제출해야 됩니다. 만약 논문이 채택되면 발표될 논문은 회의집에 수록될 것입니다.

| 2007년 90번 문제 | 2008년 92번 문제 / 2012년도 97번 문제 /

73 다음의 ( )에 각각 알맞은 표현은?

((1)) of the Opening Ceremony, The President of ABC requests the pleasure of your ((2)) at the Dinner on Thursday, October 3, 2003.[147]

가. In the occasion, Excellency
나. For the event, delegates

---

145) submitting them = submitting papers
146) proceedings : 회의록, 의사록, 논문집 = records of the meeting, minutes, transaction, conference proceedings, conference proceedings book
Accepted papers, presented at the conference by one of the authors, will be published in the proceedings of the 22nd ABC conference.
147) On the occasion of the Opening Ceremony, The President of ABC requests the pleasure of your company at the Dinner on Thursday, October 3, 2003.
= On the occasion of the Opening Ceremony, The President of ABC requests the pleasure of your presence at the Dinner on Thursday, October 3, 2003.
= On the occasion of the Opening Ceremony, The President of ABC requests the honor of your presence at the Dinner on Thursday, October 3, 2003.
= On the occasion of the Opening Ceremony, The President of ABC requests the honor of your company at the Dinner on Thursday, October 3, 2003.
= In honor of participants to the Opening Ceremony, The President of ABC cordially invites you to the Dinner on Thursday, October 3, 2003.

다. On the occasion, participants
라. On the occasion, company

답 라

개회식과 관련해서 ABC의 회장님은 귀하께서 2003년 10월 3일(목)의 만찬에 참석할 것을 요청합니다.

company : 참석 = presence, participation

Susie Maria Hans, the president of ABC requests the pleasure of your company at a reception to be held at Hotel Emerald, Seoul at 7:00 p.m. on June 21, 2006.

request the pleasure of your company
= requests the pleasure of your participation
= requests the pleasure of your presence

| 2007년 93번 문제 |

다음 내용과 일치하는 것은?

We cordially invite you to attend the Convention & Exhibition Night 2002, where you will have the opportunity to meet a variety of professionals in the industry.
On Desk. 12, 2002 at 6:00 pm COEX, Grand Ballroom, 1st floor An, Jae-Hak President of COEX(Convention & Exhibition)
RSVP[148] : (02)6000-1082, 1084

---

148) R.S.V.P. : Répondez s' il vous plaît : 회답을 바랍니다. = RSVP

〈 R.S.V.P.〉

R.S.V.P.
Name :

□ will be pleased to attend
□ will be accompanied by spouse
□ will not be able to attend
Welcome Banquet
hosted by
Hong, Gil Dong
[The] Chairperson of Korea ABC Association
Tuesday, November 23, 2016
19:00

가. 모든 참가자는 반드시 파티복이나 정장차림으로 참석해야 한다.
나. 이 초청장을 받은 사람의 좌석은 6000-1082번으로 예약되어 있다.
다. 컨벤션 및 전시업계 전문인들이 COEX 사장을 컨벤션 전시의 방에 초대한다.
라. COEX 사장이 컨벤션 및 전시업계 전문가들을 초대하는 초청장이다.

🔲 라

74 다음의 (   )에 알맞은 표현은?

Thank you for the reminder about the 15th ABC Event!
I think it would be best if you flew in on Tuesday, May 12 and we hold the event on Wednesday. If we begin at 10:00, I'm sure we'll be finished by 4:30.
Please (   ) so that I can arrange for someone to pick you up at the airport.
I will book[149] a room for you at the Hillside, as usual.

가. conform your arrival details
나. conform your departure details
다. confirm your departure details
라. confirm[150] your arrival details

Diamond Suite, 23rd floor, Hotel Emerald
Please leave this R.S.V.P. card at the Information Desk
by 3:00 pm, November 22, 2016.

149) · book a room : 객실을 예약하다.
· booking form : 숙박 신청 양식 = accommodation reservation form
☞ A one-night room deposit of U.S.$ 200 must accompany the booking form to guarantee accommodation at the quoted rate.
· booking policy (booking policies) : 호텔, 컨벤션 센터의 예약 방침, 예약 지침

150) · confirm : 확인하다
☞ Your registration will be confirmed after the registration fee is fully paid.
= Your registration is valid when the registration fee is paid.
= Your registration will be valid when the registration fee is paid in full.
= You are not registered for the conference until the registration fee is paid in full.

🔲 라

제 15차 ABC 이벤트에 대해서 상기시켜 주셔서 감사드립니다. 5월 12일에 비행기편으로 도착하시면 가장 좋겠다고 생각합니다.
이벤트는 수요일에 개최될 예정입니다. 10시에 시작된다면 오후 4시 30분에 종료될 것으로 확신합니다. 공항에서 모실 수 있도록 도착정보를 상세하게 알려주시기 바랍니다. 언제나 처럼 힐사이트 호텔에 객실을 예약해 놓도록 하겠습니다.

/ 2010년도 88번 문제 /

75 다음의 (   )에 알맞은 표현은?

A : Thank you for the very interesting tour. Mr. Nagano.
B : You're welcome. Well, if there's anything else, you'd like to know about Kawano, we'll be happy to (   ).

= Your registration is complete only when the registration fee is paid.
= Please note that you will be considered as a registrant only when the registration fee is paid.
· confirmation : 예약 확인
make a reservation → confirmation of reservation → reconfirmation
· confirmation from the hotel : 호텔로부터의 숙박 예약 확인 = hotel confirmation, confirmation by the hotel, confirmation of the hotel, confirmation from the hotel
All guaranteed reservation will receive written confirmation from the hotel.
Your hotel confirmation will be forwarded to you by our hotel booking department.
This booking is valid with the confirmation of the hotel.
· confirmation letter : 등록 확인 서한 = letter confirming registration, letter of confirmation
Registration will be confirmed when payment has been received by Korea ABC Secretariat, Seoul. The confirmation letter will include your registration number and other important information. Remember to bring this confirmation letter to Seoul. It is required along with proof of identification, such as a passport to receive your conference badge, bag and documents.
(a) cancellation letter : 취소 요청 서한
an invitation letter : 초청 서한
a reservation letter : 예약요청 서한
(a) letter of reminder : 독촉 서한, 다시 상기시킬 목적으로 보내는 서한

가. answer any questions you have
나. to ask you some questions about Kawano
다. and tell you what Kawano's present production capacity
라. to have something

답 가

A : 흥미로운 여행일정에 감사드립니다.
B : 천만에요. 가와노지역에 대해서 좀 더 알고 싶으시면 저희는 기꺼이 귀하께서 질문하시는 내용에 답변해 드리겠습니다.

76 다음 회의 주최자의 인사말 중 (   )에 알맞은 표현은?

Ladies and gentlemen!
We now should proceed with this conference (   ) the program which has already been distributed to you all.

가. in accordance with
나. in consequence of[151]
다. in consideration of[152]
라. on behalf of

답 가

신사 숙녀 여러분. 이제 여러분 모두에게 이미 배포해 드린 프로그램 대로 회의를 진행하겠습니다.

| 2006년 89번 문제 | 2010년도 73번 문제 /

77 다음의 (   )에 알맞은 표현은?

Each of the delegates of convention should receive detailed pre-conference[153] information well (   ) of the event so that decisions to attend and plans for travel may be finalized in good time.

가. right after   나. in parallel
다. afterwards   라. in advance

---

151) in consequence of = as a consequence of : 의 결과로
152) in consideration of : –을 고려하여

답 라

회의 참가자 모두는 회의전 이벤트 행사에 대한 사전에 자세한 정보를 받게 될 것입니다. 그래서 충분한 시간을 갖고 여행계획과 참석 결정을 하실 수 있을 것입니다.

78 다음 편지에 대한 내용으로 맞는 것은?

Dear Gentlemen and Ladies:
The enclosed check for $312.68 is in payment of invoice[154] no. 10463.
Please credit my account (no. 663-711-M).
Yours truly,

가. 이 편지에 $312.68이 동봉되어 있다.
나. 지불청구로 $312.68를 요구하는 편지이다.
다. 동봉한 통장 계좌번호는 10463이다.
라. 송금요청에 대해 외상거래를 부탁하는 편지이다.

답 가

/ 2012년 88번 문제 /

다음 중 아래 편지에 동봉된 것은?

Dear Ms. Kim
Enclosed is the form for paying your business license tax for 2011. Please complete the form and return it with payment no later than February 1, 2012. Make checks payable to Treasurer.

Sincerely,
John White
Commissioner

가. A check   나. A business license
다. A form   라. A picture

---

153) · pre-convention meeting : 회의전 회의 = pre-conference meeting
· pre-panel discussion meeting : 패널 토론전의 회의
· pre-symposium meeting : 심포지움 전의 회의
· pre-convention tour : 국제회의 개최전 관광행사 = pre-conference tour, pre-conference excursion, pre-meeting tour ≠ post-convention tour
154) · invoice : 청구서, 대금청구서

🗹 다

commissioner : 위원, 이사
treasurer : 회계
2011년도 면허세 양식을 동봉합니다. 양식을 작성해서 2012년 2월 1일 이전까지 세금을 보내주시기 바랍니다. 수표는 회계 앞으로 보내야 합니다.

79 다음은 무엇을 광고하고 있는 것인가?

> Imagine a place where anything and everything can be arranged.
> Or, if you prefer, rearranged.
> Where extraordinary[155] service can deliver champagne for 2 or a clambake[156] for 2,000.
> Where after making a big splash[157] in the Americana ballroom, you can do the same in the immense[158] pool.

가. a convention hall 나. a swimming pool
다. a restaurant 라. a casino

🗹 가

모든 것이 준비될 수 있는 곳을 상상해 보시기 바랍니다. 또는 원하시면 맞추어 드릴 수도 있습니다. 특별한 서비스로 2명 당 한 병의 샴페인 또는 2,000명에 대한 모임장소를 제공해 드립니다. 연회장에서 성공적인 큰 행사가 종료된 후, 수영장에서도 같은 규모의 행사 진행이 가능합니다.

/ 2010년 83번 문제 /

80 다음의 내용과 맞지 않는 것은?

> Please advise us beforehand should you require a recording which includes the interpretation as this is subject to a normal copyright waiver[159] fee and would

need to be agreed on beforehand.
The Company's liability for loss or damage arising out of a breach[160] of this contact shall not in any event exceed the value of that contract.
The Company shall not be held liable to the client if fulfillment of its obligations under the contract is prevented or hindered[161] by forcemajeure[162].

가. To make a recording of the interpretation, the client needs to contact the company before the conference.
나. A small amount of copyright fee will be charged for the recording of interpretation if an agreement for recording is made.
다. Under no circumstance will the company be responsible for loss or damage for a larger amount than the contract amount.
라. Should the company be unable to provide the contracted service due to reasons outside the company's control, it must compensate[163] for the loss of damages.

---

155) extraordinary : 특별한
156) clambake : 떠들썩한 회합
157) make a big splash : 대성공을 이루다. 큰 평판을 얻다.
158) immense : 거대한

159) waiver : 포기
   copyright waiver : 저작권 포기
160) a breach of contract : 계약 위반
161) hinder : 방해하다, 훼방하다
162) forcemajeure : 불가항력, 계약 불이행이 허용될만한 불가항력
   법률관계의 외부에서 생겨나는 사변(事變)으로서, 모든 방법을 동원하여도 손해의 발생을 막을 수 없는 일. 예를 들면 일정한 물건을 운송하여야 할 채무를 진 경우에 지진 또는 홍수로 교통기관이 마비되어 운송할 수 없게 된 것과 같은 경우이다.
   불가항력이라는 것은 본래 로마법상의 레켑툼(receptum)의 책임, 즉 운송인이나 여관주인이 영업상 물품을 수령(受領)한 사실을 근거로 하여 그 멸실·훼손으로 인한 손해에 관하여 당연히 부담하게 되는 엄격한 결과책임(結果責任)의 면책원인(免責原因)으로서 논의되었던 것이다.
   따라서 그 성질상 물리적 사실만을 따져서 엄밀하게 정립된 관념이 아니라 귀책(歸責) 여부를 따지기 위한 법률상의 관념이고, 오늘날에도 주로 민법이나 상법상의 책임 또는 채무, 기타의 불이익을 면하게 하거나 경감시키는 표준으로 사용된다(상법 152조, 우편법 39조 등).
   불가항력은 일반적인 무과실보다 엄격한 관념이며, 예컨대 당사자의 부상·여행, 기업시설의 불비 등은 비록 과실에 의거한 것이 아니더라도 불가항력은 아니다. 불가항력을 책임의 경감 또는 면제 원인으로 삼는 것은 근본적으로 당사자 일방이 지게 될 가혹한 책임을 덜어주자는 형평이념(衡平理念)에서 나온 것이라고 할 수 있는데, 현행법은 이러한 이념을 더욱 넓게 보편화시켜 불가항력으

답 라

만약 귀하께서 통역을 포함해서 녹음이 필요하
시면 미리 요청해 주시기 바랍니다, 왜냐하면
일반적으로 저작권료에서 제외되기 때문에 사전
에 계약을 해야만 됩니다. 이 계약서의 위반으
로 인한 손실과 손해는 어떤 경우에도 계약 금
액을 초과하지 않는다. 회사는 계약에서의 임무
수행에 있어서 불가항력적인 상황으로 어렵게
되었을 때 책임지지 않는다.

| 2005년 100번 문제 |

다음 계약서의 괄호 (A)와 (B)에 알맞은 단어는?

> *This offer is (　A　) until May 2, 2003
> and becomes binding[164] when signed by
> the contractor and an ABC airlines
> corporate headquarters representative.
> ABC airlines shall not be (　B　) for
> failure to perform under this contract
> because of strikes, acts of God, or
> government actions[165].*

가. A : provided　　　B : responsible
나. A : invalid　　　　B : informed
다. A : valid[166]　　　B : liable
라. A : effective　　　B : avoidable

답 다

로 빚어진 사실관계의 변화와 관련하여 권리 자체가 소멸
하는 것으로 규정하기도 하고(314조 1항), 의무의 경감
또는 면제를 받을 수 있는 요건으로 하기도 하며(상법
709조), 때로는 권리를 행사할 수 있는 조건으로 되어 있
는 불변기간(不變期間)을 연장하는 요건으로 하기도 한다
(어음법 54조, 수표법 47조).
한편 법률관계의 성질상 책임의 경감이나 면제를 고려하
지 않아도 될 경우에는 불가항력으로도 책임을 면할 수
없는 것으로 하고 있다(민법 308 · 336조 등).

163) compensate : 보상하다
164) become binding : 구속력이 있다.
165) ABC airlines shall not be liable for failure to
perform under this contract because of strikes,
acts of God, or government actions.
= ABC airlines shall not be responsible for failure
to fulfil its duties under this contract because
of strikes, acts of God, or government actions.
166) This offer is valid until May 2, 2003 = This offer
is available until May 2, 2003

---

81 다음 대화의 밑줄 친 부분의 우리말 번역으로 가장
적절한 것은?

> A : I wonder if you have considered any
> other options?
> B : I'm not sure what you are getting at.
> A : Well, you know, other possibilities
> such as regrouping those who signed
> up for the technological tours.
> B : I see what you mean. Yes, of course.
> We've looked at all the optional and
> we think this is the best one.

가. 산업시찰을 신청한 사람들
나. 기술분야 관광계약에 서명한 사람들
다. 과학여행 안내표지에 붙이는 기술자들
라. 관광예약을 취소한 과학자들

답 가

· sign up : 신청하다
· sign up for class : 수강신청하다
· sign up for internet banking : 인터넷 뱅
　킹 신청하다.
· sign : 서명하다.
· sign a treaty : 조약에 서명하다.
· sign a memorandum of understanding :
　양해각서에 서명하다.

---

82 다음 자료를 요구하는 서신으로 가장 적절한 것은?

> "전체 회의 참석자의 일정표, 초록집과 견적서
> 를 빠른 시일내에 보내주시기 바랍니다."

가. Please send me the program[167], abstract
book and estimated price as soon as
possible.
나. Please send us information concerning
the conference schedule and abstract

---

167) · program(s) : 프로그램
Through the hard work of the staffs, we were
able to finish all of the programs as planned
without difficulty.
· program chairs : 프로그램 의장, 프로그램 총책임자
· program co-chairs : 프로그램 공동 의장, 프로그램
공동 책임자

as soon as possible.

다. Please send us information concerning itinerary of all participants, abstract book and the estimation.

라. Thank you very much for the itinerary, abstract book and the estimate that you have sent me. It was a great help.

답 다

· program : 회의 전체 일정표
· estimates : 견적서
· estimation : 견적
· estimated price : 추정되는 가격
· Please let me know the estimated price for A : A 물품에 대한 견적가는 얼마인가요?
· estimated tax : 추정납세액

---

83 계약서 작성시 다음은 어느 항목에 해당하는가?

The catering[168] manager must be notified of the exact number of attendees with 48-hour guarantee[169], for whom you will guarantee payment.
The hotel will set up as follows:

20-100 persons set --------- 5% over guarantee
101-1,000 persons set -------- 3% over guarantee
1,001 and over -------- 1% over guarantee

가. conditions on registration
나. conditions on food functions
다. conditions on working space
라. conditions on A/V devices

답 나

| 2007년 88번 문제 | 2010년 75번 문제 |

---

168) catering : 식음료 제공
169) · guarantee : meeting manager가 연회담당에게 최종적으로 확인해 주는 인원수
· guaranteed reservation : 숙박비를 사전에 지불하여 확실히 확보된 예약
· confirmed reservation : 예약 확인

---

84 다음 밑줄 친 단어와 의미가 같은 것은?

Las Vegas is now promoting itself as a family vacation destination.
Theme hotels and theme parks are helping the city entice families there.

가. enter
나. attract
다. enforce
라. assign

답 나

---

85 다음 중 연사에게 제공되지 않는 사항은?

As a speaker[170] at the symposium, you will be provided with a round trip air ticket in business class, lodging expenses at the venue[171] hotel (excluding the use of telephone and mini bar), and complimentary registration[172].

가. Lodging house
나. Hotel accommodation
다. Flight
라. Exemption from registration

답 가

| 2007년 97번 문제 | 2011년 84번 문제 |

---

170) · speaker(s) : 연설자 = invited speaker(s)
speaker coordinator : 연사 섭외담당, 강연 조정자 = meeting speaker coordinator, convention speaker coordinator, conference speaker coordinator, guest speaker coordinator
· key note speaker coordinator : 기조 연설자 섭외담당
She is also a registrar and speaker coordinator. Speaker coordinator shall be responsible for coordinating speakers as well as providing logistic requirements for speakers at the meeting. The speaker coordinator will maintain correspondence with scheduled speakers and provide the speaker information necessary for publishing the agend가.
· speaker registration : 강연자 등록 = registration of speaker(s) = registration for speaker(s)
· speaker's kit : 연설자용 서류 가방, 연사용 서류 가방
· exhibitor's kit : 전시참여업체의 전시요령이 적힌 서류철 = exhibit service kit
· sponsor's kit : 후원업체의 서류 가방, 후원 안내사항 수록
If you would like to sponsor our future event, please review our sponsor's kit.

---

86 아래 글을 올바로 이해하지 않은 것은?

> In trade show and exhibition, the most important thing exposition service contractor provides is the exhibit hall's floor plan.
> The accurate floor plan[173] is laid out to identify structural obstacles such as columns, freight[174] doors, low ceiling and will save exhibition time, money, and aggravation[175] from the beginning to the last day of move-out[176].
> This layout that will be designed by exposition service contractor will be approved by the fire marshal.

가. 전시기획사에게 있어서 가장 중요한 것은 전시장의 도면을 정확히 표기하여 전시자들로 하여금 시간과 경비를 절약할 수 있도록 하는 것이다.

나. 전시기획사는 전시가 진행되는 동안 전지장 내의 구조물을 잘 관리하고 보관하여야 한다.

다. 전시업자는 칸막이, 화물, 출입구, 천장 등의 높이 및 위치를 정확히 표기하여 전시자들로 하여금 편안하게 전시에 임할 수 있도록 도와야 한다.

라. 전시업자가 디자인한 도면은 관할 소방서의 허가를 받아야 한다.

📋 나

| 2007년 77번 문제 |

· welcome function ticket : 환영행사 참석 티켓
· farewell function ticket : 송별행사 참석 티켓
· special function ticket : 특별행사 참석 입장권
· tour ticket : 관광 티켓
· complimentary lunch : 점심 식사 무료 제공
Presenters will receive a complete set of all the papers presented at the conference, complementary lunch, and the reception.
· complimentary membership : 회비 면제
· complimentary pass(es) : 무료 입장(전시장, 회의장 무료 입장), 별도의 등록비를 내지 않고 참석 = free access, meeting voucher, free meeting voucher
· transport voucher : 차량 이용권 = transportation voucher
· lodging voucher : 숙박권 = hotel voucher, room voucher
· meal voucher : 식사권 = voucher for meal
· press pass : 언론 기자들의 무료 출입
Every speaker will have free access to all conference sessions.
· complimentary registration : 등록비 면제 complimentary meeting registration, complimentary conference registration
· complimentary remarks : 축사 = congratulatory speech, congratulatory address, a message of congratulation
· complimentary room : 무료 객실, 무료 제공 객실 = complimentary (COMP)
· complimentary service : 무료 서비스
· complimentary ticket(s) : 무료 티켓
An exhibitor will receive two badges which will provide admittance to the opening and closing ceremonies, all plenary sessions, and two complimentary tickets to the opening luncheon

173) · floor plan : 배치도면, 배치도 = diagram, convention floor plan
· 회의장 배치도면 : meeting room diagram = floor plan
· 전시장 배치도면 : exhibition diagram = floor plan
174) freight : 화물
freight forwarder : 화물 운송업체
175) aggravation : 심각함, 악화, 도발
176) · move-out : 전시물 철거 = breakdown, dismantle, teardown ≠ set-up, installation
· set-up, move-in : 전시물 설치
breakdown of the trade show

· conference kit : 회의 참가자용 서류 가방 = convention kit, congress bag
· speaker's lounge : 연설자 전용 휴게실 = lounge for speakers
All speakers will be provided with complimentary registration to the conference. Additionally, an exclusive lounge for speakers will be available onsite to prepare presentations or relax.
171) · venue : 회의 개최 장소 = conference venue(s), convention venue(s), (the) meeting place, venue for the meeting, a[the] location for the conference
It is a pleasure to announce that the date and venue for the 22nd conference have been fixed to be 22-28 June, 2006 in Seoul.
172) · complimentary breakfast : 조식 무료 제공
Complimentary breakfast will be available from 7:30 가.m. to 8:45 가.m.
· complimentary close : 맺음말
Sincerely yours,
Yours sincerely,
· complimentary copy : 무료 배포 책자
Participants will receive a complimentary copy of the proceedings.
· complimentary equipment : 무료로 제공되는 시설
complimentary items include microphone, speakers, tape recorders, a background music and telephones.
· complimentary function tickets : 행사 참가 무료 입장 티켓
· function ticket : 공식 행사장에 입장을 허용하는 티켓, 비표
· social function ticket(s) : 사교행사 입장권

87 아래의 글은 어떤 행사를 위한 초대문인가?

On behalf of the organization committee[177], I am greatly honored to invite professionals in the field of cardiac and pulmonary[178] vascular anesthetists to join this international congress in Seoul, Korea.
The occasion will be a lively forum for exchanging important research findings and practical knowledge.

가. Government symposium
나. Meeting for NGOs
다. Domestic convention
라. Medical conference

답 라

88 다음 밑줄 친 부분의 해석으로 맞는 것은?

Associations generally needs to generate net revenue[179] from the meeting to help fund the association.
The first priority may be a rate that falls within <u>a range their members are accustomed to paying.</u>

가. 회원들이 지불하도록 요청받는 단체에서 정한 기준

나. 회원들이 세관을 통하여 지불하는 요금을 공제한 금액
다. 회원들이 지불해 온 범위내의 금액
라. 회원들이 과거에 정한 금액보다 저렴한 액수

답 다

| 2006년 91번 문제 | 2008년도 97번 문제 |

89 다음 글의 주제로 가장 적절한 것은?

Local individuals employed by exhibitors[180] to staff booths[181] may need to have the ability to absorb and understand company goals and product lines in a relatively short span of time.
The ideal representative demonstrates the product in a sales-oriented manner, and conveys a professional appearance.
In addition to product demonstration, the individual may be called upon to serve as a host or hostess in a hospitality suite sponsored[182] by the exhibiting firm.

---

177) · committee : 위원회
· ad hoc committee : 임시 특별위원회(특별한 목적으로 갖고 전문가 집단으로 임시로 구성된 위원회)
· executive committee : 집행 위원회
· adjudicating committee : 논문평가위원회 = review committee
· board of directors : 간사회, 이사회
· board of trustees : 이사회
· commission of inquiry : 조사 위원회
· arbitration committee : 중재 위원회
· credential committee : 자격 심의위원회(자격 심사위원회)
· special committee : 특별 위원회
· standing committee : 상임 위원회
· host committee : 조직위원회(개최준비위원회) = host authority, host organization, organizing committee, preparation committee, arrangement committee
· committee members : 위원회 회원[임원]
· committee meeting(s) : 위원회 회의
178) · pulmonary : 폐의
179) · net revenue : 순이익
· generate net revenue : 순이익을 창출하다, 순이익을 내다

180) · exhibitor(s) : 전시회 참여 업체, 전시회 출품 업체 ≠ non-exhibitor(s) : 전시회에 방문하는 업체(전시회에 출품하지 않은 업체)
· exhibitors directory : 전시참여업체 명부, 전시참여업체 소개 책자
· exhibitor's kit : 전시참여업체의 전시요령이 적힌 서류철 = exhibit service kit
· speaker's kit : 연설자 서류 가방
· congress kit : 회의 참석자에게 배포하는 회의 자료, 회의 가방
· sponsor's kit : 후원업체의 서류 가방, 후원 안내사항 수록, 후원 안내서
· exhibitor's kit : 전시참여 안내서
If you would like to sponsor our future event, please review our sponsor's kit.
· conference kit : 회의 참가자용 서류 가방 = convention kit, congress bag
181) · booth : 전시부스
· end-cap booth : 3면이 개방된 형태로 2개의 표준부스가 통합된 부스
· peninsular booth : 3면이 개방되어 있고 뒤에 두 줄의 linear booths가 달려 있으며 최소한 4개의 표준부스를 통합한 크기의 부스
· corner booth : 2면이 개방된 형태의 부스 = stand with one open side
· island booth : 부스의 규모에 관계없이 4면이 모두 개방된 형태의 부스 split island booth : peninsular booth의 후면에 있는 붙어있는 한 개의 부스(3면이 개방)
· pass-through booth : 서로 마주 보고 있는 두 개의 전시 부스, 두개의 부스가 가운데 통로를 중심으로 나눈 경우의 부스. 부스 A와 부스 B를 함께 칭하는 명칭

가. Dos and Don't of Booth visitors
나. Trade Show Manager's job
다. Exhibition Personnel Requirements
라. Exhibition Center's Rules

답 다

90 다음의 (   )에 알맞은 표현은?

> (   ) received prior to the meeting should be deposited[183] into a separate interesting -bearing account and the realized investment income should be credited to the specified program.

가. Funds   나. Host properties
다. Applications   라. Invoices

답 가

91 다음의 내용은 무엇에 관한 설명인가?

> It should not be used as a drapery[184], or for covering a speaker's desk, draping a platform, or for any decoration in general. It should never be used for advertising purposes.
>
> It should not be embroidered, printed or otherwise impressed on such articles as cushions, handkerchiefs, napkins, boxes, or anything intended to be discarded after temporary use.

---

182) · perimeter wall booth : linear booth중에서 후면의 높이가 12feet (30.48cm×12= 365.76cm)이상인 부스.
· sponsor : 후원, 찬조, 협찬 = auspices
It is a great pleasure for me to attend this special conference held under the sponsorship(auspices) of ABC International Organization.

		A		
		B		

The Symposium is organized under the auspices of the International Society for ABC and the Korean Society for ABC, and the Organizing Committee cordially invites you to participate in the Symposium.
· ABC 주최 : organized by ABC
· ABC 주관 : managed by ABC, with technical and administrative assistance from
The 18th International Exhibition for ABC is organized by ABC, with technical and administrative assistance from DEF. The organizer is in charge of organizing the exhibition.
· ABC 후원 : sponsored by ABC
· ABC 협찬 : supported by ABC = in cooperation with ABC
a Japanese-government-supported exhibition
· co-organized by : 공동 주최
· co-sponsored by : 공동 후원
· sponsor document : 후원 안내서 = sponsor's kit, call for donations
· call for donations : 후원 모집 안내서
· sponsorship : 후원
· sponsor's kit : 후원업체의 서류 가방, 후원 안내사항 수록
If you would like to sponsor our future event, please review our sponsor's kit.

· exhibitor's kit : 전시참여업체의 전시요령이 적힌 서류철 = exhibit service kit
· conference kit : 회의 참가자용 서류 가방 = convention kit, congress bag
183) · deposit : 예치금 = a token deposit
· deposit for two nights : 2박 숙박을 위한 예치금
· deposit of one night's stay : 1박에 해당하는 예치금
· deposit for one's hotel = deposit for accommodation : 숙박을 위한 예치금
· deposit for a banquet : 연회장으로 사용하기 위한 예치금
· one night's deposit : 1박의 예치금 = deposit of one night's accommodation
· a deposit of one night's fee per room : 객실에 대해서 1박의 예치금
· A deposit of one night's room rate plus tax is required for each room. : 1박의 예치금을 지불해야만 한다.
= A deposit of one night's lodging is required on all reservation.
= A deposit of one night's tariff must be paid to confirm your reservation.
= A deposit of one night is required to reserve a room.
= A deposit of one night's accommodation is required to secure your reservation.
= A deposit of one night's lodging rate will secure your reservation.
= A deposit of the first night's room charge is required to hold your reservation.
= A deposit of the first night's room rate is required to guarantee a room.
= A deposit of the first night's lodging must accompany your hotel reservation.
= Bookings must be accompanied by a deposit of one night's accommodation.

가. army uniforms
나. national flag[185]
다. white cloth
라. mission statement

🔖 나

92 다음의 내용이 의미하는 용어는?

> This is a type of setup that uses 60-, 66-, or 72 inch[186] (152-, 168- or 183-centimeter) diameter[187] rounds with seating on two thirds to three quarters of the table and no seating with its back to the speaker.

가. crescent-round setup[188]
나. classroom setup[189]
다. chevron setup[190]
라. herringbone setup[191]

🔖 가

이 배치는 지름이 60인치에서 66인치 또는 72인치이고 동그란 테이블의 2/3 또는 3/4만 앉는 방식이며 발표자를 향한 뒷 부분은 앉지 않는 것이다.

· clusters setup : 조별 team building, brainstorming, 워크숍, 토론, working session에 적합

· hollow-square setup : 여러 명의 speaker가 참여하는 그룹 토론에 적합

---

184) drapery : 주름 잡힌 장막, 두터운 커튼
185) 국기를 헌법에 명문화하고 있는 나라는 약 90개국이고, 그 외는 일반 법률로 규정하고 있다. 그러나 국기의 제작·게양방법 등 상세한 내용은 헌법의 규정이 아닌 관계법령으로 정하고 있는 것이 일반적이다. 각국의 국기에 관한 관계법령의 내용을 보면 제작방법·치수·게양장소·게양일·보관방법·기를 접는 방법·국기에 대한 금지사항 및 형벌량까지 자세하게 규정한 것 등 나라마다 그 내용이 일정하지 않다.
국제법에서는 각 국가에 대하여 타국의 국기를 상호 존중·보호해야 할 의무를 부과하고 있을 뿐 아니라, 국제관습상 각국의 군함·선박 및 외국 공관은 자기 나라 국기를 게양할 권리를 인정받고 있으며, 특히 해상에서의 국기 취급의 규정은 엄격하게 지켜지고 있다.
한국에서는 형법 제109조에서 '외국을 모욕할 목적으로 그 나라의 공용(公用)에 공(供)하는 국기 또는 국장(國章)을 손상, 제거 또는 오욕(汚辱)한 자는 2년 이하의 징역 또는 60만 원 이하의 벌금에 처한다' 라고 규정함으로써, 타국 국기에 대한 존중을 입법화하고 있다.
미국은 국기 존중국(國旗尊重國)으로서 국기에 대한 법률도 완비되어 있으며, 국제연합기 규정도 미국의 법률을 기초로 하여 이루어졌다.
186) 1 inch = 2.5399cm
187) diameter : 지름, 직경
semi-diameter : 반지름
188) crescent-round setup

189) classroom setup : 교실형 배치

190) chevron setup
Classrooom setup 보다 group member간 eye contact가 가능하며, 참가자의 적극적인 회의 참여가 가능

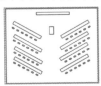

191) Herringbone setup : V자형 테이블 배치
herring : 청어
herringbone : 청어뼈

· amphitheater setup : 발표에 보다 집중할 수 있다는 장점

· U-shape setup : 모든 참가자간 eye contact가 가능하다는 장점이 있음. lively discussion이 가능

· horseshoe setup : U자형 배치

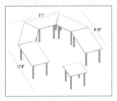

· Double U-shape setup : U-shape보다 더 많은 참가자 수용이 가능

· boardroom setup : 한 명의 primary facilitator 진행으로 임원회의에 적합. 식사와 함께 하는 working session에 적합

93 다음의 내용과 맞는 것은?

Service charges are a predetermined amount, automatically charged to guest accounts. These funds are distributed to a number of employees and often include a 10-20% administrative charge[192].

When a service charge is imposed, the need for additional tipping of individuals is eliminated.

가. Guests decide the amount of service charges so that it is included in the bill.

나. Collected service charge will be shared by all employees.

다. Staff of the administration department gets 10-20% of the charges.

라. Individual guests do not need to tip when a service charge is paid.

답 라

94 다음의 ( )에 알맞은 표현은?

The international tourist industry has been sluggish[193] for last two years, but several signs ( ) to a speedy recovery.

가. indicate 　　　　나. show

다. demonstrate 　　라. point

답 라

---

192) · administration and banking cost : 환불 비용 (등록자가 어떤 사정에 의해 등록을 취소하게 되었을 때, 등록비 등의 환불에 따른 환불 수수료) = processing fee, handling charge, handling fee, cancellation fees Notification of cancellation must be in writing or by fax to the Secretariat. In case of cancellations received before September 21st, 2006 you will receive a 80% of the registration fee will be refund라. A 20% of administration and banking cost will be forfeite라. Refunds will be processed after the conference.

· administration charge(fee) : 행정 비용, 환불 수수료(참가자가 등록을 취소하고 환불을 받고자할 때, 국제회의 참가 등록비 환불 수수료) = processing fee, handling charge, handling fee, cancellation fees, administration and banking cost

Any hotel bookings or amendments received after July 14, 2006 will be subject to hotel availability and an administration fee of U.S.$ 25.00. A $60 administration fee will be deducted from any refund

193) sluggish : 완만한, 느린, 게으른

point to : 가리키다, 시사하다

95 다음 convention event order form의 (   )에 알맞은 표현은?

> – ATTN[194]: Executive chef:
> · Please prepare following (   ) item
> · Chived cottage cheese in cherry tomato
> · Italian salami with dill pickles on rye bread
> · Egg and potato on brioche toast

가. meat and fish 나. hot canapes
다. cold canapes 라. pot-luck

답 다

96 다음 계약 내용을 올바르게 해석한 것은?

> Except as the notice of change to the existing address of either party has been duly given in writing to other party, any or all the notices required under this Agreement shall be directed to the following:

가. 본 계약의 이행을 위하여 필요한 모든 서류는 변경된 주소로 송부되어야 한다.
나. 본 계약의 변경된 내용은 상호 합의가 없어도 다음 주소로 송부될 수 있다.
다. 어느 한 쪽 당사자가 다른 당사자에게 주소 변경을 서면으로 통보하는 경우 외에는 본 계약에 필요한 모든 서류는 아래 주소로 송부된다.
라. 어느 한 쪽 당사자의 주소 변경이 확인될 경우, 주소 변경 사실을 서신으로 통보하지 않아도 신속하게 송부할 수 있다.

답 다

97 다음 문장과 의미가 같은 것은?

> The major drawback to off-premise events[195] involves the logistics of transporting large numbers of people.

가. It is logical to transport many people to the back-yard[196] of the event venue.
나. Many people are logical enough to return to events for their involvement.
다. The big disadvantage of holding events not at the host sites is the problem of transporting people.
라. A large number of people don't keep their promises to be involved in the out-door[197] activities.

답 다

/ 2014년 99번 문제 /

98 다음의 질문에 알맞은 표현은?

> In the event order form[198] of banquet event, which of the following is the right meaning of guaranteed[199] number of people.

가. The number of participants expected.
나. The fixed number of service staff
다. The designated number of people guest must pay for regardless of the number of participants.

---

195) · premises : 컨벤션 시설, 컨벤션 시설내의 사무실
· off-premise : 회의장 밖의
· off-premise vent : 회의장 밖의 행사
· off-site meeting(s) : 외부에서 하는 회의(기업 등에서 회사 업무로부터 자유롭도록 다른 장소에서 하는 회의)
· off-site registration : 현지 이외의 장소에서 하는 등록
· on-site registration : 현지 등록
· on-line registration : 인터넷을 통한 등록
· off-site event : 외부 행사
196) back yard : 뒷뜰
197) out-door : 외부
198) out-door activities : 외부 활동, 외부 행사
199) · event order : 행사 준비 설명서 = banquet event order
· 행사 준비 설명 양식 : event order form
The event order should be checked carefully, signed and returned to the hotel promptly. Organizers are responsible for all arrangements, guarantees and payments.
· event organizer : 행사 주최
· event planner : 행사 기획자
· meeting planner : 회의 기획자
· event registration form : 행사 등록 신청서
· guaranteed number of participants : 참석 확인 인원
· guarantee : meeting manager가 연회담당에게 최종적으로 확인해 주는 인원수
· guaranteed reservation : 숙박비를 사전에 지불하여 확실히 확보된 예약
· confirmed reservation : 예약 확인

194) ATTN : attention의 약자 (수신인을 의미)

라. The number of service staff flexibility[200] arranged.

답 다

연회행사의 행사준비설명서에 있어서 아래중 어느 것이 guaranteed number의 바른 설명인가?

가. 예상되는 참가자 인원
나. 종사원의 정해진 인원수
다. 참가자 수에 관계없이 지불해야 하는 정해진 인원수
라. 유동성을 고려한 종사원 인원수

99 다음의 (   )에 알맞은 표현은?

> As the symposium is fast approaching, we wish to urgently request that you send your presentation material (   ).

가. whenever it is ready.
나. at your earliest convenience.
다. with donations to the scholarship fund
라. after thorough examination and review.

답 나

/ 2012년 72번 문제 /

100 다음 중 문법적으로 틀린 것은?

> Meals served buffet-style tend to(1) take longer than pre-plated banquet-style service.
> Box lunches are lunch meals propor tions(2) and served(3) in disposable(4) boxes.[201]

가. (1)　　　나. (2)　　　다. (3)　　　라. (4)

답 나

---

200) flexibility : 융통성
201) Box lunches are lunch meals proportioned and served in disposable boxes.
proportion : 배당하다. 할당하다.

71 다음 ( )에 들어갈 가장 적합한 것은?

Installation[202] and dismantling known as I&D, is the process by which your exhibit[203] is set up and later disassembled on the trade show floor.
Since most I&D costs take the form of wages paid to hourly workers, time is literally ( ).
Anything you can do to shave[204] time off the process saves you dollars.

가. space
나. labor
다. work
라. money

답 라

---

72 다음 중 문법적으로 틀린 것은?

가. The Mirror Company promptly began searching for an editor who could help it recoup[205] its losses.
나. Gen. Otis invested in the paper and quickly turned it into a financial success.
다. Today. The Times ranked as the largest metropolitan daily newspaper in the country.
라. As the city grew, so did The Times.

답 다

Today. The Times is ranked as the largest metropolitan daily newspaper in the country.

| 2007년 72번 문제 |

73 다음은 국제회의 등록 서신 내용 중의 일부이다. ( )에 들어갈 가장 적합한 표현은?

Application for registration and reservations should be accompanied by a remittance[206] of the fee.
No registration and reservation[207] will be confirmed ( ) these payments.
Please send the cheque directly to Host Committee at the address.

---

202) · installation : 전시물 설치 ≠ dismantle
· Exhibit hours : 전시
· Dismantling : 철거
203) · booth : 전시부스
· end-cap booth : 3면이 개방된 형태로 2개의 표준부스가 통합된 부스
· peninsular booth : 3면이 개방되어 있고 뒤에 두 줄의 linear booths가 달려 있으며 최소한 4개의 표준 부스를 통합한 크기의 부스
· corner booth : 2면이 개방된 형태의 부스 = stand with one open side
· island booth : 부스의 규모에 관계없이 4면이 모두 개방된 형태의 부스 split island booth : peninsular booth의 후면에 있는 붙어있는 한 개의 부스(3면이 개방)
· pass-through booth : 서로 마주 보고 있는 두 개의 전시 부스, 두개의 부스가 가운데 통로를 중심으로 나눈 경우의 부스. 부스 A와 부스 B를 함께 칭하는 명칭

A

B

· perimeter wall booth : linear booth중에서 후면의 높이가 12feet (30.48cm×12 = 365.76cm)이상인 부스.
204) · shave off : 깍아버리다

205) · recoup : 보상하다
206) · remittance : 송금
· remittance of the registration fee : 등록비 송금
· remitter : 송금자 = sender ≠ recipient, receiver
· All payment(the fee, accommodation and excursion) must be free of bank charges to the receiver, i.e., all bank charges for executing the international money transfer must be met by the remitter, including those imposed by the beneficiary's agents.
207) · reservation : 예약

가. to the absence of
나. in the absence of
다. by the absence of
라. for the absence of

🖉 나

in the absence of = without

| 2009년 87번 문제 |

74 아래 글은 호텔직원과 손님과의 대화이다. 잘못된 표현은?

> A : I'll be out for one and half hour. I expect Mr. Kim to come while I'm out. <u>Let him wait in my room.</u>(a)
> B : I'm sorry, sir. We can't let anyone else into your room. <u>Would you like me to have him wait in the lobby?</u>(b)
> A : Yes, that will be fine. By the way, <u>would you have someone fix the desk lamp in my room?</u>(c)
> B : Yes, sir. <u>I'll have it fix immediately</u>(d).

가. (a) 나. (b)
다. (c) 라. (d)

🖉 라

---

75 아래 글에 Sometimes it's hot, sometimes it's cold, and sometimes – though not often – the weather is just right라는 문장을 삽입한다면 어느 곳이 가장 적절한가?

> (a) Trade shows and conventions are held during all seasons and in all parts of the world.
> (b) Although during the show you will be supplied with heat and power or air-conditioning and power, the times when the heat or air-conditioning will be turned on should be clearly spelled out in the contract.
> (c) In particular, you must make sure that the contract clearly states the rates for heat or air-conditioning during move-in[208] and move-out.

가. (a) 나. (b)
다. (c) 라. (d)

🖉 나

76 다음 문장의 ( ) 안에 있는 Load를 알맞은 형태로 옳게 바꾼 것은?

> Evaluate all our transportation[209] needs

- make a reservation : 예약하다
- receive a reservation : 예약을 접수받다 = take a reservation
- have a reservation : 예약되어 있다, 예약하다.
- confirm a reservation : 예약을 확인하다
- confirmation of reservation : 예약 확인
- reconfirm a reservation : 예약을 재확인하다
- change a reservation : 예약을 변경하다
- move a reservation : 예약된 사항을 옮기다 = change a reservation
- cancel a reservation : 예약을 취소하다
- Reservations are based on a first-come, first-served basis.
- reservation changes : 예약관련 변경사항, 등록관련 변경사항
- reservation department : 예약부
- reservation letter : 예약 요청 서한
- (a) cancellation letter : 취소 요청 서한
- a confirmation letter : 확인 서한
- an invitation letter : 초청 서한
- (a) letter of reminder : 독촉 서한, 다시 상기시킬 목적으로 보내는 서한

208) - move in = installation
- move-out = dismantle
- move-in date : 전시물품 들여오는 날 = set-up time ≠ move-out date
- show hours : 전시 기간
- move-out date : 전시물품 내보내는 날 ≠ move-in date
209) - transport : 교통편 = transfer
   The host Government will provide transport to all participants on arrival and departure and for major social events organized by the host Government. Shuttle bus service will also be available between designated hotels and the conference venue.
   The pre-arranged, free-of-charge transport is available to ferry delegates from downtown hotels to the conference venue before and after the conference.
- transportation committee : 교통 위원회, 교통 분과위원회, 수송 분과위원회 = transfer committee, transportation subcommittee
- transportation desk : 교통수단에 대한 정보와 티켓 등을 제공하는 안내 데스크

by date, departure and arrival times, and staging time[210] which refers to the time empty buses arrive at the site (load) until pullout[211] time.

가. to load
나. to be loaded
다. loads
라. loaded
답 가

| 2010년 96번 문제 |

77

Local (　　　　) which plan site visits, gather proposals, promote attendance, arrange housing, provide registration service, liaison[212] with local suppliers and government, and much more are the bridge between the host cities and meeting professionals.

가. Travel Agencies

· transportation procedures : 운송절차
· transportation secretary : 교통담당 직원, 운송담당 직원, 수송담당 직원 = transportation staff
· transportation service : 운송 서비스, 교통편 제공 서비스
Transportation service will be arranged to and from the convention center.
· transportation to the convention venue : 회의장소로의 교통편 제공
Shuttle buses will be provided between the convention venue and the hotels. Buses will leave hotels between 07:00 and 08:15, Monday July 8 to Friday July 12. It is strongly recommended that delegates take an early bus from the hotels in order that delegates can be transported to the convention venue promptly.
· transport voucher : 차량 이용권 = transportation voucher
· lodging voucher : 숙박권 = hotel voucher, room voucher
· meal voucher : 식사권 = voucher for meal
· free meeting voucher : 회의 참석권 = meeting voucher, complimentary pass, free access
Hotel Emerald will provide complimentary transportation, to and from the airport, for guests staying at the hotel. When you make your reservation, a transportation voucher will be sent to you with your confirmation slip.
210) · staging area : 집결지
　　· staging time : 집결시간
211) · pullout : 이동
　　· pullout time : 이동 시간
212) · liaison : 연락
　　· liaison officer : 연락원, 연락관 = contact person, correspondent(s)

나. Government Departments of Tourism
다. Convention and Visitors Bureaus
라. Alumni Association
답 다

| 2011년 71번 문제 |

78 다음 글의 내용상 (　) 안에 있는 follow와 power의 형태가 모두 맞는 것은?

Most meetings have an opening reception, often (follow) a dinner.
Such receptions allow people to gather and be seated at the same time instead of straggling[213] into the dining are가.
Music should never be (power) at the opening reception in order to allow comfortable conversation.

가. followed by, overpowering
나. following, underpowered
다. being followed, powered
라. follows, overpowering
답 가

| 2007년 82번 문제 |

79 다음 글의 요지를 가장 잘 나타낸 것은?

The goal of convention and visitor bureaus[214]

213) straggle : 흩어지다. 무질서하게 나오다.
214) CVB : Convention Visitors Bureau
CVB는 방문객과 컨벤션을 지역사회에 유치하기 위한 비영리기구이다. CVB는 개최지의 마케팅을 포함한 회의와 컨벤션을 포괄하는 활동, 잠재개최시설부분에 관한 정보의 제공, 관심있는 회의 기획가와 협회간부의 FAM Tour(Familiarization Tour)의 기획, 단체와 지역사회내의 많은 공급자들간의 섭외역 등 관련된 모든 활동을 조정하는 기구이다.
CVB의 중요한 책무는 다음과 같다.
– CVB가 대표하는 해당 도시에서 회의, 컨벤션, 산업전시회를 개최하도록 여러 단체를 유치.
– 회의 준비를 위한 이들 단체의 지원과 회의 전반을 통한 지원제공.
– 해당 도시가 제공하는 역사적, 문화적, 레크리에이션 지역을 방문하도록 관광객의 장려.
– 해당 CVB가 대표하는 지역사회의 이미지 전개와 촉진.
CVB와 관련한 국제기구
– IACVB(International Association of Convention and Visitors Bureau)
– AACVB(Asizn Association of Convention and Visitor Bureau)

is to make planning and implementing[215] your conventions and meetings less time-consuming, less stressful .... and more streamlined[216].

Bureaus – both across the nation and around the world – are ready to assist you in every detail of planning your event. And most of their services are free.

Whether you represent a billion-dollar corporation, a small family business, or any size association, just one call, e-mail, or fax connects you with a team of professionals who are experts on their respective[217] destinations.

가. Convention bureaus make the planning of meetings more efficient.
나. Convention bureaus make lots of money.
다. Convention bureaus want to work only with big corporation.
라. Convention bureaus employ many professionals.

답 가

---

80 아래 글은 무엇을 설명하는 글이며 (   ) 안에 가장 알맞은 단어는?

In order to stage a worry-free event, meeting planners must take control of the accessibility to the group's functions. Some of the methods are by registering all attendees even when there is no charge for admission.

Attendees may be screened the registration or the entrance by using name badges[218] and more sophisticated system will be the (   ) badge.

---

215) implement : 이행하다, 수행하다
216) streamline : 유선형의
217) · respective : 해당
218) · badge : 명찰 = identification badge, conference badge, official conference badge, identification card, name badge, name tag, e-card(최신 기술에 의해 발급된 전자 신원카드), conference e-card
Since your badge is required for admittance to all events, please check that the following information is correct. Notify ABC in writing within 5 days only if there are any corrections or changes. Your badge will read

---

This will permit instant admission to meals and session rooms but it can also be used for billing purposes.

가. security, Identification
나. uncontrolled admission IT
다. controlled admission, brand new system
라. controlled admission, bar-coded

답 라

admission allowed and bar-coded badge

| 2007년 75번 문제 |

---

81 다음 글의 바로 앞에 올 수 있는 내용으로 가장 적절한 것은?

Even in material destruction, Germany sets a new standard.
Use of special carpeting, made from a mixture of raw materials, is widespread

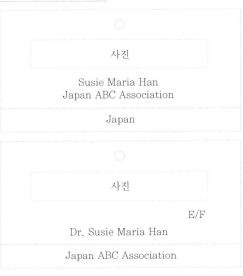

· (E/F: 영어와 불어를 모두 구사 가능)
· badge mailing : 명찰 발송
· advanced badge mailing = pre-registration badge mailing : 사전 등록자에게 명찰 발송
Advance badge mailing : Badges will be mailed to conference attendees who pre-register by April 7, 2016.
· badge preparation : 명찰 준비
For badge preparation, please provide 1 passport-size photograph of each participant registered. Badges can only be given on site on presentation of an official form of identification.

among exhibitors.
This carpet appears once in an exhibit, then is incinerated[219].
Its heat capacity is as high as that of raw oil, so public facilities can use it to produce energy.

가. 물자의 경제적 재활용
나. 컨벤션 센터 내부 치장 비용
다. 공공 건물의 적정 난방 온도
라. 전시장 철거에 필요한 인력

답 가

82 다음 중 문법적으로 틀린 것은?

가. Washington needs the support of South Korea, China and Japan for sanctions[220] to be effective because the trio all have economic links with North Korea.

나. South Korea's foreign ministry said on Friday it was "not time" for sanctions, arguing that diplomacy had not run its course.

다. Western diplomats said it was too early to tell whether there had been a policy shift in Seoul.

라. Mr. Roh's visit to the US appeared to be narrowed differences between Seoul and Washington about policy towards North Korea.

답 라

Mr. Roh's visit to the US appeared to narrow differences between Seoul and Washington about policy towards North Korea.

83 다음 중 문법적으로 틀린 것은?

가. Consumer prices fell last month for the first time in almost two years, the Labor Department reported Friday.

나. Investors reacted to the latest consumer price figures Friday by driving up bond prices and pushing stock prices modestly lower.

다. The Dow Jones industrial average ended the day down about 0.4 percent.

라. Economists had expected consumer prices to fall in April if only because declining energy prices in the wake of the war in Iraq.[221]

답 라

84 다음 (   )에 들어갈 가장 적절한 것은?

All bags carried into the venue will be inspected at Threat Level[222] 2, 3, and 4.
All these levels, each organizer of the meeting will provide a pass list of all representatives entering the venue.
However, for a Level 4-high threat, (   ) must be worn.

가. jeans
나. photo ID
다. cellular phones
라. bags

답 나

85 국제회의 대표단은 여러 가지 덕목을 갖추어야 한다. 그 중에서 아래 글은 어떤 덕목의 중요성을 논하고 있는가?

Try to see the problem through the eyes of other delegations.

---

219) incinerate : 소각하다
220) sanction : 인가, 재가

221) Economists had expected consumer prices to fall in April if only because of declining energy prices in the wake of the war in Iraq.
222) Threat level : 미국에서 테러 공격의 위험 정도를 나타내는 기준.
2002년 3월에 도입되었다. 미국 국토안전부가 자국 영토에 대한 테러공격 위험도를 5단계로 설정하여 발표한다. 위험도가 가장 낮은 제1단계부터 위험도가 높은 순서로 녹색(Low Condition), 청색(Guarded Condition), 황색(Elevated Condition), 오렌지(High Condition), 적색(Severe Condition)으로 표시한다.
국토안전부가 발표하는 테러위험도는 정부 각 부처나 경찰·치안당국이 테러 위험에 대처할 대응책의 기준이 된다. 테러위험도에 관한 구체적인 근거는 밝히지 않으며 그 때까지 수집된 정보 등을 종합적으로 판단하여 결정한다.

Even though your instructions are negative, you should be supportive of the general concerns expressed by others.
The acknowledgement alone of a problem is often helpful and may even stimulate innovative solutions.
Even if you feel superior, don't show it, and never underestimate your opposition.
Do not let sex, religion, or nationality interfere[223] with the substance[224] of your negotiations.

가. Knowledge   나. Patience
다. Attitude   라. Sense of humor

📖 다

86 (   )에 알맞은 것은?

The main purpose of the opening reception[225] is to welcome the attendees to the meeting or conference and to get

them into the spirit of the conference.
People attend the opening reception to see who else is there.
They begin to establish their own personal agenda of who they need to see and what they hope to accomplish while at the meeting-in other words, the (   ) begins.

가. conversation   나. networking
다. problem solution   라. gaining

📖 나

87 (   )에 알맞은 단어는?

Most hotel brochures do an adequate job of presenting the base contours[226] of each meeting room.
Few, however, tell the convention organizer how much time is required for room setup[227] and breakdown.
The result may be a program that is designed much too tightly to permit good service.
And too often the hotel bears the stigma[228] of (   ) to perform well, give good service, or show much expertise.
The planner might lay out the program more

---

223) · interfere with : 방해하다
224) · substance : 내용
225) · opening reception : 개회 리셉션, 환영 리셉션 = official reception
  The opening reception will follow the opening ceremony.
  · opening addresses : 개회사(개회사를 환영사의 내용으로 2 사람이 하는 경우)
  · opening address by A(정부)
  · opening address by B(의회)
  · opening ceremony : 개회식, 개막식 = opening session, opening event, opening plenary session, opening plenary ceremony, inaugural ceremony [대통령의 취임식이란 표현으로도 사용]
  · opening session : opening ceremony(opening declaration)와 keynote speaker의 발표로 세분화
  · grand opening ceremony : 개업식
  Ladies and Gentlemen, may we have your attention, please. The opening ceremony will start in a few minutes. All present are requested to be seated. All the addresses and messages will be translated simultaneously into English, French and Korean. Once the ceremony is started, kindly refrain from taking pictures, using flash bulbs and leaving your seats.
  · opening comments : 개회사, 개막사 = opening remark, opening address, opening keynote, opening speech, open note, opening note, opening statement, opening words
  · call-to-order : 개회 선언 = (the) opening declaration, announcement of opening

Opening statement from(by, of) President of the General Assembly
  · opening congratulatory performance : 개막 축하 공연
  · opening speech : 개회사, 개막사
  · call-to-order : 개회 선언
  · (the) opening declaration : 개회 선언 = announce ment of opening
  The floor will open after the announcement of opening by Mr. F L, the Chairman of ABC.
  The main panel discussion was launched after the opening declaration by Prof. F L.
  · opening general session : 전체참석 개회식 = opening session, opening plenary session ≠ closing plenary session, closing general session
226) · contour : 윤곽
227) · setup : 설치, 회의장 준비, 전시장 설치 = installation
  · set-up time : 전시 물품 설치 시간 = move-in date ≠ move-out date
  · show hours : 전시 기간
  · dismantling of exhibits : 전시물품 철거
228) · stigma : 불명예

realistically if he or she had some idea of the time needed to perform these services.

가. trying 나. avoiding
다. failing 라. caring

📑 다

88 아래 글의 내용과 일치하는.것은?

In planning very large meetings, some planners have adopted the practice of master account gratuities[229].
There are the most recent addition to the tipping concept.
In recognition of the services provided by other staff, such as reservation and front desk personnel and the operators in the telephone center, tipping cycle, many meeting planners have instituted master account gratuities.
This is usually a percentage of the estimated total master bill and it is determined by the sponsoring organization.

가. Master account gratuity is an advanced system of tipping, first created by some meeting planners.
나. Staff in charge of reservation, front desk and telephone operation center do not usually benefit from the service charge distribution system.
다. Some meeting planners have determined a percentage of the estimated total bill for master account gratuities.
라. The sponsoring organization pays the total master bill, including the service charges and 1% of master account gratuities.

📑 나

89 ( )에 알맞은 단어는?

If Iraq limits its production to 2.5 million to 3.5 million bbl[230]. a day, it will fail to

229) gratuity = tip
230) 1 barrel = 159 liter

generate enough revenue to rebuild its infrastructure, pay off at least a portion of the $400 billion it ( ) in debt and war reparations[231], modernize existing oil fields, open new ones and raise the living standards of its people.

가. spends 나. pays
다. loans 라. owes

📑 라

90 ( )에 들어갈 가장 적합한 내용은?

Mr. Chairman[232], I'd like to suggest at this time that a small committee be appointed to work out a compromise[233] proposal.
We have already spent two days discussing the question.
It seems to be me that we are agreed on what the end result should be, but cannot agree on the means to achieve that end.
I have no doubt that, from the many suggestions that have been offered during our discussions, some compromise can be worked out.
I would therefore like to propose to this conference that ( ).

231) · reparation : 배상, 보상
232) · Chairman : 회장 = President
· 대한축구협회 회장 : President, Korea Football Association
· 대한의사협회 회장 : President, Korean Medical Association
· 한국능률협회 회장 : Chairman, Korea Management Association
· 한국관광호텔업협회 회장 : Chairman, Korea Hotel Association
· 한국무역협회 회장 : Chairman, Korea International Trade Association
Chairman and CEO, Korea International Trade Association
· CEO : Chief Executive Officer
· 청와대 : Cheong Wa Dae, Office of the President, Republic of Korea
· chairman pro tempore : 의장 임시 대행
· chairman's statement : 회장 성명서
· chairperson : 의장 = chairman
Since I am appointed to be the chairperson of this meeting, I would like to ask for your kind cooperation.
233) · compromise : 화해, 타협

컨벤션기획사 2급 필기시험문제집

가. I am of the opinion that the proposa[234] which has just been made is quite to the point.

나. I am afraid I cannot agree with the opinion of the delegates.

다. I would like to say a few words in connection with the opinion expressed by the delegates.

라. the chairman appoint a committee of two delegates from each side to draft a compromise proposal.

답 라

91 다음 계약서 서식 영문 표현 중 잘못된 것은?

The performance of this agreement by either party(가) is subject to acts of law(나), government regulation, disaster, strikes, civil disorder, curtailment of transportation facilities(다), or other emergency making it advisable, illegal or impossible to provide the facilities or to hold(라) the meeting/convention.

가. (가)   나. (나)
다. (다)   라. (라)

답 나

Acts of god: 불가항력

92 (   )에 들어갈 말로 적당한 것은?

In the United States, 37 states and the Districts of Columbia (Washington, D.C.) have lotteries[235].

A lottery is a form of gambling that is run by the state.

Most states have several different games,

234) · proposal : 제안
    Mr. Chairman, our delegation is pleased to second the proposal.
    What are the reasons for the points that have been brought up against the proposal?
    · proposal : 제안서 = bid
    Our bid was accepted in Singapore 2002 and I would like to thank all the ABC member associations for giving us this opportunity to host ABC 2003.
    · (the) proposed amendment : 수정 제안
    (Member) Mr. Chairman, I should like propose an amendment to the motion.
    (Chairperson) Is there a second for the proposal amendment?
    · proposed program : 제안 일정표(국제회의를 유치하기 위한 Proposal에 첨부하여 국제기구에 제출)
    · proposed program for children : 제안 동반아동 프로그램
    · proposed resolution : 결의안
    · proposed schedule : 국제회의 유치제안서와 함께 국제기구에 제출하는 일정표
    · 일정표가 확정되기까지의 과정 : proposed schedule (국제회의 유치제한과 함께 제출) → tentative schedule (preliminary schedule) → modified schedule [updated schedule, rescheduled program, reschedule agenda] → official schedule
    · extended schedule : 연장된 일정, 연장 일정, 보다 자세한 일정
    · original schedule : 이전의 원래 일정 ≠ modified schedule
    · (the) reschedule conference : 일정을 새로(다시) 잡은 회의
    Work group meetings will be rescheduled and renoticed at a later date.

235) 복권의 효시(嚆矢)는 고대 로마시대로 거슬러 올라간다. 고대 로마의 초대 황제인 아우구스투스(Augustus)가 로마의 복구자금을 마련하기 위하여 연회에서 복권을 팔고 복금으로 노예·집·배 등을 주었다는 기록이 있고, 네로(Nero Claudius Caesar Augustus Germanicus)가 로마를 건설할 때 자금조달을 목적으로 발행하였다는 설도 있다. 그러나 보다 근대적인 복권의 형태는 1400년대 네덜란드에서 시작되었으며, 1530년대에는 이탈리아 피렌체 지방에서 세계에서 처음으로 '로토'라고 불리는 복권이 나와 오늘날 로토게임의 효시가 되었다. 1500년대 이탈리아 제노바공화국은 매년 추첨에 의하여 90명의 정치가들 중에서 5명의 의원을 선출하였는데, 이에 착안하여 90개의 숫자 중 5개의 숫자를 추첨하는 로토 5/90게임이 복권으로 나왔고, 이것이 오늘날 세계적으로 가장 성행하는 로토(Lotto : 전자식 복권의 일종)의 효시가 되었다.
    복권을 영어로 로터리(lottery)라 하는 것도 여기서 유래한 것이다. 이 Lot의 의미는 제비뽑기·추첨·운명·상품·경품 등 다양하다. 동양권에서도 추첨은 제비뽑기의 의미로, 운명을 점치는 방법으로 사용되면서 복권과 같은 의미로 쓰이게 되었다.
    한국의 복권은 조선 후기 작백계(作百契)나 산통계(算筒契)에서 유래를 찾을 수 있지만, 근대적 의미의 복권은 1945년 7월 일본이 발행한 승찰(勝札)이 최초이다. 일제는 통치권이 미치는 전지역에서 태평양전쟁의 군수산업 자금을 조달할 목적으로 한 장에 10원, 1등 10만 원, 총 발행액 2억 원 어치의 복권인 승찰을 발행 판매하였다.
    그러나 이 때가 일제강점기란 점을 감안한다면, 1948년 런던에서 열린 제14회올림픽경기대회 참가경비를 마련하기 위하여 1947년 12월 대한올림픽위원회(KOC)가 올림픽후원권(100원짜리 140만 장)을 발행한 것이 공식복권의 효시라 할 수 있다.

including instant-win scratch-off games, daily games and games where you have to pick there or four numbers.

But the game with the biggest jackpot is almost always called Lotto.

This game usually involves picking the correct six numbers as determined from a random selection from a set of fifty balls, with each ball numbered from 1 to 50.

In the U.S., most states operates (　　).

가. only one type of lottery game.
나. large gambling casinos
다. several different types of lottery games
라. four different types of lottery games.

目 다

93 다음의 내용에서 연사에게 제공되는 사항은?

As an invited speaker[236], you will receive business class airfare and hotel accommodations, perdiem, in addition to an honorarium of USD 2,000.
We will make all of the necessary miscellaneous arrangements for your trip.

가. 강연료, 항공, 호텔, 일비
나. 강연료, 항공, 숙식
다. 숙식, 항공, 공항영접, 일비
라. 체제비, 호텔, 항공, 그 외 발생 가능한 사항

目 가

| 2003년 85번 문제 |

다음 중 연사에게 제공되지 않는 사항은?

As a speaker at the symposium, you will

be provided with a round trip air ticket in business class, lodging expenses at the venue[237] hotel (excluding the use of telephone and mini bar), and complimentary registration[238].

가. Lodging house
나. Hotel accommodation
다. Flight
라. Exemption from registration

目 가

---

236) · invited speaker(s) : 초청 연설자 = guest speaker(s), featured speakers(s), invitational speaker(s), honorary speaker(s), distinguished honorary speaker(s), distinguished speaker(s)
· invited talk: 초청강연
Invited talk by Dr. Susie Maria Hans
· invitee(s) : 초청 대상자
The forum will be held at Hotel Emerald, Seoul. Attendance is limited to invitees or their designated representatives.

237) · venue : 회의 개최 장소 = conference venue(s), convention venue(s), (the) meeting place, venue for the meeting, a[the] location for the conference
It is a pleasure to announce that the date and venue for the 22nd conference have been fixed to be 22-28 June, 2006 in Seoul.

238) · complimentary breakfast : 조식 무료 제공
Complimentary breakfast will be available from 7:30 가.m. to 8:45 가.m.
· complimentary close : 맺음말
Sincerely yours
Yours sincerely,
· complimentary copy : 무료 배포 책자
Participants will receive a complimentary copy of the proceedings.
· complimentary equipment : 무료로 제공되는 시설
complimentary items include microphone, speakers, tape recorders, a background music and telephones.
· complimentary function tickets : 행사 참가 무료 입장 티켓
· function ticket : 공식 행사장에 입장을 허용하는 티켓, 비표
· social function ticket(s) : 사교행사 입장권
· welcome function ticket : 환영행사 참석 티켓
· farewell function ticket : 송별행사 참석 티켓
· special function ticket : 특별행사 참석 입장권
· tour ticket : 관광 티켓
· complimentary lunch : 점심 식사 무료 제공
Presenters will receive a complete set of all the papers presented at the conference, complementary lunch, and the reception.
· complimentary membership : 회비 면제
· complimentary pass(es) : 무료 입장(전시장, 회의장 무료 입장), 별도의 등록비를 내지 않고 참석 = free access, meeting voucher, free meeting voucher
· transport voucher : 차량 이용권 = transportation voucher
· lodging voucher : 숙박권 = hotel voucher, room voucher
· meal voucher : 식사권 = voucher for meal
· press pass : 언론 기자들의 무료 출입
Every speaker will have free access to all conference sessions.

94 다음 ( )에 가장 알맞은 것은?

> During his term as superintendent[239], education made important ( ).

가. range
나. strains
다. strides[240]
라. tremor

🔲 다

95 다음 내용의 의미에 가장 가까운 것은?

> With the object of signing the Agreement and preparing for the preparatory meeting[241], the Secretary General[242] and his assistant will visit the host Group in September, 2003.
> In conforming[243] with the organization's principles[244], the host Group will cover their travel and accommodation.

가. 사무총장이 회의 준비를 위해 개최국을 9월 중에 방문할 예정이며, 모든 경비는 주최국에서 부담한다.
나. 사무총장이 계약을 목적으로 개최국을 9월 이후에 방문할 예정이며 항공비용과 숙박을 부담한다.
다. 사무총장과 그의 일행이 회의 계약과 준비회의를 위해 개최국을 9월 중에 방문할 예정이며, 규정에 따라 호스트국가가 모든 경비를 부담한다.
라. 사무총장과 그의 보좌관이 2003년에 한국을 방문하여 합의문 낭독을 할 예정이며 호스트국이 모든 경비를 부담한다.

🔲 다

96 다음 문장에 대한 답신으로 가장 적합한 것은?

> The Selection Committee will make an on-site[245] visit to the final candidate cities, one of which is Seoul, prior to its

---

· complimentary registration : 등록비 면제 complimentary meeting registration, complimentary conference registration
· complimentary remarks : 축사 = congratulatory speech, congratulatory address, a message of congratulation
· complimentary room : 무료 객실, 무료 제공 객실 = complimentary(COMP)
· complimentary service : 무료 서비스
· complimentary ticket(s) : 무료 티켓
An exhibitor will receive two badges which will provide admittance to the opening and closing ceremonies, all plenary sessions, and two complimentary tickets to the opening luncheon

239) · superintendent : 감독자, 관리자
240) · stride : 진보
241) · preparatory meeting : 준비회의
· preparation for the meeting : 회의 준비
A prompt reply from you will very much facilitate preparation for the meeting.
242) · secretariat[Secretariat] : 사무국 = conference office, secretarial office, conference secretarial office, conference administration office
· Secretary General(secretary general) : 사무총장 = general secretary
· Secretariat manager : 사무국장 = secretary manager, secretariat officer, secretariat director
· Secretary General : 사무총장 = general secretary
· assistant secretary general : 사무처장, 부사무총장 = assistant general secretary
· conference secretary : 회의담당 직원, 사무국 직원 = conference staff
· registration secretary : 등록담당 직원 = registration staff, registration coordinator, the personnel at the registration desk
· transportation secretary : 수송담당 직원 = transportation staff
· accommodation secretary : 숙박담당 직원 = accommodation staff

· travel secretary : 관광담당 직원 = tour secretary
We expect, by now, that all members of the committee should have received the secretary general's official invitation letter to participate in the meeting.
· secretariat director : 사무국장
· secretariat manager : 사무국장 = secretariat director, secretary manager, secretariat officer
243) · conform : 적합시키다. 순응시키다.
244) · principle : 원칙
245) · on-site : 현지
· on-site inspection : 현지 시찰 = onsite inspection
· on-site registrant : 현지 등록자 ≠ pre-paid registrant = pre-registered participant(s), pre-registered delegate(s), early registrant(s)
· on-site registration : 현지 등록, 현장 등록 = walk-in registration, on spot registration, on-the-spot registration, on site registration, onsite-registration
· the date of on-site registration : 현지 등록일
After May 15, only on-site registration will be accepted, with an extra charge of 25%. Thus, registration in advance is strongly recommended if you want to save time and money and queuing up at the registration desk.

final recommendation at the board of directors meeting. It is hoped that arrangements be made between April 3-10, 2003 for three members, two from San Francisco and one from Toronto.
The committee would like to know if transportation and accommodation arrangements can be made during their visit.

가. We will be pleased to have the Selection Committee members here in Seoul. However due to our busy schedule, April will not be suitable.
나. We will make all the necessary arrangements and provide accommodation and transportation during your stay in Seoul.
다. We meet our requirements in from April 3-10, 2003 for three members.
라. Flight schedules from San Francisco and Toronto will be available upon request.

답 나

| 2006년 80번 문제 |

97 아래의 글은 다음 중 무엇의 일부인가?

It is sad to think that the five-day event has now come to an end, but there is the consolation[246] from knowing that the congress has been a valuable experience for all of us.

· off-site registration : 현지 이외의 장소에서 하는 등록
· on-site registration : 현지 등록
· on-line registration : 인터넷을 통한 등록
· off-site event : 외부 행사
· on spot registration : 현지 등록 = on site registration, walk-in registration
If you plan to participate with an on-spot registration, please inform us earlier, otherwise you might lose your place in the program.
Conference kit is not guaranteed for delegates on spot registration.
On-spot registration will also be possible for the participants who have already assured us their participation.
On spot registration is possible, but the hotel reservation must be made directly to the hotel.

246) · consolation : 위안, 위로

I hope the 25th congress in Manila will be even more successful next year. I also wish each of you a safe and pleasant trip back.

가. Proposal for a toast
나. Welcome speech
다. Congratulatory message
라. Farewell speech

답 라

98 다음 ( )에 들어갈 단어로 적절한 것은?

Rates begin with the term ( ), which is highest rate(usually quoted[247] to the person who walks in off the street).

가. complimentary   나. rack
다. corporate   라. flat

답 나

· Rack rate : 일반 대중에게 광고된 요금으로 계절에 따라서 변할 수 있다. = a full rate
· Flat rate : 단체가 호텔에 투숙할 경우, 객실이 부족하여 단체 구성원에게 실료가 다른 객실을 이용하는 일도 있을 수 있지만 모두에게 적용되는 균일한 요금
호텔, 전시장과 단체간의 계약에 의거 국제회의 참가자에게 적용되는 특별 할인요금

| 2006년 73번 문제 |

다음 내용 중 "Rack rates"의 의미로 맞는 것은?

Special guest room rates are usually in effect during a convention or conference. These prices are lower than the publish "rack rates" of the hotel. This is a type of quantity purchasing that is routing throughout the hospitality industry.

247) · quote : 인용하다, 〈상품의〉 시세[시가]를 말하다, 〈시세를〉 매기다, 견적하다
· quote a price : 거래 가격을 부르다
· quote a commodity at five dollars : 상품 가격을 5달러로 견적하다

가. costs for published books or magazines

나. discounts on hotel rates applicable to a group of visitors

다. standard charges for a room before any discount has been taken into account

라. the prices of items hanging on the racks of a shop

🗒 다

99 다음 내용과 맞지 않는 것은?

> Conference documentation[248] and relevant reference materials for interpretation

should be forwarded to the Company in advance so that the interpretations can familiarize themselves with the terminology[249] specific to the conference.

No complaints about the quality of interpretation will be entertained if these materials are not made available in advance of the meeting.

가. The Company wants to get the conference material in advance to help the interpreters.

나. Some conferences have vary specific terminology with which interpreters need to familiarize themselves.

다. Clients sometimes complain about the quality of interpreting regardless of whether they provided material in advance or not.

라. The Company accepts complaints about the interpretation quality when interpretation fail to get the material in advance.

🗒 라

100 ( )에 알맞은 단어는?

> As one of the United States' oldest cities, Boston has deep roots in early America and a ( ) of memorials and monuments[250] to prove it.
> A jam-packed[251] tour of revolutionary landmarks and historic neighborhoods, the Freedom Trail meanders through downtown Boston.

가. road   나. pick
다. spell   라. host

🗒 라

248) · conference document : 회의관련 서류
· conference administration office : 국제회의 사무국 = conference office
· conference badge : 명찰 = badge, identification badge, identification card, name tag, conference badge, official conference badge, e-card(최신 기술에 의해 발급된 전자 신원카드), conference e-card
For safety reason, people without the conference badge will not be allowed to circulate inside the conference building.
· conference brochure : 회의 안내 책자 = handbook
As you have been informed by the conference brochure which we believe you have already at hand, we are preparing a series of social functions full of Korean color.
· conference hotel(s) : 국제회의 공식 호텔 = congress hotel(s) = the host hotel and the sub hotels
· conference language : 회의 공식언어 = official language, working language, the language for communication
The conference language is English.
· conference materials : 회의 자료
Advanced registration enables you to have all your conference materials ready for you when arriving on site.
· conference pass : 회의장 출입증
Each exhibiting company is entitled to receive one full 3-day conference pass(excluding workshops) free of charge.
· conference period : 회의 기간
· conference proceedings : 발표 논문집, 회의 의사록 = proceedings
All accepted papers in the sessions will be included in the published conference proceedings.
· conference proceedings book : 발표 논문집 = the printed book of abstracts
· conference room : 회의장
Every conference room was full and many questions and answers were exchanged throughout the conference.
· conference shirt : 국제회의 엠블럼(Emblem)이 새겨져 있으며 참가자에게 나누어주는 셔츠
Conference shirts are available at an extra cost of $20.

· conference timetable : 국제회의 일정표 = official schedule
249) · terminology : 전문용어
250) · monument : 기념비[탑], 기념 건조물
· a national monument 국가 기념 건조물
· a natural monument 천연 기념물
· a monument of learning 학문의 금자탑
251) · jam-packed : 꽉 찬, 빽빽하게 넣은

71 다음 글에서 광고하고 있는 품목은?

> Exclusive[252] licenses for the Tournament of Roses.
> Specializing in custom[253] lapel pins for special events, festivals, fairs, companies & clubs also key chains, patches[254], magnets & specialty products.

가. Hardwear
나. Souvenir identity giveaways
다. Celebrity autographs
라. Sportswear

답 나

72 아래의 (   )안에 들어갈 단어로 알맞은 것은?

> The Hospitality Sales and Marketing Association International strongly recommends the use of (   ) as a solution to no-shows[255].
> With (   ) reservation, the hotel receives payments for at least the first night's lodging prior to the guests' arrival.

가. guarantee
나. walk-in
다. deposit
라. check-in

답 다

| 2007년 86번 문제 |

73 다음 중 가장 문법적인 표현은?

가. The wallet was too big to put it in my pocket.[256]
나. It was so a good book that I couldn't put it down.[257]
다. The children were very good-behaved on the train.[258]
라. Jane is board because her job is boring.

답 라

> · 제인은 지루한 일을 하기 때문에 싫증이 난다.
> This problem is too difficult to be solved.
> It was too small to be seen.
> · She is bored with her job.
> 그녀는 일에 싫증이 났다.
> · a boring job
> 지루할 일
> · The lecture was dealdy boring.
> 강연은 몹시 지루했다.

---

252) exclusive : 배타적인, 독점적인, 유일의
mutually exclusive ideas : 서로 용납되지 않는 생각
exclusive rights : 독점권
an exclusive contract : 독점 계약
an exclusive story : 독점 기사, 특종
an exclusive club : 회원제 고급 클럽
an exclusive residential area : 고급 주택 지역
253) custom : 고객
254) 로고 등이 그려진 헝겊으로 만든 조각
255) · no-show : 호텔에 투숙 예약한 후 미도착한 고객
· no-show papers : 논문 미제출
It is assumed that authors submit their papers in good faith, that is, they do intend to attend the Congress and there is a reasonable chance they will be able to. Acting otherwise would be

professionally unethical. No-show papers take away a slot from another author and creates a hole in the lecture session, which can cause serious inconvenience to the audience and the organizers. No-show papers will not be published in the Congress Proceedings.
· notification : 공지
The program committee will give notification of acceptance by March 22, 2007.
256) The wallet was too big to put it in my pocket. (×)
The wallet was too big to be put it in my pocket. (○)
257) It was such a good book that I couldn't put it down.
258) The children behaved very good on the train.

74 다음 중 빈칸에 알맞은 단어는?

> The options for meeting locations run the ( ) from high-tech convention and exhibition halls, dedicated conference centers and glitzy[259] hotels, to non-trad itional venues such as theme restaurants, art galleries and cruise ships.

가. variety   나. ground
다. features   라. gamut[260]

답 라

75 다음 밑줄 친 낱말의 의미로 가장 적절한 것은?

> Exhibitions offer an opportunity to get face-to-face with large numbers of customers and prospects and to showcase products.

가. 성공의 기회   나. 진열된 상품
다. 예상되는 고객   라. 생산 가능성

답 다

/ 2011년 87번 문제 /

76 아래의 경우 외국 관광객이 호텔에서 식사하고 내 야할 금액은?

> Hotel services, meals, beverages, etc. are subject to a 10% service charge and a 10% tax but the latter[261] is not applicable to foreign visitors.

가. 식사비
나. 식사비 + service charge + tax
다. 식사비 + service charge
라. 식사비 + fax

---

259) glitzy : 화려한
     glitzy hotel : 특급 호텔
260) · gamut : 전범위
     · run the gamut of : 다양하게 다 하다.
     · run the gamut of expression : 갖은 표현을 다 하다.
     · run the gamut from A to B : A에서 B에 이르기까 지 모두 다 하다.
261) · the latter = the tax(문장 상에서 두 번째를 칭하기 때문에 the tax)
     · the latter ≠ the former

답 다

77 다음 중 문법적으로 틀린 것은?

> Annual prizes <u>were to be awarded</u>(1) to the individuals and organizations that <u>had achieved</u>(2) <u>which</u>(3) <u>would have</u>(4) the greatest benefit[262] to humanity.

가. (1)   나. (2)
다. (3)   라. (4)

답 다

> Annual prizes were to be awarded to the individuals and organizations that had achieved or would have the greatest benefit to humanity.
> 인류에게 크게 기여하였거나 기여할 개인과 기 관에 매년 상이 수여될 수 있을 것이다.

78 빈칸에 가장 적절한 표현은?

> A : I thought we should begin today by going over again the main points we agreed yesterday.
> Then this afternoon I can telephone my lawyer in Paris.
> B : _____, Miss Vernay. I talked to my lawyers last night, and we drafted[263] the agreement.
> It was faxed to Paris immediately.

---

262) have the greatest benefit to = be of benefit to : --에 유익하다
263) · draft : 밑그림을 그리다.
     · draft the agreement : 계약서의 초안을 잡다.
     · draft agenda : 의제 초안
       draft agenda를 회원국에 알려주고 회원국으로부터 draft proposal을 받아서 모든 회원국의 호응을 얻을 수 있는 final draft agenda로 의제를 확정하는 과정 을 밟는다.
     · draft conference program : 임시 일정표, 일정 초 안 = tentative program
     · draft resolution : 결의안 초안
       Also included in the report is a draft resolution to promote and protect the rights and dignity of persons with disabilities.
       Unanimous adoption of the ad hoc committee draft resolution.

가. I'm sure we can find a way round this

나. I can save you the trouble.

다. Now I am just playing[264] for time

라. I'm sorry, this point is just not negotiable

답 나

> A : 어제 우리가 서로 동의했던 주요 요점에 대해서 다시 한번 정리하면서 대화를 다시 시작했으면 합니다. 그런 다음 오늘 오후 파리에 있는 제 변호사에게 전화를 걸 수 있겠습니다.
> B : 제가 귀하의 문제를 해결해 드릴 수 있습니다. 지난 밤에 제 변호사에게 물어보았고, 우리는 초안을 잡았었습니다. 그 초안은 파리로 즉시 팩스로 보냈습니다.

79 다음 중 빈칸에 알맞은 표현은?

> Planning appropriate amounts of food can be somewhat tricky[265].
> While it may be forgivable to (   ) out of some items being passed on trays, it is unsightly[266] and annoying to guests to see empty chafing dishes[267] on the buffet tables.

가. spend   나. take

다. run   라. throw

답 다

80 다음 중 빈칸에 알맞은 단어는?

> A guest room is like a (   ) food product; if it doesn't sell, the hotel has lost the opportunity to generate the revenue from the room for that night.

가. flexible   나. perishable

다. valuable   라. worthwhile

답 나

| 2008년 86번 문제 |

---

264) play for time : 시간을 벌다
265) tricky : 다루기 힘든, 방심할 수 없는
266) unsightly : 꼴사나운
267) chafing dish : 풍로달린 식탁 냄비, 음식 보존용 기구

81 다음 글은 누구에게 보낼 서신의 일부인가?

> Please inform us which equipment you will require for your presentation so that we can prepare the session[268] room.

---

268) · session : 회의
· session room : 회의장
· the afternoon session : 오후 회의
· wrap-up session : 종합 정리 회의 = plenary wrap-up session
· plenary session : 전체 참석 회의
· breakout meetings : 분과회의, 분야별 회의, 동시 진행 회의(소제목으로 나누어 동시에 여러 개의 소회의실에서 진행하는 회의) = breakout sessions, concurrent sessions, concurrent breakout sessions, concurrent panels, parallel sessions, simultaneous sessions, sub-working group session
· session by them : 주제별 회의, 주제별로 나눈 소회의 = session by topic
· session chair(s) : 소회의 의장 = session leader, session moderator(s), session presider(s), session chairperson(s), session chairman (chairmen), session facilitator ≠ general chair
Speakers should check in with the session chair 15 to 30 minutes prior to the beginning of the session.
· session coordinator : 회의 조정자, 회의 준비 담당자
The session coordinator has overall responsibility for finding a moderator for each session.
The session coordinator is responsible for all aspects of the workshop.
· 국제회의 행사프로그램 조정자 : convention coordinator
· 사교행사 조정자 : social coordinator = social event coordinator
· 후원 모금 조정자 : fundraising coordinator
· 공동개최 회의의 조정자 : joint meeting coordinator
· 행사 프로그램 조정자 : event coordinator
· 전시회 전시 조정자 : exhibit coordinator(exhibition coordinator)
· 연사 섭외담당, 강연 조정자 : speaker coordinator: 연사 섭외담당, 강연 조정자 = meeting speaker coordinator, convention speaker coordinator, conference speaker coordinator, guest speaker coordinator
· session facilitator(s) : 소회의 의장, 분과회의 좌장, 분야별 회의 의장 = session chair, session leader ≠ general chair
· session leader(s) : 분과회의 좌장 = session facilitator, moderator, session chair, session chairperson, session chairman ≠ general chair
· session paper(s) : 회의에서 발표하는 논문 = paper(s)
All special session papers will be reviewed. The review process will be coordinated and supervised by the special session organizer.
· session venue : 회의 개최 장소, 소회의 개최 장소
· workshop venue : 워크숍 개최장소
· convention venue : 회의 개최장소 = venue, con

You may use a slide projector, OHP, beam projector, or VCR.
If there is another type of equipment you wish to use, please specify.

가. Session chairperson
나. Delegates and speakers
다. Speakers and moderators[269]
라. Speakers

답 라

82 다음 중 가장 문법적인 표현은?

가. I don't mind being kept waiting
나. She admitted to steal the money.[270]
다. I'd prefer living in the country rather than in a city.[271]
라. Jane had to get used to drive on the left.[272]

답 가

| 2011년 75번 문제 |

83 다음 밑줄 친 낱말의 의미로 가장 적절한 것은?

Meeting professionals, encountering heightened threat levels for their events, will find new security protocols[273] being

---

adopted at arenas[274], stadiums, and amphitheaters[275].

가. 행사 장소   나. 점검 사항
다. 안전 시설   라. 의전 절차

답 라

84 다음의 내용은 무엇에 관한 정보인가?

Esophageal Motility Disorders

Time & Date : 08:30~10:40, Thursday, April 4
Oropharyngeal dysphagia : Ian J. S. Cook (Australia)
Stationary esophgeal manometry: Jouis M. 가. Akkermans(The Netherlands)
Functional chest pain of presumed esophageal origin :
Satish S.C. Rao(USA)
Discussion

가. Award Ceremony
나. Scientific Session
다. Roundtable Workshop
라. Accompanying Persons Program

답 나

| 2007년 76번 문제 | 2011년 93번 문제 |

85 다음 중 빈 칸에 알맞은 단어는?

One of the fastest growing trends in travel is theme hotels.
There are concepts for every (   ) : from the elegant Library Hotel in midtown Manhattan, where room numbers are based on the Dewey decimal system[276] of

---

ference venue, symposium venue, panel discussion venue, seminar venue
269) · moderator : panel 진행자, 종교회의 사회자 = panel moderator
  Good evening. I am Dr. Susie Maria Hans. I will serve as the moderator for today's program. It is my great pleasure to welcome you to the twenty third annual meeting.
  · (the) moderator of the topic: 주제 조정자
270) · She was admitted to steal the money.
271) · I'd prefer living in the country to that in a city.
  = I'd prefer living in the country to living in a city.
272) · Jane had to get used to driving on the left.
273) · protocol : 의전
  In order for the host government to provide proper protocol arrangements for representatives at the ministerial level, it is strongly recom mended that ministerial representatives stay at one of the designated hotels. It is requested that the flight details of all participants, especially those at the ministerial level, be notified at least two weeks in advance of the session to the Secretariat.
  · protocol briefing : 의전에 관련하여 브리핑
  On your arrival at this Blue House, a special 15 minute protocol briefing will take place.

274) arena : 경기장
275) amphitheater : 계단식 교실, 계단식 극장, 원형 극장
276) 듀이십진분류법 = Dewey Decimal Classification (D.D.C)
  듀이(Melvil Dewey : 1851~1931)가 1873년에 고안한 분류법이며, 1879년에 처음으로 발행되어, 지금까지 21판이 출판되었다. 모든 지식을 10개의 유로 나누고 이것을 다시 십진식으로 세분류하고 있다. 도서관에 소장된 각종 정보를 10진법에 따라 나누고 정리하는 분류체계로서 D.D.C라고도한다. 이 분류법에 따르면 모든 자료를

classifying books, to the adventurous Jules' Undersea Lodge at the bottom of the Emerald Lagoon in Key Largo, Florida, where guests scuba dive to the entry of their underwater accommodations.

가. tourists
나. psyche
다 taste
라. privilege

🗒 다

| 2006년 76번 문제 |

86 다음 밑줄 친 부분과 의미가 같은 것은?

To give you a jumpstart[277], the application includes a series of templates for letterhead design.

가. Small serving platters
나. Patterns
다. Houses of worship
라. Temporary methods

🗒 나

87 다음 글의 빈 칸에 들어갈 낱말들의 배열이 가장 적절한 것은?

Trade shows allow staffers[278] to stay (A) in their industry and talk to their customers.
Trade shows increase industry knowledge and, therefore, (B) for advancement.
There is also the sense of (C) that comes from a job well done.
To impart[279] that feeling, you've got to show your staff (D) they did each day.

가. A : current[280]   B : chances
　　C : accomplishment[281] D : how
나. A : chances   B : how
　　C: accomplishment   D : current
다. A : how   B : accomplishment
　　C : chances   D : current
라. A : accomplishment B : current
　　C : chances   D : how

🗒 가

상업전시회에서 일하는 직원들에게 전시회는 자신이 속한 산업에 대해서 현실감이 살아있게 해주며, 고객과의 대화도 가능하게 해준다. 상업전시회를 통해서 산업에 대한 지식이 증가하게 되고, 결과적으로 발전의 기회가 된다. 맡은 바 업무가 잘 되었을 때 성취감도 있을 것이다. 그런 느낌을 함께 나누기 위해서 여러분은 직원들께 매일 매일 직원들이 어떻게 일을 수행했는지 일러줄 필요가 있다.

| 2007년 78번 문제 |

88 다음 글의 내용과 다른 것은?

Meeting and convention attendees are also just likely to be single as married, and are typically younger and more affluent[282] than convention delegates of two decades ago.
But despite increased spending power, meetings are no longer attended primarily for fun; in most cases, meeting attendance must be considered worthwhile[283] enough to justify the expense and time away from the office.

가. 마흔인 회의 참석자가 늘었다.
나. 젊은 회의 참석자가 늘었다.
다. 부유한 회의 참석자가 늘었다.
라. 재미삼아 회의에 참석하는 사람이 늘었다.

🗒 라

10개의 類로 분류하고 각 類에 100단위의 숫자를 붙인다. 예를 들면 철학은 100대, 사회과학은 300대로 분류하는 식이다. 각 類는 다시 주요한 10단위의 하위집단 즉 綱으로 나뉜다.
한국십진분류법(KDC)에서는 000~900까지 나누어져 있다.
000 총류   100 철학
200 종교   300 사회과학
400 순수과학   500 기술과학
600 예술   700 언어
800 문학   900 역사
277) jumpstart : 자동차를 밀어서 시동을 걸다
278) staffer = staffman : staff의 한 사람
279) impart : 나누어주다

280) stay current : 시대에 맞춘
　　go with the current of the times : 시류에 따르다.
281) a sense of accomplishment : 성취감
282) affluent : 풍부한
283) a worthwhile book : 읽을만한 책

89 다음 글에 내포된 정보 내용과 일치하는 것은?

> At present, the largest convention center in the U.S. is Chicago's McCormick Place[284], which offers 2.2 million square feet of exhibit space... and 371, 365 square feet of meeting space.
> Nashville's Opryland Hotel, with nearly 300,00 square feet of exhibit space, is the largest hotel facility and will continue to be until the opening of Opryland Hotels in Kissimmee, Florida, in 2004 and Grapevine, Texas, in 2005.
> Each will offer 400,000 square feet of exhibit space.

가. McCormick Place 컨벤션 센터의 회의장 면적은 전시장 면적보다 넓다.

나. 현재 미국내의 호텔 중 가장 넓은 전시장을 갖춘 것은 Nashville에 있으며, 이 호텔은 2005년까지 미국에서 호텔로서는 가장 넓은 전시장을 갖춘 것으로 남을 것이다.

다. Kissimmee에 지을 Opryland Hotel의 전시장 면적과 Grapevine에 지을 Opryland Hotel의 전시장 면적을 합치면 40만 평방 피트이다.

라. Kissimmee에 지을 Opryland Hotel의 전시장 면적과 Grapevine에 지을 Opryland Hotel의 전시장 면적은 서로 똑같다.

답 라

/ 2012년 78번 문제 /

90 다음 중 밑줄 친 부분과 의미가 같은 것은?

> Regarding your air travel, we would like to request that you buy your ticket economy class and we will <u>pay the money for the airfare</u> upon your arrival in Seoul. To facilitate the payment, please let us know in advance of the airfare in US dollars.
> Your receipt and a copy of your air ticket will be required later in Seoul.
> Also, please inform us of your flight schedule by February 25, so that we can properly make local arrangement for your stay.

가. endorse[285] 　　나. reimburse[286]
다. refurbish[287] 　　라. discount

답 나

91 다음 글을 읽고 개최국이 PAA회의를 개최할 날짜로 적합하지 않은 것은?

> The Constitution[288] of PAA requires that the conference will be held during the

---

285) · endorse : 〈어음·증권 등에〉 배서하다;〈설명·비평 등을 서류의 뒤에〉 써넣다
　　· endorse over a bill to : (어음)에 배서하여 …에게 양도하다
286) · reimburse : 상환하다.
　　· We will reimburse you for the shipping. : 배송 비용을 돌려드리겠습니다.
　　· There would be no risk to your company, because we will fully reimburse the cost of returning any goods that remain unsold after one year. : 1년 후까지도 팔리지 않은 제품에 대해서는 반품 비용을 전적으로 저희가 변상해 드리므로 귀사로서는 어떠한 위험 부담도 따르지 않을 것입니다.
287) · refurbish = renovate : 일신하다, 다시 닦다.
288) · constitution : 헌법, 정관, 규약, (기존의) 제도, 관행, 체질
　　· establish a constitution : 헌법을 제정하다
　　· a written constitution : 성문 헌법
　　· an unwritten constitution : 불문 헌법
　　· by constitution : 타고난 체질상; 본질적으로
　　· have a cold constitution : 냉한 체질이다
　　· suit[agree with] one's constitution : 체질[성격]에 맞다
　　· undermine one's constitution : 신체를 해치다, 몸을 버리다

months of January, February, March, and April.

Traditionally, PAA Conference have been planned for between January 15th and March 15, and Host Countries should endeavor to maintain this traditional unless local conditions, such as climate, make such undesirable.

가. 1월 18일 　　　　나. 2월 15일
다. 3월 13일 　　　　라. 4월 10일

📋 라

92 아래 글의 제목으로 적합한 것은?

Thank you for joining the party held in honor of the distinguished speakers and participants in the international symposium. The academic symposium we are holding is significant in that valuable information obtained at the symposium will contribute to the development of our institution and of photochemistry, photobiology and pho tomedicine. Please enjoy food prepared for you.

We have all been delighted to entertain you this evening.

May I propose a toast[289] for the advance ment of photochemistry, photobiology and photomedicine and for your heath.

가. Dinner speech
나. Opening speech
다. Welcome speech
라. Congratulatory speech

📋 가

93 다음 글의 제목으로 가장 적절한 것은?

A growing number of budget-crunched firms are holding more of their meetings in cyberspace.

Similar to teleconferencing[290], these virtual meetings allow a geographically disparate[291][292] group to meet in real-time. Web-meeting technology expands the degree of interaction[293] provided by video conferences, allowing for audience participation via chat tools, live polling, file sharing, etc.

가. Development of the Computer Manufac turing Industry
나. Technical Difficulties in Using the Com puter
다. Increase of the Internet-Using Population
라. Computer Application in Meeting Industry

📋 라

94 다음 밑줄 친 부분의 의미는?

As a businessman, as you can appreciate, I am called upon[294] to contribute to every campaign that comes down the pike[295]. While we try to play with active role in community activities and to allocate[296] funds for charitable[297] purposes judi- ciously[298], the demands are greater than the means.

가. every campaign
나. the pike
다. an active role
라. the allocated funds

📋 라

---

289) a toast : 축배

290) teleconference : 화상회의. 회의 참석자가 회의 장소로 이동하지 않고 국가간 통신 시설을 이용하여 회의를 개최한다. 회의경비를 절약할 수 있는 장점이 있으며, 오늘날 고도의 통신 기술을 활용하여 회의를 개최하고 있다.
291) disparate : 공통점이 없는, 이종의
292) polling : 투표
293) interaction : 상호 작용, 상호 영향
294) call upon(on) : 방문하다, 부탁하다
295) pike : 창(17세기에 사용했던 창)
　　 come down the pike = happen and appear
296) allocate : 배분하다
297) charitable : 자비로운, 관대한
298) judicious : 사려분별이 있는

귀하도 인정하다시피 저는 비니지스맨으로서 진행되는 모든 캠페인에 참여할 것을 요청받았습니다.
우리가 지역사회 활동에 적극적인 활동을 하고 기금을 불우이웃을 돕기 위한 목적으로 기금을 배분하기 위해서 노력하려면, 요구는 수단보다 더 중요한 것입니다.

비자 발급에 필요한 초청서한이 제 때에 도착하지 못했습니다. 국제회의는 앞으로 2주 후면 열립니다. 우리 측 참가자는 다음 주에 출국할 예정입니다. 초청서한의 목적이 다시 귀국할 것을 증빙하는 것이므로 귀하께서 신속하게 이 문제에 대한 조치를 해주시기 바랍니다.

95 해외 참가자로부터 다음과 같은 Fax 혹은 E-mail 연락이 왔다. 어떤 회신이 적당한가?

The invitation letter[299] which is necessary to acquire a visa has failed to arrive on time.
The conference is due[300] within two weeks and our delegation is scheduled to leave the country next week.
Since the purpose of the invitation letter is to assure our commitment to return, we would appreciate your prompt action regarding this matter.

가. We will try to send you another letter of invitation but we doubt that it will arrive on time

나. We will check the postal service regarding this matter. Meanwhile, we fax you a new invitation letter before mailing it and contact our embassy to whom you may submit.

다. We have received a confirmation from the post to contact the person who is in charge of your mail

라. We have no authority over the issuance of the visa.

답 나

96 다음 중 빈칸에 알맞은 단어는?

Due to the many business travelers and sports fans who ( ) to the town, expensive hotels, motels, and B&Bs[301] dominate Ann Arbor.

가. flock   나. thrive[302]
다. arrive   라. dominate
답 가

97 다음 중 문법적으로 틀린 것은 ?

가. Please take a moment to say. "Thank you." to those who support IFEA, our events, and our industry throughout the year.

나. The sponsorship industry has always been very relationship-rich and there is a certainly nothing wrong with relationships.

다. Upon departing Atlanta the Sakahara's final comment was "This was our first time in Atlanta and we were greeted with Southern hospitality throughout our stay.

라. A strong strategic plan and an integrated[303] annual business plan guides you toward a destination more desirable than just getting somewhere.[304]

답 라

---

299) · an invitation letter : 초청 서한
· (a) cancellation letter : 취소 요청 서한
· a confirmation letter : 확인 서한
· a reservation letter : 예약요청 서한
· (a) letter of reminder : 독촉 서한, 다시 상기시킬 목적으로 보내는 서한
300) a bill due next month : 다음 달 만기일인 어음
· The train is due at two. : 기차는 2시에 도착할 예정이다.

301) B&B : bad and breakfast
302) thrive : 무성하다
303) integrated : 통합된
304) A strong strategic and integrated annual business plan guide you toward a destination more desirable than just getting somewhere.

98 다음 글의 빈칸에 들어갈 낱말들의 배열이 가장 적절한 것은?

> There's nothing worse than paying a professional speaker[305] to come to your meeting, only to have a roomful[306] of (A) seats at his session.
>
> Remember that most attendees[307] have to make session choices (B) only on a short description in your program.
>
> A session's content may be (C).
>
> But if its program description is boring

> or sounds less than valuable, attendees are likely to (D) it.

가. A : skip   B : spectacular
    C : based   D : empty

나. A : skip   B : based
    C : empty   D : spectacular

다. A : based   B : skip
    C : spectacular   D : empty

라. A : empty   B : based
    C : spectacular   D : skip

📋 라

> 강연료를 지불하고 연사를 초청했는데 회의실이 텅 비어 있다면 이것 보다 끔찍한 것은 없다. 회의 참석자들은 회의 일정표에 적힌 간단한 안내 문구만을 보고 회의 참석여부를 결정한다는 점을 기억해야 된다.
>
> 비록 회의 내용이 매우 훌륭하더라도, 안내문구가 지루하고 가치가 없게 보인다면 참석자는 회의장에 들어서지 않을 것이다.

99 다음 밑줄 친 부분 중 문법적으로 틀린 것은?

> In some hotels, fees to access toll-free and calling-card[308] numbers <u>have increased.</u> <u>(A)</u> Phone charges also can soar[309] when <u>laptop-toting</u>[310](B) attendees start dialing up(C). So, to avoid hefty[311] access fees, <u>negotiating</u>(D) for a lower rate.

가. A   나. B
다. C   라. D

📋 라

> So, to avoid hefty access fees, negotiate for a lower rate.

---

305) · speaker(s) : 연설자 = invited speaker(s)
    · speaker coordinator : 연사 섭외담당, 강연 조정자 = meeting speaker coordinator, convention speaker coordinator, conference speaker coordinator, guest speaker coordinator
    · key note speaker coordinator : 기조 연설자 섭외 담당
    She is also a registrar and speaker coordinator. Speaker coordinator shall be responsible for coordinating speakers as well as providing logistic requirements for speakers at the meeting. The speaker coordinator will maintain correspondence with scheduled speakers and provide the speaker information necessary for publishing the agend가.
    · speaker registration : 강연자 등록 = registration of speaker(s) = registration for speaker(s)
    · speaker's kit : 연설자용 서류 가방, 연사용 서류 가방
    · exhibitor's kit : 전시참여업체의 전시요령이 적힌 서류철 = exhibit service kit
    · sponsor's kit : 후원업체의 서류 가방, 후원 안내사항 수록
    If you would like to sponsor our future event, please review our sponsor's kit.
    · conference kit : 회의 참가자용 서류 가방 = convention kit, congress bag
    · speaker's lounge : 연설자 전용 휴게실 = lounge for speakers
    All speakers will be provided with complimentary registration to the conference. Additionally, an exclusive lounge for speakers will be available onsite to prepare presentations or relax.

306) · a roomful of : 한 방 가득
    · a roomful of furniture : 방 하나 가득한 가구

307) · attendee : 국제회의 참석자 = participant, attendant(s), conferer ≠ absentee (불참자)
    ABC travel agency, a Seoul based travel management company, has recently selected to serve DEF meeting attendees.
    · attendance : 참석
    · cancel one's attendance : 참석을 취소하다.
    Attendance will be limited to 90 participants.
    · attendant(s) : 참석자
    · registered attendants : 등록한 참석자

---

308) calling card = phonecard : 공중전화 카드
309) soar : 높이 오르다
310) tote : 나르다
311) hefty : 무거운

100 다음 계약서의 괄호 (A)와 (B)에 알맞은 단어는?

> This offer is (A) until May 2, 2003 and becomes binding[312] when signed by the contractor and an ABC airlines corporate headquarters representative.
> ABC airlines shall not be (B) for failure to perform under this contract because of strikes, acts of God, or government actions[313].

가. A : provided   B : responsible
나. A : invalid   B : informed
다. A : valid[314]   B : liable
라. A : effective   B : avoidable

답 다

| 2003년 80번 문제 |

다음의 내용과 맞지 않는 것은?

> Please advise us beforehand should you require a recording which includes the interpretation as this is subject to a normal copyright waiver[315] fee and would need to be agreed on beforehand.
> The Company's liability for loss or damage arising out of a breach[316] of this contact shall not in any event exceed the value of that contract.
> The Company shall not be held liable to the client if fulfillment of its obligations under the contract is prevented or hindered[317] by forcemajeure[318].

가. To make a recording of the interpretation, the client needs to contact the company before the conference.

나. A small amount of copyright fee will be charged for the recording of interpretation if an agreement for recording is made.

다. Under no circumstance will the company be responsible for loss or damage for a larger amount than the contract amount.

라. Should the company be unable to provide the contracted service due to reasons outside the company's control, it must compensate[319] for the loss of damages.

답 라

---

312) become binding : 구속력이 있다.
313) ABC airlines shall not be liable for failure to perform under this contract because of strikes, acts of God, or government actions.
   = ABC airlines shall not be responsible for failure to fulfil its duties under this contract because of strikes, acts of God, or government actions.
314) This offer is valid until May 2, 2003 = This offer is available until May 2, 2003
315) waiver : 포기
   copyright waiver : 저작권 포기
316) a breach of contract : 계약 위반
317) hinder : 방해하다, 훼방하다
318) forcemajeure : 불가항력

계약 불이행이 허용될만한 불가항력법률관계의 외부에서 생겨나는 사변(事變)으로서, 모든 방법을 동원하여도 손해의 발생을 막을 수 없는 일. 예를 들면 일정한 물건을 운송하여야 할 채무를 진 경우에 지진 또는 홍수로 교통기관이 마비되어 운송할 수 없게 된 것과 같은 경우이다. 불가항력이라는 것은 본래 로마법상의 레켑툼(receptum)의 책임, 즉 운송인이나 여관주인이 영업상 물품을 수령(受領)한 사실을 근거로 하여 그 멸실·훼손으로 인한 손해에 관하여 당연히 부담하게 되는 엄격한 결과책임(結果責任)의 면책원인(免責原因)으로서 논의되었던 것이다.

따라서 그 성질상 물리적 사실만을 따져서 엄밀하게 정립된 관념이 아니라 귀책(歸責) 여부를 따지기 위한 법률상의 관념이고, 오늘날에도 주로 민법이나 상법상의 책임 또는 채무, 기타의 불이익을 면하게 하거나 경감시키는 표준으로 사용된다(상법 152조, 우편법 39조 등).

불가항력은 일반적인 무과실보다 엄격한 관념이며, 예컨대 당사자의 부상·여행, 기업시설의 불비 등은 비록 과실에 의거한 것이 아니더라도 불가항력은 아니다. 불가항력을 책임의 경감 또는 면제 원인으로 삼는 것은 근본적으로 당사자 일방이 지게 될 가혹한 책임을 덜어주자는 형평이념(衡平理念)에서 나온 것이라고 할 수 있는데, 현행법은 이러한 이념을 더욱 넓게 보편화시켜 불가항력으로 빚어진 사실관계의 변화와 관련하여 권리 자체가 소멸하는 것으로 규정하기도 하고(314조 1항), 의무의 경감 또는 면제를 받을 수 있는 요건으로 하기도 하며(상법 709조), 때로는 권리를 행사할 수 있는 조건으로 되어 있는 불변기간(不變期間)을 연장하는 요건으로 하기도 한다(어음법 54조, 수표법 47조).

한편 법률관계의 성질상 책임의 경감이나 면제를 고려하지 않아도 될 경우에는 불가항력으로도 책임을 면할 수 없는 것으로 하고 있다(민법 308·336조 등).

319) compensate : 보상하다

71 다음 중 문법적으로 틀린 것은?

가. Washington needs the support of South Korea, China and Japan for sanctions[320] to be effective because the trio all have economic links with North Korea.

나. South Korea's foreign ministry said on Friday it was "not time" for sanctions, arguing that diplomacy had not run its course.

다. Western diplomats said it was too early to tell whether had been a policy shift[321] in Seoul.

라. Mr. Roh's visit to the US appeared to be narrowed differences between Seoul and Washington about policy towards North Korea.

🖪 라

> Mr. Roh's visit to the US appeared to narrow differences between Seoul and Washington about policy towards North Korea.

72 다음 ( )에 적당한 단어는?

> Please indicate your choice of Pre & Post-convention tours[322] by placing "X"

in the box adjacent[323] to Tour Listing Retain last copy[324] of this form for ( ) at the Tour desk at Convention registration in Seoul.
Full payment in advance[325] is to be made before taking tours.

가. presentation[326]   나. representation
다. information   라. completion

🖪 가

73 다음 내용 중 "Rack rates"의 의미로 맞는 것은?

> Special guest room rates are usually in effect during a convention or conference.

· pre-symposium meeting : 심포지움 전의 회의
Prior to the symposium, there will be a pre-symposium meeting.
· pre-panel discussion meeting : 패널 토론전의 회의
· pre-conference meeting : 회의전 회의 = pre-convention meeting
· pre-symposium tour : 심포지움 전 관광

323) · adjacent : 인접한

324) · copy : 부
☞ Please note that two copies of your abstract are required.
☞ Please copy this form if necessary.
☞ Documents that participants wish to circulate should be handed to Mr. Gil Dong Hong, special assistant to the executive secretary. A minimum of 200 copies are required to ensure proper distribution of a copy to each delegation.

325) · full payment in advance : 전액 사전 납부
· pay for one night in advance : 1박의 비용을 미리 지불하다.
pay for one night's lodging in advance, pay for one night's accommodation in advance, pay for one night's stay in advance, prepay for one night's hotel room charges, pay for the first night's accommodation, pay for the first night in advance, pay for the first night's stay

326) · presentation : 제출, 발표

---

320) · sanction : 찬성, 인사, 재가
321) · shift : 추이, 변화
322) · pre-conference tour : 회의전 관광
· pre-session meeting : 회의전 모임
Pre-Session Meeting with Presenters: Moderators should meet with speakers fifteen minutes before the session begins, outside the room in which the session will be held. Additionally, moderators are encouraged to meet with presenters at any other mutually convenient time.

These prices are lower than the publish "rack rates[327]" of the hotel.
This is a type of quantity purchasing that is routine throughout the hospitality industry.

가. costs for published books or magazines
나. discounts on hotel rates applicable to a group of visitors
다. standard charges for a room before any discount has been taken into account
라. the prices of items hanging on the racks of a shop

🔖 다

| 2009년 41번 문제 |

| 2004년 98번 문제 |

다음 (　)에 들어갈 단어로 적절한 것은?

Rates begin with the term (　), which is highest rate(usually quoted to the person who walks in off the street).

가. complimentary　　나. rack
다. corporate　　라. flat

🔖 나

· *Rack rate* : 일반 대중에게 광고된 요금으로 계절에 따라서 변할 수 있다. = a full rate
· *Flat rate* : 단체가 호텔에 투숙할 경우, 객실이 부족하여 단체 구성원에게 실료가 다른 객실을 이용하는 일도 있을 수 있지만 모두에게 적용되는 균일한 요금
호텔, 전시장과 단체간의 계약에 의거 국제회의 참가자에게 적용되는 특별 할인요금

74 국제회의 서신의 구성 형식의 중요 기본 요소가 아닌 것은?

가. Printed Letterhead[328]
나. Body of Letter
다. inside address
라. Postscript

🔖 라

75 다음의 안내문은 무엇에 관한 설명인가?

In this connection, it is much desirable for you to attach an ID sticker[329] to the

---

328) · printed letterhead : 인쇄된 letterhead = letter with letterhead
· a cancellation letter : 취소요청 서한
· a confirmation letter : 확인 서한
· an invitation letter : 초청 서한
· a reservation letter : 예약요청 서한
· (a) letter of reminder : 독촉 서한, 다시 상기시킬 목적으로 보내는 서한
Arrangements for payment will be made after the final list of participants is determined.

329) · ID sticker : Identification sticker
· identification badge : 이름표, 명찰, 회의장/전시장 출입카드 = badge, conference badge, official conference badge, identification card, identity badge, name tag, name badge, e-card(최신 기술에 의해 발급된 전자 신원카드), conference e-card
Please wear your conference identification badges and business attire.
Participants are required to wear identification badges at all times.
The identification badges should be displayed on person at all times in the meeting areas.
⟨name badge⟩

| The 21st ABC Annual Conference |
| 사진 |
| Susie Maria Han Japan ABC Association |
| Korea Host Committee |

| The 21st ABC Annual Conference |
| 사진 |
| E/F |
| Dr. Susie Maria Han |
| Japan ABC Association |

(E/F : 영어와 불어를 모두 구사 가능)

---

327) · rack rate : 일반 대중에게 광고된 요금으로 계절에 따라서 변할 수 있다. = a full rate
· flat rate : 단체가 호텔에 투숙할 경우, 객실이 부족하여 단체 구성원에게 실료가 다른 객실을 이용하는 일도 있을 수 있지만 모두에게 적용되는 균일한 요금
호텔, 전시장과 단체간의 계약에 의거 국제회의 참가자에게 적용되는 특별 할인요금

lapel of your jacket and baggage stickers to baggage or briefcase.

This will certainly expedite immigration and customs clearance and ensure prompt handling of baggage at the Customs, Immigration and Quarantine[330] are가.

가. 세관에서 짐 관리하는 방법
나. 세금을 절약하는 방법
다. 세관 직원들을 대하는 방법
라. 세관을 신속하게 통과하는 방법

🔲 라

76 다음의 ( )에 가장 알맞은 표현은?

On behalf of the ABC Conference Program Committee, we are pleased to provide you with the Call for Papers[331] which was sent

to you on June 2002 and is now being distributed again ( ).

This conference is the thirteenth of the ABC Conference series that take place every three years[332].

가. for your practice
나. for your benefit
다. for your inquiry
라. for your reminder

🔲 라

- identification badge for exhibitions : 전시장 출입 카드
- identification sign : 부스의 간판 = booth sign, fasia, parapet, name plate, sign with company name and stand number, stand sign
330) · CIQ customs, immigration and quarantine 세관 · 출입국 관리 · 검역
· CIQ area : 세관 · 출입국관리 · 검역지역
331) · call for abstracts : 초록 제출 안내서
· call for donations : 후원 안내서
· call for exhibits : 전시 참가 안내서
· call for participants : 회의 참가 안내서, 발표논문 모집 안내(참석자가 발표) = call for participation, call for papers
· call for papers : 발표논문 모집, 연제 모집 = call for abstracts/papers, call for papers for the conference, call for possible authors
· 회의 발표 논문의 모집에서부터 채택과 등록의 순서 발표논문 요청, 발표논문 모집 : call for paper(s) → (발표)논문 제출: submission of paper(s) → (발표)논문 채택: acceptance of paper(s) ≠ rejection of paper(s) → 등록: registration → (발표)논문 인쇄 : publication of paper(s) = production of paper(s) → 논문 발표 : presentation of paper(s)
· revision of paper(s) : 발표 논문의 수정
· withdrawal of paper(s) : 발표 논문의 취소
· submission of abstract(s) : 초록의 제출 = abstract submittal
· call for possible authors : 논문 작성 가능자 모집
· call for posters : 포스터 발표문 모집
· call for seminar proposals : 세미나 참석 안내서
· call for speakers : 강연자 모집 안내 = call for possible speakers

- call for special sessions proposal : 특별 회의를 위한 제안 접수
- call for topics : 회의 주제에 대한 의견 모집
- call for tutorials : 강연 원고 모집 = call for tutorial proposals
You are invited to submit a proposal to lead a tutorial or an advanced seminar at the 22nd ABC conference on Monday, January 3, 2007. These sessions should be designed to support the formal papers during the conference, or to explore new topics. A tutorial may be either a half day or three hour session. These sessions will be held on the first day of the conference.
- call for workshop(s) : 워크숍 참석 안내서
Call for Workshop : If you have an idea for a workshop and a possible organizer or would like to organize a workshop yourself, please e-mail the proposal to the workshop coordinator by Friday, September 7, 2006.
332) annual meeting : 연차회의 = annual convention, annual conference, annual gathering, annual general assembly, yearly conference
- monthly conference : 매월 개최 회의
- half yearly conference : 6개월마다 개최하는 회의 = half-yearly conference = six-monthly conference
- biannual conference : 1년에 2회 개최하는 회의, 2년마다 개최하는 회의
- biennial conference : 2년마다 개최하는 회의 = biennial meeting
- tri-annual conference : 3년마다 개최하는 회의 = triannual conference
- annual report : 연차 보고서
- annual assembly : 연차 회의, 연차 총회 = annual general assembly
- annual conference : 연차회의 = annual meeting, annual general assembly, yearly conference, a 12 month conference
- annual dues : 연회비
- monthly dues : 월회비
- initiation dues : 입회비 = membership application dues
- annual general assembly : 연차총회 = annual assembly
- annual general meeting : 연차총회

77 다음 ( )에 알맞은 것은?

> Banquet menus fall into different categories.
> For example, ( ) does not provide
> choices, and thus certain rules apply.
> The color and texture of all ingredients[333]
> should be complementary[334] to one another.

가. a la carte[335]
나. cocktail
다. buffet
라. a table d' hote[336]

답 라

78 다음 물음에 답하시오.

> A written letter of agreements is a legally
> binding tool that helps both parties execute
> a successful meeting and prevents misun
> derstanding.
> It should include official dates, rates for
> function spaces and flow chart that indicates
> arrival dates of your participants.
> What can be done to prevent either party
> from failing to live up to[337] the agreement?

가. Sign the agreement after the meeting
나. Specify penalty clause[338] in the letter of
agreement including the cancellation

charges and damage clauses
다. Official dates and rates should not be
included in the agreement because it
can cause misunderstanding
라. Do not question your partners but go
to the arbitration center for help

답 나

계약서는 쌍방이 서로 성공적인 회의를 운영하고 오해를 방지할 수 있도록 법적 구속력을 갖는 것이다. 계약서에는 일정, 회의공간 사용에 대한 가격, 참석자의 도착 일정이 표기된 업무 진행순서 등이 포함되어 있다.
계약서를 제대로 이행하지 못하는 것을 방지하기 위해서 필요한 조치는 무엇인가?

79 다음은 무엇에 관한 설명인가?

> Two or more speakers each state a view
> point.
> Discussion is guided by a moderator[339].

가. conference   나. panel
다. seminar   라. lecture

답 나

80
> With the object of signing the Agreement
> and preparing for the preparatory
> meeting[340], the Secretary General and his
> assistant will visit the host Group in
> September 2003.
> In conformity[341] with the organization's

---

333) ingredient : 요리의 재료
334) complement : 보충, 보완
335) a la carte : 일품요리, 좋아하는 요리의
메뉴에 관한 단어로 각 코스가 각각 분리되어 가격을 지불하는 방식이다.
알라까르프(a la carte)는 프랑스 용어로서 메뉴에 관한 단어이다. 개개의 요리마다 가격을 책정해 놓고 선택 주문할 수 있도록 한 메뉴 차림표이다. 현재 레스토랑에서 많이 사용되며, 주메뉴(entree)뿐만 아니라 샐러드, 수프, 애피타이저 등을 고객이 따로 주문할 수 있다.
336) 정찬요리 = Table d' hote, Full course
음식의 품목이 일정하게 정해져 있는 메뉴를 말한다. 고급 레스토랑보다는 비교적 대중적인 레스토랑에서 서비스를 하고 있다. 정찬요리는 일정한 메뉴가 정해져 있으므로 식재료의 관리가 용이하고, 서비스의 속도가 빠르므로 좌석 회전율이 높다. 음식 준비도 쉽고 빠르며, 손님은 음식에 대한 지식이 없어도 쉽게 주문을 할 수 있다는 장점이 있다.
337) live up to : 에 따라 행동하다
338) clause : (조약, 법률 등의) 조목, 조항

339) · moderator : panel 진행자, 종교회의 사회자 = panel moderator
Good evening. I am Dr. Susie Maria Hans. I will serve as the moderator for today's program. It is my great pleasure to welcome you to the twenty third annual meeting.
· (the) moderator of the topic : 주제 조정자
340) · preparing for the preparatory meeting : 국제회의 준비 회의를 위한 준비
· preparation for the meeting : 회의 준비
A prompt reply from you will very much facilitate preparation for the meeting.
341) · in conformity with = in conformity to : ~와 일치하여, ~에 따라서

> principles the host Group will cover the expenses of their travel and accommodation.

가. 사무총장이 회의 준비를 위해 개최국을 9월 중에 방문할 예정이며, 모든 경비는 주최국에서 부담한다.

나. 사무총장이 계약을 목적으로 개최국을 9월 이후에 방문할 예정이며 항공비용과 숙박을 부담한다.

다. 사무총장과 그의 일행이 회의 계약과 준비회의를 위해 개최국을 9월 중에 방문할 예정이며, 규정에 따라 호스트국가가 모든 경비를 부담한다.

라. 사무총장과 그의 보좌관이 2003년에 한국을 방문하여 합의문 낭독을 할 예정이며 호스트국이 모든 경비를 부담한다.

답 다

81 다음 (   )에 알맞은 어휘는?

> In art, few things are more (   ) than when someone manages to inject new life into centuries-old mediums[342].

가. impressive   나. outdated
다. interrelated   라. vivid

답 가

| 2004년 95번 문제 |

82 다음의 내용에 대한 설명으로 틀린 것은?

> We have selected five tours of sightseeing that we would like to introduce to you.
> The cost of these tours is a personal expense and is not covered by the US$ 50.00 Event Registration Fee[343].

---

342) · medium : 환경, 그림 용액
343) · 등록비: registration fee = registration charge
· As regards your request on registration fee and hotel deposit, I must tell you that the U.S.$ 500 are just for registration. However, we only require participants to pay their registration in order to guarantee their hotel reservations. Participants will pay for their hotel rooms directly to the hotel upon departure.

가. 관광코스는 5가지이다.
나. 관광비용은 US$ 50.00이다.
다. 관광비용은 개인부담이다.
라. 관광비용은 이벤트 등록비에 포함되어있지 않다.

답 나

| 2014년 85번 문제 |

83 다음의 (   ) 안에 알맞은 표현은?

> ILO is planning to hold its 5th Annual Ministerial Meeting in Seoul in autumn 2004 for three whole day.
> Participants are expected to be appropriately seven hundred from 36 countries in Asia, Europe, North America, Latin America and Africa.
> The host will be responsible for (   ), (   ), (   ) and (   ).

가. function room reservation, transportation, banquets, security

나. function space reservation, registration, personal luggage, issuance of visa

다. function room reservation, issuance of visa, accommodation, personal luggage

라. post conference tour, transportation, banquets, personal itinerary

답 가

> ILO : International Labour Organization
> ILO는 서울에서 2004년 가을 3일간에 걸쳐서 제5차 장관회의를 개최할 예정이다.
> 참석자는 아시아, 유럽, 북아메리카, 남아메리카, 아프리카에 있는 36개국으로부터 700명에 달할 것으로 기대된다.
> 국제회의 주최측은 회의장소 확보, 교통편 제공, 연회 개최, 안전에 대한 책임이 있다.

| 2010년 90번 문제 | 2014년 92번 문제 |

Please note that there will be no registration charge for participants.
There are two separate registration fee structures - one for ABC members and another for non-ABC members.
· 등록비 면제 : complimentary registration

84 다음 내용의 밑줄 친 complimentary의 의미는?

> It is also quite common to find a clause in the contract addressing the issue of complimentary and or reduced rate rooms. A rule of thumb in this area is one complimentary guest room for every 50 to 100 guest rooms booked.

가. complicated   나. discounted
다. expensive   라. free
답 라

| 2006년 84번 문제 |

| 2003년 85번 문제 |

다음 중 연사에게 제공되지 않는 사항은?

> *As a speaker at the symposium, you will be provided with a round trip air ticket in business class, lodging expenses at the venue[344] hotel (excluding the use of telephone and mini bar), and complimentary registration.*

가. *Lodging house*
나. *Hotel accommodation*
다. *Flight*
라. *Exemption from registration*
답 *가*

85 다음은 무엇에 관한 설명인가?

> It should not be used as a drapery[345], for covering a speaker's desk or a platform[346], or for any decoration in general.

> It should not be embroidered[347], printed or otherwise impressed on such articles as cushions, handkerchiefs, napkins, boxes, or anything intended to be discarded[348] after temporary use.

가. army uniform
나. national flag
다. white cloth
라. mission statement
답 나

> 이 것을 연단의 덮개 또는 발표자 테이블의 덮개로 또는 그 어떠한 형태의 장식으로 사용되어서는 안된다.
> 이 것에 자수를 놓아서도 안되며, 색칠을 하거나 방석·손수건·냅프킨, 상자로 이용해서도 안되며, 일시적으로 사용하고 버려서도 안된다.

86 ( )에 들어갈 낱말들의 배열로 가장 적절한 것은?

> Listen to your customers' needs and wants and (A) accordingly. The (B) the feedback, the more useful it is for changing the way things get done in your organization.
> After the feedback has served its value, (C) data should go to all levels of the organization.
> However, feedback shouldn't be used to punish; (D), it should be part of a customer-centric strategy.

가. A : instead   B : respond
    C : relevant   D : sooner
나. A : relevant   B : respond
    C : relevant   D : sooner

---

344) · venue: 회의 개최 장소 = conference venue(s), convention venue(s), (the) meeting place, venue for the meeting, a[the] location for the conference
     It is a pleasure to announce that the date and venue for the 22nd conference have been fixed to be 22-28 June, 2006 in Seoul.
345) · drapery : 주름이 진 휘장
346) · platform : 연단, booth의 바닥을 15cm 정도 높인 면 = podium, rostrum, conference rostrum, dais
     · podium table : 연설대 = lectern table
     · podium presentation : 연설대에서의 발표, 발표

· oral presentation : 구두 발표
     Each podium presentation is allotted 25 minutes. You will have 15 minutes for presentation and 10 minutes for questions and discussion.
     · podium presentation schedule : 발표 일정 = presentation schedule
347) · embroider : 수를 놓다, 자수를 놓다.
348) · discard : 버리다

다. A : respond   B : sooner
　　C : relevant   D : instead
라. A : sooner   B : relevant
　　C : respond   D : instead

답 다

---

87 다음 문장을 올바르게 이해한 것은?

> We have reserved function space based on the requirements described to us.
> The meeting group will provide the final program to the hotel nine months prior to[349] the meeting.
> At that time, all space not being used will be released back to the hotel.
> The specific names of the function rooms will be furnished to you when you are ready to print your program.

가. 행사일정에 맞추어 회의장 예약이 9개월 전에 끝났다.

나. 회의 개최 9개월 전에 회의장 예약을 마치되, 사용하지 않을 방을 그 이후에도 확보하고 있을 수 있다.

다. 프로그램 인쇄에 들어갈 때까지 행사장 내부 수리를 할 계획이다.

라. 주최측이 요구한 회의 장소는 개최 9개월 전에 예약이 마무리되어야 하며 사용하지 않을 방은 호텔 측에 반납된다.

답 라

---

88 다음 (　)에 적절한 것은?

> One of the most important factors impacting the convention industry has been the increase of female business travellers.
> As a result of the growth of this market segment[350], which is generally more discriminating and security conscious than the typical male business traveller, many properties have offered additional

---

> (　　): premium shampoos and lotions, hair dryers and makeup mirrors, all-female floors accessed by special keys or cards, improved lighting in parking lots, additional security measures and etc.

가. facilities   나. amenities[351]
다. gifts   라. supplies

답 나

---

89 다음 (　)에 알맞은 표현은?

> A : Thank you for the very interesting tour, Mr. Nagano.
> B : You're welcome. Well, if there's anything else you'd like to know about Kawano we'll be happy (　　).

가. to answer any question you have

나. to ask you some questions about Kawano

다. and tell you what Kawano's present production capacity

라. to have something

답 가

---

90 다음의 (　) 가장 알맞은 표현은?

> A : It's a pity you couldn't join the seminar.
> B : I know. I had my heart[352] (　　) it, I should have signed up earlier.

가. put in   나. drawn to
다. set on   라. gone for

답 다

| 2007년 75번 문제 |

---

349) prior to = before
350) market segment : 시장 세분화

351) amenity : 호텔 등에서 VIP고객, 신혼부부 등에게 무료로 제공하는 서비스 (예 과일, 와인 등)
It is desirable that all delegates to ABC meeting be housed, if at all possible, in one hotel; or, if it is necessary to devide the delegates among two or more hotels, each such hotel should be as similar in amenities to the other hotels as possible, and all should be convenient to the convention venue.
352) set one's heart on -ing : --하기로 마음을 먹다.

91 다음은 어떤 행사를 위한 초대문인가?

> On behalf of the organizing committee, I am greatly honored to invite professionals in the field of cardiac[353] and pulmonary[354] vascular anesthetists to join this international congress in Seoul, Korea.
> The occasion will be a lively forum for exchanging important research findings and practical knowledge.

가. Government symposim
나. Meeting for NGOs
다. Domestic convention
라. Medical conference

답 라

| 2003년 87번 문제 |

92 다음 글은 누구를 지칭하는 내용인가?

> It is important to codify[355] some quests who need special treatment during the conference.
> For accommodation, best view rooms should be reserved.
> Make sure complimentary liquor, flowers and fruits are arranged before the arrival of those in the priority list.

가. convention service manager and his/her director
나. speaker and his/her assistant
다. committee board members and speakers
라. exhibitors[356] and non-exhibitors

답 다

| 2003년 87번 문제 |

---

353) · cardiac : 심장병의
354) · pulmonary : 폐질환의
355) · codify : 성문화하다, 요약하다
356) · exhibitor(s) : 전시회 참여 업체, 전시회 출품 업체
≠ non-exhibitor(s) : 전시회에 방문하는 업체 (전시회에 출품하지 않은 업체)
· exhibitors directory : 전시참여업체 명부, 전시참여업체 소개 책자
· exhibitor's kit : 전시참여업체의 전시요령이 적힌 서류철 = exhibit service kit
· speaker's kit : 연설자 서류 가방

93 ( ) 안에 공통으로 들어갈 단어로 가장 적절한 것은?

> A ( ) is a not-for-profit umbrella[357] organization which represents a city or urban area in the solicitation[358] and servicing of types of travelers to that area or city ... whether they visit for business or pleasure or both.
> The ( ) coordinates the efforts of the various factions within a community, such as city government, civic and trade associations, and individual suppliers.

가. tourism board
나. convention management association
다. convention and visitors bureau
라. trade show bureau

답 다

> CVB는 시 또는 도시지역을 대표하는 비영리 산하기관으로 해당 시 또는 도시지역을 방문하는 방문객을 유치하기 위해서 홍보하거나 서비스를 제공하는 역할을 맡고 있다. 방문객은 관광객뿐만 아니라 비즈니스여행도 모두 포함된다.
> CVB는 지역사회내에서 시정부, 민간협회 또는 무역협회 그리고 개인사업체 등 다양한 구성요소의 노력을 조정하는 역할도 하고 있다.

| 2010년 100번 문제 |

94 다음 중 문법적으로 틀린 것은?

가. By developing more stamina, Harris could have won the race.
나. John, kissing the girl passionately, drove the car into a ditch

---

· congress kit : 회의 참석자에게 배포하는 회의 자료, 회의 가방
· sponsor's kit : 후원업체의 서류 가방, 후원 안내사항 수록, 후원 안내서
· exhibitor's kit : 전시참여 안내서
If you would like to sponsor our future event, please review our sponsor's kit.
· conference kit : 회의 참가자용 서류 가방 = convention kit, congress bag
357) · umbrella organization : 산하에 많은 소속 단체를 거느린 상부 단체(기구)
358) · solicitation : 유혹, 유도, 권유

다. We can better understand symbolism by comparing its use in the works of two authors

라. Walking down the street, the moon was beautiful.

답 라

> When I was walking down the street, the moon was beautiful.

95 다음 문장에서 밑줄 친 부분과 의미가 가장 가까운 것은?

> I went to the computer store to but a LAN card at the specialty discounted sale price, but they were out of stock.
> The clerk asked me whether I would like a rain check.

가. Place for depositing coats and umbrellas

나. Reservation for a later time

다. Weather report

라. Inspection of a roof for leaks

답 나

96 회의를 시작할 때 사용하는 개회표현으로 가장 적당한 것은?

가. I am Dr. Draper from the University of Leicester, England and I am going to be the chairperson for this morning a session.

나. We are now convening[359] this Symposium on World Trade Development.

다. May I interrupt here, Dr. Kim? Unfortunately, your time is up.

라. I hope the audience will take part in the discussion by raising their hands.

답 나

97 다음 내용이 광고하고 있는 것으로 가장 적절한 것은?

> Fantastic Travelling Show has come to be known as a big carnival company.
> Our reputation has always been build on delivering the finest carnivals in the industry.
> Whatever carnival dream you're envisioning[360], let us know.
> We're ready.
> We want to make it the best event you're ever had.

가. 순회 흥행 쇼 공연 회사

나. 단체여행 기획 회사

다. 컨벤션관련 컨설팅 회사

라. 전시회장 설치 회사

답 가

98 다음 중 문법적으로 틀린 것은?

가. The San Francisco Symphony has been entertaining Bay Area audiences since the rebirth of the city's cultural scene in 1911.

나. While there are many transportation options available, choose a carrier that offers demonstrated expertise in the transportation of trade show exhibits.

다. Trenton is located some 50 miles from Bangor, near Bar Harbor on Maine's Atlantic Coast.

라. Make sure your press release and press kits were arrived and are on display.

답 라

> Make sure your press release and press kits are received and are on display.

99 다음 중 밑줄 친 부분과 의미가 같은 것은?

> Cancellation received prior[361] to the January 15, 2004 will be refunded less a $50.00 handling fee[362].

359) convene : 회합하다.

360) envision : 상상하다.
361) prior to : --에 앞서, 먼저

가. Registration fee
나. Administrative charge
다. Penalty charge
라. Early registration discount[363]

🗒 나

| 2011년 92번 문제 |

---

362) · handling fee = administrative charge, administration and banking cost: 환불 비용(등록자가 어떤 사정에 의해 등록을 취소하게 되었을 때, 등록비 등의 환불에 따른 환불 수수료) = processing fee, handling charge, cancellation fees
Notification of cancellation must be in writing or by fax to the Secretariat. In case of cancellations received before September 21st, 2006 you will receive a 80% of the registration fee will be refunded. A 20% of administration and banking cost will be forfeited. Refunds will be processed after the conference.
· administration charge(fee) = administrative charge, handling fee : 행정 비용, 환불 수수료(참가자가 등록을 취소하고 환불을 받고자할 때, 국제회의 참가 등록비 환불 수수료) = processing fee, handling charge, handling fee, cancellation fees, administration and banking cost
Any hotel bookings or amendments received after July 14, 2006 will be subject to hotel availability and an administration fee of U.S.$ 25.00.
A $60 administration fee will be deducted from any refund.

363) · early registration discount : 사전 등록 할인
· early bird registration : 조기 사전 등록 (사전 등록을 2단계로 나누어 좀더 일찍 등록하는 경우를 Early bird registration 그 다음에 일찍 등록하는 경우를 early registration으로 구별하는 기구.단체도 있음) = early pre-registration
· 등록의 시기에 따른 구분 : Early bird registration (조기 사전등록) → Early registration (사전등록) → Late registration → On-site registration (현지등록/현장 등록)
· 또 다른 구분 : Early pre-registration → Late pre-registration → On-site registration
· early registration : 사전 등록 = advance registration, pre-registration, registering in advance, advanced registration, pre-paid registration
Your early registration is encouraged and appreciated.
Your early registration is very important due to the limited number of room block.
· early pre-registration : 조기 사전 등록 = early bird registration
· early rates : 조기 등록비, 조기 등록에 따른 할인율
Registration and payments received on or before May 1, 2007 are entitled to the early rates. Registration received after May 1, 2007 should use late rates. All registration payments should be made on-site using on-site rates.
· early registration deadline : 사전 등록 마감일

100 다음 글의 밑줄 친 약자의 뜻은?

> Please check and return the R.S.V.P.[364] slip to the hospitality Desk.
> Hotel Emerald Lobby, where you'll be given tickets for the program you want to attend.

가. 회신　　　　　나. 꼬냑
다. 중요인사　　　라. 등록서류

🗒 가

364) · R.S.V.P. : Répondez s'il vous plaît : 회답을 바랍니다. = RSVP

〈R.S.V.P.〉

R.S.V.P.
Name :

☐ will be pleased to attend
☐ will be accompanied by spouse
☐ will not be able to attend
a Welcome Banquet
hosted by
Hong, Gil Dong
[The] Chairperson of Korea ABC Association
Tuesday, November 23, 2016
19:00
Diamond Suite, 23rd floor, Hotel Emerald

Please leave this R.S.V.P. card at the
Information Desk
by 3:00 pm, November 22, 2016

2007년도 시행 컨벤션 영어

71 다음 ( ) 안에 알맞은 것은?

> Hotels offer free local calls, but if the call is longer than a certain number of minutes, a charge applies.
> This ( ) guests using phone lines for Internet access.

가. books   나. pleases
다. hits   라. satisfies

답 다

> hit : 겨냥하다

72 다음 ( ) 안에 알맞은 것은?

> Installation[365] and dismantling know as I&D, is the process by which your exhibit is set up and later disassembled on the trade show floor.
> Since most I&D costs take the form of wages paid to hourly workers, time is literally ( ).
> Anything you can do to shave time off the process saves you dollars.

가. space   나. labor
다. work   라. money

답 라

---

365) · installation : 전시물 설치 ≠ dismantle
　　　· Exhibit hours : 전시
　　　· Dismantling : 철거

73 다음 글의 바로 앞에 올 수 있는 내용으로 가장 적절한 것은?

> Even in material destruction[366], Germany sets a new standard.
> Use of special carpeting, made from a mixture of raw materials, is widespread among exhibitors.
> This carpet appears once in an exhibit, then is incinerated[367].
> Its heat capacity is as high as that of raw oil, so public facilities can use it to produce energy.

가. 물자의 경제적 재활용
나. 컨벤션 센터 내부 치장 비용
다. 공공 건물의 걱정 난방 온도
라. 전시장 철거에 필요한 인력

답 가

| 2004년 71번 문제 |

74 다음 글에 의하면 항공료에 대한 변제는 언제 가능한가?

> We will have a room booked[368] for you and your wife during the conference.
> Please note that your flight will be reimbursed[369] during your stay.

---

366) · destruction : 파괴, 파멸
367) · incinerate : 소각하다, 화장하다
368) · book : 예약하다
　　　· booking form : 숙박 신청 양식 = accommodation reservation form
　　　A one-night room deposit of U.S.$ 200 must accompany the booking form to guarantee accommodation at the quoted rate.
　　　· booking policy(booking policies) : 호텔, 컨벤션 센터의 예약 방침, 예약 지침
369) · reimburse : 상환하다.

> For detailed information, please refer to the attached file entitled Administrative Arrangements.

가. 행사 후
나. 체제기간 중
다. 행사 기간 마지막 날
라. 첨부 파일 참고

답 나

저희는 국제회의 기간 동안에 귀 내외분을 위해서 좌석을 확보해 놓고 있을 것입니다. 귀하께서 체류하는 동안 귀하의 비행편은 돈으로 환급해 드릴 수 있습니다. 보다 자세한 정보가 필요하시면 "관리 조정"이란 제목의 첨부 파일을 참고해 주시기 바랍니다.

75 다음 글의 요지를 가장 잘 나타낸 것은?

> The goal of convention and visitor bureaus is to make planning and implementing your conventions and meeting less time-consuming[370], less stressful.... and more streamlined[371].
> Bureau - both across the nation and around the world - are ready to assist you in every detail of planning your event.
> And most of their services are free.
> Whether you represent a billion-dollar

> corporation, a small family business, or any size association, just one call, e-mail, or fax connects you with a team of professionals who are experts on their respective[372] destinations.

가. Convention bureaus make the planning of meetings more efficient.
나. Convention bureaus make lots of money.
다. Convention bureaus want to work only with big corporations.
라. Convention bureaus employ many professionals.

답 가

| 2004년 79번 문제 |

76 다음의 내용은 무엇에 관한 정보인가?

> Esophageal Motility Disorders
>
> Time & Date: 08:30~10:40, Thursday, April 4
> □ Oropharyngeal dysphagia: Ian J. S. Cook (Australia)
> □ Stationary esophgeal manometry: Jouis M. 가.
>   Akkermans (The Netherlands)
> □ Functional chest pain of presumed esophageal origin:
>   Satish S.C. Rao(USA)
> □ Discussion

가. Award Ceremony
나. Scientific Session
다. Roundtable Workshop
라. Accompanying Persons Program

답 나

| 2005년 84번 문제 |

· We will reimburse you for the shipping. : 배송 비용을 돌려드리겠습니다.
· Let me know what you have spent and I will reimburse you. : 사용한 금액을 알려주시면 지불해 드리겠습니다.
· There would be no risk to your company, because we will fully reimburse the cost of returning any goods that remain unsold after one year. : 1년 후까지도 팔리지 않은 제품에 대해서는 반품 비용을 전적으로 저희가 변상해 드리므로 귀사로서는 어떠한 위험 부담도 따르지 않을 것입니다.
· reimbursement for medical expenses : 의료비를 환급해 주다.
370) time-consum·ing : 시간이 걸리는, 시간을 낭비하는
371) · streamlined : 유선형의, 능률적인, 현대적인
· a streamlined racing car : 유선형의 경주용 자동차
· a streamlined kitchen : 최신식 부엌

372) · respective : 저마다의, 각각의, 각자의 (보통 복수 명사와 함께 쓰인다.)
· the respective countries : 각 나라들
· the respective merits of the candidates : 후보자들의 각각의 장점
· They went off to their respective jobs. : 그들은 각각 자기의 일터로 떠났다.

77 다음 중 연사에게 제공되지 않는 사항은?

> As a speaker at the symposium, you will be provided with a round trip air ticket in business class, lodging expenses at the venue[373] hotel (excluding the use of tele phone and mini bar), and complimentary registration[374].

373) · venue : 회의 개최 장소 = conference venue(s), convention venue(s), (the) meeting place, venue for the meeting, a[the] location for the conference
It is a pleasure to announce that the date and venue for the 22nd conference have been fixed to be 22-28 June, 2006 in Seoul.
374) · complimentary breakfast : 조식 무료 제공
Complimentary breakfast will be available from 7:30 가.m. to 8:45 가.m.
· complimentary close : 맺음말
Sincerely yours,
Yours sincerely,
· complimentary copy : 무료 배포 책자
Participants will receive a complimentary copy of the proceedings.
· complimentary equipment : 무료로 제공되는 시설
complimentary items include microphone, speakers, tape recorders, a background music and telephones.
· complimentary function tickets : 행사 참가 무료 입장 티켓
· function ticket : 공식 행사장에 입장을 허용하는 티켓, 비표
· social function ticket(s) : 사교행사 입장권
· welcome function ticket : 환영행사 참석 티켓
· farewell function ticket : 송별행사 참석 티켓
· special function ticket : 특별행사 참석 임장권
· tour ticket : 관광 티켓
· complimentary lunch : 점심 식사 무료 제공
Presenters will receive a complete set of all the papers presented at the conference, complemen tary lunch, and the reception.
· complimentary membership : 회비 면제
· complimentary pass(es) : 무료 입장(전시장, 회의장 무료 입장), 별도의 등록비를 내지 않고 참석 = free access, meeting voucher, free meeting voucher
· transport voucher : 차량 이용권 = transportation voucher
· lodging voucher : 숙박권 = hotel voucher, room voucher
· meal voucher : 식사권 = voucher for meal
· press pass : 언론 기자들의 무료 출입
Every speaker will have free access to all conference sessions.
· complimentary registration : 등록비 면제 complimen tary meeting registration, complimentary conference registration
· complimentary remarks : 축사 = congratulatory speech, congratulatory address, a message of congratulation

가. Lodging house
나. Hotel accommodation
다. Flight
라. Exemption from registration
답 가

| 2003년 85번 문제 |

다음 중 연사에게 제공되지 않는 사항은?

> As a speaker at the symposium, you will be provided with a round trip air ticket in business class, lodging expenses at the venue hotel (excluding the use of teleph one and mini bar), and complimentary registration.

가. Lodging house
나. Hotel accommodation
다. Flight
라. Exemption from registration
답 가

78 다음 밑줄 친 부분과 의미가 같은 것은?

> To give you a jumpstart[375], the application includes a series of templates for letterhead design.

가. Small serving platters
나. Patterns
다. Houses of worship
라. Temporary methods
답 나

| 2005년 86번 문제 |

79 서신의 마지막 부분[376]에 들어갈 내용의 순서로 맞는 것은?

· complimentary room : 무료 객실, 무료 제공 객실 = complimentary (COMP)
· complimentary service : 무료 서비스
· complimentary ticket(s) : 무료 티켓
An exhibitor will receive two badges which will provide admittance to the opening and closing ceremonies, all plenary sessions, and two complimentary tickets to the opening luncheon
375) · jumpstart : 자동차를 밀어서 시동을 걸다

가. Your sincerely, Gil Dong Hong, Planning Division, Assistant Manager, ABC Convention Service, Ltd.

나. Your sincerely, Gil Dong Hong, Assistant Manager, Planning Division, ABC Convention Service, Ltd.

다. Your sincerely, Gil Dong Hong, ABC Convention Service, Ltd., Planning Division, Assistant Manager

라. Your sincerely, Planning Division, Assistant Manager, Gil Dong Hong, ABC Convention Service, Ltd.

🔖 나

80 According to the passage, which of the following is true?

> As Governor, it is with a great deal of personal and state pride that I extend warm

376) 서한 구성

```
          LETTER HEAD [행사명, 행사조직명]
} 2줄
        (Date)
} 2줄
Name-1
Position
Organization        (INSIDE ADDRESS)
Address
} 1-2줄
ATTENTION: Name-2
} 1-2줄
(SALUTATION):
} 1-2줄
Subject:
} 1-2줄
(BODY)
(들여쓰기 5칸)

} 1줄
(들여쓰기 5칸)

} 2줄

(COMPLIMENTARY CLOSE)
} 2줄

(SIGNATURE)
Gil Dong Hong (Name-3)
POSITION
} 2줄
Encl.:
} 0-1줄
CC:
```

Name-1 : 서신 수신 기관의 대표
Name-2 : 서신 실제 수신자
Name-3 : 서신 작성자

greetings and invite you to discover Rhode Island as an exciting destination for leisure opportunities of every description[377].

Regardless of the season, you will find a host of attractions and activities in each area of the state — and all within only an hour's drive.

Located in Southeastern New England, Rhode Island offers convention airline connections to a wide variety of international gateways.

Annually, more than 2 million tourists enjoy the area, of which 45% come from outside the U.S.

Except for Mexico, which accounts for some 25% of the visitors, Canadians make up the most with 15%.

가. Although it is one of the largest states, Rhode Island has a very efficient and reliable transportation[378] network.

377) · of every description : 모든 종류의, 온갖 종류의
· people of every description : 온갖 종류의 사람들
378) · transport : 교통편 = transfer
The host Government will provide transport to all participants on arrival and departure and for major social events organized by the host Government. Shuttle bus service will also be available between designated hotels and the conference venue.
The pre-arranged, free-of-charge transport is available to ferry delegates from downtown hotels to the conference venue before and after the conference.
· transportation committee : 교통 위원회, 교통 분과위원회, 수송 분과위원회 = transfer committee, transportation subcommittee
· transportation desk : 교통수단에 대한 정보와 티켓 등을 제공하는 안내 데스크
· transportation procedures : 운송절차
· transportation secretary : 교통담당 직원, 운송담당 직원, 수송담당 직원 = transportation staff
· transportation service : 운송 서비스, 교통편 제공 서비스
Transportation service will be arranged to and from the convention center.
· transportation to the convention venue : 회의장소로의 교통편 제공
Shuttle buses will be provided between the convention venue and the hotels. Buses will leave hotels between 07:00 and 08:15, Monday July 8 to Friday July 12. It is strongly recommended that delegates take an early bus from the hotels in order that delegates can be transported to the convention venue promptly.

나. An airport in Rhode Island links the area to major U.S. airports.

다. People come to Rhode Island to enjoy leisure and sports mainly in summers and winters.

라. Many visitors to Rhode Island come from foreign countries, with the majority of visitors coming to the state from Canada.

📋 라

> 주지사로서 여러 가지 종류의 레저 기회를 즐길 수 있는 흥미 넘치는 목적지인 Rhode island로 여러분을 초대하게 된 것을 저 개인적으로 그리고 주의 입장에서도 매우 자랑스럽게 생각합니다.
> 계절변화에 관계없이, 주내의 모든 장소에서 매력과 활동을 즐길 수 있을 것입니다. 이 모든 것을 자동차로 한 시간내에서 모두 즐길 수 있습니다. 뉴잉글랜드 남동부에 위치한 Rhode island은 국제노선이 연결되는 컨벤션 목적의 항공연결이 가능합니다.
> 매년 2백만명의 관광객이 Rhode island를 방문하고 있으며, 그 중 45%는 미국에서 오고 있습니다.
> 전체 방문객의 25% 차지하는 멕시코를 제외하고, 15%는 캐나다에서 오고 있습니다.

81 다음 편지의 ( ) 안에 들어갈 가장 적절한 표현은?

> Dear Mr. Client:
> Just a friendly reminder[379] that you have

· transport voucher : 차량 이용권 = transportation voucher
· lodging voucher : 숙박권 = hotel voucher, room voucher
· meal voucher : 식사권 = voucher for meal
· free meeting voucher : 회의 참석권 = meeting voucher, complimentary pass, free access
  Hotel Emerald will provide complimentary transportation, to and from the airport, for guests staying at the hotel. When you make your reservation, a transportation voucher will be sent to you with your confirmation slip.
379) · (a) letter of reminder : 독촉 서한, 다시 상기시킬 목적으로 보내는 서한(a) cancellation letter: 취소 요청 서한
  · a confirmation letter : 확인 서한
  · an invitation letter : 초청 서한
  · a reservation letter : 예약요청 서한

an overdue[380] invoice with an outstanding balance of $525.32.
If you have any question about the amount you owe, please let us know and we'll be happy to discuss it.
If you have already sent your payment in full, ( ).
We appreciate your continuing business, and we look forward to hearing from you shortly.
Sincerely,

가. it has a detrimental[381] effect on your credit rating

나. we shall turn your account over for collection

다. please disregard[382] this reminder

라. please plan to settle your account

📋 다

> 이 편지는 귀하께서 525.32달러를 아직 미지불 상태라는 점을 상기시켜드리기 위해서 다시 보내드리는 것입니다.
> 채무상태로 있는 금액에 대해서 궁금한 점이 있으시면, 문의하여 주시면 상담해 드리겠습니다.
> 혹시 모두 송금하셨으면 이와 같이 상기시켜드릴 목적으로 보내드리는 서한은 무시하여 주시기 바랍니다.
> 귀하와 지속적으로 사업하기를 희망하며, 신속한 답변을 기대합니다.

82 다음 ( ) 안에 알맞은 것은?

> Local ( ) which plan site visits, gather proposals[383], promote attendance,

380) · overdue : 지불 기한이 넘은, 미불(未拂)의, 늦은, 연착한, 때가 다 된
381) · detrimental : 해로운, 불리한, 달갑지 않은
382) · disregard : 무시하다
  · disregard a stop sign : 정지 표지를 무시하다
  · have a complete disregard for ⋯ : 을 완전히 무시하다
  · in disregard of ⋯을 무시하여
  · with disregard 소홀하게
383) · 제안서 : proposal, bid
  Our bid was accepted in Singapore 2002 and I

arrange housing, provide registration service, liaison with local suppliers and government, and much more are the bridge between the host cities and meeting professionals.

가. Travel Agencies
나. Government Department of Tourism
다. Convention and Visitors Bureaus
라. Alumni Associations

🗒 다

83 What is the following advertisement about?

In association with[384] IFEA Europe, the Centre for Tourism and Cultural Change of Sheffield Hallam Univesity seeks proposals for papers involving the theme of "Journeys of Expression : Cultural Festivals/Events & Tourism".

가. A trade show
나. A professional symposium
다. A convention
라. Folk culture festival

🗒 나

다음은 무엇에 관한 광고인가?
IFEA 유럽과 공동으로 Sheffield Hallam 대학의 관광·문화교류센터는 "표현의 여정 : 문화축제, 이벤트와 관광"이란 주제로 논문을 모집합니다.

| 2004년 77번 문제 |

84 다음의 내용과 맞는 것은?

Dear Mr. Volsky :
This letter will confirm your reservation[385]

would like to thank all the ABC member associations for giving us this opportunity to host ABC 2003.
· 제안 일정표 : proposed program (국제회의를 유치하기 위한 Proposal에 첨부하여 국제기구에 제출)
· 제안 동반아동 프로그램 : proposed program for children

384) · In association with : ~와 공동으로, ~와 관련하여
385) · reservation : 예약

for a single room with bath for August 24~27.
Your room will be available after 2 P.M. on the 24th.
Since you will be arriving in Omaha by plane, you may want to take advantage of The Barclay's shuttle.
Our limousine departs from the domestic terminal every hour on the half hour, and the service is free for guests of the hotel.

가. The Barclay is the hotel where Mr. Volsky will stay.
나. Mr. Volsky is the limousine airport bus driver.
다. The shuttle bus runs every 30 minutes between Omaha and Barclay.
라. Mr. Volsky is flying into Omaha from abroad to visit the Barclay.

🗒 가

/ 2011년 90번 문제 /

85 다음 (   ) 안에 각각 알맞은 것은?

The group acknowledges that the convention center or the hotel and its owners do not maintain insurance that

· make a reservation : 예약하다
· receive a reservation : 예약을 접수받다 = take a reservation
· have a reservation : 예약되어 있다, 예약하다.
· confirm a reservation : 예약을 확인하다
· confirmation of reservation : 예약 확인
· reconfirm a reservation : 예약을 재확인하다
· change a reservation : 예약을 변경하다
· move a reservation : 예약된 사항을 옮기다 = change a reservation
· cancel a reservation : 예약을 취소하다
  Reservations are based on a first-come, first-served basis.
· reservation changes : 예약관련 변경사항, 등록관련 변경사항
· reservation department : 예약부
· reservation letter : 예약 요청 서한
· (a) cancellation letter : 취소 요청 서한
· a confirmation letter : 확인 서한
· an invitation letter : 초청 서한
· (a) letter of reminder : 독촉 서한, 다시 상기시킬 목적으로 보내는 서한

covers property brought into the hotel premises[386] by exhibitors and that it is the sole responsibility of the (A) to obtain (B) covering such losses.

가. A : insurance   B : exhibitor
나. A : exhibitor   B : insurance
다. A : exhibitor   B : insure
라. A : meeting planner   B : responsibility

📖 나

86 다음 글에서 광고하고 있는 품목은?

> Exclusive licenses for the Tournament of Roses.
> Specializing in custom lapel pins for special events, festivals, fairs, companies & clubs, also key chains, patches, magnets & specialty products.

가. Hardware
나. Souvenir identity giveaways
다. Celebrity autographs
라. Sportswear

📖 나

| 2005년 71번 문제 |

87 다음 ( ) 안에 알맞은 단어로 가장 적절한 것은?

> Fees are what a speaker or participant usually charges, and vary from a token amount[387] to $25,000 and up for top speakers with immediate name recognition. ( ), which are offered by the sponsoring organization, are usually of smaller amounts, particularly in the corporate setting.
> In some cases, particularly associations, participants may be offered complimentary[388] registration instead of payment.

가. Fines   나. Honorarium
다. Giveaways   라. Gratuities[389]

📖 나

> 사례비는 대체로 연사나 참가자가 지불 요청하는 금액으로 그 액수는 다양해서 상징적인 정표에서부터 이름만 들어도 알 수 있는 최고 연사의 경우 25,000달러 이상까지 달한다. 주최측에서 제공하는 사례금은 대체로 이 보다 액수가

Participants will receive a complimentary copy of the proceedings.
· complimentary equipment : 무료로 제공되는 시설 complimentary items include microphone, speakers, tape recorders, a background music and telephones.
· complimentary function tickets : 행사 참가 무료 입장 티켓
· function ticket : 공식 행사장에 입장을 허용하는 티켓, 비표
· social function ticket(s) : 사교행사 입장권
· welcome function ticket : 환영행사 참석 티켓
· farewell function ticket : 송별행사 참석 티켓
· special function ticket : 특별행사 참석 임장권
· tour ticket : 관광 티켓
· complimentary lunch : 점심 식사 무료 제공
Presenters will receive a complete set of all the papers presented at the conference, complementary lunch, and the reception.
· complimentary membership : 회비 면제
· complimentary pass(es) : 무료 입장(전시장, 회의장 무료 입장), 별도의 등록비를 내지 않고 참석 = free access, meeting voucher, free meeting voucher
· transport voucher : 차량 이용권 = transportation voucher
· lodging voucher : 숙박권 = hotel voucher, room voucher
· meal voucher : 식사권 = voucher for meal
· press pass : 언론 기자들의 무료 출입
Every speaker will have free access to all conference sessions.
· complimentary registration : 등록비 면제 complimentary meeting registration, complimentary conference registration
· complimentary remarks : 축사 = congratulatory speech, congratulatory address, a message of congratulation
· complimentary room : 무료 객실, 무료 제공 객실 = complimentary (COMP)
· complimentary service : 무료 서비스
· complimentary ticket(s) : 무료 티켓
An exhibitor will receive two badges which will provide admittance to the opening and closing ceremonies, all plenary sessions, and two complimentary tickets to the opening luncheon

---

386) · premises : 구내
　　· hotel premises : 호텔 내부, 호텔 건물
387) · a token amount : 정표 정도
388) · complimentary copy : 무료 배포 책자
389) · gratuity : 팁, 퇴직금
　　· No gratuity accepted. : 팁은 안 받습니다.

적은데, 특히 기업회의의 경우에 그러하다. 어떤 경우, 특히 협회가 주최하는 회의의 경우에는 협회가 등록비를 받는 대신 참가에 대한 감사로 등록비를 무료로 해준다.

| 2004년 93번 문제 |

다음의 내용에서 연사에게 제공되는 사항은?

> *As an invited speaker[390], you will receive business class airfare and hotel accom modations, perdiem, in addition to an honorarium of USD2,000.*
> *We will make all of the necessary miscell aneous arrangements for your trip.*

가. 강연료, 항공, 호텔, 일비
나. 강연료, 항공, 숙식
다. 숙식, 항공, 공항영접, 일비
라. 체제비, 호텔, 항공, 그 외 발생 가능한 사항
답 가

| 2003년 85번 문제 |

다음 중 연사에게 제공되지 않는 사항은?

> *As a speaker at the symposium, you will be provided with a round trip air ticket in business class, lodging expenses at the venue[391] hotel (excluding the use of tele phone and mini bar), and complimentary registration.*

가. *Lodging house*
나. *Hotel accommodation[392]*
다. *Flight*
라. *Exemption[393] from registration*
답 가

88 다음 자료를 요구하는 서신으로 가장 적절한 것은?

> 전체 회의 참석자 일정표, 초록집과 견적서를 빠른 시일내에 보내주시기 바랍니다.

가. Please send me the program, abstract book and estimated[394] price as soon as possible.
나. Please send us information concerning the conference schedule and abstract as soon as possible.
다. Please send us information concerning itinerary of all participants, abstract book and the estimation. Your prompt reply is highly appreciated.
라. Thank you very much for the itinerary, abstract book and the estimate that you have sent me. It was a great help.
답 다

· program : 회의 전체 일정표
· estimates : 견적서
· estimation : 견적
· estimated price : 추정되는 가격
· Please let me know the estimated price
· for A : A 물품에 대한 견적가는 얼마인가요?
· estimated tax : 추정납세액

---

390) · invited speaker(s) : 초청 연설자 = guest speaker(s), featured speakers(s), invitational speaker(s), honorary speaker(s), distinguished honorary speaker(s), distinguished speaker(s)
· invited talk : 초청강연
Invited talk by Dr. Susie Maria Hans
· invitee(s) : 초청 대상자
The forum will be held at Hotel Emerald, Seoul. Attendance is limited to invitees or their designated representatives.
391) · venue : 회의 개최 장소 = conference venue(s), convention venue(s), (the) meeting place, venue for the meeting, a[the] location for the conference
It is a pleasure to announce that the date and venue for the 22nd conference have been fixed to be 22-28 June, 2006 in Seoul.

392) · accommodation : 숙박 = hotel accommodation
· accommodation reservation form : 숙박 신청양식, 숙박 신청서 = hotel application form = accom modation booking form, booking form
393) · exemption : (세금의) 공제;…의 면제《from》
· exemption from military service : 병역 면제
· a tax exemption : 세금 공제액
· exemption from registration : 등록비를 납부하지 않아도 되는, 별도의 등록 절차를 하지 않아도 되는
394) · estimated : 견적의, 추측의
· an estimated sum : 견적액
· estimated price : 견적 가격, 예상 가격

89 다음 중 표현이 틀린 것은?

> A Sponsorship[395] Opportunities Handbook[396] was produced and distributed (A) through a mailing list of approximately 200 companies. This gave (B) general information about the conference including registration, limousines, deadline dates, and use of the conference logo.
> It also (C) detailed the 30 available Sponsors Opportunities, of which 16 of these were taken up.
> A complete list of sponsorship items is attached in the Appendix, (D) showing items both sold and unsold.

가. A　　　　　　　나. B

다. C　　　　　　　라. D

답 가

> through the mailing list of approximately 200 companies

| 2003년 82번 문제 |

90 다음 문장에서 문법적으로 틀린 것은?

> The operational or administrative department (A) of CVB[397] is resonable for generating funds and (B) keeping track of these funds as well as for (C) promotion membership (D) drives.

가. A　　　　　　　나. B
다. C　　　　　　　라. D

답 다

> The operational or administrative department of CVB is resonable for generating funds and keeping track of these funds as well as for promoting membership drives.

| 2003년 71번 문제 |

---

395) · sponsor : 후원, 찬조, 협찬 = auspices
　　It is a great pleasure for me to attend this special conference held under the sponsorship (auspices) of ABC International Organization.
　　The Symposium is organized under the auspices of the International Society for ABC and the Korean Society for ABC, and the Organizing Committee cordially invites you to participate in the Symposium.
　· ABC 주최 : organized by ABC
　· ABC 주관 : managed by ABC, with technical and administrative assistance from
　　The 18th International Exhibition for ABC is organized by ABC, with technical and administrative assistance from DEF. The organizer is in charge of organizing the exhibition.
　· ABC 후원 : sponsored by ABC
　· ABC 협찬 : supported by ABC = in cooperation with ABC
　　a Japanese-government-supported exhibition
　· co-organized by : 공동 주최
　· co-sponsored by : 공동 후원
　· sponsor document : 후원 안내서 = sponsor's kit, call for donations
　· call for donations : 후원 모집 안내서
　· sponsorship : 후원
　· sponsor's kit : 후원업체의 서류 가방, 후원 안내사항 수록
　　If you would like to sponsor our future event, please review our sponsor's kit.
　· exhibitor's kit : 전시참여업체의 전시요령이 적힌 서류철 = exhibit service kit
　· conference kit : 회의 참가자용 서류 가방 = convention kit, congress bag
396) · handbook : 회의 안내서 = conference handbook, the final announcement, the final circular, brochure, booklet, information booklet

397) · CVB : Convention Visitors Bureau
　　CVB는 방문객과 컨벤션을 지역사회에 유치하기 위한 비영리기구이다. CVB는 개최지의 마케팅을 포함한 회의와 컨벤션을 포괄하는 활동, 잠재개최시설부분에 관한 정보의 제공, 관심있는 회의 기획가와 협회간부의 FAM Tour(Familiarization Tour)의 기획, 단체와 지역사회내의 많은 공급자들간의 섭외역 등 관련된 모든 활동을 조정하는 기구이다.
　　CVB의 중요한 책무는 다음과 같다.
　　– CVB가 대표하는 해당 도시에서 회의, 컨벤션, 산업전시회를 개최하도록 여러 단체를 유치.
　　– 회의 준비를 위한 이들 단체의 지원과 회의 전반을 통한 지원제공.
　　– 해당 도시가 제공하는 역사적, 문화적, 레크리에이션 지역을 방문하도록 관광객의 장려.
　　– 해당 CVB가 대표하는 지역사회의 이미지 전개와 촉진.
　· CVB와 관련한 국제기구
　　– IACVB(International Association of Convention and Visitors Bureau)
　　– AACVB(Asizn Association of Convention and Visitor Bureau)

91 다음 중 문법적으로 틀린 것은?

> International tourism (A) relies predo minantly on the airline industry.
> Today air travel is not only (B) reasonable pricing, but easy to do.
> It takes only one phone call (C) to book passage on any of a number of major (D) carriers to almost anywhere in the world.

가. A 나. B
다. C 라. D

답 나

Today air travel is not only reasonably priced, but easy to do.

92 which of the following is true?

> Special guest room rates are usually in effect during a convention or conference.
> These prices are lower than the published "rack rates[398]" of the hotel.
> This is a type of quantity purchasing that is routine throughout the hospitality industry.
> Problems, however, will arise unless it is determined ahead of time exactly how long the convention rates remain in effect.
> Because many attendees arrive before the official convention dates and stay after the close of the convention, questions will arise concerning room rates.
> Unless a policy is agreed upon and communicated to the attendees[399], guests

who find at check-out that they were charged the convention rate of $79 for three days, and for two additional days they were charged $120, will likely argue the issue at the check-out desk.
> They will delay the check-out process for others and have a legitimate[400] reason for expressing displeasure[401] to everyone within earshot[402], as well as to the meeting planner and property staff.
> The duration of the convention rate is thus a negotiable item, but it must be discussed and agreed upon, preferably at the time of the site inspection.

가. In the hospitality industry, purchases in large quantities are usually given discounts.
나. Hotels in general are reluctant[403] to notify their quests of any rate changes.
다. Convention rates are usually higher than regular rates.
라. Many convention attendees delay the check-out process for other people.

답 가

93 다음 내용과 일치하는 것은?

> We cordially invite you to attend the Convention & Exhibition Night 2002, where you will have the opportunity to

---

398) ·rack rate : 일반 대중에게 광고된 요금으로 계절에 따라서 변할 수 있다. = a full rate
·flat rate : 단체가 호텔에 투숙할 경우, 객실이 부족하여 단체 구성원에게 실료가 다른 객실을 이용하는 일도 있을 수 있지만 모두에게 적용되는 균일한 요금. 호텔, 전시장과 단체간의 계약에 의거 국제회의 참가자에게 적용되는 특별 할인요금
399) ·attendee : 국제회의 참석자 = participant, attendant(s), conferer ≠ absentee (불참자)
ABC travel agency, a Seoul based travel management company, has recently selected to serve DEF meeting attendees.

·attendance : 참석
·cancel one's attendance : 참석을 취소하다.
Attendance will be limited to 90 participants.
·attendant(s) : 참석자
·registered attendants : 등록한 참석자
400) ·legitimate : 합법적인, 적법의, 정당한, 합리적인, 이치에 맞는
·the property's legitimate owner : 그 재산의 적법한 소유자
·legitimate self-defense : 정당방위
401) ·displeasure : 불쾌, 불만
402) ·earshot : 목소리가 닿는 거리, 부르면 들리는 거리
·out of[within] earshot : 불러서 들리지 않는[들리는] 곳에
403) ·reluctant : 마음 내키지 않는; 마지못해 하는, 달갑지 않은
She seemed reluctant to go with him. : 그녀는 그와 함께 가고 싶은 마음이 내키지 않는 것 같았다.

meet a variety of professionals in the industry.

On Desk. 12, 2002 at 6:00 pm COEX, Grand Ballroom, 1st floor An, Jae-Hak President of COEX(Convention & Exhibition)

RSVP1[404] : (02)6000-1082, 1084

가. 모든 참가자는 반드시 파티복이나 정장차림으로 참석해야 한다.
나. 이 초청장을 받은 사람의 좌석은 6000-1082번으로 예약되어 있다.
다. 컨벤션 및 전시업계 전문인들이 COEX 사장을 컨벤션 전시의 방에 초대한다.
라. COEX 사장이 컨벤션 및 전시업계 전문가들을 초대하는 초청장이다.

🗒 라

| 2003년 73번 문제 |

다음의 (   )에 각각 알맞은 표현은?

((1)) of the Opening Ceremony, The President of ABC requests the pleasure of your ((2)) at the Dinner on Thursday, October 3, 2003.[405]

가. In the occasion, Excellency
나. For the event, delegates

다. On the occasion, participants
라. On the occasion, company

🗒 라

94 다음 영문서한의 주된 내용은?

Dear Mr.

Thank you for submitting your quotation in respect of our company at the ABC Trade Fair to be held at the Korea Exhibition Center, Seoul.

We have accepted another quotation and we regret[406] that we will not be asking you to carry out the work on this occasion, but we look forward to asking you to tender for future works.

가. 입찰참여 권고
나. 입찰참가에 대한 감사
다. 입찰탈락 통보
라. 낙찰 통보

🗒 다

95 다음의 글의 내용과 다른 것은?

404) R.S.V.P. : Répondez s'il vous plaît : 회답을 바랍니다. = RSVP
〈R.S.V.P.〉

R.S.V.P.
Name :
□ will be pleased to attend
□ will be accompanied by spouse
□ will not be able to attend
a Welcome Banquet
hosted by
Hong, Gil Dong
[The] Chairperson of Korea ABC Association
Tuesday, November 23, 2016
19:00
Diamond Suite, 23rd floor, Hotel Emerald

Please leave this R.S.V.P. card at the Information Desk
by 3:00 pm, November 22, 2016.

405) On the occasion of the Opening Ceremony, The President of ABC requests the pleasure of your company at the Dinner on Thursday, October 3, 2003.
= On the occasion of the Opening Ceremony, The President of ABC requests the pleasure of your presence at the Dinner on Thursday, October 3, 2003.
= On the occasion of the Opening Ceremony, The President of ABC requests the honor of your presence at the Dinner on Thursday, October 3, 2003.
= On the occasion of the Opening Ceremony, The President of ABC requests the honor of your company at the Dinner on Thursday, October 3, 2003.
= In honor of participants to the Opening Ceremony, The President of ABC cordially invites you to the Dinner on Thursday, October 3, 2003.
406) ·상대방에게 기쁜 소식을 전할 때 : We are pleased to inform you that ~
·상대방에게 슬픈 소식을 전할 때 : We regret to inform you that ~

The term *congress* is most commonly used in Europe and international events. It usually refers[407] to an event similar to a conference in nature. Oddly enough, only in the United States is the term used to designate a legislative[408] body. Attendance at a congress varies a great deal.

가. congress란 용어는 주로 유럽에서 쓰인다.
나. conference와 성격이 비슷하다.
다. 미국에서는 의회를 가리키는 말이다.
라. congress는 참석자 수가 많다.
🗒 라

96 다음 안내문을 읽고 한국에 수입되는 전시교역 물품 중 면세되는 물품이 아닌 것은?

We are greatly pleased to inform you that the Korean Government has approved the waiving of custom duties and taxes on items to be imported to Korea in connection with the 2nd ABC Convention and Trade Show, providing these items are for the exclusive[409] use of the participants and that these items are distributed on a free-of-charge basis[410] or will be re-exported.

가. 전시물품
나. 재수출될 물품
다. 무료로 나누어 줄 물품
라. 참석자만의 사용을 위한 물품
🗒 가

97

Las Vegas is now promoting itself as a family vacation destination.
Theme hotels and theme parks are helping the city entice families there.

가. enter   나. attract
다. enforce   라. assign
🗒 나

98 다음 중 문법적으로 맞는 문장은?

가. The meeting will be hold from Tuesday 15 February to Saturday 19 February 2003 at the Convention Center of the Diamond Hotel, Seoul.[411]

나. The meeting regarded secretarial matters are restricted[412] to Member's delegations.[413]

---

407) · refer to : 참고[참조]하다, (사전을) 조사하다, 언급하다, 인용하다, 조회하다, 적용하다
· refer to one's watch for the exact time : 정확한 시간을 알려고 시계를 보다
· refer to a dictionary : 사전을 찾아보다
· Don't refer to the matter again. : 그 일을 다시는 입밖에 내지 마라.
· He didn't refer to that point. : 그는 그 점에는 언급하지 않았다.
· refer to a former employer for a character : 인적 사항을 전 고용주에게 문의하다
· This rule refers to this case. : 이 규칙은 이 경우에 적용된다.
· refer to a person as : …을 …이라고 부르다
408) · legislative : 입법상의, 법률을 제정하는
· legislative body : 입법부《국회 · 의회》
· legislative proceedings : 입법 절차
· a legislative bill : 법률안
409) · exclusive : 배타적인, 독점적인, 유일의
· mutually exclusive ideas : 서로 용납되지 않는 생각
· exclusive rights : 독점권
· an exclusive contract : 독점 계약

· an exclusive story : 독점 기사, 특종
· an exclusive club : 회원제 고급 클럽
· an exclusive residential area 고급 주택 지역
410) · 무료 객실(무료 객실 제공) : complimentary room = complimentary(COMP)
· 무료로 : on a free-of-charge basis
· 무료 배포 자료(무료 배포 물품) : giveaway(s)
· 무료 서비스 : complimentary service
· 무료의 : free of charge = complimentary
· 무료 티켓: complimentary ticket(s)
An exhibitor will receive two badges which will provide admittance to the opening and closing ceremonies, all plenary sessions, and two complimentary tickets to the opening luncheon.
411) · The meeting will be hold from Tuesday 15 February to Saturday 19 February 2003 at the Convention Center of the Diamond Hotel, Seoul. (×)
· The meeting will be held from Tuesday 15 February to Saturday 19 February 2003 at the Convention Center of the Diamond Hotel, Seoul. (O)
412) restrict :
· be restricted within narrow limits : 좁은 범위에 한하다.
· The speed is restricted to 30 kilometers an hour here. : 여기서 속도는 시속 30킬로로 제한되어 있다.
· restrict freedom of speech : 언론의 자유를 제한하다.

다. You may be assured that if I can be of any assistance, I will make every effort to work with your organization.

라. Press representatives cars should carry the publisher's pennant[414]. At the inau gural ceremony, please remember to park vehicles as directing by policies of other responsible officials.[415]

🖺 다

| 2003년 84번 문제 | 2011년 84번 문제 |

99

> Indication[416] that a member wants a motion[417] discussed by the membership. The Member says, " ".

가. Session   나. Second
다. Resolution   라. Quorum[418]

🖺 나

> 회원끼리 토론되고 있는 제안에 대해서 어떤 제 시하고자 한다면 회원은 Second라고 말한다.
> · make a motion : 제안
> · second a motion : 동의

---

413) · The meeting regarded secretarial matters are restricted to Member's delegations. (×)
· The meeting regarding secretarial matters are restricted to Member's delegations. (O)
414) · pennant : 삼각형 모양의 기(旗)
415) · Press representatives cars should carry the publisher's pennant. At the inaugural ceremony, please remember to park vehicles as directing by policies of other responsible officials. (×)
· Press representatives cars should carry the publisher's pennant. At the inaugural ceremony, please remember to park vehicles as directed by policies of other responsible officials. (O)
416) · indication : 가리킴, 징조
417) · motion : 동의
· motion of privilege: 특권 동의
· 수정 동의 : motion to amend
· 동의 제출자(동의 제안자) : maker of a motion = mover
· 부수 동의 : incidental motion
· 주동의 : main motion
· 재청(찬성)하다 : second a motion
· 동의를 채택하다 : accept a motion, accept the motion, adopt a motion
· 동의를 철회하다 : withdraw a motion
· 휴회를 동의하다 : make a motion to adjourn
· motion to amend : 수정 동의 = motion for amendment

100 다음 ( ) 안에 알맞은 단어는?

> Please find ( ) two brochures on the ABC 29th General Assembly[419], as well as a letter from Global Vision about the World Catalogue Show to be held in Barcelona on Tuesday on October 20, 2003.

가. enclose   나. enclosing
다. enclosed   라. to enclose

🖺 다

> 첨부물 : attachments = the enclosed documents

| 2003년 78번 문제 | 2012년 88번 문제 |

---

418) · quorum : (의결에 필요한) 정수, 정족수
· have[form] a quorum : 정족수가 되다
419) · 총회 : general assembly
· annual general assembly : 연차총회
The general assembly will convene on Tuesday, 9 July 2006 to adopt the report of the conference and request the Secretary-General to provide supplementary information on the implementation of the arrangements for secretariat follow-up.

71 다음 (   ) 안에 가장 알맞은 것은?

> The CVB is the central information source for advice (A   ) site selection, transportation and available local services, (B   ) with no cost or obligation to the meeting manager.
> CVB representatives are (C   ) with the know ledge and information to provide (D   ) data about the city or area.

가. A : on   B : all
　 C : equipped   D : up-to-date
나. A : all   B : equipped
　 C : up-to-date   D : on
다. A : up-to-date   B : equipped
　 C : all   D : on
라. A : on   B : up-to-date
　 C : all   D : equipped

답 가

> The CVB is the central information source for advice on site selection, transportation and available local services, all with no cost or obligation to the meeting manager.
> CVB representatives are equipped with the knowledge and information to provide up-to-date data about the city or area.

72 다음 편지를 읽고 알 수 있는 것은?

> Dear Integrated[420] Systems Conference Attendee:

> Thank you for being a part of the 1998 Integrated Systems Conference.
> This letter confirms that you are pre-registered[421] to attend.
> Enclosed in this package are your entry badge, a free pass to bring a friend, a visitor guide to Capital City, and this cover letter with instructions[422] and information for your arrival at the conference.

가. 사전 등록 신청자의 제출서류가 접수되어 검토 중이다.
나. 사전 등록을 반드시 해야 입장할 수 있다.
다. 사전 등록이 되었으나 회의 당일 현장 도착 후 취소가 가능하다.
라. 사전 등록이 되었다고 신청자에게 확인되었다.

답 라

73 다음 글에 대한 답신으로 가장 적절한 것은?

> The Selection Committee will make an on-site visit to the final candidate[423] cities, on of which is Seoul, prior to its final recommendation at the board of directors meeting.
> It is hoped that arrangements be made between April 3-10, 2003 for three members, two from San Francisco and one from Toronto.
> The committee would like to know if transportation and accommodation arrangements can be made during their visit.

---

420) integrated : 통합된, 완전한

421) pre-register : 사전 등록하다.
　　 = register in advance
422) instructions : 지시사항
423) candidate : 후보
　　 candidate city : 후보 도시

가. We will be pleased to have the Selection Committee members here in Seoul. However due to our busy schedule, April will not be suitable.

나. We will make all the necessary arrangements and provide accommodation and transportation during your stay in Seoul.

다. We meet your requirements in from April 3-10, 2003 for three members.

라. Flight schedules from San Francisco and Toronto will be available upon request.

🗝 나

74 다음은 무엇을 광고하고 있는 것인가?

> Imagine a place where anything and everything can be arranged.
> Or, if you prefer, rearranged.
> Where extraordinary[424] service can deliver champagne for 2 or a clambake[425] for 2,000.
> Where after making a big splash[426] in the Americana ballroom, you can do the same in the immense[427] pool.

가. a convention hall
나. a swimming pool
다. a restaurant
라. a casino

🗝 가

> 모든 것이 준비될 수 있는 곳을 상상해 보시기 바랍니다. 또는 원하시면 맞추어 드릴 수도 있습니다. 특별한 서비스로 2명 당 한 병의 샴페인 또는 2,000명에 대한 모임장소를 제공해 드립니다. 연회장에서 성공적인 큰 행사가 종료된 후, 수영장에서도 같은 규모의 행사 진행이 가능합니다.

---

424) extraordinary : 특별한
425) clambake : 떠들썩한 회합
426) make a big splash : 대성공을 이루다. 큰 평판을 얻다.
427) immense : 거대한

75 다음 초청장의 내용을 올바르게 표현하고 있는 것은?

> Dr. and Mrs. Colin Matthew Milton
> request the pleasure of
> Mr. and Mrs. Thomas Norris company
> at dinner
> on Saturday, October the ninth
> at six o' clock
> The Sert Plaza
>
> R.S.V.P: Tel. 359-3107
> Attire: Dinner suit

가. 초청인은 Thomas Norris 부처이다.
나. 초청 날짜는 11월 9일이다.
다. 참석 여부를 알릴 필요는 없다.
라. 복장은 만찬복을 착용해야 한다.

🗝 라

> 블랙타이(Tuxedo, Smoking 또는 Dinner Jacket이라고도 함)는 야간 리셉션과 만찬시 주로 착용하기 때문에 만찬복이라고 불리 우며, 흑색 상하의, 흑색 허리띠, 백색 셔츠(주름무늬), 흑색 양말, 흑색 구두가 한 셋트를 이룸

76 다음 안내문은 무엇에 관한 설명인가?

> In this connection, it is much desirable for you to attach an ID sticker to the lapel of your jacket and baggage stickers to both sides or the front of each piece of your baggage or briefcase.
> This will certainly expedite immigration and customs clearance and ensure prompt handling of baggage at the Customs, Immigration and Quarantine area.

가. 세관에서 짐 관리하는 방법
나. 세금을 절약하는 방법
다. 세관 직원들을 대하는 방법
라. 세관을 신속하게 통과하는 방법

🗝 라

77 다음의 내용과 맞는 것은?

> Service charges are a predetermined[428] amount, automatically charged to guest accounts.
> These funds are distributed[429] to a number of employees and often include a 10-20% administrative charge.
> When a service charge is imposed[430], the need for additional tipping by individuals is eliminated[431].

가. Guests decide the amount of service charges so that it is included in the bill.

나. Collected service charge will be shared by all employees.

다. Staff of the administration department gets 10-20% of the charges.

라. Individual guests do not need to tip when a service charge is paid.

📋 라

78 다음의 내용과 맞지 않는 것은?

> Please advise us beforehand[432] should you require a recording which includes the interpretation as this is subject to a normal copyright waiver[433] fee and would need to be agreed on beforehand.
> The Company's liability for loss or damage arising out of a breach[434] of this contact shall not in any event exceed the value of that contract.

> The Company shall not be held liable to the client if fulfillment of its obligations under the contract is prevented or hindered[435] by forcemajeure[436].

가. To make a recording of the interpretation, the client needs to contact the company before the conference.

나. A small amount of copyright fee will be charged for the recording of interpretation if an agreement for recording is made.

다. Under no circumstance will the company be responsible for loss or damage for a larger amount than the contract amount.

라. Should the company be unable to provide the contracted service due to reasons outside the company's control, it must compensate[437] for the loss of damages.

📋 라

---

428) · predetermine : 미리 결정하다
429) · distribute : 분배하다
430) · impose : 부과하다
　　· impose taxes on(upon) a person's property : 의 재산에 과세하다
　　· impose heavier taxes on : --에 높은 세금을 부과하다
　　· impose sentence : 판결을 내리다
431) · eliminate : 제거하다
432) · Please advise us beforehand
　　= Please advise us in advance
433) · waiver : 포기
　　· copyright waiver : 저작권 포기
434) · a breach of contract : 계약 위반

435) hinder : 방해하다, 훼방하다
436) forcemajeure : 불가항력, 계약 불이행이 허용될만한 불가항력

　　법률관계의 외부에서 생겨나는 사변(事變)으로서, 모든 방법을 동원하여도 손해의 발생을 막을 수 없는 일.
　　예를 들면 일정한 물건을 운송하여야 할 채무를 진 경우에 지진 또는 홍수로 교통기관이 마비되어 운송할 수 없게 된 것과 같은 경우이다.
　　불가항력이라는 것은 본래 로마법상의 레켑툼(receptum)의 책임, 즉 운송인이나 여관주인이 영업상 물품을 수령(受領)한 사실을 근거로 하여 그 멸실·훼손으로 인한 손해에 관하여 당연히 부담하게 되는 엄격한 결과책임(結果責任)의 면책원인(免責原因)으로서 논의되었던 것이다.
　　따라서 그 성질상 물리적 사실만을 따져서 엄밀하게 정립된 관념이 아니라 귀책(歸責) 여부를 따지기 위한 법률상의 관념이고, 오늘날에도 주로 민법이나 상법상의 책임 또는 채무, 기타의 불이익을 면하게 하거나 경감시키는 표준으로 사용된다(상법 152조, 우편법 39조 등).
　　불가항력은 일반적인 무과실보다 엄격한 관념이며, 예컨대 당사자의 부상·여행, 기업시설의 불비 등은 비록 과실에 의거한 것이 아니더라도 불가항력은 아니다. 불가항력을 책임의 경감 또는 면제 원인으로 삼는 것은 근본적으로 당사자 일방이 지게 될 가혹한 책임을 덜어주자는 형평이념(衡平理念)에서 나온 것이라고 할 수 있는데, 현행법은 이러한 이념을 더욱 넓게 보편화시켜 불가항력으로 빚어진 사실관계의 변화와 관련하여 권리 자체가 소멸하는 것으로 규정하기도 하고(314조 1항), 의무의 경감 또는 면제를 받을 수 있는 요건으로 하기도 하며(상법 709조), 때로는 권리를 행사할 수 있는 조건으로 되어 있는 불변기간(不變期間)을 연장하는 요건으로 하기도 한다(어음법 54조, 수표법 47조).
　　한편 법률관계의 성질상 책임의 경감이나 면제를 고려하지 않아도 될 경우에는 불가항력으로도 책임을 면할 수 없는 것으로 하고 있다(민법 308·336조 등).
437) compensate : 보상하다

만약 귀하께서 통역을 포함해서 녹음이 필요하시면 미리 요청해 주시기 바랍니다, 왜냐하면 일반적으로 저작권료에서 제외되기 때문에 사전에 계약을 해야만 됩니다. 이 계약서의 위반으로 인한 손실과 손해는 어떤 경우에도 계약 금액을 초과하지 않는다. 회사는 계약에서의 임무 수행에 있어서 불가항력적인 상황으로 어렵게 되었을 때 책임지지 않는다.

79 다음 대화문은 부하직원에게 프레젠테이션 준비상황을 점검하는 내용이다. 밑줄 친 부분을 대체할 수 있는 가장 알맞은 것은?

> A : Have you prepared for your business conference yet?
> B : Yes. I have prepared for it.
> A : Have you got all the materials you need for your presentation?
> B : Yes. I have.
> A : Again, the business conference is today at 5 : 00 PM on the dot.
> B : I have that written down.
> A : Excellent.
> B : Everything is ready now.

가. all around   나. round
다. on the line   라. sharp
답 라

80 다음 밑줄 친 부분 중 문법적으로 틀린 것은?

> In some hotels, fees to access toll-free and calling-card numbers have increased(A). Phone charges also can soar[438] when lapton-toting(B) attendees start dialing up(C). So to avoid hefty[439] access fees, negotiates(D) for a lower rate.

가. A   나. B
다. C   라. D
답 라

438) soar : 높이 치솟다
439) hefty : 무거운

So to avoid hefty access fees, negotiate for a lower rate.
· laptop-toting : 노트북 휴대한
· negotiate for : ──을 위해 협상하다

81 다음 밑줄 친 낱말의 의미로 가장 적절한 것은?

> Exhibitions offer an opportunity to get face-to-face with large numbers of customers and prospects and to showcase products.

가. 성공의 기회   나. 진열된 상품
다. 예상되는 고객   라. 생산 가능성
답 다

82 다음의 내용의 요약으로 알맞은 것은?

> Excite Travel can be considered as a cybermall in the context[440] of travel and tourism.
> A cybermall is basically a shopping center that contains "stores" related to a specific theme.
> It is a repository[441] of hyperlinks to the web sites of partnered travel service suppliers.
> An interested user can browse through the major topic categories and their subcategories in Excite Travel, view the associated links, and check the accompanied synopsis[442] of these links for a specific topic.

가. Unifying[443] the management of travel and tourism agencies
나. Summarizing the information on particular places to visit
다. Managing a travel information agency in the shopping center

440) context : 문맥
441) repository : 저장소
442) synopsis : 개요
443) unify : 단일화하다

라. Getting specific information on travel and tourism through the internet

답 라

83 다음의 ( ) 안에 가장 알맞은 것은?

This offer is (A) until May 2, 2003 and becomes binding when signed by the contractor and an ABC airlines corporate headquarters representative.
ABC airlines shall not be (B) for failure to perform under this contract because of strikes, acts of God, or government actions.

가. A : provided   B : responsible
나. A : invalid   B : informed
다. A : valid   B : liable
라. A : effective   B : available

답 다

84 다음은 무엇에 관한 설명인가?

It should not be used as a drapery, for covering a speaker's desk or a platform, or for any decoration in general. It should never be used for advertising purposes.
It should not be embroidered, printed or otherwise impressed on such articles as cushions, handkerchiefs, napkins, boxes, or anything intended to be discarded after temporary use.

가. army uniform
나. national flag
다. white cloth
라. mission statement

답 나

85 다음 ( ) 안에 가장 알맞은 것은?

Bring the following documentation with you to the show :
Inbound ( ) records, including a bill of lading[444] and a tracking number from your carrier.
Copies of any show-service order forms that you sent in.
Include a signed copy of any online orders you may have placed.

가. signage   나. ordering
다. freight   라. exhibitor

답 다

| 2013년 91번 문제 |

86 다음 ( ) 안에 가장 알맞은 것은?

A guest room is like a ( ) food product; if it doesn't sell, the hotel has lost the opportunity to generate the revenue from the room for that night.

가. flexible   나. perishable
다. valuable   라. worthwhile

답 나

perishable : 소멸성의

| 2005년 80번 문제 |

87 계약서 작성시 다음은 어느 항목에 해당하는가?

The catering manager must be notified[445] of the exact number of attendees with 48-hour guarantee, for whom you will guarantee payment.

The hotel will set up as follows:

20-100 persons set------------ 5% over guarantee
101-1,000 persons set----------- 3% over guarantee
1,001- and over--------------- 1% over guarantee

가. condition on registration
나. condition on food functions

444) a bill of lading : 선하증권
445) notify : 통지하다

다. condition on working space

라. condition on A/V devices

답 나

88 다음 글의 요지를 가장 잘 나타내는 것은?

> All travel involves a cultural element for by definition, it involves removing tourists from their own cultural milieu[446] and placing them in an other's.
>
> Indeed, many touring activities enable the tourists to experience cultural differences. Cultural tourism, however, means more than cultural displacement[447].
>
> Cultural tourism is now recognized as being a form of special interest tourism, whose participants are seen to be motivated to travel for different reasons than other tourists.

가. Cultural tourists as motivated by special interests

나. Cultural tourism as cultural displacement

다. Experiencing cultural differences through touring activities.

라. Cultural element involved in all travels

답 가

89 다음 글의 설명으로 맞는 것은?

> The ABCD NOC prepared and distributed a Speaker's Manual, which gave instructions to speakers, poster presenters and film presenters on the procedures to be followed for the presentation.
>
> It was agreed that speakers be asked to use only electronic presentation.
>
> Speaker-ready-room was set for presenters who wish to check their presentation material before they give their speech.
>
> Speakers were invited to daily Speakers' breakfasts with their chairman.
>
> Also orientation for Paper and Poster

presenters and Workshop panelists were held separately on Sunday afternoon.

가. A Speaker's Manual gives instructions to the organizers on procedures to be followed for the presentations.

나. Speakers are asked to choose equipment freely for their presentations.

다. A speaker-ready-room is a space where the speakers can check presentation material before making presentations.

라. Paper and poster presenters and work shop panelists are not considered as speakers.

답 다

90 다음 중 문법적으로 틀린 것은?

가. The Mirror Company promptly began searching for an editor who could help it recoup[448] its losses.

나. Gen. Otis invested in the paper and quickly turned it into a financial success.

다. Today, The Times ranked as the largest metropolitan daily newspaper in the country.

라. As the city grew, so did The Times.

답 다

> Today, The Times is ranked as the largest metropolitan daily newspaper in the country.

| 2014년 79번 문제 |

91 다음 글은 누구를 지칭하는 내용인가?

> It is important to codify[449] some guests who need special treatment during the conference.
>
> For accommodation, best view rooms should be reserved.
>
> Make sure complimentary[450] liquor, flowers

---

446) milieu : 주위, 환경

447) displacement : 이동

448) recoup : 보상하다.

449) codify : 체계적으로 정리하다, 성문화하다

450) complimentary : 무료의

and fruits are arranged before the arrival of those in the priority list[451].

가. convention service manager and his/her director
나. speaker and his/her assistant
다. committee board members and speakers
라. exhibitors and non exhibitors

📋 다

92 다음 ( ) 안에 가장 알맞은 것은?

The Host Committee[452] will be glad to examine papers[453] from all who are interested in submitting them[454].
Ideally, these papers should not exceed five double-spaced typed pages (　), should not use notes, should treat subjects of contemporary significance,

and should be interesting and readable.
If accepted, presented papers will appear in the Conference Proceedings[455].

가. at length
나. for a length of time
다. in length
라. of some length

📋 다

국제회의 개최준비위원회는 논문을 제출하는 데 관심이 있는 분들로부터 접수받은 논문의 심사를 합니다. 원칙적으로 논문들은 길이가 더블스 페이스로 제작해서 다섯 줄을 넘으면 안됩니다. 주석을 달지 않고 최근 중요한 이수를 다루어야 하며, 흥미있고 읽을 수 있는 상태로 제출해야 됩니다. 만약 논문이 채택되면 발표될 논문은 회의집에 수록될 것입니다.

/ 2003년 72번 문제 / 2012년 97번 문제 /

93 다음 글의 제목으로 가장 적절한 것은?

A growing number of budget-crunched firms are holding more of their meetings in cyberspace.
Similar to teleconferencing[456], these virtual meetings allow a geographically disparate[457][458] group to meet in real-time.
Web-meeting technology expands the degree of interaction[459] provided by video conferences, allowing for audience participation via chat tools, live polling, file sharing, etc.

---

451) priority list : 우선명부, VIP 명부
452) · committee : 위원회
　· ad hoc committee : 임시 특별위원회(특별한 목적으로 갖고 전문가 집단으로 임시로 구성된 위원회)
　· executive committee : 집행 위원회
　· adjudicating committee : 논문평가위원회 = review committee
　· board of directors : 간사회, 이사회
　· board of trustees : 이사회
　· commission of inquiry : 조사 위원회
　· arbitration committee : 중재 위원회
　· credential committee : 자격 심의위원회(자격 심사 위원회)
　· special committee : 특별 위원회
　· standing committee : 상임 위원회
　· host committee : 조직위원회 (개최준비위원회) = host authority, host organization, organizing committee, preparation committee, arrangement committee
　· committee members: 위원회 회원[임원]
　· committee meeting(s): 위원회 회의
453) 논문 심사에서 발표까지의 과정
　발표논문 요청, 발표논문 모집 : call for paper(s) → (발표)논문 제출 : submission of paper(s) → (발표)논문 심사 : examination of paper(s) → (발표)논문 채택 : acceptance of paper(s) ≠ rejection of paper(s) → (발표)논문 인쇄 : publication of paper(s) = production of paper(s) → 논문 발표 : presentation of paper(s)
　· revision of paper(s) : 발표 논문의 수정
　· withdrawal of paper(s): 발표 논문의 취소
　· submission of abstract(s) : 초록의 제출 = abstract submittal
454) submitting them = submitting papers

455) proceedings : 회의록, 의사록, 논문집 = records of the meeting, minutes, transaction, conference proceedings, conference proceedings book
　Accepted papers, presented at the conference by one of the authors, will be published in the proceedings of the 22nd ABC conference.
456) teleconference : 화상회의. 회의 참석자가 회의 장소로 이동하지 않고 국가간 통신 시설을 이용하여 회의를 개최한다. 회의경비를 절약할 수 있는 장점이 있으며, 오늘날 고도의 통신 기술을 활용하여 회의를 개최하고 있다.
457) disparate : 공통점이 없는, 이종의
458) polling : 투표
459) interaction : 상호 작용, 상호 영향

가. Development of the Computer Manu facturing Industry

나. Technical Difficulties in Using the Com puter

다. Increase of the Internet-Using Population

라. Computer Application in Meeting Industry

🖹 라

94 다음 ( ) 안에 가장 알맞은 것은?

(A) provides one or more extra tables that are not totally set; they are only covered with tablecloths.
(B) the group go over the guarantee, the partially set tables would be opened up and only then be set with service. The count would increase by individuals. However, the additional guests may not be served the same entree[460] as the rest of the group.

가. A : A buffet station   B : If
나. A : A tray service   B : Otherwise
다. A : Open setting   B : Should
라. A : Pre-plated setting   B : Unless

🖹 가

95 다음 ( ) 안에 공통적으로 들어갈 어휘는?

An audiovisual staple for meetings is the ( ).
It consists of a paper pad(generally 27" × 34") supported by an aluminum easel with a solid, flat back.
Double-sized ( ) are sometimes requested by presenters, but they are difficult to obtain from A/V rental companies.
Because their fixed size restricts visibility, the use of ( ) should be limited to small meeting rooms.
Determine if there is an additional charge for paper pads and markers.

가. screen(s)   나. flip chart(s)
다. OHP(s)   라. power point(s)

🖹 나

96 다음 ( ) 안에 가장 알맞은 것은?

Costs for breaks may be quoted[461] per person or on a consumption basis. Paying for coffee by the gallon and pastry[462] by the dozen is usually more ( ) than paying a per-person price.

가. time-pressing   나. easy to serve
다. imposed[463]   라. economical

🖹 다

· per person : 한 사람마다
· per hour : 시간당
· per order : 주문건당

97 다음은 어떤 행사를 위한 초대문인가?

On behalf of the organization committee[464], I am greatly honored to invite professionals in the field of cardiac and pulmonary[465] vas cular anesthetists to join this international congress in Seoul, Korea.
The occasion will be a lively forum for exchanging important research findings and practical knowledge.

가. Government symposium
나. Meeting for NGOs
다. Domestic convention
라. Medical conference

🖹 라

/ 2003년도 87번 문제 /

---

461) quote : 견적
     quote a price : 시세를 매기다, 값을 부르다
     underquote : 남들보다 저 저렴한 값을 매기다
462) pastry : 빵과자
463) impose : 강요하다
464) · committee : 위원회
     · ad hoc committee : 임시 특별위원회(특별한 목적으 로 갖고 전문가 집단으로 임시로 구성된 위원회)
     · executive committee : 집행 위원회

---

460) entree : 주요리

98 다음 ( ) 안에 들어갈 가장 알맞은 것은?

> In general, meeting budgets should be conservative-estimating income at lower levels and expenses at ( ) cost in order to remain within the budget when outside factors negatively affect the meeting.

가. the lowest   나. still lower
다. the minimum   라. the highest possible

🗒 라

- conservative estimate : 개략 잡다, 어림잡음 = conservative guess
- a conservative estimate of the costs : 비용의 대략적인 견적
  A conservative estimate for the total cost for this is US 100.
- plan by a conservative estimate : 줄잡아 추산해서 계획을 세우다

99 다음 ( ) 안에 가장 알맞은 것은?

> It is important that young children should see things, and not merely[466] read about them.
> ( ), it is a valuable experience to take them on a trip to a farm.

가. Furthermore   나. By the way
다. However   라. For instance[467]

🗒 라

- adjudicating committee : 논문평가위원회 = review committee
- board of directors : 간사회, 이사회
- board of trustees : 이사회
- commission of inquiry : 조사 위원회
- arbitration committee : 중재 위원회
- credential committee : 자격 심의위원회(자격 심사 위원회)
- special committee : 특별 위원회
- standing committee : 상임 위원회
- host committee : 조직위원회 (개최준비위원회) = host authority, host organization, organizing committee, preparation committee, arrangement committee
- committee members : 위원회 회원[임원]
- committee meeting(s) : 위원회 회의

465) · pulmonary : 폐의
466) merely : 단지
467) for instance : 예를 들어

100 다음 내용의 의미로 가장 올바른 것은?

> With the object of signing the Agreement and preparing for the preparatory meeting, the Secretary General and his assistant will visit the host Group in September, 2003.
> In conformity[468] with the organization's principles, the host Group will cover the expenses of their travel and accommodation.

가. 사무총장이 회의 준비를 위해 개최국을 9월 중에 방문할 예정이며, 모든 경비는 주최국에서 부담한다.
나. 사무총장이 계약을 목적으로 개최국을 9월 이후에 방문할 예정이며 항공비용과 숙박을 부담한다.
다. 사무총장과 그의 일행이 회의계약과 준비회의를 위해 개최국을 9월 중에 방문할 예정이며, 규정에 따라 호스트 국가가 모든 경비를 부담한다.
라. 사무총장과 그의 보좌관이 2003년에 한국을 방문하여 합의문 낭독을 할 예정이며, 호스트 국가가 모든 경비를 부담한다.

🗒 다

468) conform : 맞게 하다
    in conformity with : -에 따라, --을 준수하여

71 다음 글의 제목으로 가장 적합한 것은?

> 1. Objectives begin with the word 'to' followed by verb
> 2. Objectives should address a single result
> 3. Objectives include a target date for completion
> 4. Objectives should specify maximum cost factors
> 5. Objectives must be specific and measurable

가. How to write effective meeting objectives
나. How to test your meeting objectives
다. How to construct the objective tree
라. How to identify target market

답 가

72 다음 ( ) 안에 들어갈 가장 적합한 것은?

> In 1979, one year after China had adopted an open-door policy, there were 365,000 tourist arrivals in China. Twenty years later, foreign tourist arrivals totaled ( ), a twenty-fold increase.

가. 7.3 billion
나. 73 billion
다. 7.3 Million
라. 73 Million

답 다

$$365,000 \times 20 = 7,300,000$$

73 다음 중 왕복여행 비용이 가장 싼 도시는?

> Enjoy the Europe with Eurotrip's fantastic rate!

	One way	Round trip
Paris	$290	
Frankfurt		$500
London	$350	
Rome	$390	
Basel		$570

가. Paris
나. London
다. Frankfurt
라. Basel

답 다

74 다음 ( ) 안에 들어갈 대명사는?

> What a person does nonverbally is always important in intercultural communication. Nonverbal behavior gives additional meaning to what we say. We can more fully appreciate the importance of nonverbal messages if we realize that is impossible to ignore them completely when we talk to someone. Non-verbal messages are always present, and they force ( ) on us.

가. them
나. themselves
다. it
라. these

답 나

75 서신의 마지막 부분에 들어갈 내용의 순서로 맞는 것은?

가. Yours sincerely, Gil Dong Hong, Planning Division, Assistant Manager, ABC Convention Service, Ltd.
나. Yours sincerely, Gil Dong Hong, Assistant Manager, Planning Division, ABC Convention Service, Ltd.
다. Yours sincerely, Gil Dong Hong, ABC

Convention Services, Ltd., Planning Division, Assistant Manager.

라. Yours sincerely, Planning Division Assitant Manager, Gil Dong Hong, ABC Convention Service, Ltd.

답 나

76 다음 편지의 내용으로 옳은 것은?

> Dear Mr. Maitland:
>
> I am sorry you found it necessary to cancel your arrangements here at the Silver Fox Inn for the Dazzling Diamonds Trade Show. We are disappointed not to have the opportunity to work with you. All guest room reservations and meeting space have been released, at no cost to you. I hope you will again consider the Silver Fox Inn and Resort the next time you require accommodations.

가. Mr. Maitland로부터 받았던 예약을 취소했음을 확인해주는 내용
나. Mr. Maitland의 예약을 받을 수 없다는 내용
다. Mr. Maitland가 예약을 취소했으므로 위약금을 내야한다는 내용
라. Mr. Maitland가 예약한 방과 회의장은 취소할 수 없다는 내용

답 가

77 아래 글의 내용과 일치하는 것은?

> In planning very large meetings, some planners have adopted the practice of master account gratuities. These are the most recent addition to the tipping concept. In recognition of the services provided by other staff, such as reservation and front desk personnel and the operators in the telephone center, who are not usually included within the normal tipping cycle, many meeting planners have instituted master account gratuities. This is usually a percentage of the estimated total master bill and it is determined by the sponsoring organization.

가. Master account gratuity is an advanced system of tipping, first created by some meeting planners.
나. Staff in charge of reservation, front desk and telephone operation center do not usually benefit from the service charge distribution system.
다. Some meeting planners have determined a percentage of the estimated total bill for master account gratuities.
라. The sponsoring organization pays the total master bill, including the service charges and 1% of master account gratuities.

답 나

78 다음 글에 대한 설명으로 옳은 것은?

> Corruption was mentioned in Davos by Mexico's President Fox, but that was about it. Meanwhile, coinciding with the Forum, the President of the Philippines was hounded from office, corruption scandals became ever more colorful in Peru, the President of Indonesia faced bribery-linked impeachment charges, Thailand's new Prime Minister was installed but faced investigation of kickback charges, and the corruption trial of the era got under way in Paris.

가. The president of the Philippines was ousted from office because of the Davos meeting.
나. Mexico's President Fox is involved in a corruption case.
다. The Indonesian President faced bribery linked court trial.
라. Corruption is a common problem not only in Latin America but also in Asia.

답 라

79 다음 ( ) 안에 들어갈 가장 알맞은 것은?

> A budget includes fixed expenses, variable expenses, and sources of revenue. Fixed expenses are not dependent on the number of attendees. Some fixed expenses are speaker fees, stamps, advertizing, staff travel, and ( ).

가. food and beverage
나. administrative fees
다. registration fees
라. guest rooms

답 나

80 다음 중 문법적으로 틀린 것은?

가. By developing more stamina, Harris could have won the race.
나. John, kissing the girl passionately, drove the car into a ditch.
다. We can better understand symbolism by comparing its use in the works of two authors.
라. Walking down the street, the moon was beautiful.

답 라

81 다음 내용과 일치하는 것은?

> We cordially invite you to attend the Convention & Exhibition Night 2002, where you will have the opportunity to meet a variety of professionals in the industry.
> On Dec. 12, 2002 at 6:00 pm
> Coex, Grand Ballroom, 1st floor
> President of Coex (Convention & Exhibition)
> RSVP: (02) 6000-1082, 1084

가. 모든 참가자는 반드시 파티복이나 정장차림으로 참석해야 한다.
나. 이 초청장을 받은 사람의 좌석은 6000-1082번으로 예약되어 있다.
다. 컨벤션 및 전시업계 전문인들이 Coex 사장을 컨벤션 전시의 밤에 초대한다.
라. Coex 사장이 컨벤션 및 전시업계 전문가들을 초대하는 초청장이다.

답 라

82 다음 글이 광고하는 것은?

> Situated on the quiet shores of Korora Bay just minutes from Coffs Harbour. Nestled amongst mountains, natural parkland, lagoons and white sandy beaches, the four-star Novotel Opal Cove Resort comprises 136 rooms and 38 self-contained villas.

가. a convention center where meetings are held
나. an airport that is used by small planes for tourists
다. a place a lot of people visit for holiday relaxation
라. a motel where people park their cars

답 다

83 다음 ( ) 안에 들어갈 가장 적합한 것은?

> A professional speaker is an individual who makes a living primarily by delivering ( ) that appeal to a variety of audiences.

가. receptions   나. organizations
다. presentations   라. reservations

답 다

84 국제회의 서신의 구성 형식의 중요 기본 요소가 아닌 것은?

가. printed letterhead
나. body of letter
다. inside address
라. postscript

답 라

Printed letter head (Heading)

서한 구성

```
        LETTER HEAD [행사명, 행사조직명]
}2줄
            (Date)
}2줄
Name-1
Position
Organization        (INSIDE ADDRESS)
Address
}1-2줄
ATTENTION: Name-2
}1-2줄
(SALUTATION):
}1-2줄
Subject:
}1-2줄
(BODY)
(들여쓰기 5칸)

}1줄
(들여쓰기 5칸)

}2줄

(COMPLIMENTARY CLOSE)
}2줄

(SIGNATURE)
Gil Dong Hong (Name-3)
POSITION
}2줄
Encl.:
}0-1줄
CC:
```

Name-1 : 서신 수신 기관의 대표
Name-2 : 서신 실제 수신자
Name-3 : 서신 작성자

---

85 다음 ( ) 안에 들어갈 가장 알맞은 표현은?

A : Good morning. How can I help you?
B : I'm staying at the Bay Park Hotel but it's hard to get to the conference site from there.
I want to change my hotel to Metropolis next to this site.
A : You're listed to stay at the Bay Park Hotel, checking in on May 9 and checking out on May 14.
B : Yes. If possible, I'd like to change my hotel from today.
A : Sorry, but ( ).
You can stay starting tomorrow night.
B : That will be find.

가. it doesn't have to be formal
나. it's fully booked for tonight
다. your flight schedule was changed
라. the opening ceremony will start on the first floor

답 나

---

86 다음 ( )에 들어갈 가장 알맞은 표현은?

On behalf of the ABC Conference Program Committee, we are pleased to provide you with the Call for Papers which was sent to you on June 2002 and is now being distributed again ( ).
This conference is the thirteenth of the ABC Conference series that take place every three years.

가. for your practice   나. for your benefit
다. for your enquiry   라. for your reminder

답 라

---

87 다음은 국제회의 등록 서신 내용 중의 일부이다.
( )에 들어갈 가장 적합한 표현은?

Application for registration and reservations should be accompanied by a remittance of the fee. No registration and reservations will be confirmed ( ) these payments. Please send the cheque directly to Host Committee at the address below.

가. to the absence of
나. in the absence of
다. by the absence of
라. for the absence of

답 나

/ 2004년 73번 문제 /

---

88 다음과 의미가 같은 것은?

The major drawback to off-premises events involves the logistics of transporting large numbers of people.

가. It is logical to transport many people to the back-yard of the event venue.

나. Many people are logical enough to return to events for their involvement.

다. The big disadvantage of holding events not at the host sites is the problem of transporting people.

라. A large number of people don't keep their promises to be involved in the out-door activities.

📋 다

89 다음 중 문법상 틀린 것은?

> A good ⓐ presentation is ⓑ a key element that ⓒ encourages customers buy ⓓ products.

가. ⓐ   나. ⓑ
다. ⓒ   라. ⓓ

📋 라

> A good presentation is a key element that encourages customers to buy products.

90 다음이 설명하는 장소와 그 부근에서 고객들이 이용할 가능성이 적은 시설은?

> Located in the heart of Boston's beautiful Back Bay, this state-of-the-art facility is just steps away from many of the city's most popular sites, hotels and attractions.
>
> · 193,000 sq. ft. of exhibit space
> · 25,000 sq. ft. ballroom
> · 37 dedicated meeting rooms offering over 70,000 sq. ft. of meeting space
> · Connected to three award-winning hotels with more than 3,000 rooms
> · Attached to two upscale shopping galleries with over 200 shops and restaurants

가. art galleries
나. hotels
다. shopping centers
라. tourist attractions

📋 가

91 다음 ( ) 안에 들어갈 알맞은 어휘는?

> I can't ( ) that noise any longer. Either you sell that trumpet or you leave this house.

가. know   나. hold
다. notice   라. stand

📋 라

92 다음 ( )에 들어갈 가장 적절한 것은?

> All bags carried into the venue will be inspected at Threat Level 2, 3, and 4. At these levels, each organizer of the meeting will provide a pass list of all representatives entering the venue. However, for a level 4-high threat, ( ) must be worn.

가. jeans   나. photo IDs
다. cellular phones   라. bags

📋 나

93 다음 글에 내포된 정보 내용과 일치하는 것은?

> At present, the largest convention center in the U.S. is Chicago's McCormick Place[469], which offers 2.2 million square feet of exhibit space... and 371, 365 square feet of meeting space.
> Nashville's Opryland Hotel, with nearly 300,00 square feet of exhibit space, is the largest hotel facility and will continue to be until the opening of Opryland Hotels in Kissimmee, Florida, in 2004 and Grapevine, Texas, in 2005.
> Each will offer 400,000 square feet of exhibit space.

---

469) McCormick Place : 미국 일리노이주 시카고에 위치한 대형 복합 박람회장. 북미 최고의 시설과 규모를 갖추고 있다. 레이크사이드 센터(Lakeside center), 노스빌딩 (North Building, 1986), 사우스빌딩(South Building, 1997), 2007년에 문을 연 웨스트빌딩(West Building) 과 상호 연결된 4개의 빌딩으로 이루어져 있다.

가. McCormick Place 컨벤션 센터의 회의장 면적은 전시장 면적보다 넓다.

나. 현재 미국내의 호텔 중 가장 넓은 전시장을 갖춘 것은 Nashville에 있으며, 이 호텔은 2005년까지 미국에서 호텔로서는 가장 넓은 전시장을 갖춘 것으로 남을 것이다.

다. Kissimmee에 지을 Opryland Hotel의 전시장 면적과 Grapevine에 지을 Opryland Hotel의 전시장 면적을 합치면 40만 평방 피트이다.

라. Kissimmee에 지을 Opryland Hotel의 전시장 면적과 Grapevine에 지을 Opryland Hotel의 전시장 면적은 서로 똑같다.

답 라

/ 2005년 89번 문제 / 2012년 78번 문제 /

94 다음 계약 내용을 올바르게 해석한 것은?

> Except that the notice of change to the existing address of either party has been duly given in writing to the other party, any or all the notices required under this Agreement shall be directed to the following address.

가. 본 계약의 이행을 위하여 필요한 모든 서류는 변경된 주소로 송부되어야 한다.

나. 본 계약의 변경된 내용은 상호 합의가 없어도 다음 주소로 송부될 수 있다.

다. 어느 한 쪽 당사자가 다른 당사자에게 주소 변경을 서면으로 통보하는 경우 외에는 본 계약에 필요한 모든 서류는 아래 주소로 송부된다.

라. 어느 한 쪽 당사자의 주소변경이 확인될 경

건물의 이름은 〈시카고 트리뷴(Chicago Tribune)〉의 발행인이자 편집장으로 세계적인 컨벤션 센터의 건립에 지대한 영향을 끼친 로버트 매코믹(Robert R. McComick)의 이름에서 유래했다. 최초의 건물은 1967년 화재로 파괴되었고 1971년 그 자리에 새롭게 건축되어 현재 레이크사이드 센터로 불린다.
2007년 웨스트빌딩이 새롭게 완성되면서 총면적 25만 ㎡, 175개의 회의실, 2개의 연회장, 약 5천 석의 극장, 식당, 상점을 비롯한 편의 시설 등 다양한 시설을 갖추고 있다. 현재 주정부 산하 운영 기구인 MPEA(Metropolitan Pier and Exposition Authority)가 소유와 관리·운영을 하고 있다. 국제적인 회의와 시사회 등 다양한 행사의 개최는 시카고시 경제의 원동력이 되고 있다. 매년 3백만 명 이상의 방문객이 방문하고 있다.

우, 주소변경 사실을 서신으로 통보하지 않아도 신속하게 송부할 수 있다.

답 다

95 밑줄 친 ⓐ와 ⓑ에 들어갈 표현의 어순으로 옳은 것은?

> Once your mailing is out, you are in the next phase, which is processing the returns. Be sure to keep good records on a daily or weekly basis to measure the success against the past year and to evaluate the effectiveness of new policies and procedures.
>
> ___ⓐ___ usually a confirmation letter, receipt, badge, labels, and tickets as appropriate for sessions or special events. You can either mail these to the attendees, distribute them on-site, or ___ⓑ___. My preference is to mail the confirmation and have badges and tickets distributed on-site in the conference packet.

가. ⓐ Included in registration processing are
　　ⓑ use some combination of the two

나. ⓐ In registration are processing included
　　ⓑ some use of the two combination

다. ⓐ Included in registration are processing
　　ⓑ the two combination of some use

라. ⓐ Are in registration processing included
　　ⓑ of some combination use two

답 가

96 밑줄 친 ⓐ와 ⓑ의 의미와 같은 것은?

> ⓐTerms of payment should be negotiated ⓑup front. Some speakers may request payment prior to their presentation, others request half payment prior to speaking with the balance due after the engagement.

가. ⓐ : Periods　　　ⓑ : on-site
나. ⓐ : Conditions　　ⓑ : far in advance

다. ⓐ : Meanings ⓑ : at the latest
라. ⓐ : Numbers ⓑ : in recent

답 나

라. Folk culture festival

답 나

97 다음 ( ) 안에 들어갈 가장 알맞은 표현은?

> A : It's a pity you couldn't join the seminar.
> B : I know. I had my heart ( ) it. I should have signed up earlier.

가. put in 나. drawn to
다. set on 라. gone for

답 다

98 다음 밑줄 친 Entrepreneurs와 의미가 같은 것은?

> <u>Entrepreneurs</u> are the purest kind of business heroes for a number of reasons. The first reason is that they succeed in building something great out of nothing.

가. fortune hunters 나. statesmen
다. businessmen 라. organizers

답 다

99 다음 중 회신을 요청하는 뜻으로 사용되는 표현은?

가. RSVP 나. CC
다. Enc 라. BYOB

답 가

/ 2013년 96번 문제 /

100 What is the following advertisement about?

> In association with IFEA Europe, the Center for Tourism and Cultural Change of Sheffield Hallam University seeks proposals for papers involving the theme of "Journeys of Expression: Cultural Festivals/Events & Tourism".

가. A trade show
나. A professional symposium
다. A convention

71 회의를 시작할 때 사용하는 개회 표현으로 가장 적합한 것은

가. I am Dr. Draper from the University of Leicester, England, and I am going to be the chairperson for this morning's session.

나. We are now convening this Symposium on World Trade Development.

다. May I interrupt here. Dr. Kim? Unfortunately, your time is up.

라. I hope the audience will take part in the discussion by raising their hands.

답 나

72 다음 중 문법적으로 틀린 것은 ?

가. Please take a moment to say. "Thank you." to those who support IFEA, our events, and our industry throughout the year.

나. The sponsorship industry has always been very relationship-rich and there is a certainly nothing wrong with relationships.

다. Upon departing Atlanta the Sakahara's final comment was "This was our first time in Atlanta and we were greeted with Southern hospitality throughout our stay.

라. A strong strategic plan and an integrated annual business plan guides you toward a destination more desirable than just getting somewhere.

답 라

integrated : 통합된

73 다음 회의 주최자의 인사말 중 ( )에 들어갈 가장 알맞은 것은?

> Ladies and gentlemen!
> We now should proceed with this conference ( ) the program which has already been distributed to you all.

가. in accordance with

나. in consequence of

다. in consideration of

라. on behalf of

답 가

· in consequence of = as a consequence of : ~의 결과로
· in consideration of : ~을 고려하여

신사 숙녀 여러분. 이제 여러분 모두에게 이미 배포해 드린 프로그램 대로 회의를 진행하겠습니다.

/ 2003년도 76번 문제 /

74 다음 ( ) 에 들어갈 가장 알맞은 것은?

> The watch that she ( ) on the desk has disappeared.

가. lain 나. lies 다. lays 라. laid

답 라

75 다음 자료를 요구하는 서신 표현으로 가장 적합한 것은?

> 전체 회의 참석자의 일정표, 초록집과 견적서를 빠른 시일 내에 보내주시기 바랍니다.

가. Please send me the program, abstract book and estimated price as soon as possible.

나. Please send us information concerning the conference schedule and abstract as soon as possible.

다. Please send us information concerning itinerary of all participants, abstract book and the estimation.

라. Thank you very much for the itinerary, abstract book and the estimate that you have sent me. It was a great help.

답 다

- program : 회의 전체 일정표
- estimates : 견적서
- estimation : 견적
- estimated price : 추정되는 가격
- Please let me know the estimated price for A : A 물품에 대한 견적가는 얼마인가요?
- estimated tax : 추정납세액

/ 2003년도 82번 문제 /

76 다음의 내용은 무엇에 관한 설명인가?

It should not be used as a drapery, or for covering a speaker's desk, draping a platform, or for any decoration in general.
It should never be used for advertising purposes.
It should not be embroidered, printed or otherwise impressed on such articles as cushions, handkerchiefs, napkins, boxes, or anything intended to be discarded after temporary use.

가. army uniforms
나. national flag
다. white cloth
라. mission statement

답 나

drapery : 주름 잡힌 장막, 두터운 커튼

77 다음 밑줄 친 부분과 의미가 같은 것은?

To give you a jumpstart, the application includes a series of templates for letterhead design.

가. Small serving platters
나. Patterns
다. Houses of worship
라. Temporary methods

답 나

78 다음 글에 앞서 논의된 내용으로 가장 적합한 것은?

Documents, which must of course be published in the official language, cause further difficulties – even purely technical mix-ups in distribution.
To eliminate this possibility, it is now proposed that different colors should be used for the various different languages. For example, red shouldn't be used for English, blue for French, yellow for Spanish. Chinese needs no special color, since it can be recognized by its distinctive script.

가. Linguistic problem
나. Psychological problem
다. Social problem
라. Political problem

답 가

79 다음 글의 목적으로 가장 적합한 것은?

The second important reason why immigration have traditionally been drawn to the United States is the belief that everyone has a chance to succeed here. Generations of immigration, from the earliest settlers to the present day, have come to the United States with this expectation.

They have felt that because individuals are free from excessive political, religious, and social controls, they have a better chance for personal success.
Of particular importance is the lack of a hereditary aristocracy.

가. Complain 나. Persuade
다. Inform 라. Entertain
🗒 다

80 다음 중 같은 시간대에 동시에 진행되는 서로 다른 주제를 다루는 여러 개의 소집단 회의가 아닌 것은?

가. Breakout session
나. Parallel session
다. Concurrent session
라. Wrap-up session
🗒 라

/ 2003년 5번 문제 /

81 다음은 국제회의 참가 신청서를 요청하는 서한이다. 밑줄 친 부분 중 적합하지 않은 것은?

Dear Mr. Liniger

I would like to attend(A) the 10th IMF annual conference and have(B) a presentation. I would be much obliged if you can(C) kindly send me the relevant forms.

Thank you in advance(D).

Yours sincerely,
Colin Milton

가. (A) 나. (B) 다. (C) 라. (D)
🗒 다

82 다음 질문의 대답으로 가장 적절한 것은?

What should we do about the problem of absenteeism?

가. I wasn't able to attend, so I missed it.
나. I think we'd better have a staff meeting and discuss it.
다. Yes, I'm available if you need me.
라. It's a little more than I can afford.
🗒 나

83 다음은 무엇을 광고하고 있는 것인가?

Imagine a place where anything and everything can be arranged.
Or, if you prefer, rearranged.
Where extraordinary service can deliver champagne for 2 or a clambake for 2,000.
Where after making a big splash in the Americana ballroom, you can do the same in the immense pool.

가. a convention hall 나. a swimming pool
다. a restaurant 라. a casino
🗒 가

· immense : 거대한

모든 것이 준비될 수 있는 곳을 상상해 보시기 바랍니다. 또는 원하시면 맞추어 드릴 수도 있습니다. 특별한 서비스로 2명 당 한 병의 샴페인 또는 2,000명에 대한 모임장소를 제공해 드립니다. 연회장에서 성공적인 큰 행사가 종료된 후, 수영장에서도 같은 규모의 행사 진행이 가능합니다.

/ 2003년 79번 문제 /

84 다음 밑줄 친 laid off의 의미로 가장 적절한 것은?

Wyndham International has laid off 850 people, including 700 in hotel management, this year. Cuts were in response to the economy and the drop in business travel.

가. fired 나. hired
다. employed 라. picked out
🗒 가

85 다음 내용의 의미에 가장 가까운 것은?

> With the object of signing the Agreement and preparing for the preparatory meeting, the Secretary General and his assistant will visit the host Group in September, 2003.
> In conforming with the organization's principles[470], the host Group will cover their travel and accommodation.

가. 사무총장이 회의 준비를 위해 개최국을 9월 중에 방문할 예정이며, 모든 경비는 주최국에서 부담한다.

나. 사무총장이 계약을 목적으로 개최국을 9월 이후에 방문할 예정이며 항공비용과 숙박을 부담한다.

다. 사무총장과 그의 일행이 회의 계약과 준비회의를 위해 개최국을 9월 중에 방문할 예정이며, 규정에 따라 호스트국가가 모든 경비를 부담한다.

라. 사무총장과 그의 보좌관이 2003년에 한국을 방문하여 합의문 낭독을 할 예정이며 호스트국이 모든 경비를 부담한다.

답 다

- preparatory meeting : 준비회의
- preparation for the meeting : 회의 준비

86 다음 밑줄 친 부분 중 표현이 적합하지 않은 것은?

> A Sponsorship Opportunities Handbook was produced and distributed (A) through a mailing list of approximately 200 companies.
> This gave (B) general information about the conference including registration, limousines, deadline dates, and use of the conference logo.
> It also (C) detailed the 30 available Sponsors Opportunities, of which 16 of these were taken up.
> A complete list of sponsorship items is attached in the Appendix, (D) showing items both sold and unsold.

가. A   나. B   다. C   라. D

답 A

> through the mailing list of approximately 200 companies

87 다음 밑줄 친 Rain check과 의미가 가장 가까운 것은?

> I went to the computer store to but a LAN card at the specialty discounted sale price, but they were out of stock.
> The clerk asked me whether I would like a <u>rain check</u>.

가. Place for depositing coats and umbrellas
나. Reservation for a later time
다. Weather report
라. Inspection of a roof for leaks

답 나

88 다음의 ( )에 알맞은 표현은?

> Thank you for the reminder about the 15th ABC Event!
> I think it would be best if you flew in on Tuesday, May 12 and we hold the event on Wednesday. If we begin at 10:00, I'm sure we'll be finished by 4:30.
> Please (   ) so that I can arrange for someone to pick you up at the airport.
> I will book a room for you at the Hillside, as usual.

가. conform your arrival details
나. conform your departure details
다. confirm your departure details
라. confirm your arrival details

답 라

/ 2003년도 74번 문제 /

470) principle : 원칙

- conform : 순응하다. 따르다
- conform yourself to the fashion : 유행을 따르다
- conform yourself to(with) the law : 법률을 따르다

제 15차 ABC 이벤트에 대해서 상기시켜 주셔서 감사드립니다. 5월 12일에 비행기편으로 도착하시면 가장 좋겠다고 생각합니다.
이벤트는 수요일에 개최될 예정입니다. 10시에 시작된다면 오후 4시 30분에 종료될 것으로 확신합니다. 공항에서 모실 수 있도록 도착정보를 상세하게 알려주시기 바랍니다. 언제나 처럼 힐사이트 호텔에 객실을 예약해 놓도록 하겠습니다.

89 다음 대화의 (　　　) 안에 들어갈 가장 적합한 것은?

> A : Hello. This is Jay Lee. I'd like to confirm my reservation.
> B : What reservation are you holding, sir?
> A : I'd made a reservation for your flight 123 leaving for Seattle at 5 p.m. the day after tomorrow.
> B : Hold on a second, please.... You have been (　　　) on our flight 123 to Seattle the day after tomorrow.
> A : Thanks a lot.

가. requested 　　　나. booked
다. informed 　　　라. changed
🗒 나

90 다음 서한의 주된 내용으로 가장 적합한 것은?

> Dear Mr. Lee
>
> Thank you for submitting your quotation in respect of our company at the ABC Trade Fair to be held at the Korea Exhibition Center, Seoul.

> We have accepted another quotation and we regret that we will not be asking you to carry out the work on this occasion, but we look forward to asking you to tender for future works.

가. 입찰참여 권고
나. 입찰참가에 대한 감사
다. 입찰탈락 통보
라. 낙찰 통보
🗒 다

/ 2014년 93번 문제 /

91 다음 (　　　) 안에 들어갈 가장 알맞은 것은?

> Most hotel brochure do an adequate job of presenting the base contours of each meeting room. Few, however, tell the convention organizer how much time is required for room setup and breakdown.
> The result may be a program that is designed much too tightly to permit good service. And too often the hotel bears the stigma of (　　　) to performer well, give good service, or show much expertise.
> The planner might lay out the program more realistically if he or she had some idea of the time needed to perform these services.

가. trying 　　　나. avoiding
다. failing 　　　라. caring
🗒 다

92 다음 밑줄 친 부분 중 문법적으로 틀린 것은?

> Every union job is strictly defined by the tasks a union member is allowed to do(A).
> Refer to the regulations outline(B) the typical divisions of install and dismantle (I & D) labor.
> Understand that all of this can change depending(C) on the city you're in(D).

가. (A)　　나. (B)　　다. (C)　　라. (D)

답 나

93 다음 대화는 부하직원에게 프레젠테이션 준비상황을 점검하는 내용이다. 밑줄 친 부분을 대체할 수 있는 가장 알맞은 것은?

> A : Have you prepared for your business conference yet?
> B : Yes, I have prepared for it.
> A : Have you got all the materials you need for your presentation?
> B : Yes, I have.
> A : Again, the business conference is today at 5:00 PM on the dot.
> B : I have that written down.
> A : Excellent
> B : Everything is ready now.

가. all around　　　나. round
다. on the line　　　라. sharp

답 라

94 다음 밑줄 친 protocols의 의미로 가장 적합한 것은?

> Meeting professionals, encountering heightened threat levels for their events, will find new security protocols being adopted at arenas, stadiums, and amphitheaters.

가. 행사장소　　　나. 점검사항
다. 안전시설　　　라. 의전절차

답 라

95 다음 밑줄 친 부분의 번역으로 가장 적합한 것은?

> Meetings, conventions, and expositions는 환대산업 내에서 엄청난 양의 수입을 창출한다.

가. create a large amount of among the hospitable business.
나. make a great volume of money at hospitality industry.
다. spend an extraordinary amount of fund within the hospitality business.
라. generate a tremendous amount of revenue within the hospitality industry.

답 라

96 다음 문장의 밑줄 친 Load의 가장 알맞은 형태는?

> Evaluate all our transportation needs by date, departure and arrival times, and staging time which refers to the time empty buses arrive at the site load until pullout time.

가. to load　　　　나. to be loaded
다. loads　　　　　라. loaded

답 가

> · staging time : 집결시간
> · pullout time : 이동 시간

/ 2004년 76번 문제 /

97 다음 글에 이어질 문장으로 가장 적합한 것은?

> Individualism, self-reliance, and equality of opportunity have perhaps been the values most closely associated with the frontier heritage of America.
> Throughout their history, Americans have tended to view the frontier settler as the model of the free individual.
> This is probably because there was less control over the individual on the frontier than anywhere else in the United States.

가. There were few laws and few established social or political institutions to confine.
나. To be sure, the frontier provided many inspiring examples of hard work.
다. The self-reliant frontiersman has been idealized by Americans.

라. For many years, the frontier experience was romanticized in popular movies and television shows.

답 가

98 다음 질문의 대답으로 가장 적합한 것은?

> Don't you think you need a coffee break?

가. Yes, I think so, too.
나. Yes, I don't think so.
다. No, I think so.
라. No, I do think so.

답 가

99 다음 ( )안에 가장 알맞은 것은?

> Bring the following documentation with you to the show :
>
> Inbound ( ) records, including a bill of landing and a tracking number from your carrier.
> Copies of any show-service order forms that you sent in.
> Include a signed copy of any online orders you may have placed.

가. signage   나. ordering
다. freight   라. exhibitor

답 다

a bill of lading : 선하증권

/ 2008년 85번 문제 / 2013년 91번 문제 /

100 다음은 무엇에 관한 설명인가?

> A not-for-profit umbrella organization that represents a city or geographic area in the solicitation and servicing of all types of travellers to that city or area, whether they visit for business, pleasure or both.

가. conference center
나. convention and visitors bureau
다. tourism information center
라. convention and exhibition center

답 나

· umbrella organization : 산하에 많은 소속 단체를 거느린 상부 단체(기구)

/ 2006년 93번 문제 /

2011년도 시행 컨벤션 영어

71 다음 ( ) 안에 들어갈 가장 알맞은 것은?

> Local ( ) which plan site visits, gather proposals, promote attendance, arrange housing, provide registration service, liaison with local suppliers and government, and much more are the bridge between the host cities and meeting professionals.

가. Travel Agencies
나. Government Departments of Tourism
다 Convention and Visitors Bureaus
라. Alumni Association

답 다

> · liaison : 연락
> · liaison officer : 연락원, 연락관 = contact person, correspondent(s)

/ 2004년 77번 문제 /

72 다음 글의 밑줄 친 약자의 뜻은?

> Please check and return the R.S.V.P. slip to the hospitality Desk.
> Hotel Emerald Lobby, where you'll be given tickets for the program you want to attend.

가. 회신　　　　　나. 꼬냑
다. 중요인사　　　라. 등록서류

답 가

> R.S.V.P.: Repondez s'il vous plaît: 회답을 바랍니다. = RSVP

/ 2005년 4번 문제 / 2008년 75번 문제 / 2009년 99번 문제 /
/ 2013년 96번 문제 /

73 다음 글에서 광고하고 있는 품목은?

> Exclusive licenses for the Tournament of Roses.
> Specializing in custom lapel pins for special events, festivals, fairs, companies & clubs, also key chains, patches, magnets & specialty products.

가. Hardware
나. Souvenir identity giveaways
다. Celebrity autographs
라. Sportswear

답 나

74 다음 글에 의하면 항공료에 대한 변제는 언제 가능한가?

> We will have a room booked for you and your wife during the conference.
> Please note that your flight will be reimbursed during your stay.
> For detailed information, please refer to the attached file entitled Administrative Arrangements.

가. 행사 후　　　　　나. 체제기간 중
다. 행사 기간 마지막 날　라. 첨부 파일 참고

답 나

> reimburse : 상환하다.
> 저희는 국제회의 기간 동안에 귀 내외분을 위해서 좌석을 확보해 놓고 있을 것입니다. 귀하께서 체류하는 동안 귀하의 비행편은 돈으로 환급해 드릴 수 있습니다. 보다 자세한 정보가 필요하시면 "관리 조정"이란 제목의 첨부 파일을 참고해 주시기 바랍니다.

75 다음 중 가장 문법적인 표현은?

가. I don't mind being kept waiting
나. She admitted to steal the money.
다. I'd prefer living in the country rather than in a city.
라. Jane had to get used to drive on the left.

📖 가

> She was admitted to steal the money.
> I'd prefer living in the country to that in a city. = I'd prefer living in the country to living in a city.
> Jane had to get used to driving on the left.

/ 2005년 82번 문제 /

76 다음 글의 (   ) 안에 들어갈 가장 알맞은 것은?

The word culture has many different meanings. For example, we sometimes say that people who know about art, music, and literature are cultured. However, the word culture has a different meaning for anthoropologist (people who study humankind). To an anthroplogist the word culture means all the ways in which a group of people act, dress, drink, and feel. People have to learn the cultural ways of their community; they are not something that the people in the group are born with. Instinctive behavior, (   ), is a pattern of behavior that an animal is born with. Spiders spinning their webs are examples of instinctive behavior. The mother spider does not teach her babies how to spin webs. They know how to do it when they are born. baby birds will instinctively run away if a cardboard shape of a hawk is moved forwards over their heads. However, they do not run if the cardboard shape is move backwards. Hawks do not fly backwards, so the baby birds instinct does not tell them that

there is any danger. Their instinct is quite specific. As humans, we learn some of the ways of our culture by growing up in it. We see how other people in our culture do things, and we do them the same way. We even learn how to think and feel in this way.

가. therefore
나. on the other hand
다. as a matter of fact
라. in addition

📖 다

77 다음 글의 흐름상 가장 적합한 순서로 나열한 것은?

(A) Not enough progress, moreover, has been made in reducing poverty or racial strife.

(B) To begin with, they fear the outbreak of nuclear war and are concerned over the continuing pollution of the environment.

(C) Several reasons can be given for the change in the attitude of many students.

(D) And to conclude, they feel frustrated in their attempt to influence political decisions

가. (A)-(B)-(C)-(D)
나. (B)-(A)-(C)-(D)
다. (C)-(B)-(A)-(D)
라. (D)-(A)-(B)-(C)

📖 다

78 다음 대화의 (   ) 안에 들어갈 가장 알맞은 것은?

A : Is anything wrong?
B : I missed an important meeting this morning.
A : What happened?
B : The secretary forgot (   ) of the meeting.

가. to remind me   나. to recall me

다. recalled me   라. reminded me

📖 가

79 다음 대화에서 A와 B의 관계로 가장 적합한 것은?

> A : Excuse me, could I interrupt?
> B : Of course
> A : I'd like to ask you about the "Ready Room".
> B : Sure, what exactly would you like to know?
> A : I am a presenter for this afternoon session C. I will be using the flip chart as well as the Powerpoint. There's quite a lot to cover through my talk which will last about 15 minutes.
> B : No problem. The Speaker's Room is arranged at Conference Room 312 for rehearsals It is also staffed with technician.

가. A : 통역사 B : 연사
나. A : 연사 B : 진행요원
다. A : 시청각 기자재 기술사 B : 컨벤션기획사
라. A : 호텔 직원 B : 회의 참가자

📖 나

80 다음 글의 내용과 다른 것은?

> Meeting and convention attendees are also just likely to be single as married, and are typically younger and more affluent than convention delegates of two decades ago.
> But despite increased spending power, meetings are no longer attended primarily for fun; in most cases, meeting attendance must be considered worthwhile enough to justify the expense and time away from the office.

가. 마흔인 회의 참석자가 늘었다.
나. 젊은 회의 참석자가 늘었다.
다. 부유한 회의 참석자가 늘었다.

라. 재미삼아 회의에 참석하는 사람이 늘었다.

📖 라

> · affluent : 풍부한
> · worthwhile : 가치가 있는
> · a worthwhile book : 읽을 만한 책

81 다음 (　)안에 들어갈 가장 알맞은 것은?

> For the (　) of them, I will not discuss this issue in detail.

가. interest   나. sake
다. shortage   라. safety

📖 나

82 다음 중 문법적으로 가장 정확한 표현은?

가. DAEHAN computes hosted an cocktail party during the convention.
나. I have greatest honor and pleasure in introducing Mr.s Miles from the University of Washington, as many of you know, has come over 5,000 miles to be here with us in Seoul.
다. The proposed venue has world-class convention and exhibition facilities as well as deluxe hotel accommodations.
라. My congratulations to the Chair and the Congress officers for the diligent work which they have done in planning and arranging and organization of this outstanding program for the Congress.

📖 다

/ 2013년도 89번 문제 /

83 다음 편지에 관한 설명으로 가장 적합한 것은?

> Mr. Derek Jourdan
> Jourdan Jems
> 3220 Ruby Ridge Road Amber, TX, 7522
>
> Dear Derek:
> Thank you for your participation in what

will be the premier diamond event of the season. The 2010 Dazzling Diamonds Tradeshow will be the most comfortable setting for a trade show that you will experience all year, allowing you to focus on the important your relationship with the buyer. We look forward to having you as our guest.

Thank yuou again. We can not wait for you to experience the 2010 Dazzling Diamonds Tradeshow. It is going to be a fabulous time for everyone.

Sincerely,
Ried Maitland Executive Director

가. This letter was not written by Reid Maitland
나. The writer recommends the receiver's participation in the diamond show.
다. This letter appreciates the receiver's participation in the previous diamond show.
라. The exhibitor application is not needed to participate in the show.

답 나

/ 2012년 96번 문제 /

84 다음 밑줄 친 단어와 의미가 같은 것은?

Las Vegas is now promoting itself as a family vacation destination.
Theme hotels and theme parks are helping the city <u>entice</u> families there.

가. enter　　　　나. attract
다. enforce　　　라. assign

답 나

/ 2003년도 84번 문제 /

85 다음 글의 내용상 (　　) 안에 있는 follow와 power의 형태가 모두 맞는 것은?

Most meetings have an opening

reception, often (follow) a dinner.
Such receptions allow people to gather and be seated at the same time instead of straggling into the dining area.
Music should never be (power) at the opening reception in order to allow comfortable conversation.

가. followed by, overpowering
나. following, underpowered
다. being followed, powered
라. follows, overpowering

답 가

· straggle : 흩어지다. 무질서하게 나오다.
· power : 동력을 공급하다
· follow : 뒤따르다
· Misery follows war = War is followed by
· misery. : 전쟁이 일어나면 비참한 일이 일어난다.

86 다음은 컨벤션 기획시 필요한 계약서의 내용을 설명한 글이다. 다음 중 아래의 내용과 일치하지 않는 것은?

Once the negotiations have been concluded, it is important that everything be put in writing. The contract is not binding unless the signatures are valid.
If pricing can not be determined for the time of the meeting, utilize historical data and add an agreed-upon percentage of annual inflation.
The host facility and the organization sponsoring the meeting, convention or exposition have insurance coverage. Both parties must agree to carry adequate liability and other insurance to protect against andy claims from activities conducted while the group was at the host facility.

가. 계약서는 서명이 유효하지 않으면 구속력이 없다.

나. 회의기간 동안 가격을 결정할 수 없으면 과거 자료와 임의의 인플레이션을 고려해야 한다.
다. 개최시설과 주최측은 합의 하에 보험에 들어야 한다.
라. 협상이 타결되면 모든 세세한 것은 필히 문서화해야 한다.

답 나

87 다음 밑줄 친 prospects의 의미로 가장 적합한 것은?

> Exhibitions offer an opportunity to get face-to-face with large number of customers and <u>prospects</u> and to showcase products.

가. 성공의 기회   나. 진열된 상품
다. 예상되는 고객   라. 생산 가능성

답 다

/ 2005년 75번 문제 /

88 다음 중 문법적으로 틀린 부분은?

> The program is the key element of a successful meeting. (A) As such, it (B) is deserved the greatest attention (C) when the meeting (D) is evaluated.

가. (A)   나. (B)   다. (C)   라. (D)

답 나

89 다음 글에서 밑줄 친 Rack Rates의 의미로 가장 적합한 것은?

> Special guest room rates are usually in effect during a convention or conference. These prices are lower than the publish "<u>rack rates</u>" of the hotel. This is a type of quantity purchasing that is routing throughout the hospitality industry.

가. costs for published books or magazines
나. discounts on hotel rates applicable to a group of visitors
다. standard charges for a room before any discount has been taken into account
라. the prices of items hanging on the racks of a shop

답 다

/ 2014년 54번 문제 /

90 다음 편지의 내용에 관한 설명으로 옳은 것은?

> Dear Mr. Volsky :
>
> This letter will confirm your reservation for a single room with bath for August 24-27. Your room will be available after 2 P.M. on the 24th.
> Since you will be arriving in Omaha by plane, you may want to take advantage of The Barclay's shuttle.
> Our limousine departs from the domestic terminal every hour on the half hour, and the service is free for guests of the hotel.

가. The Barclay is the hotel where Mr. Volsky will stay.
나. Mr. Volsky is the limousine airport bus driver.
다. The shuttle bus runs every 30 minutes between Omaha and Barclay.
라. Mr. Volsky is flying into Omaha from abroad to visit the Barclay.

답 가

/ 2007년 84번 문제 /

91 다음 중 분과회의 형태가 아닌 것은?

가. Prerequisite session
나. Concurrent session
다. Breakout session
라. Wrap-up session

답 라

> · Prerequisite session : 일정한 조건에 의해 참가 대상이 제한되어 있는 소집단 회의
> · Concurrent sessions : 동시에 진행되는 소회의들 = Breakout Sessions ≠ Plenary session (전체회의)
> · Wrap-up session : 회의 종료 시기에 하는 정리 회의

/ 2010년 80번 문제 /

92 다음 내용이 광고하고 있는 것으로 가장 알맞은 것은?

Fantastic Travelling Show has come to be known as a big carnival company. Our reputation has always been build on delivering the finest carnivals in the industry.
Whatever carnival dream you're envisioning, let us know.
We're ready.
We want to make it the best event you're ever had.

가. 순회 흥행 쇼 공연 회사
나. 단체여행 기획 회사
다. 컨벤션관련 컨설팅 회사
라. 전시회장 설치 회사

답 가

envision : 상상하다.

/ 2006년 97번 문제 /

93 다음의 내용은 무엇에 관한 정보인가?

Esophageal Motility Disorders

Time & Date : 08:30-10:40, Thursday, April 4

□ Oropharyngeal dysphagia : Ian J. S. Cook (Australia)
□ Stationary esophgeal manometry: Jouis M. 가. Akkermans (The Netherlands)
□ Functional chest pain of presumed esophageal origin: Satish S.C. Rao (USA)
□ Discussion

가. Award Ceremony
나. Scientific Session
다. Roundtable Workshop
라. Accompanying Persons Program

답 나

/ 2005년 84번 문제 /

94 다음 대화에서 B의 대답으로 가장 적합한 표현은?

A : Have you ever breen in Saudi Arabia?
B : No, I've (   ).

가. been ever in Saudi Arabia
나. ever been in Saudi Arabia
다. never been in Saudi Arabia
라. been never in Saudi Arabia

답 다

No, I've never been in Saudi Arabia.

95 다음 (   )에 들어갈 가장 알맞은 것은?

In art, few things are more (   ) than when someone manages to inject new life into centuries-old mediums.

가. impressive   나. outdated
다. interrelated   라. vivid

답 가

· medium : 환경, 그림 용액

예술에 있어서 수 세기가 지난 그림에 새로운 생명을 불어 넣으려고 애썼을 때 감동을 받는 경우는 거의 없다.

96 다음 (   ) 안에 들어갈 가장 적합한 것은?

Tables (   ) 10 to 12 persons can be placed around a large room. A key topic and a topic expert are assigned to each table. Attendees engage the experts in an informal atmosphere, asking questions and enjoying interaction.

가. seating   나. set
다. sitting   라. seated

답 가

Tables seating 10 to 12 persons can be placed around a large room.
What size round table seats 10 people?

97 다음 중 밑줄 친 부분과 의미상 가장 가까운 것은?

> I can't put up with your rudeness any more. Leave the room now.

가. endure　　　　나. disregard
다. dispose　　　　라. understand

답 가

> I can't put up with your rudeness any more. = I can't endure your rudeness any more.

98 다음 (　) 안에 들어갈 가장 알맞은 것은?

> When their first child was born, they (　　) for 10 years.

가. will have been married
나. will be married
다. had been married
라. got married

답 다

> When their first child was born, they had been married for 10 years.

99 다음 글의 밑줄 친 부분의 해석으로 가장 적절한 것은?

> The fact that people respond positively to accolades is not a revelation. Even though we may not readily admit it, most of us enjoy recognition for our good deeds, accomplishments, and hard work. The positive reinforcement inspire us to keep meeting the challenges ad difficulties we face daily.

가. 긍정적인 태도는 우리에게 도전과 어려움을 피할 수 있는 방법을 늘 알려준다.
나. 긍정적으로 북돋움을 받게 되면 우리가 매일 접하는 도전과 난관들에 지속적으로 대처할 수 있는 힘을 얻는다.
다. 긍정적인 강화는 우리에게 영감을 주며 도전을 지속시키고 어려운 난관을 매일 피할 수 있게 해준다.
라. 긍정적인 칭찬의 말을 할수록 우리는 도전에 임하는 시간을 지속시키고 매일 만나는 어려움을 극복할 수 있다.

답 나

> revelation : 계시

100 다음 글의 앞에 나올 문장으로 가장 적절한 것은?

> They viewed the material wealth of the United States as an ever-expanding pie. In other countries, people believe that the rich take a larger piece of the pie and the poor get a smaller piece. Americans, however, continue to grow so that all people could get a bigger piece of a bigger pie.

가. Americans were never forced to change their great optimism about wealth and abundance.
나. Americans grew in size, as new western lands were settled and became states.
다. Americans were optimistic people with confidence that human problems could be solved.
라. Americans believed that their high standard of living was a reward for practicing freedom, equality of opportunity, self-reliance, and hard work.

답 가

> 미국은 부와 풍요에 대한 낙천주의를 바꾸도록 강요받은 적이 없다.
> 미국은 미국의 물질적 풍요를 계속 커지는 파이로 보고 있었다. 그러나 다른 나라들은 부유한 국가가 파이의 큰 부분을 먹고 있으며, 가난한 국가는 파이의 적은 부분을 먹는다고 믿고 있다. 그렇지만 미국은 모든 사람들이 점점 커지는 파이의 큰 부분을 먹을 것으로 본다.

71 다음 ( ) 안에 들어갈 가장 적합한 것은?

> 7 million Americans have difficulty in walking, including 1.8 million who use a wheelchair, and an additional 5.2 million who use a cane, crutches, or walker. Travel agencies ( ) a market this large with money to spend and desire to travel.

가. cannot ignore
나. cannot but ignore
다. had better ignore
라. should ignore

답 가

· cane : 지팡이
· crutch : 목발
· walker : 보행기

미국 중에는 약 7백만명이 보행에 불편함을 가지고 있다. 그 중에서 1.8백만명은 휠체어를 이용하며, 5.2백만명은 지팡이, 목발, 보행기를 이용하고 있다. 여행사는 소비를 하고, 여행을 하고 싶어하는 이렇게 큰 시장을 무시할 수 없다.

72 다음 ( )에 알맞은 표현은?

> As the symposium is fast approaching, we wish to urgently request that you send your presentation material ( ).

가. whenever it is ready
나. at your earliest convenience
다. with donations to the scholarship fund
라. after thorough examination and review

답 나

심포지움 개최가 가까워졌으므로 발표 자료를 빨리 보내주실 것을 긴급히 요청드립니다.

/ 2003년 97번 문제 /

73 다음 중 문법적으로 틀린 문장은?

가. Jane's thesis director and advisor is Mr. Kim.
나. Mary, together with her two sisters, is coming to the lecture.
다. The book about the changes in airplanes during the two World Wars was quite interesting.
라. None of the tomatoes was salvaged from the overturned truck.

답 라

· salvage : 구출하다.
· None of the tomatoes were salvaged from the overturned truck.

74 다음 ( ) 안에 들어갈 가장 알맞은 것은?

> The objectives of the meeting that are not written but are simply "understood" tend to be vague and unclear. The progress of writing objectives helps to ( ) the purpose of the meeting and the program.

가. clarify   나. obscure
다. purchase   라. consume

답 가

회의 목적을 문서화하지 않고 단순히 이해만 하는 것은 불명확하다. 목적을 문서화하는 작업은 회의와 프로그램의 목적을 분명하게 하는 데 도움이 된다.

75 다음 중 문법적으로 틀린 것은?

가. Admission tickets are available at 4,000 Won for adult and 3,000 Won for a person under age.

나. Visitors can also taste for free every food and drink of the participants.

다. During lunch time visitors can enjoy world's best chefs "master pieces" presents for the contest as long as they pay 10,000 Won.

라. During the exposition, such cultural events as concerts by string orchestra and traditional Korean music occurs.

답 라

During the exposition, such cultural events as concerts by string orchestra and traditional Korean music occur.

76 밑줄 친 A와 B에 들어갈 단어로 알맞은 것은?

(A)
Exchange ideas
Providing training
Launch a new product
Find solutions to existing problems
Bringing people together outside the office setting
Provide new information about your product or company

(B)
Create one-of-a-kind evens to recognize increase in sales
Bring top sales force together to discuss future strategy
Get top sales force and senior management together outside the work environment
Enlist the support of family and partners

가. A : Incentives B : Meetings
나. A : Meetings B : Incentives
다. A : Special events B : Conferences
라. A : Conventions B : Fund-raisers

답 나

77 다음 글의 (   ) 안에 들어갈 표현이 모두 옳은 것은?

Walt Disney was the father of the theme park concept, having come up with the idea after a day at an amusement park with his two daughters. He noticed that while his children had a great time on the rides, there was nothing for (A) to do but sit and watch. He responded to customers' (B) with the Disney-land development—and innovative entertainment concept for the entire family.

가. A : parents   B : concepts
나. A : parents   B : needs
다. A : children   B : needs
라. A : children   B : concepts

답 나

월트디즈니는 Theme Park 개념의 아버지이다. 그는 자녀들과 함께 놀이공원에 가서 자녀들이 놀이기구를 타면서 즐기는 모습을 보면서 이 아이디어를 얻었다. 부모들은 단지 앉아서 보면 될뿐이었다. 그는 고객의 요구에 맞추어 가족 모두 즐길 수 있는 혁신적인 디즈니랜드를 만들었다.

78 다음 글에 내포된 정보 내용과 일치하는 것은?

At present, the largest convention center in the U.S. is Chicago's McCormick Place, which offers 2.2 million square feet of exhibit space... and 371, 365 square feet of meeting space. Nashville's Opryland Hotel, with nearly 300,00 square feet of exhibit space, is the largest hotel facility and will continue to be until the opening of Opryland Hotels in Kissimmee, Florida, in 2004 and Grapevine, Texas, in 2005. Each will offer 400,000 square feet of exhibit space.

가. McCormick Place 컨벤션 센터의 회의장 면적은 전시장 면적보다 넓다.

나. 현재 미국내의 호텔 중 가장 넓은 전시장을 갖춘 것은 Nashville에 있으며, 이 호텔은 2005년까지 미국에서 호텔로서는 가장 넓은 전시장을 갖춘 것으로 남을 것이다.

다. Kissimmee에 지을 Opryland Hotel의 전시장 면적과 Grapevine에 지을 Opryland Hotel의 전시장 면적을 합치면 40만 평방 피트이다.

라. Kissimmee에 지을 Opryland Hotel의 전시장 면적과 Grapevine에 지을 Opryland Hotel의 전시장 면적은 서로 똑같다.

🔲 라

/ 2005년 89번 문제 / 2009년 93번 문제 /

79 다음 표현 중 문법적으로 가장 적합한 것은?

가. I haven't spoken to him since.
나. I'd not better go now.
다. He need not had taken the umbrella.
라. Are you knowing that man over there?

🔲 가

You had better not go now. (○)
He should have not taken the umbrella. (○)
Do you know that man over there? (○)

80 다음 질문에 대한 답으로 옳은 것은?

How far is it to the convention center?

가. It is about 15 minutes away.
나. Yes, it's for me.
다. That's great plan.
라. It never turns out right.

🔲 가

컨벤션센터는 얼마나 멀리 있나요?
15분 정도 거리에 있습니다.

81 다음 계약서의 빈 칸에 들어갈 단어의 순서가 가장 적절한 것은?

SITA Track Service(hereinafter called, "SITA") (   ) simultaneous interpretation (   ) to the National Convention Center, Seoul, Republic of Korea(hereinafter called "(   )" from the 2011-7-10 at 08:00 to the 2011-7-25 17:00 in Seoul, ROK.

가. borrows, equipment, Lessee
나. lends, equipment, Hirer
다. borrows, facility, Leaseholder
라. lends, facility, Charter

🔲 나

hirer : 임차인
SITA는 동시통역장비를 한국의 서울에 있는 국립컨벤션센터에 2011년 7월 10일 8시부터 2011년 7월 25일 5시까지 임대해 준다.
SITA Track Service(hereinafter called, "SITA") lends simultaneous interpretation equipment to the National Convention Center, Seoul, Republic of Korea (hereinafter called "Hirer" from the 2011-7-10 at 08:00 to the 2011-7-25 17:00 in Seoul, ROK.

82 다음 밑줄 친 (A)와 (B)의 의미가 모두 옳은 것은?

If you tape, you must have a signed release from each speaker. If they (A) decline, you cannot tape that session without risk of a lawsuit. Often, speakers decline if (B) confidential information is being shared; others prefer to sell their own tapes for personal profit rather than someone else.

가. (A) declare (B) confident
나. (A) climb down (B) critical
다. (A) request (B) upgrade
라. (A) refuse (B) secret

🔲 라

강연자를 녹화하려면, 강연자로부터 서명을 받아야 된다. 만약 강연자가 거절하면, 소송을 당하지 않으려면 녹화하지 않도록 한다. 가끔 강연자들은 공유하지 않고 비밀을 요하는 정보에 대해서 녹화를 거절한다. 어떤 강연자들은 개인적인 이윤을 위해서 다른 사람에게 맡기지 않고 자신이 직접 녹화를 하기도 한다.

83 다음 글의 내용에 대한 설명으로 틀린 것은?

In trade show and exhibition, the most important thing exposition service contractor provides is the exhibit hall's floor plan.
The accurate floor plan is laid out to identify structural obstacles such as columns, freight doors, low ceiling and will save exhibition time, money, and aggravation from the beginning to the last day of move-out.
This layout that will be designed by exposition service contractor will be approved by the fire marshal.

가. 전시기획사에게 있어서 가장 중요한 것은 전시장의 도면을 정확히 표기하여 전시자들로 하여금 시간과 경비를 절약할 수 있도록 하는 것이다.
나. 전시기획사는 전시가 진행되는 동안 전지장 내의 구조물을 잘 관리하고 보관하여야 한다.
다. 전시업자는 칸막이, 화물, 출입구, 천장 등의 높이 및 위치를 정확히 표기하여 전시자들로 하여금 편안하게 전시에 임할 수 있도록 도와야 한다.
라. 전시업자가 디자인한 도면은 관할 소방서의 허가를 받아야 한다.

🗒 나

84 다음 글의 내용은 무엇에 대한 것인가?

Over the years, Dr. Sinai has been consulted by various administrations from both political parties on key economic and policy issues. He was consulted by the Clinton, Bush and Reagan Administrations. He has met with numerous officials in state governments, members of the U.S. Senate, and House of Representatives. He meets regularly with senior level policy makers from other countries and has often testified before the U.S. Congress. Dr. Sinai is a recognized expert on the Federal Reserve and monetary policy, both as a scholar and in forecasting Federal Reserve policy, and has served as a consultant to the Federal Reserve.

가. Orbituary
나. Autobiography
다. Itinerary
라. Curriculum Vitae

🗒 라

85 다음 글에 대한 내용으로 옳은 것은?

1. Respond immediately so the reader can seek help elsewhere. This action shows.
2. Open by assuring the reader you have given the request careful consideration. Do not mention in the first paragraph whether the request will be accepted or not.
3. Give your reasons for the decision. List them in a clear, straightforward manner so that the reader will be able to understand them quickly.
4. Where possible, suggest an alternative course of action or solution to fulfill the reader's request.
5. Close with a positive statement. Don't overly apologize for your decision.

가. One should help the reader by quickly responding to her/his request.
나. This passage is on writing a refusal letter to a reader.
다. One should open a letter with an explanation that the request was rejected.

라. Heartfelt apology should be made for not accepting the request so that the reader does not feel hurt.

📖 나

86 다음의 ( ) 가장 알맞은 표현은?

A: It's a pity you couldn't join the seminar.
B: I know. I had my heart (　　) it. I should have signed up earlier.

가. put in 　　　　나. drawn to
다. set on 　　　　라. gone for

📖 다

had one's heart set on : 정말 갖고(참석하고) 싶었다.

87 다음 글의 밑줄 친 부분에 해당되는 것은?

Rather than approaching bargaining as a zero-sum contest, one with a winner and a looser, experts suggest putting the negotiators together on the same side of the table, in a figurative sense, united against the challenge of problem. A competitive man by nature, Jason suffered from what Greenhalgh calls the "fixed-pie syndrome." He couldn't shake the notion that is was his loss everytime the other party got something it wanted in the give-and-take.

가. a fair but competitive game of give-and-take
나. an attitude of approaching bargaining as a zero-sum contest
다. the figurative mode of give-and-take negotiation
라. the attitude of the person whose goal is to get everything within his control

📖 나

88 다음 중 아래 편지에 동봉된 것은?

Dear Ms. Kim

Enclosed is the form for paying your business license tax for 2011. Please complete the form and return it with payment no later than February 1, 2012. Make checks payable to Treasurer.

Sincerely,
John White
Commissioner

가. A check 　　　　나. A business license
다. A form 　　　　라. A picture

📖 다

· commissioner : 위원, 이사
· treasurer : 회계

2011년도 면허세 양식을 동봉합니다. 양식을 작성해서 2012년 2월 1일 이전까지 세금을 보내주시기 바랍니다. 수표는 회계 앞으로 보내야 합니다.

/ 2003년도 78번 문제 / 2007년 100번 문제 /

다음 편지에 대한 내용으로 맞는 것은?

Dear Gentlemen and Ladies:

The enclosed check for $312.68 is in payment of invoice no. 10463.
Please credit my account (no. 663-711-M).

Yours truly,

가. 이 편지에 $312.68이 동봉되어 있다.
나. 지불청구로 $312.68를 요구하는 편지이다.
라. 동봉한 통장 계좌번호는 10463이다.
마. 송금요청에 대해 외상거래를 부탁하는 편지이다.

📖 가

invoice : 청구서, 대금청구서

89 다음 글을 읽고 질문에 대한 답은?

South East Airlines earned 3.5 million dollars in the second quarter, compared with a loss of 1.2 million dollars in the previous year. The profit was due to reduced costs ad an increase in profitable routes.

Q : To what is this year's profit due?

가. More effective reservation systems
나. Lower cost and more profitable routes
다. Better services and greater tickets sales
라. Buying new airplanes

🗒 나

사우스이스트항공은 2분기에 3.5백만 달러를 벌었다. 지난 해에 1.2백만 달러의 손실을 보았던 것과 대조를 이룬다. 이유는 비용절감과 이윤을 내는 항공노선 덕분이다.

90 다음 밑줄 친 곳에 들어갈 내용으로 가장 옳은 것은?

Why didn't you to pull your car _____ immediately when you are asked to?

가. down   나. over
다. for   라. on

🗒 나

pull over one's car : 차를 세우다

91 다음 중 문법적으로 틀린 것은?

가. The San Francisco Symphony has been entertaining Bay Area audience since the rebirth of the city's cultural scene in 1911.
나. While there are many transportation options available, choose a carrier that offers demonstrated expertise in the transportation of trade show exhibits.

다. Trenton is located some 50 miles from Bangor, near Bar Harbor on Maine's Atlantic Coast.
라. Make sure your press releases and press kits were arrived and are on display.

🗒 라

92 다음 문장에서 틀린 것은?

Let a disinteresting(1) person(2) judge(3) our(4) dispute.

가. 1   나. 2   다. 3   라. 4

🗒 가

· disinterested : 사심없는
· Let a disinterested person judge our dispute.

93 다음 글의 주제를 가장 잘 표현한 것은?

I have always been excited by the opportunity to discuss with colleagues from every part of the world all kinds of professional issues, concerns for raising standards, developing professional profiles and the ability to speak a common professional language even when the actual barriers of language (or translation) intervene.

I have been enormously stimulated by the opportunity to share ideas about the future on a global scale, as well as challenged by extraordinary commitment of colleagues in other countries. During a post IFLA three day conference in Bangkok. I was humbled by colleagues from Cambodia, Kosovo, Lebanon, Nicaragua, all coping with war-ravaged communities but determined to restore their libraries and bring books to children and their families.

가. Joy of making friends from all over the world
나. On overcoming language barriers
다. Benefits of attending an international conference
라. On war ad libraries

🗒 다

94 다음 밑줄 친 부분의 의미로 가장 옳은 것은?

> In an age where the amount of information doubles in a period of months, all segments of society are being challenged to find the elusive "pipelines" that simplify, rather than complicate, their lives.

가. Fossil fuel delivery systems
나. information sources
다. Plumbing fixtures
라. Surf breaks

🗒 나

95 아래 밑줄 친 곳에 어울리지 않는 단어는?

> On behalf of the organization committee, we are _____ to inform you that the upcoming conference will take place in May, 2006 in Seoul, Korea.

가. dedicated   나. pleased
다. delighted   라. excited

🗒 가

조직위원회를 대신하여 한국의 서울에서 2006년 5월에 회의가 개최될 예정임을 알려드립니다.

96 다음 편지의 (A), (B) 안에 들어갈 가장 알맞은 것은?

> Mr. Derek Jourdan
> Jourdan Jems
> 3220 Ruby Ridge Road Amber, TX, 7522

> Dear Derek:
>
> Thank you for your participation in what will be the premier diamond event of the season. The 2012 Dazzling Diamonds Tradeshow will be the most comfortable setting for a trade show that you will experience all year, allowing you to focus on the importance your relationship with the buyer. We look forward to having you as our guest.
>
> In preparation for the show, please take a moment to fill out the enclosed exhibitor application and send it along with your deposit to the American Association of Jewelers at the address below. Once we receive your (A), we can assign your (B), and you can begin scheduling your meetings with top buyers.
>
> Thank you again. We can not wait for you to experience the 2012 Dazzling Diamonds Trade Show. It is going to be a fabulous time for everyone.
>
> Sincerely,
>
> Reid Maitland Executive Director

가. A : application and deposit B : booth space
나. A : deposit and receipt B : receipt
다. A : deposit B : accommodation
라. A : application B : conference room

🗒 가

Derek씨,
금번 최고가 될 다이아몬드 행사에 참석해 주시면 감사하겠습니다. 2012 Dazzling Diamonds Trade Show는 바이어와의 중요한 유대관계에 집중하실 수 있도록 금년에 경험하실 가장 편안한 자리가 될 것입니다. 손님으로 뵙기를 기대합니다. 이번 Show를 준비하기 위해서 첨부된 전시회 참가업체 양식을 작성해서 예치금과 함께 미국 보석협회로 보내주시기 바랍니다. 신청서와 예치금을 받은 후에 귀사의 부스 공간을 배정할 수 있습니다. 다시 한 번 감사드립니다.

2012 Dazzling Diamond Trade Show는 꼭 경험하시기 바랍니다. 모든 분들게 멋진 시간이 될 것입니다.

/ 2011년 83번 문제 /

97 다음 ( ) 안에 가장 알맞은 것은?

The Host Committee will be glad to examine papers from all who are interested in submitting them. Ideally, these papers should not exceed five double-spaced typed pages ( ), should not use notes, should treat subjects of contemporary significance, and should be interesting and readable.

가. at length
나. for a length of time
다. in length
라. of some length
☑ 다

The papers should not exceed five double-spaced typed pages in length.
국제회의 개최준비위원회는 논문을 제출하는 데 관심이 있는 분들로부터 접수받은 논문의 심사를 합니다. 원칙적으로 논문들은 길이가 더블스페이스로 제작해서 다섯 줄을 넘으면 안됩니다. 주석을 달지 않고 최근 중요한 이수를 다루어야 하며, 흥미있고 읽을 수 있는 상태로 제출해야 됩니다. 만약 논문이 채택되면 발표될 논문은 회의집에 수록될 것입니다.

/ 2003년도 72번 문제 / 2007년 90번 문제 / 2008년 92번 문제 /

98 밑줄 친 곳에 알맞은 것은?

I have no idea what _____.

가. does this word mean
나. this word means
다. is this word meaning
라. means this word
☑ 나

I have no idea what this word means. : 이 단어의 뜻을 모르겠다.

99 다음 ( ) 안에 가장 알맞은 것은?

It is important that young children should see things, and not merely read about them. ( ), it is a valuable experience to take them on a trip to a farm.

가. Furthermore   나. By the way
다. However   라. For instance
☑ 라

젊은이들이 단지 책으로만 읽는 것이 아니라 사물을 직접 보는 것이 중요하다. 농장을 직접 방문해 보는 것은 매우 가치가 있는 경험이다.

100 아래의 대화에서 ( ) 안에 단어의 형태가 가장 알맞게 짝지어진 것은?

A : Excuse me, could I interrupt?
B : Of course
A : I'd like to ask you about the "Ready Room".
B : Sure. what exactly would you like to know?
A : I am a presenter for this afternoon session C. I will be using the flip chart as well as the Powerpoint. There's quite a lot to (A) through my talk which will (B) about 15 minutes.
B : No problem. The Speaker's Room is arranged at Conference Room 312 for rehearsals It is also (C) with technician.

가. A : cover   B: last   C: staffed
나. A : covering B: lasts C: staffs
다. A : covers B: lasting C: staffed
라. A : cover   B: lasted C: being staffed
☑ 가

71 Select the one underline word or phrase that is grammatically incorrect.

> The company will be open another branch in Seoul within the next year.

가. open　　　나. another
다. within　　　라. the next

🔑 가

> The company will be opening another branch in Seoul within the next year

72 다음 글에 의하면 항공료에 대한 환급은 언제 가능한가?

> We will have a room booked for you and your wife during the conference. Please note that your flight fare will be reimbursed during your stay. For detailed information, please refer to the attached file entitled Administrative Arrangement.

가. 행사 후　　　나. 체류 기간 중
다. 행사 기간 마지막 날　　　라. 행사 전

🔑 나

reimburse : 상환하다. 환불하다. = refund

73 다음 내용이 광고하고 있는 것으로 가장 알맞은 것은?

> Fantastic Traveling Shows has come to be known as a big carnival company. Our reputation has always been built on

delivering the finest carnivals in the industry. Whatever carnival dream you are envisioning, let us know. We are ready. We want to make it the best event you have ever had.

가. 축제 및 공연 기획사
나. 단체여행 기획 회사
다. 컨벤션 관련 컨설팅 회사
라. 전시회장 설치 회사

🔑 가

envision : 상상하다.

74 다음 글의 빈 칸에 들어갈 낱말들의 배열이 가장 적절한 것은?

> There is nothing worse than paying a professional speaker to come to your meeting, only to have a roomful of (A) seats at his session.
> Remember that most attendees have to make session choices (B) only on a short description in your program.
> A session's content may be (C).
> But if its program description is boring or sounds les than valuable, attendees are likely to (D) it.

가. skip, spectacular, based, empty
나. skip, based, empty, spectacular
다. based, skip, spectacular, empty
라. empty, based, spectacular, skip

🔑 라

75 ( ) 안에 알맞은 것은?

> The main purpose of the opening reception is to welcome the attendees to the meeting or conference and to get them into the spirit of the conference.
> People attend the opening reception to see who else is there.
> They begin to establish their own personal agenda of who they need to see and what they hope to accomplish while at the meeting-in other words, the ( ) begins.

가. conversion　　나. networking
다. problem solution　라. gaining

답 나

76 다음 ( ) 안에 알맞은 것은?

> The price of fruit increased because it was ( ).

가. familiar　　나. prevalent
다. scarce　　라. widespread

답 다

> scarce : 희귀한

77 다음 대화는 부하 직원에게 프레젠테이션 준비상황을 점검하는 내용이다. 밑줄 친 부분을 대체할 수 있는 가장 알맞은 것은?

> A : Have you prepared for your business conference yet?
> B : Yes, I have prepared for it.
> A : Have you got all the materials you need for your presentation?
> B : Yes, I have.
> A : Again, the business conference is today at 5:00 PM on the dot.
> B : I have that written down.
> A : Excellent.
> B : Everything is ready now.

가. all around　　나. round
다. on the line　　라. sharp

답 라

> on the dot : 제 시간에

78 How often does YBS run double feature?

> Double Features Every Sunday Night
>
> This week : Western Director
> Titanic : 8:00
> Stranger Than Paradise : 10:00
> YBS Superstation
> (To subscribe call 2-567-CABLE-TV)

가. Once each month
나. Every evening
다. Every other day
라. Once a week

답 라

79 다음 대화문의 빈 칸에 들어갈 가장 적합한 표현은?

> A : Pardon me, ma'am. May I see your I.D. pass?
> B : Pass? What pass? I am Kate Millet.
> A : Yes, ma'am. But whoever you are. I still need to see your convention pass. I am sorry, but you can't go into the convention center without a pass. Are you a participant at the convention?
> B : Well, I am not an engineer. I am exhibitor. I am with Conversay Computers. We have a ( ) in the exhibition hall. I am sure it is OK.
> A : Well, you need an exhibitor's blue pass. Would you please report to the desk over there for convention registration?

가. chair　　나. sofa
다. stand　　라. lounge

답 다

80 Which of the following is correct according to this passage?

Charitable giving at ABC Industries is largely driven by the CEO, with staff support from members of the corporate communications department. They usually give away about one percent of earnings, which amounts to 20 million dollars annually in a 2 billion dollar company. The plant managers are encouraged to become involved in their communities and may recommend grants to local nonprofit organizations to the corporate home office.

가. The CEO of ABC Industries demand company staff to join in charitable giving.
나. The corporate communications department takes care of transportation of staff
다. The ABC Industries donate 2 million dollars to the community annually.
라. ABC Company gives away about one percent of earnings every year.

답 라

81 다음 글은 누구에게 보낼 서신의 일부인가?

Please inform us which equipment you will require for your presentation so that we can prepare the session room. You may use a slide projector, OHP, beam projector or VCR.
If there is another type of equipment you wish to use, please specify.

가. Session chairpersons
나. Delegates
다. Moderators
라. Speakers

답 라

82 밑줄 친 FAM은 무엇을 의미하는가?

A FAM trip is a hosted trip to assess facilities, locations or service.

가. Familiarization
나. Foreign Meetings
다. Formal Association Meetings
라. Firm Meetings

답 가

/ 2004년 6번 문제 / 2012년 33번 문제 /

83 다음 (   ) 안에 가장 알맞은 것은?

Costs for breaks may be quoted per person or on a consumption basis. Paying for coffee by the gallon and pastry by the dozen is usually more (   ) than paying a per-person price.

가. time-pressing   나. easy to serve
다. imposed   라. economical

답 라

84 다음 글의 내용과 일치하는 것은?

John C. Patterson & Sons Since 1968
Members of the New York Stock Exchange
103 Broadway New York, N.Y. 10006.

Mr. Stewart O Neill Chairman and President Far East Telecommunications Corp.
P.O.Box 1090 Manila

June 17, 2003

Dear M.O Neill :

As you may have heard, we regularly arrange meetings of our client in the States, in Europe, and in Asia, at which

 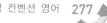

they have the opportunity to listen to a talk held by leaders in commerce, or specialists in a field of science.

Knowing of your vast experience in data processing and electronic communications, we are writing to ask you to be our guest speaker at a luncheon to be held in Singapore on September 21.

We would be very pleased if you could give a talk of about one hour, and be kind enough to answer questions afterwards. It would be useful if you could come to the Hotel Continental at 11 a.m. to settle details of the program, or if you could send us full particular in writing beforehand.

Besides travelling expenses and two day accommodation in Singapore, we would pay you a fee of 400 dollars.

We need hardly add that such a meeting will serve to bring the operations of the Northern Telecommunications Corporation to the attention of an interested group of businessmen.

We do hope you will be able to be present on this occasion.

Sincerely yours,

Paul S. Proctor
Senior Vice-President

가. Patterson & Sons are inviting Mr. O Neill to be their quest speaker at their board meeting held in Singapore on September 21.

나. Besides travelling expenses, two day accommodation in Singapore would cost 400 dollars.

다. Patterson & Sons arrange a meeting of their clients on September 21 every year.

라. Mr. O Neill has experience in data processing and electronic communications.

답 라

85 다음 밑줄 친 부분 중 문법적으로 틀린 것은?

Every union job is strictly defined by the tasks that <u>is allowed to do by union members</u>.
Refer to the regulations <u>outline</u> the typical divisions of install and dismantle (I&D) labor.
Understand that all of this can change <u>depending</u> on <u>the city you are in</u>.

가. is allowed to do by union members
나. outline
다. depending
라. the city you are in

답 나

Refer to the regulations outlining the typical divisions of install and dismantle (I&D) labor.

86 다음은 컨벤션 기획 시 필요한 계약서의 내용을 설명한 글이다. 밑줄 친 Agree-upon과 carry의 맞는 형태는?

A. Once the negotiations have been concluded, it is imperative that everything be put in writing. The contract is not binding unless the signatures are valid.

B. If pricing cannot be determined for the time of the meeting, utilize historical data and add an <u>agree-upon</u> percentage of annual inflation.

C. The host facility and the organization sponsoring the meeting, convention or exposition have insurance coverage. Both parties must agree <u>carry</u> adequate liability and other insurance to protect against any claims arising from activities conducted while the group was at the host facility.

가. agreeable-upon, carrying
나. agree-upon, to carry
다. agreement-upon, being carried
라. agreed-upon, to carry

📋 라

· agreed upon : 약정한
· agree to : -- 하기로 합의하다.

87 다음 밑줄 친 부분 중 문법적으로 틀린 것은?

In some hotels, fees to access toll-free and calling-card numbers <u>have increased</u>. Phone charges also can soar when <u>laptop-toting</u> attendees <u>start dialing up</u>. So, to avoid overcharged access fees, <u>negotiates</u> for a lower rate.

가. have increased   나. laptop-toting
다. start dialing up   라. negotiates

📋 라

laptop toting : 노트북을 가지고 다니는
So, to avoid overcharged access fees, negotiate for a lower rate.

88 다음 밑줄 친 Laid off의 의미로 가장 적절한 것은?

Wyndham International has <u>laid off</u> 850 people, including 700 in hotel management, this year. Cuts were in response to the economy and the drop in business travel.

가. fired   나. hired
다. employed   라. taken

📋 가

lay off : 그만두다

89 다음 중 문법적으로 가장 정확한 표현은?

가. DAEHAN computers hosted an cocktail party during the convention.
나. I have greatest honor and pleasure in introducing Mrs. Miles from the University of Washington, as many of you know, has come over 5,000 miles to be here with us in Seoul.
다. The proposed venue has world-class convention and exhibition facilities as well as deluxe hotel accommodations.
라. My congratulations to the Chair and the Congress officers for the diligent work which they have done in planning and arranging and organization of this outstanding program for the Congress.

📋 다

DAEHAN computers hosted a cocktail party during the convention. (○)
I have greatest honor and pleasure in introducing Mrs. Miles from the University of Washington, as many of you might know, who has come over 5,000 miles to be here with us in Seoul. (○)
My congratulations to the Chair and the Congress officers for the diligent work which they have done in planning and arranging and organizing this outstanding program for the Congress. (○)

/ 2011년도 82번 문제 /

90 다음 중 (   ) 안에 가장 어울리는 것은?

In promotion tourism exchange and activities, we are committed toward the safety and security of tourists and agree that it should be a high priority in our respective countries.
We are aware of the vulnerability (   ) tourists in foreign destinations and would facilitate the introduction of such measures that would (   ) their needs in this (   ).

We condemn any terrorist attacks, or assaults, kidnapping and threats (   ) tourists or workers in the tourism industry, as well as the wilful destruction of tourism facilities or of elements of cultural or natural heritage.

We condemn such acts and agree that it should be punished in accordance with (   ) national laws.

가. meet
나. mimic
다. impair
라. entangle

답 가

91 다음 (   )에 들어갈 가장 알맞은 것은?

Bring the following documentation with you to the show :

Inbound (   ) records, including a bill of landing and a tracking number from your carrier.

Copies of any show-service order forms that you sent in.

Include a signed copy of any online orders you may have placed.

가. signage
나. ordering
다. freight
라. purchasing

답 다

/ 2008년 85번 문제 / 2010년 99번 문제 /

92 다음 문장에서 밑줄 친 부분에 들어갈 알맞은 단어는?

_____ you will be attending the next conference in December in New York, allowing us to get together and discuss our prospect soon.

가. Nearly
나. Already
다. Presumably
라. Only

답 다

Presumably : 추정하건대, 짐작하건대

93 다음의 컨벤션 유치요청 서한에 나타나 있지 않은 내용은?

The Korea National Tourism Corporation (KNTC) would like to make an official bid to hold the 98' ASTA World Travel Congress in Seoul, Korea.

As you are well aware, following the World Congress in 1983, Korea has successfully hosted major international events including '86 Asian Games and '88 Olympic Games and has further accumulated expertise and experience in organizing the events.

The proposed venue, Seoul, has world-class convention and exhibition facilities as well as deluxe hotel accommodations. Furthermore, it offers superb sports, exciting shopping, beautiful natural scene and most of all, warm, eager and efficient people.

In addition, we are confident that staging of one of the most important tourism events in the calendar of international tourism community will strengthen friendship between Korean and the United States.

We thank you in advance for your time and consideration.

가. Eligibility to bid
나. Features of the proposed host society
다. The composition of the organizing committee
라. The description of the proposed convention site

답 다

94 다음 중 문법적으로 틀린 것은?

International tourism relies predominantly on the airline industry. Today air travel is not only reasonable pricing, but easy to do. It takes only one phone call to book passage on any of a number of major carriers to almost anywhere in the world.

가. relies predominantly
나. reasonable pricing
다. to book passage on
라. carriers

📋 나

> predominantly : 주로
> Today air travel is not only possible at a reasonable price, but easy to do.

95 다음 글의 ( ) 안에 들어갈 가장 알맞은 것은?

The word culture has many different meanings. For example, we sometimes say that people who know about art, music and literature are cultured.
However, the word culture has a different meaning for anthropologists (people who study humankind).
To an anthropologist the word culture means all the ways in which a group of people act, dress, drink, and feel.
People have to learn the cultural ways of their community; they are not something that the people in the group are born with.
Instinctive behavior, ( ), is a pattern of behavior that an animal is born with. Spiders spinning their webs are examples of instinctive behavior.
The mother spider does not teach her babies how to spin webs. They know how to do it when they are born.
Baby birds will instinctively run away if a cardboard shape of a hawk is moved forwards over their heads.
However, they do not run if the cardboard shape is moved backwards.
Hawks do not fly backwards, so the baby birds instinct does not tell them that there is any danger.
Their instinct is quite specific. As humans, we learn some of the ways of our culture by being taught by our teachers or parents.
We learn more of the ways of our culture

by growing up in it. We see how other people in our culture do things, and we do them the same way. We even learn how to think and feel in this way.

가. therefore
나. on the other hand
다. as a matter of fact
라. in addition

📋 나

96 다음 글의 밑줄 친 약자의 의미로 옳은 것은?

Please check and return the R.S.V.P. slip to the Hospitality Desk, Hotel Emerald Lobby, where you will be given tickets for the programs you want to attend.

가. 회신   나. 꼬냑
다. 중요인사   라. 등록서류

📋 가

> R.S.V.P.: Repondez s'il vous plaît: 회답을 바랍니다. = RSVP

/ 2005년 4번 문제 / 2008년 75번 문제 / 2009년 99번 문제 /

97 다음 글의 요지를 가장 잘 나타낸 것은?

The goal of convention and visitor bureaus is to make planning and implementing your conventions and meetings less time-consuming, less stressful and more streamlined.
Bureaus—both across the nation and around the world—are ready to assist you in every detail of planning your event.
And most of their services are free.
Whether you represent a billion-dollar corporation, a small family business, or any size association, just one call, e-mail, or fax connects you with a team of professionals who are experts on their respective destinations.

가. Convention bureaus make the planning of meetings more efficient.
나. Convention bureaus make lots of money.
다. Convention bureaus want to work only with big corporations.
라. Convention bureaus employ many professionals.

답 가

98 서신의 마지막 부분에 들어갈 내용의 순서로 옳은 것은?

가. Yours sincerely,
　　Gil Dong Hong
　　Planning Division,
　　Assistant Manager
　　ABC Convention Services, Ltd.

나. Yours sincerely,
　　Gil Dong Hong
　　Assistant Manager
　　Planning Division,
　　ABC Convention Service, Ltd.

다. Yours sincerely,
　　Gil Dong Hong
　　ABC Convention Services, Ltd.
　　Planning Division,
　　Assistant Manager

라. Yours sincerely,
　　Planning Divisions,
　　Assistant Manager
　　Gil Dong Hong
　　ABC Convention Services, Ltd.

답 나

· Yours sincerely, : Complimentary Close
} 2줄
· Gil Dong Hong : Name
· Assistant Manager : Position
· Planning Division, : Department
· ABC Convention Service, Ltd. : Company (Organization)

/ 2007년도 79번 문제 /

99 다음 밑줄 친 부분 중 문법에 맞지 않는 것은?

Several years ago, Jefferson <u>had gone</u> to Negros Island in the Philippines <u>in</u> order to <u>build</u> recreation facilities.

가. Several 　　나. had gone
다. in 　　　　라. build

답 나

Several years ago, Jefferson went to Negro Island in the Philippines in order to build recreation facilities.

100 다음 중 분과회의 형태가 아닌 것은?

가. Prerequisite session
나. Concurrent session
다. Breakout session
라. Wrap-up session

답 라

Wrap-up session : 회의 참가자 전체 참석회의

/ 2003년 5번 문제 / 2005년 8번 문제 /

71 다음 ( )안에 알맞은 표현은?

> A: Thank you for the very interesting tour. Mr. Nagano.
> B: You are welcome. Well, if there is anything else you would like to know about Kawasaki. We will be happy ( ).

가. to answer any questions you have
나. to ask you some questions about Kawano
다. and tell you what Kawano's production capacity
라. to have something

📝 가

/ 2006년도 89번 문제 /

72 다음 글의 바로 앞에 올 수 있는 내용으로 가장 적절한 것은?

> Even in material destruction, Germany sets a new standard. Use of special carpeting, made from a mixture of raw materials, is widespread among exhibitors. This carpet appears once in an exhibit, then is incinerated.[471] It heat capacity is as high as that of raw oil, so public facilities can use it to produce energy.

가. 물자의 경제적 재활용
나. 컨벤션 센터 내부 치장 비용
다. 공공건물의 적정 난방 온도
라. 전시장 철거에 필요한 인력

📝 가

---

471) incinerate: 소각하다.

73 ( )안에 들어갈 말로 적당한 것은?

> In the Unites States, 37 states and the District of Columbia(Washington. D.C.) have lotteries. A lottery is a form of gambling that is run by the state. Most states have several different games, including instant-win scratch-off games, daily games and games where you have to pick three or four numbers. But the game with the biggest jackpot is almost always called Lotto. This game usually involves picking the correct six numbers as determined from a random selection from a set of balls, with each ball numbered from 1 to 50. In the U.S., most states operate ( ).

가. only one type of lottery game
나. large gambling casinos
다. several different types of lottery games
라. four different types of lottery games

📝 다

/ 2004년도 92번 문제 /

74 다음 글을 읽고 ( ) 알에 들어갈 알맞은 것은?

> If you agree to these terms and conditions, E grants to you a nonexclusive license to the accompanying software (the "Software) and documentation. The Software and the documentation are referred to in this agreement as the "Licensed Materials."
> Ownership: The licensed materials are the sole and exclusive property of E and/or its software suppliers. By paying the license fee and by opening the sealed

diskette package, you do not become the owner of the licensed materials, but are entitled solely to use the licensed materials according to the terms of this agreement.
License: The license granted to you by E in this agreement authorizes you to use the Software on any single computer, or any replacement for that computer. A separate diskette, licensed under an additional software license agreement, is required for any other computer on which you wish to use the Software. You may not use, copy or modify[472] the licensed materials, in whole or in part, except as expressly provided in this agreement. According to the passage, the buyer "you" is entitled to (   )

가. sell the software and the documentation to others.
나. use the software and the documentation according to the terms and conditions of the agreement.
다. be an exclusive owner of the software and the documentation.
라. use the software and the documentation on any computers he has.

🗒 나

75 다음 편지의 (   ) 안에 들어갈 가장 적절한 표현은?

Dear Mr. Client:

Just a friendly reminder that you have an overdue invoice with an outstanding balanced of $525.32. If you any question about the amount you owe, please let us know and we will be happy to discuss it. If you have already sent your payment in full, (   ).
We appreciate your continuing business, and we look forward to hearing from you shortly.

Sincerely,

가. it has detrimental[473] effect on your credit rating
나. we shall turn your account over for collection
다. please disregard this reminder
라. please plan to settle your account

🗒 다

/ 2007년 81번 문제 /

76 아래 밑줄 친 yourself는 누구를 지칭하는가?

Obviously, choosing a good show decorator is a key to a show's look and overall success. The way to make that choice is to arm yourself, before contracts are signed, with as much knowledge as possible about the various show decorators. There are basically two ways to acquire this information. The first, more informal method is to obtain word-of-mouth recommendations (or criticism) from fellow meeting planners—in short, trade gossip. The second method is to gather information from the show-decorating companies themselves. After you have settled on a few real candidates, ask for a written proposal.

가. a candidate   나. a meeting planner
다. a recommender   라. a show decorator
🗒 나

77 다음 내용에 관한 설명으로 틀린 것은?

Aztec Press Adolfo Priesto 936 Col. del Valle
Mexico 12. D.F.
The Manager Atlantic Hotel London W1
13 May, 2012
Dear Sir,

Six members of our staff will be coming

---

472) modify: 변형하다. 변경하다.

473) detrimental: 해로운, 이롭지 못한

to London on business from 28th May to 1st June. Would you therefore please reserve the following accommodation for five nights:

2 single rooms for bed and breakfast
2 double rooms

As my wife will be joining me in London on Saturday, 2nd June. I shall need one double room with bed and breakfast for this date. Please bill this accommodation to me at my private address as above.

Although the group will arrive in London by rail at 10:00 a.m., we have meetings until the late afternoon and will probably check in at about 7:00 p.m.
Please confirm this booking.

Yours faithfully,

Phillip Cooper

가. Mr. Cooper wants to hear from the manager regarding his hotel reservation
나. Mr. Cooper and his wife will have a breakfast at Atlantic Hotel on Sunday, 3rd of June
다. Mr. Cooper and his wife will not be able to check in until 7:00 p.m. on 2nd of June.
라. Mr. Cooper will stay for six nights at Atlantic Hotel.

답 다

78 다음은 무엇에 관한 설명인가?

Two or more speakers each state a viewpoint. Discussion is guided by a moderator.

가. conference 나. panel
다. seminar   라. lecture

답 나

79 다음 중 문법적으로 틀린 것은?

가. The Mirror company promptly began searching for an editor who could help it recoup[474] its losses.
나. Gen. Otis invested in the paper and quickly turned it into a financial success.
다. Today, The Times ranked as the largest metropolitan daily newspaper in the country.
라. As the city grew, so did The Times.

답 다

Today, The Times is ranked as the largest metropolitan daily newspaper in the country.

/ 2008년 90번 문제 /

80 다음 글의 제목으로 옳은 것은?

The memo, properly used, can be a powerful communication device to make your time more effective and work more efficient.
(1) A memo tends to take the fuzziness[475] out of communications, it's in writing, and it has your name on it. (2) Memos establish a record and contribute to more effective business relationships. With a memo you can be absolutely sure that a request and due date are as clear as possible. (3) You can avoid lengthy, time-consuming conversations by clearly stating the facts in advance. If the receiver of a memo has questions, he can come back to you. The purpose of a good memo, however, is to preclude[476] questions through careful thinking in the first place. (4) In the last analysis, of course, how memos help you get ahead hangs on how good they are. They don't have to be literary gems[477]. But they do have to be clear, understandable, to the point. The best memo clearly states its purpose – why it was written.

474) recoup: 메우다. 회복하다.
475) fuzziness: 애매함
476) preclude: 방해하다. 가로막다.
477) literary gem: 훌륭한 문학작품

가. In praise of Memos
나. How to communicate with colleagues
다. The Misuse of Memos
라. To avoid questions through Memos

답 가

81 다음 계약 내용에 관한 설명으로 옳은 것은?

> Except that the notice of change to the existing address of either party has been duly given in writing to the other party, any or all the notices required under this agreement shall be directed to the following address.

가. 본 계약의 이행을 위하여 필요한 모든 서류는 변경된 주소로 송부되어야 한다.
나. 본 계약의 변경된 내용은 상호 합의가 없어도 다음 주소로 송부될 수 있다.
다. 어느 한 쪽 당사자가 다른 당사자에게 주소 변경을 서면으로 통보하는 경우 외에는 본 계약에 필요한 모든 서류는 아래 주소로 송부된다.
라. 어느 한 쪽 당사자의 주소 변경이 확인될 경우, 주소 변경 사실을 서신으로 통보하지 않아도 신속하게 송부할 수 있다.

답 다

82 다음과 같은 관계로 짝지어진 것은?

> Cordial-friendly

가. indolent-diligent
나. amiable-ill-natured
다. benevolent-generous
라. innocuous-harmful

답 다

> · indolent: 게으른
> · amiable: 상냥한, 붙임성 있는
> · benevolent: 자비심이 많은
> · innocuous: 무해한, 불쾌감을 주지 않는

83 아래 본문이 설명하고 있는 회의 형식은?

> A panel of three or four experts in certain subject areas are identified, with each giving a brief presentation. After each lecture the other panelists became discussants[478] of the material just offered. At the conclusion of the presentations, the audience is given an opportunity to ask questions of the entire panel.

가. Presenter/Discussant format
나. Keynote addresses
다. Round tables
라. Poster sessions

답 가

84 다음 글의 제목으로 적합한 것은?

> A growing number of budget-crunched[479] firms are holding more of their meetings in cyberspace. Similar to teleconferencing, these virtual meetings allow geographically disparate[480] group to meet in real-time. Web-meeting technology expands the degree of interaction provided by video conferences, allowing for audience participation via chat tools, live polling, file sharing, etc.

가. Development of the computer manufacturing industry
나. Technical difficulties in using the computer
다. Increase of the internet-using population
라. Computer application in meeting industry

답 라

85 다음의 내용에 대한 설명으로 틀린 것은?

---

478) discussant: 토론자
479) budget-crunched: 예산 부족한
480) disparate: 본질적으로 다른, 종류가 다른

We have selected five tours of sightseeing that we would like to introduce to you. The cost of these tours is a personal expense and is not covered by the USD 50.00 event registration fee.

가. 관광코스는 5가지이다.
나. 관광비용은 USD 50.00이다.
다. 관광비용은 개인부담이다.
라. 관광비용은 이벤트 등록비에 포함되어 있지 않다.

📝 나

50달러는 이벤트 등록비

/ 2006년 82번 문제 /

86 다음 ( )안에 들어갈 어휘로 옳은 것은?

A ( ) is nothing more than an estimate[481] of income and expenses and a plan to adjust the anticipated expenses to the expected income.

가. margin　　　나. profit
다. budget　　　라. deposit

📝 다

87 다음 문장 중 문법적으로 틀린 것은?

가. The criteria is used to segment a market vary depending on the situation.
나. As such, segment relies heavily on the judgement of the researcher.
다. Caution must be used when identify segments.
라. Arbitrarily, established boundaries between segments may be fuzzy.

📝 다

Caution must be used when segments are idenified.

---

481) estimate: 견적, 계산, 평가

88 다음 문장에서 CSM의 의미는?

The CSM of today is expected to establish a partnership with the meeting manager. The CSM is the person who will assist with coordinating details and services at the meeting site.

가. Contract Special Manager
나. Customer Satisfaction Manager
다. Conference Service Meeting
라. Convention Service Manager

📝 라

89 다음은 무엇에 관한 내용인가?

Once your mailing is out, you are in the next phase, which is processing the returns. Be sure to keep good records on a daily or weekly basis to measure the success against the past year and to evaluate the effectiveness of new politics and procedures. Included in registration processing are usually a confirmation letter, receipt, badge, labels, and tickets as appropriate for sessions or special events. You can either mail these to the attendees, distributes them on-site, or use some combination of the two. My preference is to mail the confirmation and have badges and tickets distributed on-site in the conference packet.

가. on-site registration
나. evaluation technique
다. registration process
라. material mailing and distribution

📝 다

90 다음 글에 대한 내용으로 옳은 것은?

The Mona Lisa will be unveiled in her new home within Louvre art gallery on Wednesday four years after refurbishment work began.

Leonardo da Vinci's 500 years old masterpiece now hangs along on a wall in the museum's Salle des Etats. The Salle des Etats has had a 4.8 million euro(£ 3.29 million) renovation to provide a suitable home for the masterpiece.

The painting, which measures just 53 by 76 centimeters (21 by 30 inches), will again be hung behind non-reflective1[482], unbreakable glass to protect it from climatic changes, camera flashes and wilful damage.

가. The Mona Lisa is valued at 4.8 million euro bby Louvre Museum.
나. The Mona Lisa, painted by master Leonardo da Vinci, has been hung in the Salle des Etats for 500 years.
다. The Mona Lisa is framed behind non-reflective, unbreakable glass for protection from possible damage caused by weather and viewers.
라. The Mona Lisa has undergone repair work for the past 4 years.

🗊 다

91 다음 글의 ( ) 안에 들어갈 낱말들의 배열로 가장 적절한 것은?

In describing each session of a meeting, well-written educational objectives are learner-oriented, focusing on what the (A) will be able to do after the session is over, as opposed to what the session or (B) intends to do. For instance, to explain the four methods of marketing research is a (C) objectives. But to use the four methods of marketing research in marketing their products is a (D) objectives.

가. A; attendee, B: instructor, C: learner-oriented, D: speaker-oriented
나. A: Instructor, B: attendee, C: speaker-oriented, D: learner-oriented

다. A: attendee, B: instructor, C: speaker-oriented, D: learner-oriented
라. A: instructor, B: attendee, C: learner-oriented, D: speaker-oriented

🗊 다

92 다음의 ( ) 안에 알맞은 표현은?

ILO is planning to hold its 5th Annual Ministerial Meeting in Seoul in autumn of the year 2012 for three whole days. Participants are expected to be approximately seven hundred from 36 countries in Asia, Europe, North America, Latin America and Africa. The host will be responsible for ( ), ( ), ( ), and ( ).

가. function room reservation, transportation, banquets, security
나. function space reservation, registration, personal luggage, issuance of visa
다. function room reservation, issuance of visa, accommodation, personal luggage
라. post conference tour, transportation, banquets, personal itinerary

🗊 가

/ 2006년 83번 문제 / 2010년도 90번 /

93 다음 서한의 주된 내용으로 가장 적합한 것은?

Dear Mr. Lee

Thank you for submitting your quotation in respect of our company at the ABC Trade Fair to be held at the Korea Exhibition Center, Seoul.

We have accepted another quotation[483] and we regret that we will not be asking you to carry our the work on this occasion, but we look forward to asking you to tender[484] for future works.

482) non-reflective: 반사되지 않는

483) quotation: 견적, 인용
484) tender: 제출하다. 입찰하다.

가. 입찰참여 권고　　나. 입찰참가에 대한 감사
다. 입찰탈락 통보　　라. 낙찰 통보

🖺 다

 / 2010년 90번 문제 /

94 다음 내용에 관한 설명으로 옳은 것은?

Corruption was mentioned in Davos by Mexico's President Fox, but that was not about it. Meanwhile, coinciding with the Forum, the President of the Philippines was hounded1[485] from office, corruption scandals became ever more colorful in Peru, the President of Indonesia faced bribery-linked impeachment1[486] charges. Thailand's new Prime Minister was installed but faced investigations of kickback1[487] charges, and the corruption trials of the era got under way in Paris.

가. Political leaders, with the exception of President Fox, were reluctant to raise the issue of political leaders in Davos.
나. When a political leader is impeached, he or she can maintain the position after being tried in court on bribery charges.
다. Thailand's new prime minister was imprisoned because of a money scandal.
라. People in Paris enjoy reading about a corruption trials.

🖺 가

/ 2009년 78번 문제 /

95 다음 내용으로부터 유추할 수 있는 것은?

Great news! Your preferred dates are available at the rate we discussed through e-mails for your IEA 2013 congress in Seoul, Korea. Here is the

485) hound: 몰아세우다.
486) impeachment: 탄핵
487) kickback: 정치 헌금, 떼어먹기

information I promised to send you. I will follow up with you to see how you would like to proceed.

가. IEA 2013 총회가 서울에서 개최됨을 알리게 된 뉴스 아나운서는 매우 기뻐하고 있다.
나. 컨벤션 기획사와 개최시설 측이 총회 개최에 대해 나누는 전화통화 내용이다.
다. 상대방이 원했던 날짜에 서로 논의했던 가격으로 행사를 치를 수 있겠다는 이메일이다.
라. 편지를 쓴 사람은 상대방이 따라야 할 절차에 대해 앞으로도 계속 안내해 줄 것이다.

🖺 다

96 다음 초대문 내용에 가장 적절한 행사는?

On behalf of the organizing committee, I am greatly honored to invite professionals in the field of cardiac and pulmonary vascular anesthetists to join this international congress in Seoul, Korea. The occasion will be a lively forum for exchanging important research findings and practical knowledge.

가. Government symposium
나. Meeting for NGSs
다. Domestic convention
라. Medical conference

🖺 라

/ 2003년 87번 문제 / 2006년 91번 문제 /

97 다음 대화에 관한 설명으로 옳은 것은?

A: Excuse me, is this the Housing information desk?
B: That is right. What can I do for you?
A: I am the Head of Chinese delegation. Out of 85, 13 people from Shanghai cannot get rooms. How could such a thing happen?
B: Let me check. Oh, I am sorry. We did not hold the block of rooms for your Shanghai group. We were informed that their participation was canceled.

A: Are you sure?
B: Absolutely, but I should have e-mailed you for a double check before releasing them.

가. 중국 참가자 단장과 숙박 안내요원 간의 전화 후 문제점을 해결하였다.
나. 상해에서 온 참가자들과 객실 예약이 취소되어 객실을 구할 수 없었다.
다. 숙박안내요원이 중국 측 참가자들의 객실을 이중으로 예약해 두었다.
라. 중극 측에서 상해 참가자들의 숙박 신청을 이메일로 했었다.

🖹 나

98 다음 글을 읽고 질문에 대한 답은?

Comic books are single square newspaper cartoons that have grown up. From cartoons came comic strips, which are three or four squares long. The first comic book as we know it was Famous Funnies, which first appeared in 1934. The first comic book superhero, Superman, landed on news stands in 1939.

Question: How were comic books invented?

가. They were invented by comic artists.
나. They were invented in 1934.
다. They were invented by newspaper reporters.
라. They were invented from newspaper cartoons.

🖹 라

99 다음 문장의 의미와 같은 것은?

The major drawback to off-premise events involves the logistics1[488] of transporting large number of people.

가. It is logical to transport many people to the back-yard of the event venue.
나. Many people are logical enough to return to events for their involvement.
다. The big disadvantage of holding events not at the host sites is the problem of transporting people.
라. A large number of people don't keep their promises to be involved in the out-door activities.

🖹 다

/ 2003년 97번 문제 /

100 다음에 따라 외국 관광객이 호텔에서 식사하고 내야 할 금액은?

Hotel services, meals, beverages, etc. are subject to a 10% service charge and a 10% tax but the latter is not applicable to foreign visitors.

가. 식사비
나. 식사비 + Service Charge + Tax
다. 식사비 + Service Charge
라. 식사비 + Tax

🖹 다

호텔 서비스, 식음료에는 10%의 봉사료가 추가되지만 10%의 세금(부가가치세)는 외국인에게 적용되지 않는다.

488) logistics: 병참 업무

■ 저 / 자 / 약 / 력

한광종

· (현) 한국의료관광 · 컨벤션 연구원 원장

◆ 저서
· 국제의료관광코디네이터 완벽대비 핵심정리 및 예상문제집
· 의료관광 실무영어
· 의료관광 실무영어회화
· Excel 활용 의료병원 통계분석
· Excel 활용 마케팅 통계조사분석(보건 · 의료관광 · 관광경영 사례 중심)
· SPSS 활용 통계조사분석
· Excel 활용 미래예측과 시계열 분석
· Excel 활용 비즈니스 시계열 분석
· 국제회의 영어
· 국제회의 실무영어

컨벤션기획사 2급 필기시험문제집

2014년 9월 5일 초판1쇄 인쇄
2014년 9월 11일 초판1쇄 발행

저 자 한 광 종
펴낸이 임 순 재
펴낸곳 **한올출판사**
      등록 제11 - 403호
      1 2 1 - 8 4 9
      주   소   서울특별시 마포구 성산동 133-3 한올빌딩 3층
      전   화   (02)376-4298(대표)
      팩   스   (02)302-8073
      홈페이지   www.hanol.co.kr
      e - 메 일   hanol@hanol.co.kr
      정   가   18,000원